楊樹達文集

楊樹達 著

論語疏證

上海古籍出版社

圖書在版編目(CIP)數據

論語疏證／楊樹達著. —上海：上海古籍出版社，2016.5（2018.12 重印）
（楊樹達文集）
ISBN 978-7-5325-6969-4

Ⅰ.①論… Ⅱ.①楊… Ⅲ.①《論語》—研究 Ⅳ.①B222.25

中國版本圖書館 CIP 數據核字(2013)第 177335 號

楊樹達文集
論語疏證
楊樹達　著
上海世紀出版股份有限公司
上海古籍出版社 出版
（上海瑞金二路 272 號　郵政編碼 200020）
(1) 網址：www.guji.com.cn
(2) E-mail：gujil@guji.com.cn
(3) 易文網網址：www.ewen.co
上海世紀出版股份有限公司發行中心發行經銷
蘇州市越洋印刷有限公司印刷
開本 850×1168　1/32　印張 16.75　插頁 5　字數 378,000
2013 年 9 月第 1 版　2018 年 12月第 4 次印刷
印數：5,401 — 6,700

ISBN 978-7-5325-6969-4
B·834　定價：58.00 元

出版説明

楊樹達（一八八五——一九五六），字遇夫，號積微，湖南長沙人。著名語言文字學家和史學家。五歲從父讀書，對訓詁和史書頗有興致。十二歲時與伯兄一同考入湖南時務學堂，從梁啓超習《孟子》、《公羊傳》諸書，同班同學有蔡鍔、范源濂等。十五歲受業於葉德輝、胡元儀，學問日益精進，遂矢志於訓詁之學。十七歲治《周易》，輯成《周易古義》一書。一九〇五年，派往日本留學，受同縣友人楊懷中（昌濟）影響，決心系統學習「歐洲語言及諸雜學」。武昌起義後返國，在長沙各校教授中國文法與外文。一九一九年湖南驅張（敬堯）運動時，楊樹達爲教職員代表，毛澤東爲公民代表。一九二一年起先後任教於北京師範大學、清華大學。抗戰爆發後，受聘於湖南大學；翌年，舉家隨校遷往辰溪。抗戰勝利後，隨校復員回長沙，任湖南大學文法學院院長。一九四八年受聘於中山大學。新中國成立後，院系調整，任湖南師範學院歷史系教授，兼任湖南文史館館長。一九五六年去世。

楊樹達畢生沉潛學術，勤於著述，在語法學、修辭學、訓詁學、語源學、文字學、文獻學、甲骨金文學、考古學等方面均卓有建樹。在上述各個領域，其著作均被公認爲經典之作。蓋其早年受學於朴學大儒，在傳統小學、訓詁學方面有堅實基礎，後又留學日本多年，對西方文法學和語源學最有會心，自言：「我研究文字學的方法，是受了歐洲文字語源學的影響的。」故其學問因融合中西學術傳統而顯示出自己鮮明的特色：文法與訓詁緊密結合。嘗言：「治國學者必明訓詁，通文法，蓋明訓詁而不通文法，其訓詁之學必不精；通文法而不明訓詁，則其文法之學亦必不至也。」在當時學界即享有崇高聲譽：一九四二年當選爲教育部首屆部聘教授，位列二十九名部聘教授首位；一九四八年當選爲中央研究院首屆院士，解放後被評爲一級教授，一九五五年當選爲中國科學院首屆學部委員。大約在同一時期，當選爲蘇聯科學院通訊院士。「持短筆，照孤燈，先後著書高數尺，傳誦於海内外學術之林，始終未嘗一藉時會毫末之助，自致於立言不朽之域」，而巍然成爲「一代儒宗」（陳寅恪語）。具言之，楊樹達的學術貢獻約有如下數端：

語法學方面。《高等國文法》建立了以劃分詞類爲中心的獨特的語法體系，是繼《馬氏文通》之後，關於古漢語語法的最重要的著作。《詞詮》是《高等國文法》的姊妹篇，該書取古書中常用虚詞四百七十多個，首别其詞類，次釋其義訓，再舉例説明之。爲我國首部將現代語法學與傳統訓詁學有機結合、系統詳盡地研究文言虚詞的專著。《馬氏文通刊誤》意在修正語法學開山之作《馬氏文通》以拉丁語法組織規律硬套漢語的錯誤。《中國語法綱要》初版於一九二八年，是我國較早的一部關於現代漢語語法的著作，在語法史上有重要意義。

修辭學方面。《中國修辭學》是作者另一著作《古書疑義舉例續補》的進一步系統化和科學化。

該書一直被認爲是我國修辭學領域民族形式派的代表作（另一派爲借鑑西方派，以陳望道《修辭學發凡》爲代表），郭紹虞譽爲「辟一新途徑，樹一新楷模」。

文字學方面。以《説文解字》爲中心，吸收西方語源學理論。《積微居小學金石論叢》及其姊妹篇《積微居小學述林》，乃其治語源學、訓詁學、文字學的代表作。而《文字形義學》則概括了其幾十年間研究文字學、古文字學、訓詁學、音韻學的成果，自云：「此書前後經營十餘年，煞費心思。自信中國文字學之科學基礎或當由此篇奠定。」

甲骨金文學方面。迄至一九四九年，楊樹達所寫甲骨文論文數目超過了自甲骨文發現以來任何一位研究者，如「釋追逐」、「釋滴」（見《積微居甲文説》）等，至今仍爲不刊之論。其治金文，成就更高。陳寅恪序《積微居金文説》云：「寅恪嘗聞當世學者稱先生爲今日赤縣神州訓詁學第一人，今讀是篇，益信其言之不誣也。」此書乃治金文者必參之書，書中總結釋金文之十四條方法，已爲治古文字學者所熟知。

史學、文獻學方面。《漢書補注補正》爲其贏得「漢聖」（陳寅恪語）之美譽，楊樹達也因此成爲清華大學繼陳寅恪之後第二位國文、歷史兩系合聘的教授。在此基礎上增補而成的《漢書窺管》，學界認爲《漢書》研究至此，已無剩疑。他如《論語古義》、《淮南子證聞》、《説苑新序疏證》、《鹽鐵論要釋》、《古書疑義舉例續補》、《戰國策集解》，皆「以古釋古，功夫深存」。《古書句讀釋例》則是關於古書標點的最權威著作。

考古學方面。《漢代婚喪禮俗考》不但是研究漢代文化史的必讀書，同時對考古學、民俗學、人類學、社會學以及歷史學的研究具有極高參考價值，一再重版。

爲了更好地學習、繼承和研究楊樹達先生豐厚的學術遺産，我社曾在二十世紀八十年代編輯出版了多卷本的《楊樹達文集》，影響巨大。時隔多年，書肆上久已難覓該書蹤影，而學界對其需求卻日益强烈，因此，我社決定對《文集》進行修訂和增補後重新出版，以饗讀者。這次出版十七種：《中國修辭學》、《漢書窺管》、《淮南子證聞·鹽鐵論要釋》、《論語疏證》、《詞詮》、《積微居甲文説·耐林廎甲文説·卜辭瑣記·卜辭求義》、《中國文字學概要·文字形義學》、《漢代婚喪禮俗考》、《積微居小學述林全編》、《春秋大義述》、《積微居小學金石論叢》、《積微翁回憶録·積微居詩文鈔》、《高等國文法》、《積微居金文説》、《積微居讀書記》、《周易古義·老子古義》、《馬氏文通刊誤·古書句讀釋例·古書疑義舉例續補》。其中《春秋大義述》系建國後首次出版，而《積微居小學述林全編》則增補近半篇幅，改正了《積微翁回憶録·積微居詩文鈔》原版中許多錯誤。出版過程中得到了楊樹達之孫、武漢大學楊逢彬教授的支持，特申謝忱。

上海古籍出版社二〇〇六年十二月

目録

論語疏證陳序

孔子之生距今將二千五百載，神州士衆方謀所以紀念盛事顯揚聖文之道，而長沙楊遇夫先生著論語疏證適成，寄書寅恪，命爲之序。寅恪平生喜讀中華乙部之作，間亦披覽天竺釋典，然不敢治經。及讀先生是書，喜曰：先生治經之法，殆與宋賢治史之法冥會，而與天竺詁經之法形似而實不同也。夫聖人之言必有爲而發，若不取事實以證之，則成無的之矢矣。聖言簡奧，若不采意旨相同之語以著之，則爲不解之謎矣。既廣搜羣籍，以參證聖言，其文之矛盾疑滯者，若不考訂解釋，折衷一是，則聖人之言行終不可明矣。今先生匯集古籍中事實語言之與論語有關者，幷間下己意，考訂是非，解釋疑滯，此司馬君實李仁甫長編考異之法，乃自來詁釋論語者所未有，誠可爲治經者闢一新途徑，樹一新模楷也。天竺佛藏，其論藏別爲一類外，如譬喻之經，諸宗之律，雖廣引聖凡行事，以證釋佛說。然其文大抵爲神話物語，與此土詁經之法大異。出三藏集記述出賢愚因緣經始末云：釋曇學威德等八僧西行求經，於于闐大寺遇般遮于瑟之會。三藏諸學各弘法寶，說經講律，依業而教。學等八僧隨緣分聽，精思通譯，各書所聞，還至高昌，乃集爲一部。然則賢愚經實當時曇學等聽講經律之筆記。今此經具存，所載悉爲神話物語。世之考高昌之壁畫，釋敦煌之變文者，往往取之以爲證釋，而天竺詁經之法與此土大異，於此亦可見一例也。南北朝佛教大行於中國，士大夫治學之法亦有受其薰習者。寅恪嘗謂：裴松之三國志注、劉孝標世說新語注、酈道元水經注、楊衒之洛陽伽藍記等，頗似當日佛典中之合本子注。然此諸書皆屬乙部，至經部之作，其體例則未見有受釋氏之影響者。惟皇侃論語義疏引論釋以解公冶長章，殊類天竺譬喻經之體，殆六朝儒學之士漸染於佛教者至深，亦嘗襲用其法，以詁孔氏之書耶？然此爲舊注中所僅見，可知古人不取此法以詁經，蓋孔子說世間法，故儒教經典必用史學考據，卽實事求是之法治之，彼佛氏譬喻諸經之體例，則形雖似而實不同，固不能取其法以釋儒教經典也。寅恪治史無成，幸見先生是書之出，妄欲攀引先生爲同類以自重，不識先生亦笑許之乎？

一九四八年十月七日陳寅恪書於清華園不見爲淨之室。

論語疏證自序

此書乃一九四二年所寫，其時余正抱小病，力疾搜檢羣書，令兒輩分任抄寫。我原有論語古義一書，從其中採取若干材料。故從一月開始編寫，至三月末寫成，凡費時九十日。其時隨湖南大學避寇辰谿，用石印印成講義，分佈大學諸生，亦以其餘份分贈諸友求教。余以一本常置案頭，隨時增益材料，及最後書成，視石印本殆增加二分之一矣。商務印書館爲余排印成卷，訖未印行。解放以來，余接觸新思想，稍稍用批判態度處理此書，然余於馬克思列寧主義研究太淺，觀點模糊之處必多。毛主席說：「今天的中國是歷史的中國的一個發展；我們是馬克思主義的歷史主義者，我們不應當割斷歷史。從孔夫子到孫中山，我們應當給以總結，繼承這一份珍貴的遺產。」（見毛澤東選集二卷中國共產黨在民族戰爭中的地位四九六頁）我之所以將此書問世，不敢認此書爲已成熟之著作，不過提供世人以研究孔子總結孔子之材料而已。當世君子給余以嚴格之批評，使孔子學說之眞相大白於世，是余所衷心切禱者也。

一九五五年元月五日樹達病中書。

論語疏證凡例

一、本書宗旨在疏通孔子學說，首取論語本書之文前後互證，次取羣經諸子及四史爲證，無證者則闕之。老莊韓墨說與儒家違異，然亦時有可以發明孔子之意者，賦詩斷章，余竊取斯義爾。

二、證文次第，以訓解字義、說明文句者居前，發明學說者次之，以事例爲證者又次之，旁證推衍之文又次之。大致由淺入深，由近及遠，取便學者之通曉而已。同類之證，則以書之前後爲次。

三、本文一章數句，句各有證，證文分列於當句之下。分證之外別有總證數句者，則列於所證經文最末一句之下。

四、古書往往因襲前人，如韓詩外傳多本荀子，淮南時采呂氏春秋是也。本書列證務錄其本源，而因襲者則附注於條末。

五、同一文證，間有分證數節者，如史記趙世家記程嬰公孫杵臼事，已證於學而篇「與朋友交而不信乎」下，又證於泰伯篇「可以託六尺之孤」下是也。以義各有歸，不嫌複見。

六、證文有同一事而互見數書，彼此略異，本編彙採之者，則取第二條置首條之後，空一格錄之，不別提行，以示區別。

七、古人於同一事有見仁見智之殊，如春秋僖公二十二年泓之戰，公羊傳極贊宋襄公，以爲雖文王之戰不過，而穀梁傳則譏其不教而戰，彼此違異，義得並存，所謂言豈一端，義各有當也。本編於此類並存不廢，讀者不以矛盾爲譏，則幸矣。

八、本書訓說大致以朱子集注爲主，其有後儒勝義長於朱說者，則取後儒之說。心有未安，乃下己意焉。

九、本書中意義相近之文，往往彼此互證，若取兩章證文相校，或有詳略之殊。讀者因證互參，最爲有益。例如：卷五公冶長篇「巧言、令色、足恭，左丘明恥之，丘亦恥之。」節下曾引學而篇「巧言令色，鮮矣仁。」爲證，讀者試因此檢閱學而篇當節證文，則左丘明與孔子所以恥巧言令色之故益爲明白，其一例也。

論語疏證卷第一

學而篇第一

子曰：「學而時習之，不亦說乎！

爲政篇曰：溫故而知新，可以爲師矣。

樹達按：學而時習，卽溫故也；溫故能知新，故說也。

有朋自遠方來，不亦樂乎！

易象傳曰：麗澤兌，君子以朋友講習。

禮記學記篇曰：獨學而無友，則孤陋而寡聞。

孟子萬章下篇曰：孟子謂萬章曰：一鄉之善士，斯友一鄉之善士；一國之善士，斯友一國之善士；天下之善士，斯友天下之善士。

樹達按：人友天下之善士，故有朋自遠方來。同道之朋不遠千里而來，可以證學業，析疑義，雖欲不樂，得乎？

人不知，而不慍，不亦君子乎！」

憲問篇曰：子曰：君子病無能焉，不病人之不己知也。

衞靈公篇曰：子曰：不患人之不己知，患其不能也。

里仁篇曰：子曰：不患莫己知，求爲可知也。

本篇曰：不患人之不己知，患不知人也。

禮記中庸篇曰：君子依乎中庸，遯世不見知而不悔，惟聖者能之。

大戴禮記曾子立事篇曰：人知之，則願也，人不知，苟吾自知也，君子終身守此勿勿也。

孟子盡心上篇曰：孟子謂宋句踐曰：「子好遊乎？吾語子遊。人知之，亦囂囂，人不知，亦囂囂。」曰：「何如斯可以囂囂矣？」曰：「尊德樂義，則可以囂囂矣。」

荀子非十二子篇曰：君子能爲可貴，不能使人必貴己，能爲可信，不能使人必信己；能爲可用，不能使人必用己。故君子恥不修，不恥見汙；恥不信，不恥不見信；恥不能，不恥不見用。是以不誘於譽，不恐於誹，率道而行，端然正己，不爲物傾側，夫是之謂誠君子。

淮南子繆稱篇曰：伋與急同於不己知者，不自知也。誠中之人，樂而不伋，如鴞好聲，熊之好經，夫有誰爲矜？

樹達按：中有自得，故人不知而不慍，自足乎內者固無待於外也。然非德性堅定之人不能及此也。孟子謂尊德樂義，人不知而亦囂囂，正此人之謂也。

又按：時習而說，學者自修之事也；朋來而樂，以文會友之事也；不知而不慍，則爲德性堅定之人矣。孔子之言次第極分明也。

有子曰：

史記仲尼弟子傳曰：有若，少孔子四十三歲。

「其爲人也孝弟，而好犯上者，鮮矣；不好犯上，而好作亂者，未之有也。

賈子道術篇曰：子愛利親謂之孝，反孝爲孽。弟敬愛兄謂之悌，反悌爲敖。

大戴禮記曾子立孝篇曰：是故未有君而忠臣可知者，孝子之謂也；未有長而順下可知者，弟弟之謂也；未有治而能仕可知者，先脩之謂也。故曰：孝子善於君，弟弟善事長，君子一孝一弟，可謂知終矣。

戰國策秦策二曰：昔者曾子處費，費人有與曾子同名族者而殺人。人告曾子母曰：「曾參殺人。」曾子之母曰：「吾子不殺人。」織自若。有頃焉，人又曰：「曾參殺人。」其母尙織自若也。頃之，一人又告之曰：「曾參殺人。」其母懼，投杼踰牆而走。

樹達按：人再告而曾子之母不動者，知曾參孝子，必不爲非法之事也。

君子務本，本立而道生。孝弟也者，其爲仁之本與！」

孝經曰：夫孝，德之本也。

管子戒篇曰：孝弟者，仁之祖也。

呂氏春秋孝行覽曰：凡爲天下，治國家，必務本而後末，務本莫貴於孝。夫孝，三皇五帝之本務，而萬事之紀也。夫執一術而百善至，百邪去，天下從者，其惟孝也。

孟子盡心上篇曰：人之所不學而能者，其良能也；所不慮而知者，其良知也。孩提之童，無不知愛其親者；及其長也，無不知敬其兄也。親親，仁也；敬長，義也。無他，達之天下也。

又離婁上篇曰：仁之實，事親是也；義之實，從兄是也；智之實，知斯二者弗去是也；禮之實，節文斯二者是也；樂之實，樂斯二者。樂則生矣，生則惡可已也；惡可已，則不知足之蹈之手之舞之。

樹達按：愛親，孝也；敬兄，弟也。儒家學說，欲使人本其愛親敬兄之良知良能而擴大之，由家庭以及其國家，以及全人類，進而至於大同，所謂親親而仁民，仁民而愛物也。然博愛人類進至大同之境，乃以愛親敬兄之良知良能爲其始基，故曰孝弟爲仁之本。孟子謂親親敬長，達之天下則爲仁義，又謂事親從兄爲仁義之實，與有子之言相合，此儒家一貫之理論也。

子曰：「巧言令色，鮮矣仁。」

逸周書官人篇曰：華廢而誣，巧言令色，皆以無爲有者也。

又武紀篇曰：幣帛之間有巧言令色，事不成；車甲之間有巧言令色，事不捷。

公冶長篇曰：子曰：巧言、令色、足恭，左丘明恥之，丘亦恥之。

大戴禮記曾子立事篇曰：巧言令色，能小行而篤，難於仁矣。

衞靈公篇曰：子曰：巧言亂德。

呂氏春秋離謂篇曰：故辨而不當理則僞，知而不當理則詐。詐僞之民，先王之所誅也。理也者，是非之宗也。洧水甚大，鄭之富人有溺者，人得其死者，富人請贖之，其人求金甚多，以告鄧析。鄧析曰：「安之！人必莫之買矣。」得死者患之，以告鄧析。鄧析又答之曰：「安之！此必無所更買矣。」

漢書公孫弘傳曰：弘奏事，有所不可，不肯庭辯。常與主爵都尉汲黯請閒，黯先發之，弘推其後，上常說，所言皆聽，以此日益親貴。常與公卿約議，至上前，皆背其約以順上指。汲黯庭詰弘曰：「齊人多詐而無情。始爲與臣等建此議，今皆背之，不忠。」上問弘，弘謝曰：「夫知臣者以臣爲忠，不知臣者以臣爲不忠。」上然弘言，左右幸臣每毀弘，上益厚遇之。

三國志魏志劉曄傳注引傅子曰：曄事明皇帝，又大見親重。帝將伐蜀，朝臣內外皆曰不可。曄入，與帝議，因曰可伐。出與朝臣言，因曰不可伐。曄有膽智，言之皆有形。中領軍楊暨，帝之親臣，又重曄，持不可伐蜀之議最堅。每從內出，輒遇曄，曄講不可之意。後暨從駕行，帝論伐蜀事，暨切諫。帝曰：「卿書生，焉知兵事！」暨謝曰：「臣言誠不足采，侍中劉曄，先帝謀臣，常曰蜀不可伐。」帝曰：「曄與吾言蜀可伐。」暨曰：「曄可召質也。」詔召曄至，帝問曄，終不言。後獨見，曄責帝曰：「伐國，大謀也。臣得與聞大謀，常恐昧夢漏泄以益臣罪，焉敢向人言之！夫兵，詭道也，軍事未發，不厭其密也。陛下顯然露之，臣恐敵國已聞之矣。」於是帝謝之。曄見，出，責暨曰：「夫釣者中大魚，則縱而隨之，須百制而後牽，則無不得也。人主之威，豈徒大魚而已。子誠直臣，然計不足采，不可不精思也。」暨亦謝之。或惡暐於帝曰：「暐不盡忠，伺上意所趣而合之。陛下試與暐言，皆反意而問之，若皆與所問反者，是暐常與聖意合也。復每問皆同者，暐之情必無所復逃矣。」帝如言以驗之，果得其情，從此疏焉。暐遂發狂，出爲大鴻臚，以憂死。諺曰：「巧詐不如拙誠。」信矣。

禮記表記篇曰：子曰：君子不以色親人。情疏而貌親，在小人則穿窬之盜也與。

孟子滕文公下篇曰：曾子曰：脅肩諂笑，病于夏畦。

曾子曰：

史記仲尼弟子傳曰：曾參，南武城人，字子輿，少孔子四十六歲。

「吾日三省吾身。

荀子勸學篇曰：君子博學而日參省乎己，則知明而行無過矣。

爲人謀而不忠乎？

子路篇曰：樊遲問仁，子曰：居處恭，執事敬，與人忠，雖之夷狄，不可棄也。

與朋友交而不信乎？

本篇曰：子夏曰：與朋友交，言而有信。

禮記祭義篇曰：曾子曰：身也者，父母之遺體也，行父母之遺體，敢不敬乎？居處不莊，非孝也；

事君不忠，非孝也；涖官不敬，非孝也；朋友不信，非孝也；戰陳無勇，非孝也。五者不遂，烖及於親，敢不敬乎？

史記趙世家曰：「晉景公時，趙盾卒，諡爲宣孟；子朔嗣。三年，大夫屠岸賈欲誅趙氏。屠岸賈者，始有寵於靈公，及至於景公而賈爲司寇。將作難，乃治靈公之賊，以致趙盾。韓厥告趙朔：「趣亡！」朔不肯，曰：「子必不絕趙祀，朔死不恨。」韓厥許諾，稱疾不出。賈不請而擅與諸將攻趙氏於下宮，殺趙朔趙同趙括趙嬰齊，皆滅其族。趙朔妻，成公姊，有遺腹，走公宮匿。趙朔客曰公孫杵臼，杵臼謂朔友人程嬰曰：「胡不死？」程嬰曰：「朔之婦有遺腹，若幸而男，吾奉之；卽女也，吾徐死耳。」居無何，而朔婦免身，生男。屠岸賈聞之，索於宮中，夫人置兒絝中，祝曰：「趙宗滅乎？若號；卽不滅，若無聲。」及索，兒竟無聲。已脫，程嬰謂公孫杵臼曰：「今一索不得，後必且復索之，奈何？」公孫杵臼曰：「立孤與死孰難？」嬰曰：「死易，立孤難耳。」公孫杵臼曰：「趙氏先君遇子厚，子彊爲其難者，吾爲其易者，請先死？」乃二人謀取他人嬰兒，負之，衣以文葆，匿山中。程嬰出，謬謂諸將軍曰：「嬰不肖，不能立趙孤，誰能與我千金，吾告趙氏孤處。」諸將皆喜，許之，發師隨程嬰攻公孫杵臼。杵臼謬曰：「小人哉程嬰？昔下宮之難，不能死，與我謀匿趙氏孤兒，今又賣我。縱不能立，而忍賣之乎？」抱兒呼曰：「天乎！天乎！趙氏孤兒何罪？請活之！獨殺杵臼可也。」諸將不許，遂殺杵臼與孤兒。諸將以爲趙氏孤兒良已死，皆喜，然趙氏眞孤乃反在，程嬰卒與俱匿山中。居十五年，晉景公疾，卜之，大業之後不遂者爲祟。景公問韓厥，厥知趙孤在，「大業之後在晉絕祀者，其趙氏乎！」景公問：「趙尚有後子孫乎？」韓厥具以實告。於是景公乃與韓厥謀立趙孤兒，召而匿之宮中。諸將入問疾，景公因韓厥之衆以脅諸將而見趙孤，趙孤名曰武，於是召趙武程嬰徧拜諸將，諸將遂反與程嬰趙武攻屠岸賈，滅其族，復與趙武田邑如故。及趙武冠，爲成人，程嬰乃辭諸大夫，謂趙武曰：「昔下宮之難，皆能死，我非不能死，我思立趙氏之後。今趙武既立；爲成人，復故位，我將下報趙宣孟與公孫杵臼。」趙武啼泣頓首固請曰：「武願苦筋骨以報子至死，而子忍去我死乎？」程嬰曰：「不可！彼以我爲能成事，故先我死。今我不報，是以我事爲不成。」遂自殺。趙武服齊衰三年，爲之祭邑，春秋祀之，世世勿絕。

傳不習乎？」

大戴禮記曾子立事篇曰：曾子曰：君子攻其惡，求其過，彊其所不能，去私欲，從事於義，可謂學矣。日旦就業，夕而自省思以歿其身，亦可謂守業矣。君子既學之，患其不博也；既博之，患其不習也；既習之，患其無知也；既知之，患其不能行也；既能行之，貴其能讓也。君子之學，致此五者而已矣。

國語魯語下曰：士朝而受業，晝而講貫，夕而復習，夜而計過，無憾而後卽安。

子曰：「道千乘之國，敬事，

荀子議兵篇曰：慮必先事，而申之以敬，愼終如始，終始如一，夫是之謂大吉。凡百事之成也，必在敬之，其敗也，必在慢之。

而信，

國語晉語曰：箕鄭曰：信於君心，則美惡不踰；信於民，則上下不干；信於令，則時無廢功；信於事，則民從事有業。

春秋莊公十三年曰：冬，公會齊侯盟于柯。公羊傳曰：何以不日？易也。其易奈何？桓之盟不日，其會不致，信之也。其不日何以始乎此？莊公將會乎桓，曹子進曰：「君之意何如？」莊公曰：「寡人之生則不若死矣。」曹子曰：「然則君請當其君，臣請當其臣。」莊公曰：「諾。」於是會乎桓。莊公升壇，曹子手劍而從之。管子進曰：「君何求乎？」曹子曰：「城壞壓境，君不圖與？」管子曰：「然則君將何求？」曹子曰：「願請汶陽之田。」管子顧曰：「君許諾。」桓公曰：「諾。」曹子請盟，桓公下，與之盟。已盟，曹子摽劍而去之。要盟可犯，而桓公不欺，曹子可讎，而桓公不怨，桓公之信著乎天下，自柯之盟始焉。春秋繁露楚莊王篇曰：春秋尊禮而重信，信重於地，禮重於身。何以知其然也？宋伯姬疑禮而死於火，齊桓公疑信而虧其地，春秋賢而舉之，以爲天下法，曰：「禮而信。」又精華篇曰：「齊桓挾賢相之能，用大國之資，卽位五年，不能致一諸侯，於柯之盟見其大信，一年而近國之君畢至，鄄幽之會是也。」春秋莊公二十七年曰：夏六月，公會齊侯宋公陳侯鄭伯同盟于幽。穀梁傳曰：桓盟不日，信之也。衣裳之會十有一，未嘗有歃血之盟也，信厚也。左傳僖公二十五年曰：冬，晉侯圍原，命三日之糧，原不降，命去之。諜出，曰：「原將降矣。」軍吏曰：「請待之。」公曰：

「信，國之寶也，民之所庇也。得原失信，何以庇之？所亡滋多。」退一舍而原降。韓非子外儲說左上篇曰：晉文公攻原，裹十日糧，遂與大夫期十日。至原十日而原不下，擊金而退，罷兵而去。士有從原中出者，曰：「原三日卽下矣。」羣臣左右諫曰：「夫原之食竭力盡矣，君姑待之！」公曰：「吾與士期十日，不去，是亡吾信也。得原失信，吾不爲也。」遂罷兵而去。原人聞，曰：「有君如彼其信也，可無歸乎？」乃降公。衞人聞，曰：「有君如彼其信也，可無從乎？」乃降公。孔子聞而記之曰：「攻原得衞者，信也。」左傳僖公二十七年曰：晉侯始入而敎其民，二年，欲用之。子犯曰：「民未知義，未安其居。」於是乎出定襄王。入務利民，民懷生矣，將用之。子犯曰：「民未知信，未宣其用。」於是乎伐原以示之信。民易資者不求豐焉，明徵其辭。公曰：「可矣乎？」子犯曰：「民未知禮，未生其共。」於是乎大蒐以示之禮，作執秩以正其官，民聽不惑而後用之。出穀戍，釋宋圍，一戰而霸，文之敎也。

韓非子外儲說左上篇曰：魏文侯與虞人期獵，明日，會天疾風，左右止文侯，不聽，曰：「不可以風疾之故而失信，吾不爲也。」遂自驅車往犯風而罷虞人。

又內儲說上七術篇曰：吳起爲魏武侯西河之守，秦有小亭臨境，吳起欲攻之，不去則甚害田者，去之則不足以徵甲兵。於是乃倚一車轅於北門之外，而令之曰：「有能徙此南門之外者，賜之上田上宅。」人莫之徙也。及有徙之者，遂賜之如令。俄又置一石赤菽於東門之外，而令之曰：「有能徙此於西門之外者，賜之如初。」人爭徙之。乃下令曰：「明日且攻亭，有能先登者，仕之國大夫，賜之上田上宅。」人爭趨之，於是攻亭，一朝而拔之。呂氏春秋愼小篇曰：吳起治西河，欲諭其信於民，夜日置表於南門之外，令於邑中曰：「明日有人能僨南門之外表者，仕長大夫。」明日，日晏矣，莫有僨表者。民相謂曰：「此必不信。」有一人曰：「試往僨表，不得賞而已，何傷？」往僨表，來謁吳起，吳起自見而出，仕之長大夫。夜日又復立表，又令於邑中如前，邑人守門爭表，表加植，不得所賞。高注云：表深植而不能僨，不得所賞也。自是之後，民信吳起之賞罰。賞罰信乎民，何事而不成？豈獨兵乎！

史記商君傳曰：以衞鞅爲庶長，卒定變法之令。令既具，未布，恐民之不信己，乃立三丈之木於國都市南門，募民有能徙置北門者，予十金。民怪之，莫敢徙。復曰：「能徙者，予五十金。」有一人徙之，輒予五十金，以明不欺。卒下令，令行於民。

韓非子外儲說左上篇曰：楚厲王有警鼓，與百姓爲戒，飲酒醉，過而擊，民大驚。使人止之，曰：「吾醉而與左右戲而擊之也。」民皆罷。居數月，有警，擊鼓而民不赴，乃更令明號而民信之。

史記周本紀曰：幽王以褒姒爲后，褒姒不好笑，幽王欲其笑，萬方，故不笑。幽王爲烽燧大鼓，有寇至，則舉烽火，諸侯悉至，至而無寇，褒姒乃大笑。幽王說之，爲數舉烽火。其後不信，諸侯益亦不至。犬戎攻幽王，幽王舉烽火徵兵，兵莫至，遂殺幽王驪山下，虜褒姒，盡取周賂而去。

節用，

大戴禮記王言篇曰：昔者明王關譏而不征，市鄽而不稅，稅十取一，使民之力，歲不過三日，入山澤以時，有禁而無征。此六者，取財之路也。明主捨其四者而節其二者，明王焉取其費也。

孟子梁惠王上篇曰：不違農時，穀不可勝食也；數罟不入洿池，魚鱉不可勝食也；斧斤以時入山林，材木不可勝用也。穀與魚鱉不可勝食，材木不可勝用，是使民養生喪死無憾也。養生喪死無憾，王道之始也。

荀子富國篇曰：足國之道，節用裕民而善臧其餘。節用以禮，裕民以政。彼裕民，故多餘；裕民則民富；民富則田肥以易；田肥以易，則出實百倍。上以法取焉，而下以禮節用之，餘若丘山，不時焚燒，無所藏之，夫君子奚患乎無餘？故知節用裕民，則必有仁義聖良之名，而且有富厚丘山之積矣。此無它故焉，生於節用裕民也。不知節用裕民則民貧，民貧則田瘠以穢；田瘠以穢，則出實不半。上雖好取侵奪，猶將寡獲也。而或以無禮節用之，則必有貪利糾譑之名，而且有空虛窮乏之實矣。此無它故焉，不知節用裕民也。康誥曰：「弘覆乎天，若德裕乃身，」此之謂也。

又天論篇曰：天行有常，不爲堯存，不爲桀亡。應之以治則吉，應之以亂則凶。彊本而節用，則天不能貧，故水旱不能使之饑。本荒而用侈，則天不能使之富，故水旱未至而饑。受時與治世同，而殃禍與治世異，不可以怨天，其道然也。

管子八觀篇曰：國侈則用費，用費則民貧，民貧則姦智生，姦智生則邪巧作。故姦邪之所生，生於匱不足。匱不足之所生，生於侈。侈之所以生，生於無度。故曰：審度量，節衣服，儉財用，禁侈泰，爲國之急也。

而愛人，

說苑政理篇曰：武王問於太公曰：「治國之道若何？」太公對曰：「治國之道，愛民而已。」曰：「愛民若何？」曰：「利之而勿害，成之勿敗，生之勿殺，與之勿奪，樂之勿苦，喜之勿怒，此治國之道，使民之義也。愛之而已矣。民失其所務，則害之也；農失其時，則敗之也；有罪者重其罰，則殺之也；重賦斂者，則奪之也；多徭役以罷民力，則苦之也；勞而擾之，則怒之也。故善爲國者，遇民如父母之愛子，兄之愛弟，聞其饑寒，爲之哀，見其勞苦，爲之悲。」

荀子君道篇曰：君者，民之原也。原清則流清，原濁則流濁。故有社稷者而不能愛民，不能利民，而求民之親愛己，不可得也；民不親不愛而求其爲己用，爲己死，不可得也；民不爲己用，不爲己死，而求兵之勁，城之固，不可得也；兵不勁，城不固，而求敵之不至，不可得也；敵至而求無危削，不滅亡，不可得也；危削滅亡舉積此矣，而求安樂，是狂生者也。狂生者不胥時而落。

春秋莊公二十七年曰：夏六月，公會齊侯宋公陳侯鄭伯同盟于幽。穀梁傳曰：齊侯兵車之會四，未嘗有大戰也，愛民也。

又莊公二十九年曰：春，新延廄。穀梁傳曰：延廄者，法廄也。其言新，有故也。有故則何爲書也？古之君人者，必時視民之所勤。民勤於力，則功築罕；民勤於財，則貢賦少；民勤於食，則百事廢矣。冬築微，春新延廄，以其用民力爲已悉矣。勤謂缺少。

又莊公三十一年曰：春，築臺于郎。夏四月，築臺于薛。秋，築臺于秦。穀梁傳曰：不正罷民三時，虞山林藪澤之利。且財盡則怨，力盡則懟，君子危之，故謹而志之也。

春秋繁露王道篇曰：作南門，刻桷，丹楹，作雉門及兩觀，築三臺，新延廄，譏驕溢不恤下也。

又俞序篇曰：子夏言，春秋重民，諸譏皆本此。

又竹林篇曰：秦穆侮蹇叔而大敗，鄭文輕衆而喪師，春秋之敬賢重民如是。是故戰攻侵伐雖數百起，必一二書，傷其害所重也。

鹽鐵論備胡篇曰：春秋動衆則書，重民也。

春秋僖公十九年曰：梁亡。公羊傳曰：此未有伐者，其言梁亡，何？自亡也。其自亡奈何？魚爛而亡也。春秋繁露王道篇曰：梁內役民無已，其民不能堪，使民比地爲伍，一家亡，五家殺刑。其民曰：「先亡者封，後亡者刑。」君者，將使民以孝於父母，順於長老，守丘墓，承宗廟，世世祀其先。今求財不足，行罰如將不勝，殺戮如屠，仇讎其民，魚爛而亡，國中盡空。春秋曰：「梁亡。」亡者，自亡也，非人亡之也。

使民以時。」

禮記中庸篇曰：時使薄斂，所以勸百姓也。

春秋桓公十六年曰：冬，城向。左氏傳曰：書，時也。

又莊公二十九年曰：冬十二月，城諸及防。左氏傳曰：書，時也。凡土功，龍見而畢務，戒事也。火見而致用，水昏正而栽，日至而畢。

又文公十二年曰：冬，城諸及鄆。左氏傳曰：書，時也。

又宣公八年曰：冬，城平陽。左氏傳曰：書，時也。

又成公九年曰：冬十一月，城中城。左氏傳曰：書，時也。

又襄公十三年曰：冬，城防。左氏傳曰：書，事時也。於是將早城，臧武仲請俟畢農時，禮也。

又昭公九年曰：冬，築郎囿。左氏傳曰：書，時也。

樹達按：以上皆使民以時之例。

大戴禮記曾子制言上篇曰：使民不時失國，吾信之矣。

春秋隱公七年曰：夏，城中丘。左氏傳曰：書，不時也。

又九年曰：夏，城郎。左氏傳曰：書，不時也。

又莊公二十九年曰：春，新延廄。左氏傳曰：書，不時也。

又僖公二十年曰：春，新作南門。左氏傳曰：書，不時也。凡啓塞從時。

又成公十八年曰：八月，築鹿囿。左氏傳曰：書，不時也。

左傳襄公十七年曰：宋皇國父爲太宰，爲平公築臺，妨於農收。子罕請俟農功之畢，公弗許。

說苑貴德篇曰：晉平公春築臺。叔向曰：不可。古者聖王貴德而務施，緩刑辟而趨民時，今春築臺，是奪民時也。夫德不施則民不歸，刑不緩則百姓愁；使不歸之民，役愁怨之百姓，而又奪其時，是重竭也。夫牧百姓，養育之，而重竭之，豈所以定命安存而稱爲人君於後世哉。平公曰：善，乃能盡役。

樹達按：以上皆使民不以時之例。

子曰：「弟子，入則孝，出則弟，

子罕篇曰：子曰：出則事公卿，入則事父兄，喪事不敢不勉，不爲酒困，何有於我哉？

謹而信，

禮記曲禮上篇曰：幼子常視毋誑。

先進篇曰：魯人爲長府。閔子騫曰：「仍舊貫，如之何？何必改作。」子曰：「夫人不言，言必有中。」

老子曰：輕諾者寡信。

逸周書官人篇曰：揚言者寡信。

樹達按：謹謂寡言也。說詳余釋謹篇。見積微居小學金石論叢卷一。信謂其言誠實可信也。寡言而不信，雖寡亦無當矣。夫人不言，謹也；言必有中，信也。輕諾揚言，皆不謹也。

汎愛衆，而親仁。

大戴禮記曾子立事篇曰：親人必有方，多知而無親，君子弗與也。君子多知而擇焉。

樹達按：多知謂多交。

孟子盡心上篇曰：仁者無不愛也，急親賢之爲務。堯舜之仁，不偏愛人，急親賢也。

樹達按：仁者無不愛，汎愛衆也；急親賢之爲務，親仁也。孔子云汎愛，孟子云不徧愛者。汎謂無差別，徧謂無遺漏，義自有別也。

行有餘力，則以學文。」

子夏曰：

史記仲尼弟子傳曰：卜商字子夏，少孔子四十四歲。

「賢賢易色，

子罕篇曰：子曰：吾未見好德如好色者也。

衞靈公篇曰：子曰：已矣乎！吾未見好德如好色者也。

事父母能竭其力，

孟子離婁上篇曰：孟子曰：天下大悅而將歸己，視天下悅而歸己，猶草芥也，惟舜爲然。不得乎親，不可以爲人；不順乎親，不可以爲子。舜盡事親之道而瞽瞍底豫，瞽瞍底豫而天下化，瞽瞍底豫而天下之爲父子者定，此之謂大孝。

又曰：曾子養曾晳，必有酒肉；將徹，必請所與；問有餘，必曰：「有。」曾晳死，曾元養曾子，必有酒肉；將徹，不請所與；問有餘，曰：「亡矣。」將以復進也。此所謂養口體者也。若曾子，則可謂養志也，事親若曾子者可也。

事君能致其身，

春秋桓公二年曰：春王正月戊申，宋督弒其君與夷及其大夫孔父。公羊傳曰：此何以書？賢也。何賢乎孔父？孔父可謂義形於色矣。其義形於色奈何？督將弒殤公，孔父生而存，則殤公不可得而弒也。故於是先攻孔父之家。殤公知孔父死已必死，趨而救之，皆死焉。孔父正色而立於朝，則人莫敢過而致難於其君者，孔父可謂義形於色矣。

又莊公十二年曰：秋八月甲午，宋萬殺其君接及其大夫仇牧。公羊傳曰：此何以書？賢也。何賢乎仇牧？仇牧可謂不畏彊禦矣。其不畏彊禦奈何？萬嘗與莊公戰，獲乎莊公，莊公歸，散舍諸宮中，數月然後歸之。歸反，爲大夫於宋。與閔公博，婦人皆在側，萬曰：「甚矣魯侯之淑，魯侯之美也！天下諸侯宜爲君者，唯魯侯爾！」閔公矜此婦人，妬其言，顧曰：「此虜也，爾虜焉故，魯侯之美惡乎至？」萬怒，搏閔公，絕其脰。仇牧聞君弒，趨而至，遇之于門，手劍而叱之。萬臂摋仇牧，碎其首，齒著乎門闔。仇牧可謂不畏彊禦矣。

又僖公十年曰：晉里克殺其君卓子及其大夫荀息。公羊傳曰：何以書？賢也。何賢乎荀息？荀息可謂不食其言矣。其不食其言奈何？奚齊卓子者，驪姬之子也，荀息傅焉。驪姬者，國色也，獻公愛之甚，欲立其子，於是殺世子申生。申生者，里克傅之。獻公病，將死，謂荀息曰：「士何如則可謂之信矣？」荀息對曰：「使死者反生，生者不愧乎其言，則可謂信矣。」獻公死，奚齊立。里克謂荀息曰：「君殺正而立不正，廢長而立幼，如之何？願與子慮之。」荀息曰：「君嘗訊臣矣。臣對曰，使死者反生，生者不愧乎其言，則可謂信矣。」里克知其不可與謀，退弑奚齊。荀息立卓子，里克弑卓子，荀息死之。荀息可謂不食其言矣。

與朋友交，言而有信。

本篇曰，曾子曰：吾日三省吾身；爲人謀而不忠乎？與朋友交而不信乎？傳不習乎？

後漢書獨行傳曰：范式，字巨卿，山陽金鄉人也。少遊太學，爲諸生，與汝南張劭爲友。劭字元伯。二人並告歸鄉里，式謂元伯曰：「後二年當還，將過拜尊親，見孺子焉。」乃共尅期日，後期方至，元伯具以白母，請設饌以候之。母曰：「二年之別，千里結言，爾何相信之審耶？」對曰：「巨卿，信士，必不乖違。」母曰：「若然，當爲爾醞酒。」至其日，巨卿果到，升堂拜飲，盡歡而別。

雖曰未學，吾必謂之學矣。」

子曰：「君子不重則不威。

左傳襄公三十一年曰：有威而可畏謂之威。

禮記玉藻篇曰：君子之容舒遲，見所尊者齊遬。足容重，手容恭，目容端，口容止，聲容靜，頭容直，氣容肅，立容德，色容莊，坐如尸，燕居告溫溫。

法言修身篇曰：或問：「何如斯謂之人？」曰：「取四重，去四輕。」曰：「何謂四重？」曰：「重言，重行，重貌，重好。言重則有法；行重則有德；貌重則有威；好重則有觀。」

學則不固。

淮南子修務篇曰：昔者倉頡作書，容成造曆，胡曹爲衣，后稷耕稼，儀狄作酒，奚仲爲車。此六人者，皆有神明之道，聖智之迹，故人作一事而遺後世。周室以後，無六子之賢而皆修其業，當世之人無一人之才而智智與知同六賢之道者，何？敎順順與訓同施續，而知能流通。由此觀之，學不可已明矣。

中論治學篇曰：民之初載，其矇未知，譬如寶在於玄室，有所求而不見；白日照焉，則羣物斯辨矣。學者，心之白日也。

陽貨篇曰：子曰：「由也！女聞六言六蔽矣乎？」對曰：「未也。」「居！吾語女。好仁不好學，其蔽也愚；好知不好學，其蔽也蕩；好信不好學，其蔽也賊；好直不好學，其蔽也絞；好勇不好學，其蔽也亂；好剛不好學，其蔽也狂。」

樹達按：廣雅釋言云：固，陋也。左傳定公十年云：「吾僞固而授之末。」杜注云：「僞爲固陋不知禮者，以劍鋒末授之。」禮記哀公問曰：「公曰：寡人固，不固，焉得聞此言也？」鄭注釋固爲鄙固。學則不固，謂人能學則不至於固陋鄙倍也。此與「敏則有功，」「信則人任焉」句例相同。與上句別爲一事，承上句訓說者非也。

主忠信。

顏淵篇曰：子張問崇德辨惑。子曰：「主忠信，徙義，崇德也。」

易乾文言曰：忠信，所以進德也。

禮記禮器篇曰：先王之立禮也，有本，有文。忠信，禮之本也；義理，禮之文也。無本不立；無文不行。

說苑敬慎篇曰：顏回將西遊，問於孔子曰：「何以爲身？」孔子曰：「恭敬忠信可以爲身。恭則免於衆，敬則人愛之，忠則人與之，信則人恃之。人所愛，人所與，人所恃，必免於患矣。可以臨國家，何況於身乎！」

荀子哀公篇曰：魯哀公問於孔子曰：「請問取人。」孔子對曰：「無取健，無取詌，無取口啍。健，貪也；詌，亂也；口啍，誕也。故弓調而後求勁焉，馬服而後求良焉，士信慤而後求知能焉。士不信慤而有多知能焉，譬之，其豺狼也，不可以身爾與邇同也。」韓詩外傳卷四文略同。

無友不如己者。

呂氏春秋驕恣篇曰：楚莊王曰：「仲虺有言曰：諸侯之德能自爲取師者王；能自取友者存；其所擇而莫如己者亡。」荀子堯問篇文異。

又觀世篇曰：譬之，若登山，登山者處已高矣，左右視，尙巍巍焉山在其上，賢者之所與處，有似於此。身已賢矣，行已高矣，左右視，尙盡賢於己。故周公旦曰：「不如吾者，吾不與處，累我者也；與我齊者，吾不與處，無益我者也。」惟賢者必與賢於己者處。

中論貴驗篇曰：小人恥其面之不及子都也，君子恥其行之不如堯舜也，故小人尙明鑒，君子尙至言。至言也，非賢友則無取之，故君子必求賢友也。詩曰：「伐木丁丁，鳥鳴嚶嚶，出自幽谷，遷于喬木。」言朋友之義，務在切直以升於善道者也。故君子不友不如己者，非羞彼而大我也，不如己者須己而植者也。然則扶人不暇，將誰相我哉？吾之僨也，亦無日矣。故墳庳則水縱，友邪則己僻也。是以君子愼取友也。

說苑雜言篇曰：孔子曰：「丘死之後，商也日益，賜也日損。商也好與賢己者處，賜也好說不如己者。」

史記仲尼弟子傳曰：宓不齊字子賤。子賤爲單父宰，反命於孔子曰：「此國有賢不齊者五人，敎不齊所以治者。」孔子曰：「惜哉！不齊所治者小，所治者大，則庶幾矣。」

樹達按：友謂求結納交也。納交於勝己者，則可以進德輔仁。不如己之人而求與之交，無謂也。至不如我者以我爲勝彼而求與我爲交，則義不得拒也。

過則勿憚改。」

易象傳曰：風雷益，君子以見善則遷，有過則改。

衞靈公篇曰：子曰：過而不改，是謂過矣。

子張篇曰：子貢曰：君子之過也，如日月之食焉。過也，人皆見之；更也，人皆仰之。

又曰：子夏曰：小人之過也，必文。

大戴禮記曾子立事篇曰：君子不說人之過，成人之美。朝有過夕改，則與之；夕有過朝改，則與之。

又曰：過而不能改，倦也。

又盛德篇曰：人情莫不有過，過而改之，是不過也。

春秋文公十二年曰：秦伯使遂來聘。公羊傳曰：遂者何？秦大夫也。秦無大夫，此何以書？賢繆公也。何賢乎繆公？以爲能變也。其爲能變奈何？惟諓諓善竫言，俾君子易怠，而況乎我多有之。惟一介斷斷焉無他技，其心休休能有容，是難也。何注云：秦繆公自傷前不能用百里子蹇叔子之言，感而自變悔，遂霸西戎。子貢曰：君子之過也，如日月之食焉。過也，人皆見之；更也，人皆仰之：此之謂也。荀子大略篇曰：春秋賢穆公，以爲能變也。

又文公十四年曰：晉人納接菑于邾婁，弗克納。公羊傳曰：納者何？入辭也。其言弗克納何？大其弗克納也。何大乎其弗克納？晉郤缺帥師，革車八百乘以納接菑于邾婁，力沛若有餘而納之。邾婁人言曰：「接菑，晉出也；貜且，齊出也。子以其指，則接菑也四，貜且也六。子以大國壓之，則未知齊晉孰有之也？貴則皆貴矣。雖然，貜且也長。」郤缺曰：「非吾力不能納也，義實不爾克也。」引師而去之。故君子大其弗克納也。

又成公八年曰：春，晉侯使韓穿來言汶陽之田歸之於齊。公羊傳曰：來言者何，內辭也，脅我使歸之也。曷爲使我歸之？鞌之戰，齊師大敗。齊侯歸，弔死視疾，七年不飲酒，不食肉。晉侯聞之，曰：「嘻，奈何使人之君七年不飲酒，不食肉！」請皆反其所取侵地。何注云：「晉侯聞齊侯悔過自責，高其義，畏其德，使諸侯還齊之所喪邑。」

又定公十年曰：夏，公會齊侯于頰谷。公至自頰谷。穀梁傳曰：頰谷之會，孔子相焉。兩君就壇，兩相相揖，齊人鼓譟而起，欲以執魯君。孔子歷階而上，不盡一等，而視歸乎齊侯，曰：「兩君合好，夷狄之民何爲來爲？」令司馬止之。齊侯逡巡而謝曰：「寡人之過也。」退而屬其二三大夫曰：「夫人率其君與之行古人之道，二三子獨率我而入夷狄之俗，何爲？」

史記孔子世家曰：會齊侯頰谷，景公歸而大恐；告其羣臣曰：「魯以君子之道輔其君，而子獨以夷狄之道教寡人，使得罪於魯君，爲之奈何？」有司進對曰：「君子有過則謝以質，小人有過則謝以文。君若悼之，則謝以質。」於是齊侯乃歸所侵魯之鄆汶陽龜陰之田以謝過。

春秋定公十三年曰：晉趙鞅歸于晉。穀梁傳曰：此叛也，其以歸言之，何也？貴其以地反也。貴其以地反，則是大利也，非大利也，許悔過也。

國語魯語上曰：季文子相宣成，無衣帛之妾，無食粟之馬。仲孫它諫曰：「子爲魯上卿，相二君矣，妾不衣帛，馬不食粟，人其以子爲愛，且不華國乎？」文子曰：「吾亦願之。然吾觀國人，其父兄之食麤而衣惡者猶多矣，吾是以不敢。人之父兄食粗衣惡，而我美妾與馬，無乃非相人乎！且吾聞：以德榮國曰華，不聞以妾與馬。」文子以告孟獻子。獻子囚之七日。自是子服之妾，衣不過七升之布，馬餼不過稂莠。文子聞之，曰：「過而能改者，民之上也。」使爲上大夫。

樹達按：仲孫它爲孟獻子之子，字子服。

左傳宣公二年曰：晉靈公不君，趙盾士季患之，將諫。士季曰：「諫而不入，則莫之繼也。會請先，不入，則子繼之。」三進，及溜，而後視之。曰：「吾知所過矣，將改之。」稽首而對曰：「人誰無過？過而能改，善莫大焉。詩曰：『靡不有初，鮮克有終。』夫如是，則能補過者鮮矣。君能有終，則社稷之固也。又曰：『袞職有闕，惟仲山甫補之；』能補過也。君能補過，袞不廢矣。」猶不改。

曾子曰：「愼終，

禮記檀弓上篇曰：子思曰：喪三日而殯，凡附於身者必誠必信，勿之有悔焉耳矣；三月而葬，凡附於棺者必誠必信，勿之有悔焉耳矣。

又雜記下篇曰：子貢問喪。子曰，「敬爲上，哀次之，瘠爲下。」

荀子禮論篇曰：禮者，謹於治生死者也。生，人之始也；死，人之終也；終始俱善，人道畢矣。故君子敬始而愼終，終始如一，是君子之道，禮義之文也。夫厚其生而薄其死，是敬其有知而慢其無知也；是姦人之道而倍叛之心也。君子以倍叛之心接臧穀，猶且羞之，而況以事其所隆親乎。故死之爲道也，一而不可得再復也。臣之所以致重其君，子之所以致重其親，於是盡矣。故事生不忠厚，不敬文，謂之野；送死不忠厚，不敬文，謂之瘠。君子賤野而羞瘠。

追遠，

禮記坊記篇曰：修宗廟，敬祭祀，敎民追孝也。

又祭統篇曰：夫祭之爲物大矣，其興物備矣，順以備者也，其敎之本與。是故君子之敎也，必由其本，順之至也，祭其是與。故曰，祭者，敎之本也已。

荀子禮論篇曰：故有天下者事七世，有一國者事五世，有五乘之地者事三世，有三乘之地者事二世。

民德歸厚矣。」

禮記檀弓下篇曰：子游曰：人死，斯惡之矣；無能也，斯倍之矣。是故制絞衾，設蔞翣，爲使人勿惡也。始死，脯醢之奠；將行，遣而行之；既葬而食之；未有見其饗之者也。自上世以來，未之有舍也，爲使人勿倍也。

又經解篇曰：喪祭之禮，所以明臣子之恩也。喪祭之禮廢，則臣子之恩薄，而倍死忘生者衆矣。

大戴禮記盛德篇曰：喪祭之禮，所以敎仁愛也。

泰伯篇曰：君子篤於親，則民興於仁。

子禽問於子貢曰：「夫子至於是邦也，必聞其政，求之與？抑與之與？」

史記仲尼弟子傳曰：端木賜，衞人，字子貢，少孔子三十一歲。

子貢曰：「夫子溫良恭儉讓以得之。夫子之求之也，其諸異乎人之求之與！」

賈子道術篇曰：接遇愼容謂之恭，反恭爲媟。厚人自薄謂之讓，反讓爲冒。欣熅可安謂之熅，反熅爲鷙。熅與溫通安柔不苛謂之良，反良爲齧。廣較自斂謂之儉，反儉爲侈。

論衡實知篇曰：陳子禽問子貢曰：「夫子至於是邦也，必聞其政，求之與？抑與之與？」子貢曰：「夫子溫良恭儉讓以得之。」溫良恭儉讓，尊行也。有尊行於人，人親附之。人親附之，則人告語之矣。

子曰：「父在觀其志，父沒觀其行，三年無改於父之道，可謂孝矣。」

禮記坊記篇曰：子云：君子弛其親之過而敬其美。論語曰：「三年無改於父之道，可謂孝矣。」高宗云：三年其惟不言，言乃讙。

大戴禮記曾子本孝篇曰：父死，三年不敢改父之道。

漢書五行志曰：京房易傳曰：「幹父之蠱，有子，考亡咎。」子三年不改父道，思慕不皇，亦重見先人之非。

子張篇曰：曾子曰：吾聞諸夫子；孟莊子之孝也，其他可能也，其不改父之臣與父之政，是難能也。

書洪範篇曰：箕子乃言曰：我聞：在昔鯀陻洪水，汨陳其五行，帝乃震怒，不畀洪範九疇，彝倫攸斁。鯀則殛死，禹乃嗣興，天乃錫禹洪範九疇，彝倫攸敍。

左傳定公四年曰：管蔡啓商，惎間王室，王於是乎殺管叔而蔡蔡叔，以車七乘，徒七十人。其子蔡仲改行帥德，周公舉之，以爲己卿士，見諸王而命之以蔡。其命書云：「王曰：胡！無若爾考之違王命也。」

里仁篇曰：事父母幾諫，見志不從，又敬不違，勞而不怨。

樹達按：三年無改，謂事之雖不改而無害者耳。若親之過失，親在尚當幾諫，不當在不改之域也。鯀之汩陳五行，蔡叔之惎閒王室，大禹蔡仲爲其子，豈能待三年而後改乎？

有子曰：「禮之用，和爲貴。先王之道，斯爲美，小大由之。有所不行，知和而和，不以禮節之，亦不可行也。」

禮記中庸篇曰：喜怒哀樂之未發謂之中，發而皆中節謂之和。

賈子道術篇曰：剛柔得適謂之和，反和爲乖。

禮記燕義篇曰：和寧，禮之用也。

樹達按：事之中節者皆謂之和，不獨喜怒哀樂之發一事也。說文云：龢，調也。盉，調味也。樂調謂之龢，味調謂之盉，事之調適者謂之和，其義一也。和今言適合，言恰當，言恰到好處。禮之爲用固在乎適合，然若專求適合，而不以禮爲之節，則終日舍己徇人，而亦不可行矣。朱子訓和爲從容不迫，既與古訓相違，以之釋知和而和，尤不可通，恐未是也。

有子曰：「信近於義，言可復也。

左傳宣公十五年曰：解揚曰：信載義而行之爲利。

又成公八年曰：季文子曰：信以行義。

大戴禮記曾子立事篇曰：君子行必思言之，言之必思復之，思復之，必思無悔言，亦可謂慎矣。

樹達按：人初爲不義之約言而後不可復，失亦甚矣。

恭近於禮，遠恥辱也。

禮記表記篇曰：子曰：恭近禮，儉近仁，信近情。敬讓以行此，雖有過，其不甚矣。

顏淵篇曰：子夏曰：君子敬而無失，與人恭而有禮。

禮記表記篇曰：子曰：君子慎以辟禍，篤以不揜，恭以遠恥。

泰伯篇曰：子曰：恭而無禮則勞。

禮記仲尼燕居篇曰：子曰：恭而不中禮謂之給，給奪慈仁。

公冶長篇曰：巧言、令色、足恭，左丘明恥之，丘亦恥之。

樹達按：足恭者，恭而不近於禮者也。

因不失其親，亦可宗也。」

荀子性惡篇曰：夫人雖有性質美而心辨知，必將求賢師而事之，擇良友而友之。得賢師而事之，則所聞者堯舜禹湯之道也；得良友而友之，則所見者忠信敬讓之行也。身日進於仁義而不自知也者，靡使然也。

又哀公篇曰：所謂庸人者，不知選賢人善士託其身，以爲己憂。

說苑雜言篇曰：孔子曰：依賢固不困，依富固不窮，馬趼折而復行者，以輔足衆也。

子曰：「君子食無求飽，居無求安，

孟子告子上篇曰：詩云：「既醉以酒，既飽以德，」言飽乎仁義也，所以不願人之膏粱之味也。令聞廣譽施於身，所以不願人之文繡也。

荀子正名篇曰：心平愉，則色不及傭而可以養目；傭與庸同，常也。聲不及傭而可以養耳；蔬食菜羹而可以養口；麤布之衣，麤紃之履，而可以養體；局室蘆簾，稾蓐尙机筵，而可以養形。故無萬物之美而可以養樂，無埶列之位而可以養名，如是而加天下焉，其爲天下多，其私樂少矣，夫是之謂重己役物。

雍也篇曰：子曰：賢哉！回也。一簞食，一瓢飲，在陋巷，人不堪其憂，回也不改其樂。賢哉！回也。

敏於事而愼於言，

先進篇曰：冉有問：「聞斯行諸？」子曰：「聞斯行之。」

公冶長篇曰：子路有聞，未之能行，惟恐有聞。

陽貨篇曰：敏則有功。又見堯曰篇。

里仁篇曰：君子欲訥於言而敏於行。

就有道而正焉。

荀子勸學篇曰：學莫便乎近其人，禮樂法而不說；詩書故而不切；春秋約而不速。方其人之習君子之說，則尊以徧矣，周於世矣。故曰：學莫便乎近其人。

樹達按：左傳襄公二十六年云：穿封戌囚皇頡，公子圍與之爭之，正於伯州犁。杜注云：正曲直也，論語此正字義同。

可謂好學也已。」

子貢曰：「貧而無諂，富而無驕，何如？」子曰：「可也，

憲問篇曰：子曰：貧而無怨難，富而無驕易。

左傳定公十三年曰：衛公叔文子朝而請享靈公，退，見史鰌而告之。史鰌曰：「子必禍矣。子富而君貪，其及子乎。」文子曰：「然。吾不先告子，是吾罪也。君既許我矣，其若之何？」史鰌曰：「無害。子臣，可以免。富而能臣，必免於難，上下同之。戌也驕，其亡乎！富而不驕者鮮，吾唯子之見。驕而不亡者，未之有也，戌必與焉。」及文子卒，衛侯始惡於公叔戌，以其富也。

未若貧而樂，

大戴禮記衛將軍文子篇曰：德恭而行信，終日言不在尤之內，在尤之外，貧而樂也。蓋老萊子之行也。

述而篇曰：子曰：飯蔬食，飲水，曲肱而枕之，樂亦在其中矣。不義而富且貴，於我如浮雲。

樹達按：此孔子貧而樂也。

雍也篇曰：子曰：賢哉回也！一簞食，一瓢飲，在陋巷；人不堪其憂，回也不改其樂。賢哉！回也！

樹達按：此顏子貧而樂也。

莊子讓王篇曰：古之得道者，窮亦樂，達亦樂，所樂非窮達也。道得於此，則窮達一也，如寒暑風雨之序矣。

富而好禮者也。」

禮記曲禮上篇曰：富貴而知好禮，則不驕不淫。

國語晉語八曰：趙文子爲室，斲其椽而礱之。張老夕焉，而見之，不謁而歸。文子聞之，駕而往，曰：「吾不善，子亦告我，何其速也？」對曰：「天子之室，斲其椽而礱之，加密石焉。諸侯礱之，大夫斲之，士首之。備其物，義也；從其等，禮也。今子貴而忘義，富而忘禮，吾懼不免，何敢以告。」文子歸，令之勿礱也。

禮記坊記篇曰：子云：小人貧斯約，富斯驕；約斯盜，驕斯亂。禮者，因人之情而爲之節文以爲民坊者也。故聖人之制富貴也，使民富不足以驕，貧不至於約，貴不慊於上，故亂益亡。子云：貧而好樂，富而好禮，衆而以寧者，天下其幾矣。

後漢書東平憲王蒼傳曰：蒼少好經書，雅有智思，爲人要帶十圍，顯宗甚愛重之。及即位，拜爲驃騎將軍，位在三公上。時中興三十餘年，蒼以天下化平，宜修禮樂，乃與公卿共議定南北郊、冠冕、車服制度及光武廟登歌八佾舞數。蒼在朝數載，多所隆益，而自以至親輔政，聲望日重，意不自安，上疏歸職，帝優詔不聽。後數陳乞，辭甚懇切，乃許還國。十一年，蒼朝京師，月餘，還國。帝臨送，歸宮，悽然懷思，遣使手詔國中傅曰：「日者問東平王，處家何等最樂？王言：爲善最樂。其言甚大，副是要腹矣。」肅宗即位，欲爲原陵顯節陵起縣邑。蒼聞之，遽上疏諫，帝從而止。六年冬，蒼上疏求朝，明年正月，帝許之。蒼既至，升殿乃拜，天子親答之。蒼以受恩過禮，情不自寧，上疏辭。帝省奏歎息，愈褒貴焉。論曰：孔子稱：貧而無諂，富而無驕，未若貧而樂，富而好禮者也。若東平憲王，可謂好禮者也。若其辭至戚，去母后，豈欲苟立名行而忘親遺義哉！蓋位疑則隙生，累近則喪大，斯蓋明哲之所爲歎息。嗚呼！遠隙以全忠，釋累以成孝，夫豈憲王之志哉。

劉寶楠云：無諂無驕者，生質之美；樂道好禮者，學問之功。樹達按：無諂無驕，止於有守而已；樂道好禮，則進而有爲矣。

子貢曰：「詩云：『如切如磋，如琢如磨，』其斯之謂與？」

爾雅釋器曰：骨謂之切，象謂之磋，玉謂之琢，石謂之磨。

禮記大學篇曰：如切如磋者，道學也；如琢如磨者，自修也。

荀子大略篇曰：人之於文學也，猶玉之於琢磨也。詩曰：如切如磋，如琢如磨，謂學問也。

子曰：「賜也，始可與言詩已矣，告諸往而知來者。」

公冶長篇曰：子貢曰：賜也聞一以知二。

子曰：「不患人之不己知，患不知人也。」

憲問篇曰：子曰：君子病無能焉，不病人之不己知也。

衛靈公篇曰：子曰：不患人之不己知，患其不能也。

里仁篇曰：子曰：不患莫己知，求爲可知也。

樹達按：患其不能，求爲可知，此孔子教人以責己也。患不知人，此孔子教人以廣己也。責己者初學者所有事，廣己則進德君子之事矣。因人之不知己，反而自省我之不知人，此仁恕之極功也。

論語疏證卷第二

爲政篇第二

子曰：「爲政以德，譬如北辰，居其所而衆星共之。」

爾雅釋天曰：天北極謂之北辰。

孟子公孫丑上篇曰：孟子曰：尊賢使能，俊傑在位，則天下之士皆悅而願立於其朝矣。市廛而不征，法而不廛，則天下之商皆悅而願藏於其市矣。關譏而不征，則天下之旅皆悅而願出於其路矣。耕者助而不稅，則天下之農皆悅而願耕於其野矣。廛無夫里之布，則天下之民皆悅而願爲之氓矣。信能行此五者，則鄰國之民仰之若父母矣。

又滕文公下篇曰：孟子曰：湯居亳，與葛爲鄰，葛伯放而不祀。湯使人問之，曰：「何爲不祀？」曰：「無以供犧牲也。」湯使遺之牛羊，葛伯食之，又不以祀。湯又使人問之，曰：「何爲不祀？」曰：「無以供粢盛也。」湯使亳衆往爲之耕，老弱饋食，葛伯率其民，要其有酒食黍稻者奪之，不授者殺之。有童子以黍肉餉，殺而奪之。書曰：「葛伯仇餉。」此之謂也。爲其殺是童子而征之，四海之內皆曰：「非富天下也，爲匹夫匹婦復讎也。」湯始征，自葛載，十一征而無敵於天下。東面而征西夷怨，南面而征北狄怨，曰：「奚爲後我？」民之望之，若大旱之望雨也。歸市者弗止，芸者不變。誅其君，弔其民，如時雨降。民大悅。書曰：「徯我后，后來其無罰。」

又梁惠王下篇曰：昔者大王居邠，狄人侵之。事之以皮幣，不得免焉；事之以犬馬，不得免焉；事之以珠玉，不得免焉。乃屬其耆老而告之，曰：「狄人之所欲者，吾土地也。吾聞之也，君子不以其所以養人者害人。二三子何患乎無君！我將去之。」去邠，踰梁山，邑于岐山之下居焉。邠人曰：「仁人也，不可失也。」從之者如歸市。

荀子儒效篇曰：仲尼將爲司寇，沈猶氏不敢朝飲其羊；公慎氏出其妻；慎潰氏踰境而徙；魯之粥牛馬者不豫賈；必蚤正以待之也。

子曰：「詩三百，一言以蔽之，曰：思無邪。」

詩關雎序曰：上以風化下，下以風刺上，主文而譎諫，言之者無罪，聞之者足以戒，故曰風。至于王道衰，禮義廢，政教失，國異政，家殊俗，而變風變雅作矣。國史明乎得失之迹，傷人倫之廢，哀刑政之苛，吟咏情性以風其上，達於事變而懷其舊俗者也。故變風發乎情，止乎禮義。發乎情，民之性也；止乎禮義，先王之澤也。是以一國之事，繫一人之本，謂之風。言天下之事，形四方之風，謂之雅。雅者，正也，言王政之所由廢興也。政有小大，故有小雅焉，有大雅焉。頌者，美盛德之形容，以其成功告於神明者也。是謂四始，詩之至也。然則關雎麟趾之化，王者之風，故繫之周公。南，言化自北而南也。鵲巢騶虞之德，諸侯之風也，先王之所以教，故繫之召公。周南召南，正始之道，王化之基。是以關雎樂得淑女以配君子，憂在進賢，不淫其色，哀窈窕，思賢才，而無傷善之心焉，是關雎之義也。

史記屈原傳曰：國風好色而不淫；小雅怨誹而不亂。

子曰：「道之以政，齊之以刑，民免而無恥。道之以德，齊之以禮，有恥且格。」

禮記緇衣篇曰：夫民，敎之以德，齊之以禮，則民有格心。敎之以政，齊之以刑，則民有遯心。故君民者，子以愛之，則民親之；信以結之，則民不倍；恭以涖之，則民有孫心。甫刑曰：「苗民匪用命，制以刑，惟作五虐之刑，曰法。」是以民有惡德而遂絕其世也。

孔子家語刑政篇曰：仲弓問於孔子曰：「雍聞：至刑無所用政，桀紂之世是也；至政無所用刑，成康之世是也：信乎？」孔子曰：「聖人治化，必刑政相參焉。大上，以德敎民，而以禮齊之。其次，以政道民，而以刑禁之。化之弗變，道之弗從，傷義以敗俗，於是乎用刑矣。」

孔叢子刑論篇曰：仲弓問古之刑敎與今之刑敎。孔子曰：「古之刑省，今之刑繁。其爲敎，古有禮然後有刑，是以刑省。今無禮以敎，而齊之刑，刑是以繁。書曰：『伯夷降典，折民惟刑。』謂先禮以敎之，然後繼之以刑折之也。夫無禮則民無恥，而正之以刑，故民苟免。」

荀子議兵篇曰：凡人之動也，爲賞慶爲之，則見害傷焉止矣。故賞慶刑罰埶詐不足以盡人力致人之死。爲人主上者也，其所以接下之人百姓者無禮義忠信，焉慮率用賞慶刑罰埶詐，險阨其下，獲其功用而已矣。大寇則至，使之持危城則必畔，遇敵處戰則必北，勞苦煩辱則必奔，霍焉離耳，下反制其上。故賞慶刑罰之爲道者，傭徒粥賣之道也，不足以合大衆，美國家，故古之人羞而不道也。故厚德音以先之，明禮義以道之，致忠信以愛之，尙賢使能以次之，爵服慶賞以申之，時其事，輕其任，以調齊之，長養之，如保赤子。

漢書賈誼傳：誼上策曰：凡人之智，能見已然，不能見將然。夫禮者禁於將然之前，而法者禁於已然之後。是故法之所爲用易見，而禮之所爲生難知也。若夫慶賞以勸善，刑罰以懲惡，先王執此之政，堅如金石，行此之令，信如四時，據此之公，無私如天地耳，豈顧不用哉！然而曰「禮云禮云」者，貴絕惡於未萌，而起敎於微眇，使民日遷善遠罪而不自知也。孔子曰：「聽訟吾猶人也，必也使無訟乎！」故世主欲民之善同，而所以使民善者或異。道之以德敎者，德敎洽而民氣樂；敺之以法令者，法令極而民風哀。哀樂之感，禍福之應也。湯武置天下於仁義禮樂，而德澤洽，累子孫數十年；秦王置天下於法令刑罰，德澤亡一有，而怨毒盈於世，下憎惡之如仇讎，禍幾及身，子孫誅絕：是非其明效大驗邪？大戴禮記禮察篇文同。

史記酷吏傳曰：孔子曰：「導之以政，齊之以刑，民免而無恥。導之以德，齊之以禮，有恥且格。」老氏稱：「上德不德，是以有德；下德不失德，是以無德。法令滋章，盜賊多有。」太史公曰：信哉！是言也。法令者，治之具，而非制治清濁之源也。昔天下之網嘗密矣，然姦僞萌起，其極也，上下相遁，至於不振。當是之時，吏治若救火揚沸，非武健嚴酷，惡能勝其任而愉快乎！言道德者溺其職矣。故曰：「聽訟吾猶人也，必也使無訟乎！」

劉向戰國策敍曰：始皇兼諸侯而有天下，無道德之教、仁義之化以綴天下之心，任刑罰以爲治，信小術以爲道，遂燔燒詩書，坑殺儒士，上小堯舜，下邈三王。二世愈甚，惠不下施，情不上達，君臣相疑，骨肉相疏，化道淺薄，綱紀敗壞，民不見義，而懸於不寧。撫天下十四歲，天下大潰，其比王德，豈不遠哉！孔子曰：「道之以政，齊之以刑，民免而無恥。道之以德，齊之以禮，有恥且格。」夫使天下有所恥，故化可致也。苟以詐僞偷活取容，自上爲之，何以率天下？秦之敗也，不亦宜乎！

史記孝文帝紀曰：孝文帝從代來即位，二十三年，宮室苑囿狗馬服御無所增益。有不便，輒弛以利民。嘗欲作露臺，召匠計之，直百金，上曰：「百金，中民十家之產，吾奉先帝宮室，常恐羞之，何以臺爲？」上常衣綈衣，所幸愼夫人令衣不得曳地，幃帳不得文繡，以示敦朴爲天下先。治霸陵，皆以瓦器，不得以金銀銅錫爲飾。不治墳，欲爲省，毋煩民。南越王尉佗自立爲武帝，然上召貴尉佗兄弟，以德報之，佗遂去帝稱臣。與匈奴和親，匈奴背約入盜，然令邊備守，不發兵深入，惡煩苦百姓。吳王詐病不朝，就賜几杖。羣臣如袁盎等稱説雖切，常假借用之。羣臣如張武等受賂遺金錢，覺，上乃發御府金錢賜之，以愧其心，勿下吏。專務以德化民，是以海內殷富，興於禮義。

後漢書魯恭傳曰：拜中牟令，恭專以德化爲理，不任刑罰。訟人許伯等爭田，累守令不能決，恭爲平理曲直，皆退而自責，輟耕相讓。亭長從人借牛而不肯還之，牛主訟於恭，恭召亭長敕令歸牛者再三，猶不從。恭歎曰：「是教化不行也。」欲解印綬去，掾吏泣涕共留之，亭長乃慚悔，還牛，詣獄受罪，恭貫不問。於是吏人信服。又劉寬傳曰：典歷三郡，溫仁多恕，常以爲齊之以刑，民免而無恥。吏人有過，但用蒲鞭罰之，示辱而已，終不加苦。每行縣，止息亭傳，輒引學官祭酒及處士諸生執經對講。見父老，慰以農里之言；少年，勉以孝悌之訓。人感德興行，日有所化。

子曰：「吾十有五而志於學。

禮記曲禮篇曰：人生十年曰幼，學。又內則篇曰：十年，出就外傅，居宿於外，學書計，朝夕學幼儀，請肄簡諒。十有三年，學樂，誦詩，舞勺。成童，鄭注云。成童十五以上。舞象，學射御。尚書大傳曰：古之帝王者必立大學小學，使王大子、王子、羣后之子以至公卿大夫元士之適子十有三年始入小學，見小節焉，踐小義焉。年二十，入大學，見大節焉，踐大義焉。樹達按：說文云：義，己之威儀也。大傳文之小義大義，義皆威儀之義。大戴禮記保傅篇曰：古者年八歲而出就外傅，束髮而就大學。盧辨注云，束髮謂成童。白虎通辟雍篇曰：古者所以年十五入大學，何？以爲八歲毀齒，始有識知，入學，學書計。七八十五，陰陽備，故十五成童志明，入大學，學經術。故曲禮曰，「十年曰幼，學。」論語曰：「吾十有五而志於學，三十而立。」

樹達按：古人十歲學書計與幼儀，十三學樂誦詩矣。孔子十有五而始志於學，不過晚乎？尋述而篇云：「志於道。」里仁篇云：「士志於道而恥惡衣惡食者，未足與議也。」一再言志道，不言志學。此獨言志學，不言志道者，孔子之謙辭，實則志學即志道也。又按：內則云：「十年，出就外傅，學書計。」大戴記則云：「八歲出就外傅。」白虎通亦云：「八歲學書計。」又尙書大傳云，「二十入大學，」大戴記白虎通則皆云十五入大學，彼此互異者，十年二十年，舉成數言之。八歲與十五，舉實數言之：文似異而實同也。古人云男子三十而娶，女子二十而嫁，三十二十亦皆舉成數言之，不必截然三十二十也。本章下文所云三十四十五十六十七十亦如此，不必過泥也。

三十而立。

禮記內則篇曰：二十而冠，始學禮，舞大夏，惇行孝弟，博學不敎，內而不出。三十而有室，始理男事，博學無方，孫友視志。

泰伯篇曰：立於禮。季氏篇曰：不學禮，無以立。堯曰篇曰：不知禮，無以立也。

左傳昭公七年曰：孟僖子病不能相禮，及其將死也，召其大夫曰：「禮，人之榦也，無禮，無以立。」

樹達按：三十而立，立謂立於禮也。蓋二十始學禮，至三十而學禮之業大成，故能立也。

四十而不惑。

子罕篇曰：知者不惑。又見憲問篇。

孟子公孫丑上篇曰："公孫丑問曰：'夫子加齊之卿相，得行道焉，雖由此霸王，不異矣。如此，則動心否乎？'孟子曰：'否，我四十不動心。'"

樹達按：孔子四十不惑，盡知者之能事也。孟子四十不動心，盡勇者之能事也。孔孟才性不同，故成德之功亦異矣。

五十而知天命。

述而篇曰：子曰："加我數年，五十以學易，可以無大過矣。"

樹達按：此蓋孔子四十以後之言。易爲窮理盡性以至命之書，學易數年，故五十知天命也。

易繫辭上傳曰：樂天知命，故不憂。

子罕篇曰：仁者不憂。又見憲問篇。

樹達按：孔子五十知天命，知命者不憂，已盡仁者之能事矣。

六十而耳順。

論衡知實篇曰：從知天命至耳順，學就知明，成聖之驗也。

樹達按：王仲任之説甚確。説文云："聖，通也。从耳，呈聲。"耳順正所謂聖通也。蓋孔子五十至六十之間，已入聖通之域，所謂聲入心通也。

七十而從心所欲，不踰矩。"

孟子盡心下篇曰：充實之謂美，充實而有光輝之謂大，大而化之之謂聖，聖而不可知之之謂神。

樹達按：孔子六十聖通，七十則由聖入神矣。

孟懿子問孝，子曰：「無違。」

左傳昭公七年曰：孟僖子病不能相禮。及其將死也，召其大夫曰：「禮，人之榦也。無禮，無以立。吾聞將有達者曰孔丘，聖人之後也。我若獲沒，必屬說與何忌於夫子，使事之而學禮焉，以定其位。」故孟懿子與南宮敬叔師事仲尼。

樊遲御，子告之曰：「孟孫問孝於我，我對曰：無違。」

史記仲尼弟子傳曰：樊須字子遲，少孔子三十六歲。

樊遲曰：「何謂也？」子曰：「生，事之以禮；死，葬之以禮；祭之以禮。」

孟子滕文公上篇曰：曾子曰：生，事之以禮；死，葬之以禮；祭之以禮：可謂孝矣。

禮記祭統篇曰：是故孝子之事親也，有三道焉：生則養，沒則喪，喪畢則祭。養則觀其順也，喪則觀其哀也，祭則觀其敬而時也。盡此三道者，孝子之行也。

又祭義篇曰：君子生則敬養，死則敬享，思終身弗辱也。

大戴禮記曾子本孝篇曰：故孝子於親也，生則有義以輔之；死則哀以莅焉；祭祀則莅之以敬：如此而成於孝子也。

荀子禮論篇曰：禮者，謹於治生死者也。生，人之始也；死，人之終也；終始俱善，人道畢矣。故君子敬始而慎終。終始如一，是君子之道，禮義之文也。臣之所以致重其君，子之所以致重其親，於是盡矣。

禮記檀弓下篇曰：季康子之母死，公輸若方小，斂，般請以機封，將從之。公肩假曰：「不可。夫魯有初，三家視桓楹。」鄭注云，時僭諸侯。

樹達按：此三家葬不以禮之事。

八佾篇曰：三家者以雍徹。子曰：「相維辟公，天子穆穆，奚取於三家之堂？」

樹達按：此三家祭不以禮之事。孔子此答，意在箴三家僭禮之失也。

孟武伯問孝。子曰：「父母唯其疾之憂。」

論衡問孔篇曰：孟武伯問孝。子曰：父母唯其疾之憂。武伯善憂父母，故曰唯其疾之憂。武伯憂親，懿子違禮，攻其短。

子游問孝。

史記仲尼弟子傳曰：言偃，吳人，字子游，少孔子四十五歲。

子曰：「今之孝者，是謂能養。至於犬馬，皆能有養，不敬，何以別乎？」

禮記坊記篇曰：子云：小人皆能養其親，君子不敬，何以辨？

又祭義篇曰：曾子曰：「孝有三：大孝尊親，其次弗辱，其下能養。」

又曰：亨孰羶薌，嘗而薦之，非孝也，養也。衆之本教曰孝，其行曰養；養可能也，敬爲難。

又內則篇曰：曾子曰：孝子之養老也，樂其心，不違其志；樂其耳目，安其寢處，以其飲食忠養之，孝子之身終。終身也者，非終父母之身，終其身也。是故父母之所愛，亦愛之；父母之所敬，亦敬之；至於犬馬盡然，而況於人乎？

孟子離婁上篇曰：曾子養曾晳，必有酒肉。將徹，必請所與。問有餘，必曰：「有。」曾晳死，曾元養曾子，必有酒肉。將徹，不請所與。問有餘，曰：「亡矣。」將以復進也，此所謂養口體者也。若曾子，則可謂養志也。事親若曾子者可也。

又盡心上篇曰：孟子曰：食而弗愛，豕交之也；愛而弗敬，獸畜之也。

子夏問孝，子曰：「色難。

禮記祭義篇曰：孝子之有深愛者，必有和氣，有和氣者必有愉色，有愉色者必有婉容。孝子如執玉，如奉盈，洞洞屬屬然，如弗勝，如將失之。嚴威儼恪，非所以事親也，成人之道也。

說苑建本篇曰：父母怒之，不作於意，不見於色，深受其罪，使可哀憐，上也；父母怒之，不作於意，不見於色，其次也；父母怒之，作於意，見於色，下也。

有事，弟子服其勞；

大戴禮記曾子制言上篇曰：君子之爲弟也，行則爲人負。

禮記王制篇曰：輕任并；重任分；斑白者不提挈。鄭注云：皆謂以與少者。正義云：任謂有擔負者。俱應擔負，老少並輕，則併與少者擔之也。重任分者，老少並重，不可併與少者一人，則分爲輕重，重與少者，輕與老者。

又祭義篇曰：斑白者不以其任行乎道路，而弟達乎道路矣。鄭注云：不以任，少者代之。

有酒食先生饌，曾是以爲孝乎？」

呂氏春秋孝行覽曰：養有五道：修宮室，安牀笫，節飲食，養體之道也；樹五色，施五采，列文章，養目之道也；正六律，龢五聲，雜八音，養耳之道也；熟五穀，烹六畜，龢煎調，養口之道也；龢顔色，說言語，敬進退，養志之道也。此五者，代進而序用之，可謂善養矣。

樹達按：有酒食先生饌，即前章所謂皆能有養，孟子及呂氏所謂養口體也。色難則呂氏所謂養志矣。

子曰：「吾與回言，終日不違，如愚。退而省其私，亦足以發，回也不愚。」

史記仲尼弟子傳曰：顔回者，魯人也，字子淵，少孔子三十歲。

先進篇曰：子曰：回也非助我者也，於吾言無所不說。

樹達按：惟無所不說，故終日不違如愚，正老子所謂大智若愚也。

子曰：「視其所以，觀其所由，察其所安，人焉廋哉？人焉廋哉？」

大戴禮記文王官人篇曰：考其所爲，觀其所由，察其所安。

孟子離婁上篇曰：存乎人者莫良於眸子，眸子不能掩其惡。胸中正，則眸子瞭焉；胸中不正，則眸子眊焉。聽其言也，觀其眸子，人焉廋哉？

大戴禮記官人篇曰：達觀其所舉，富觀其所予，窮觀其所不爲，乏觀其所不取。

逸周書官人篇曰：富貴者觀其有禮施；貧賤者觀其有德守；嬖寵者觀其不驕奢；隱約者觀其不懾懼。其少者，觀其恭敬好學而能悌；其壯者，觀其廉潔務行而勝私；其老者，觀其思慎彊其所不足而不踰。父子之間，觀其孝慈；兄弟之間，觀其和友；君臣之間，觀其忠惠；鄉黨之間，觀其信誠。省其居處，觀其義方；省其喪哀，觀其貞良；省其出入，觀其交友；省其交友，觀其任廉。設之以謀以觀其智；示之以難以觀其勇；煩之以事以觀其治；臨之以利以觀其不貪；濫之以樂以觀其不荒。喜之以觀其輕；怒之以觀其重；醉之酒以觀其恭；從之色以觀其常；遠之以觀其不二；昵之以觀其不狎。復徵其言以觀其精；曲省其行以觀其備。此之謂觀誠。

荀子君道篇曰：故校之以禮而觀其能安敬也；與之舉錯遷移而觀其能應變也；與之安燕而觀其能無流慆也；接之以聲色權利忿怒患險而觀其能無離守也。彼誠有之者與誠無之者若白黑然，可詘邪哉？

樹達按：以，用也。所以謂其所用之方術。由，行也。所由謂其所由行之徑路，所安謂其所願樂也。

子曰：「温故而知新，可以爲師矣。」

禮記學記篇曰：記問之學，不足以爲人師。

荀子致士篇曰：師術有四，而博習不與焉。尊嚴而憚，可以爲師；耆艾而信，可以爲師；誦說而不陵不犯，可以爲師；知微而論，可以爲師。故師術有四，而博習不與焉。

樹達按：記問博習，强識之事也；温故知新，通悟之事也。孔子之教，以通悟爲上，强識次之。故温故知新可以爲師，記問博習無與於師道也。所謂温故而知新者，先温故而後知新也。優游涵泳於故業之中，新知忽涌現焉，此非義襲而取、揠苗助長者之所爲，而其新出乎故，故爲可信也。不温故而欲知新者，其病也妄；温故而不能知新者，其病也庸：皆非孔子所許也。説詳余温故知新説，見積微居小學述林二一四葉。

子曰：「君子不器。」

禮記學記篇曰：君子曰：大德不官，大道不器，大信不約，大時不齊。

憲問篇曰：孟公綽爲趙魏老則優，不可以爲滕薛大夫，

樹達按：此與不器之君子異矣。

子貢問君子，子曰：「先行其言而後從之。」

禮記坊記篇曰：故君子約言，小人先言。

又緇衣篇曰：子曰：言從而行之，則言不可飾也；行從而言之，則行不可飾也。故君子寡言而行，以成其信。

大戴禮記曾子立事篇曰：不能行而言之，誣也。

又曰：君子微言而篤行之。行必先人，言必後人。

說苑雜言篇曰：曾子曰：吾聞夫子之三言，未之能行也。夫子見人之一善，而忘其百非，是夫子之易事也；夫子見人有善，若己有之，是夫子之不爭也；聞善，必躬親行之，然後道之，是夫子之能勞也。

樹達按：躬親行然後道之，正此所謂先行其言而後從之也。

子曰：「君子周而不比，小人比而不周。」

左傳昭公六年曰：宋寺人柳有寵，大子佐惡之。華合比曰：「我殺之。」柳聞之，乃坎用牲，埋書；而告公曰：「合比將納亡人之族，既盟於北郭矣。」公使視之，有焉。遂逐華合比，合比奔衛。於是華廣欲代右師；乃與寺人柳比，從爲之徵，曰：「聞之久矣。」公使代之。

又昭公十四年曰：楚令尹子旗有德於王，不知度，與養氏比而求無厭。王患之。九月甲午，楚子殺鬬成然而滅養氏之族。又昭公二十七年曰：郤宛直而和，國人說之。鄢將師爲右領，與費無極比而惡之。令尹子常賄而信讒。無極譖郤宛焉，謂子常曰：「子惡欲飲子酒。」又謂子惡：「令尹欲飲酒於子氏。」子惡曰：「我，賤人也，不足以辱令尹。令尹將必來辱，爲惠已甚，吾無以酬之，若何？」無極曰：「令尹好甲兵。子出之，吾擇焉。」取五甲五兵，曰：「寘諸門，令尹至，必觀之，而從以酬之。」及饗日，帷諸門左。無極謂令尹曰：「吾幾禍子！子惡將爲子不利，甲在門矣，子必無往！且此役也，吳可以得志，子惡取賄焉而還。又誤羣帥，使退其師，曰：『乘亂不詳。』吳乘我喪，我乘其亂，不亦可乎？」令尹使視郤氏，則有甲焉，不往，召鄢將師而告之。將師退，遂令攻郤氏，且爇之。子惡聞之，遂自殺也。

子曰：「學而不思則罔，思而不學則殆。」

中論治學篇曰：孔子曰：弗學，何以行？弗思，何以得？小子勉之！斯可以爲人師矣。

禮記中庸篇曰：博學之，審問之，愼思之，明辨之，篤行之。

子張篇曰：子夏曰：博學而篤志，切問而近思，仁在其中矣。

衞靈公篇曰：子曰：吾嘗終日不食，終夜不寢，以思，無益，不如學也。

樹達按：罔者無也，學而不思，其失止於喪己；殆者危也，思而不學，其病可以誤人。殆之害甚於罔。故孔子又曰，思無益也。又按：此章與上溫故知新章義相表裏。溫故而不能知新者，學而不思也；不溫故而欲知新者，思而不學也。論語言溫故知新可以爲師，中論引孔子語謂學與思可以爲人師，說正相合也。

子曰：「攻乎異端，斯害也已。」

禮記中庸篇曰：子曰：索隱行怪，後世有述焉，吾弗爲之已。

子曰：「由！誨女知之乎！知之爲知之，不知爲不知，是知也。」

荀子子道篇曰：子路盛服見孔子，孔子曰：「由！是裾裾何也？昔者江出於崏山，其始出也，其源可以濫觴。及其至江之津也，不放舟，不避風，則不可涉也。非維下流水多邪？今女衣服既盛，顏色充盈，天下且孰肯諫女矣。」子路趨而出，改服而入，蓋猶若也。孔子曰：「由！志之！吾語女。奮於言者華，奮於行者伐，色知而有能者，小人也。故君子知之曰知之，不知曰不知，言之要也。能之曰能之，不能曰不能，行之至也。言要則知，行至則仁。既知且仁，夫惡有不足矣。」韓詩外傳卷三說苑雜言篇、家語三恕篇文同。

又儒效篇曰：知之曰知之，不知曰不知，內不以自誣，外不以自欺，以是尊賢畏法而不敢怠傲，是雅儒者也。

春秋隱公三年曰：春王二月己巳，日有食之。穀梁傳曰：其不言食之者，何也？知其不可知，知也。

子張學干祿。

史記仲尼弟子傳曰：顓孫師，陳人，字子張，少孔子四十八歲。

子曰：「多聞闕疑，愼言其餘，則寡尤。

大戴禮記曾子立事篇曰：君子疑則不言，未問則不言。

春秋桓公五年曰：春正月甲戌己丑，陳侯鮑卒。穀梁傳曰：鮑卒何爲以二日卒之？春秋之義，信以傳信，疑以傳疑。陳侯以甲戌之日出，己丑之日得，不知死之日，故舉二日以包也。

又昭公十二年曰：春，齊高偃納北燕伯于陽。公羊傳曰：伯于陽者何？公子陽生也。子曰：「我乃知之矣。」在側者曰：「子苟知之，何以不革？」曰：「如爾所不知何？」

多見闕殆，愼行其餘，則寡悔。言寡尤，行寡悔，祿在其中矣。」

哀公問曰：「何爲則民服？」孔子對曰：「舉直錯諸枉，則民服；舉枉錯諸直，則民不服。」

書堯典曰：流共工于幽州，放驩兜于崇山，竄三苗于三危，殛鯀于羽山，四罪而天下咸服。

左傳文公十八年曰：昔高陽氏有才子八人，蒼舒、隤敳、檮戭、大臨、尨降、庭堅、仲容、叔達，齊聖廣淵，明允篤誠，天下之民謂之八愷。高辛氏有才子八人，伯奮、仲堪、叔獻、季仲、伯虎、仲熊、叔豹、季貍，忠肅共懿，宣慈惠和，天下之民謂之八元。此十六族也，世濟其美，不隕其名，以至於堯，堯不能舉。舜臣堯，舉八愷，使主后土以揆百事，莫不時序，地平天成。舉八元，使布五教於四方，父義，母慈，兄友，弟共，子孝，內平外成。昔帝鴻氏有不才子，掩義隱賊，好行凶德，醜類惡物，頑嚚不友，是與比周，天下之民謂之渾敦。少皞氏有不才子，毀信廢忠，崇飾惡言，靖譖庸回，服讒蒐慝，以誣盛德，天下之民謂之窮奇。顓頊氏有不才子，不可教訓，不知話言，告之則頑，舍之則嚚，傲很明德，以亂天常，天下之民謂之檮杌。此三族也，世濟其凶，增其惡名，以至於堯，堯不能去。縉雲氏有不才子，貪于飲食，冒于貨賄，侵欲崇侈，不可盈厭，聚斂積實，不知紀極，不分孤寡，不恤窮匱，天下之民以比三凶，謂之饕餮。舜臣堯，賓于四門，流四凶族（渾敦、窮奇、檮杌、饕餮），投諸四裔以禦魑魅。是以堯崩而天下如一，同心戴舜以爲天子，以其舉十六相，去四凶也。

又成公十八年曰：二月乙酉朔，晉悼公卽位于朝，始命百官，使魏相士魴魏頡趙武爲卿，荀家荀會欒黶韓無忌爲公族大夫，使訓卿之子弟共儉孝弟。使士渥濁爲大傅，使修范武子之法。右行辛爲司空，使修士蔿之法。弁糾御戎，校正屬焉，使訓諸御知義。荀賓爲右，司士屬焉。使訓勇力之士時使。卿無共御，立軍尉以攝之。祁奚爲中軍尉，羊舌職佐之，魏絳爲司馬，張老爲候奄，鐸遏寇爲上軍尉，籍偃爲之司馬，使訓卒乘親以聽命。程鄭爲乘馬御，六騶屬焉，使訓羣騶知禮。凡六官之長，皆民譽也，舉不失職，官不易方，爵不踰德，師不陵正，旅不偪師，民無謗言，所以復霸也。

季康子問：「使民敬忠以勸，如之何？」子曰：「臨之以莊則敬；

禮記祭義篇曰：致禮以治躬則莊敬，莊敬則嚴威。外貌斯須不莊不敬，而慢易之心入之矣。樂極和，禮極順，內和而外順，則民瞻其顏色而不與爭也，望其容貌而衆不生慢易焉。

衛靈公篇曰：知及之，仁能守之，不莊以涖之，則民不敬。

孝慈則忠；舉善而教不能則勸。」

荀子王制篇曰：無德不貴，無能不官，無功不賞，無罪不罰。朝無幸位，民無幸生。尚賢使能而等位不遺，折願禁悍而刑罰不過。百姓曉然皆知夫爲善於家而取賞於朝也，爲不善於幽而蒙刑於顯也。夫是之謂定論，是王者之論也。

顏淵篇曰：樊遲問仁。子曰：「愛人。」問知。子曰：「知人。」樊遲未達。子曰：「舉直錯諸枉，能使枉者直。」樊遲退，見子夏。曰：「鄉也吾見於夫子而問知，子曰：舉直錯諸枉，能使枉者直，何謂也？」子夏曰：「富哉言乎！舜有天下，選於衆，舉皋陶，不仁者遠矣。湯有天下，選於衆，舉伊尹，不仁者遠矣。」

或謂孔子曰：「子奚不爲政？」子曰：「書云：『孝乎惟孝，友于兄弟。』施於有政，是亦爲政，奚其爲爲政？」

華嶠後漢書劉平江革傳序曰：先代石氏父子稱孝，子慶相齊，人慕其言而治。此殆所謂孝乎惟孝，友于兄弟，施於有政，是以爲政也。

後漢書郅惲傳曰：惲志在從政，謂鄭敬曰：「天生俊士，以爲人也。鳥獸不可與同羣，子從我爲伊呂乎？將爲巢許乎？」敬曰：「吾足矣。初從生步重華於南野，謂來歸爲松子。今幸得全軀樹類，還奉墳墓，盡學問道，雖不從政，施之有政，是亦爲政也。」

子曰：「人而無信，不知其可也。大車無輗，小車無軏，其何以行之哉？」

韓非子說林下篇曰：齊伐魯，索讒鼎，魯以其雁往。齊人曰：「雁也。」魯人曰：「眞也。」齊曰：「使樂正子春來，吾將聽子。」魯君請樂正子春，樂正子曰：「胡不以其眞往也？」君曰：「我愛之。」答曰：「臣亦愛臣之信。」新序節士篇曰：齊攻魯，求岑鼎。魯君載岑鼎往。齊侯不信而反之，以爲非也。使人告魯君：「柳下惠以爲是，因請受之。」魯君請於柳下惠，柳下惠對曰：「君之欲以爲岑鼎也，以免國也。臣亦有國於此，破臣之國以免君之國，此臣所難也。」魯君乃以眞岑鼎往。柳下惠可謂守信矣。非獨存己之國也，又存魯君之國。信之於人重矣，猶輿之輗軏也。故孔子曰：「大車無輗，小車無軏，其何以行之哉？」此之謂也。

韓非子外儲說左上篇曰：曾子之妻之市，其子隨之而泣。其母曰：「女還，顧反，爲女殺彘。」妻適市來，曾子欲捕彘殺之。妻止之曰：「特與嬰兒戲耳。」曾子曰：「嬰兒非與戲也，嬰兒非有知也，待父母而學者也。聽父母之敎。今子欺之，是敎子欺也。母欺子，子而不信其母，非以成敎也。」遂烹彘也。

韓詩外傳卷九曰：孟子少時，東家殺豚。孟子問其母曰：「東家殺豚，何爲？」母曰：「欲啖汝。」其母自悔而言曰：「吾懷妊是子，席不正不坐，割不正不食，胎教之也。今適有知而欺之，是教之不信也。」乃買東家豚肉以食之，明不欺也。

子張問：「十世可知也？」子曰：「殷因於夏禮，所損益可知也。周因於殷禮，所損益可知也。

禮記祭法篇曰：大凡生於天地之間者，皆曰命，其萬物死皆曰折，人死曰鬼，此五代之所不變也。七代之所更立者，禘郊宗祖，其餘不變也。

其或繼周者，雖百世可知也。」

漢書董仲舒傳曰：仲舒對策曰：故王者有改制之名，亡變道之實。然夏上忠，殷上敬，周上文者，所繼之捄當用此也。孔子曰：「殷因於夏禮，所損益可知也。周因於殷禮，所損益可知也。其或繼周者，雖百世可知也。」此言百王之用以此三者矣。夏因於虞，而獨不言所損益者，其道如一而所上同也。道之大原出於天，天不變，道亦不變。是以禹繼舜，舜繼堯，三聖相受而守一道，亡救弊之政也，故不言其所損益也。由是觀之，繼治世者其道同，繼亂世者其道變。

法言五百篇曰：或問：其有繼周者，雖百世可知也。秦已繼周矣，不待夏禮而治者，其不驗乎？曰：聖人之言，天也，天妄乎？繼周者未欲太平也，如欲太平也，捨之而用他道，亦無由至矣。

子曰：「非其鬼而祭之，諂也。

禮記曲禮下篇曰：非其所祭而祭之，名曰淫祀，淫祀無福。

左傳僖公十年曰：狐突曰：神不歆非類，民不祀非族。

又僖公三十一年曰：衛成公夢康叔曰：「相奪予享。」公命祀相，甯武子不可，曰：「鬼神非其族類，不歆其祀。杞鄫何事，相之不享於此久矣，非衛之罪也。不可以間成王周公之命祀。請改祀命。」

春秋成公六年曰：二月辛巳，立武宮。公羊傳曰：武宮者何？武公之宮也。立者何？立者，不宜立也。立武宮，非禮也。何注云：禮，天子諸侯立五廟，受命始封之君立一廟，至於子孫，過高祖，不得復立廟。立武宮者，蓋時衰多廢人事而好求福於鬼神，故重而書之。穀梁傳曰：立者，不宜立也。左氏傳曰：季文子以鞌之功立武宮，非禮也。

又定公元年曰：立煬宮。公羊傳曰：煬宮者何？煬公之宮也。立者何？立者，不宜立也。立煬宮，非禮也。穀梁傳曰：立者，不宜立者也。左傳曰：昭公出，故季平子禱於煬公。九月，立煬宮。

左傳哀公六年曰：初，昭王有疾，卜曰：「河爲祟。」王弗祭，大夫請祭諸郊。王曰：「三代命祀，祭不越望。江漢睢漳，楚之望也。禍福之至，不是過也。不穀雖不德，河非所獲罪也。」遂弗祭。孔子曰：楚昭王知天道矣，其不失國也，宜哉。夏書曰：「惟彼陶唐，帥彼天常，有此冀方；今失其行，亂其紀綱，乃滅而亡。」又曰：「允出茲在茲，」由己率常可矣。說苑君道篇同。韓詩外傳三以爲楚莊王事。

國語魯語上曰：海鳥曰爰居，止於魯東門之外，三日，臧文仲使國人祭之。展禽曰：「越哉臧孫之爲政也！夫祀，國之大節也，而節，政之所成也，故愼制祀以爲國典。今無故而加典，非政之宜也。夫聖王之制祀也，法施於民則祀之；以死勤事則祀之；以勞定國則祀之；能禦大災則祀之；能扞大患則祀之。非是族也，不在祀典。昔烈山氏之有天下也，其子曰柱，能殖百穀百蔬。夏之興也，周棄繼之，故祀以爲稷。共工氏之伯九有也，其子曰后土，能平九土，故祀以爲社。黃帝能成命百物以明民共財，成命卽正名也。顓頊能修之；帝嚳能序三辰以固民；堯能單均刑法以儀民；舜勤民事而野死；鯀障洪水而殛死；禹能以德修鯀之功；契爲司徒而民輯；冥勤其官而水死；湯以寬治民而除其邪；稷勤百穀而山死；文王以文昭；武王去民之穢。故有虞氏禘黃帝而祖顓頊，郊堯而宗舜；夏后氏禘黃帝而祖顓頊，郊鯀而宗禹；商人禘舜而祖契，郊冥而宗湯；周人禘嚳而郊稷，祖文王而宗武王。幕，能帥顓頊者也，有虞氏報焉；杼，能帥禹者也，夏后氏報焉；上甲微，能帥契者也，商人報焉；高圉大王，能帥稷者也，周人報焉。凡禘、郊、祖、宗、報，此五者，國之典祀也。加之以社稷山川之神，皆有功烈於民者也；及前哲令德之人，所以爲明質；及天之三辰，民所以瞻仰也；及地之五行，所以生殖也；及九州名山川澤，所以出財用也。非是，不在祀典。今海鳥至，己不知而祀之，以爲國典，難以爲仁且智矣。夫仁者講功，而智者處物，無功而祀之，非仁也。不知而不能問，非智也。今茲海其有災乎！夫廣川之鳥獸恆知避其災也。」是歲也，海多大風，冬煖。文仲聞柳下季之言，曰：「信吾過也，季子之言，不可不法也。」使書以爲三策。左傳文公二年曰：仲尼曰：臧文仲，其不仁者三，不知者三。下展禽，廢六關，妾織蒲，三不仁也。作虛器，縱逆祀，祀爰居，三不知也。

說苑修文篇曰：韓褐子濟於河，津人告曰：「夫人過於此者，未有不快用者也，而子不用乎？」韓褐子曰：「天子祭海內之神，諸侯祭封域之內，大夫祭其親，士祭其祖禰。褐也未得事河伯也。」津人申楫，舟中水而運。津人曰：「向也役人固已告矣；夫子不聽役人之言也，今舟中水而運，甚殆，治裝衣而下遊乎！」韓子曰：「吾不爲人之惡我而改吾志，不爲我將死而改吾義。」言未已，舟泆然行。

見義不爲，無勇也。」

禮記聘義篇曰：有行之謂有義；有義之謂勇敢。故所貴於勇敢者，貴其能以立義也；所貴於立義者，貴其有行也；所貴於有行者，貴其行禮也。故所貴於勇敢者，貴其敢行禮義也。故勇敢強有力者，天下無事，則用之於禮義；天下有事，則用之於戰勝。用之於戰勝則無敵；用之於禮義則順治。外無敵，內順治，此之謂盛德。故聖王之貴勇敢強有力如此也。

左傳襄公二十五年曰：莒子朝于齊。甲戌，饗諸北郭，崔子稱疾，不視事。乙亥，公問崔子。甲興，公踰牆，又射之，中股，反隊，遂弒之。晏子立於崔氏之門外，門啓而入，枕尸股而哭。興，三踊而出。人謂崔子：「必殺之！」崔子曰：「民之望也，舍之，得民。」史記管晏列傳贊曰：方晏子伏莊公尸哭之，成禮然後去。豈所謂見義不爲無勇者邪？

列女傳續傳曰：漢馮昭儀者，孝元帝之昭儀，右將軍光祿勳馮奉世之女也。始爲長使，數月，爲美人，生男，美人爲婕妤。建昭中，上幸虎圈鬬獸，後宮皆從，熊逸，出圈，攀檻，欲上殿。左右貴人傅昭儀皆驚走，而馮婕妤直當熊而立，左右格殺熊。天子問婕妤：「人情皆驚懼，何故當熊？」對曰：「妾聞猛獸得人而止。妾恐至御坐，故以身當之。」元帝嗟嘆，以此敬重焉。君子謂昭儀勇而慕義。詩云：「公之媚子，從公于狩。」論語曰：「見義不爲，無勇也；」昭儀兼之矣。

樹達按：史記贊晏子，列女傳譽馮昭儀，皆歎其見義勇爲也。文渾言之，不析耳。

論語疏證卷第三

八佾篇第三

孔子謂：「季氏八佾舞於庭，是可忍也，孰不可忍也？」

春秋隱公五年曰：初獻六羽。公羊傳曰：初者何？始也。六羽者何？舞也。初獻六羽何以書？譏。何譏爾？譏始僭諸公也。六羽之爲僭奈何？天子八佾，諸公六，諸侯四。諸公者何？天子三公稱公，王者之後稱公。其餘大國稱侯；小國稱伯子男。始僭諸公昉於此乎？前此矣。前此則曷爲始乎此？僭諸公猶可言也，僭天子不可言也。左氏傳曰：九月，考仲子之宮，將萬焉。公問羽數於衆仲，對曰：「天子用八，諸侯用六，大夫四，士二。夫舞，所以節八音而行八風，故自八以下。」公從之。於是初獻六羽，始用六佾也。

左傳昭公二十五年曰：將禘於襄公，萬者二人，其衆萬於季氏。杜注云：萬，舞也。

白虎通禮樂篇曰：天子八佾，諸公六佾，諸侯四佾，所以別尊卑。故春秋公羊傳曰：「天子八佾，諸公六佾，諸侯四佾。」詩傳曰：「大夫士琴瑟御。」佾者，列也。以八人爲行列，八八六十四人也。諸公六六爲行，諸侯四四爲行。諸公謂三公二王後。大夫士北面之臣，非專事子民者也，故但琴瑟而已。

三家者以雍徹。子曰：「相維辟公，天子穆穆，奚取於三家之堂？」

毛詩序曰：雝，禘大祖也。

樹達按：雝雍字同。

周禮春官樂師曰：及徹，帥學士而歌徹。鄭注云：徹者歌雍。

荀子正論篇曰：天子者，埶至重而形至佚，心至愉而志無所詘，而形不爲勞，尊無上矣。食飲則重大牢而備珍怪，期臭味，曼而饋，伐皐而食，雍而徹乎五祀。

淮南子主術篇曰：堯舜湯武皆坦然南面而王天下焉。當此之時，伐鼙而食，奏雍而徹，已飯而祭竈，可謂至貴矣。

樹達按：徹食奏雍，乃封建時代天子之禮，此三家僭天子也。

子曰：「人而不仁，如禮何？人而不仁，如樂何？」

禮記禮器篇曰：君子曰：甘受和，白受采，忠信之人可以學禮。苟無忠信之人，則禮不虛道；是以得其人之爲貴也。

又仲尼燕居篇曰：子曰：制度在禮；文爲在禮；行之其在人乎。

又中庸篇曰：禮儀三百，威儀三千，待其人然後行。故曰：苟不至德，至道不凝焉。

又仲尼燕居篇曰：子曰：師！爾以爲必舖几筵，升降酌獻酬酢，然後謂之禮乎？爾以爲必行綴兆，與羽籥，作鐘鼓，然後謂之樂乎？言而履之，禮也。行而樂之，樂也。君子力此二者以南面而立，夫是以天下太平也。

林放問禮之本。子曰：「大哉問！禮，與其奢也，寧儉。

述而篇曰：子曰：奢則不孫，儉則固。與其不孫也，寧固。

左傳莊公二十四年曰：魯御孫曰：儉，德之共也；侈，惡之大也。

大戴禮記曾子立事篇曰：君子入人之國，不稱其諱；不犯其禁；不服華色之服；不稱懼惕之言。故曰：與其奢也，寧儉。

漢書五行志上曰：古者天子諸侯宮廟大小高卑有制；后夫人媵妾多少進退有度；九族親疏長幼有序。孔子曰：禮，與其奢也，寧儉。故禹卑宮室，文王刑於寡妻，此聖人之所以昭教化也。

禮記檀弓上篇曰：子游曰：昔者夫子居於宋，見桓司馬自爲石槨，三年而不成。夫子曰：若是其靡也，死不如速朽之愈也。

春秋成公二年曰：八月壬午，宋公鮑卒。左氏傳曰：宋文公卒，始厚葬，用蜃炭，益車馬。始用殉，重器備，椁有四阿，棺有翰檜。君子謂華元樂擧於是乎不臣。臣，治煩去惑者也。今二子者，君生則縱其惑，死又益其侈，是棄君於惡也，何臣之爲？

喪，與其易也，寧戚。」

禮記檀弓上篇曰：子路曰：吾聞諸夫子，喪禮，與其哀不足而禮有餘也，不若禮不足而哀有餘也。

說苑建本篇曰：孔子曰：處喪有禮矣，而哀爲本。

樹達按：易，慢易也。

子曰：「夷狄之有君，不如諸夏之亡也。」

春秋宣公十二年曰：楚子圍鄭。六月乙卯，晉荀林父帥師及楚戰於邲，晉師敗績。公羊傳曰：大夫不敵君，此其稱名氏以敵楚子，何？不與晉而與楚子爲禮也。莊王伐鄭，勝乎皇門，放乎路衢，鄭伯肉袒，左執茅旌，右執鸞刀，以逆莊王，曰：「寡人無良邊垂之臣，以干天禍，是以使君王沛焉辱到敝邑。君如矜此喪人，錫之不毛之地，使帥一二耆老而綏焉，請唯君王之命。」莊王曰：「君之不令臣交易爲言，是以使寡人得見君之玉面，而微至乎此。」莊王親自手旌，左右撝軍退舍七里。將軍子重諫曰：「南郢之與鄭，相去數千里，諸大夫死者數人，廝役扈養死者數百人。今君勝鄭而不有，無乃失民臣之力乎？」莊王曰：「古者杅不穿，皮不蠹，則不出乎四方。是以君子篤於禮而薄於利，要其人而不要其土。告從，不赦，不詳。吾以不詳導民，災及吾身，何日之有？」既則晉師之救鄭者至。曰：「請戰。」莊王許諸。將軍子重諫曰：「晉，大國也，王師淹病矣，君請勿許也。」莊王曰：「弱者吾威之，彊者吾辟之，是以使寡人無以立乎天下。」令之還師而逆晉寇，莊王鼓之，晉師大敗。晉衆之走者舟中之指可掬矣。莊王曰：「嘻，吾兩君不相好，百姓何罪？」令還師而佚晉寇。春秋繁露竹林篇曰：「春秋之常辭也，不與夷狄而與中國爲禮。至邲之戰，偏然反之，何也？曰：「春秋無通辭，從變而移。晉變而爲夷狄，楚變而爲君子，故移其辭以從其事。夫莊王之舍鄭，有可貴之美，晉人不知其善而欲擊之。所救已解，如挑與之戰，此無善善之心，而輕救民之意也。」是以賤之，而不得使與賢者爲禮。又觀德篇曰：春秋常辭，夷狄不得與中國爲禮。至邲之戰，夷狄反道，中國不得與夷狄爲禮，避楚莊也。

又昭公二十三年曰：秋七月戊辰，吳敗頓胡沈蔡陳許之師於雞父，獲陳夏齧。公羊傳曰：此偏戰也，曷爲以詐戰之辭言之？不與夷狄之主中國也。然則曷爲不使中國主之？中國亦新夷狄也。不與夷狄之主中國，則其言獲陳夏齧，何？吳少進也。何注云：中國所以異乎夷狄者，以其能尊尊也。王室亂，莫肯救，君臣上下壞敗，亦新有夷狄之行，故不使主之。

又定公四年曰：冬十有一月庚午，蔡侯以吳子及楚人戰于柏莒，楚師敗績。公羊傳曰：吳何以稱子？夷狄也而憂中國。其憂中國奈何？伍子胥父誅於楚，挾弓而去楚，以干闔廬。闔廬曰：「大之甚，勇之甚。」將爲之興師而復讎於楚。伍子胥復曰：「諸侯不爲匹夫興師，且臣聞之，事君猶事父也，虧君之義，復父之讎，臣不爲也。」於是止。蔡昭公朝於楚，有美裘焉。囊瓦求之，昭公不與。爲是拘昭公于南郢，數年然後歸之。於其歸焉，用事乎河？曰：「天下諸侯苟有能伐楚者，寡人請爲之前列。」楚人聞之，怒。爲是興師，使囊瓦將而伐蔡。蔡請救于吳。子胥曰：「蔡非有罪，楚無道也，君若有憂中國之心，則若此時可矣。」爲是興師而伐楚。穀梁傳曰：吳，其稱子，何也？以蔡侯之以之，舉其貴者也。蔡侯之以之，則其舉貴者，何也？吳信中國而攘夷狄，吳進矣，其信中國而攘夷狄，奈何？子胥父誅于楚也，挾弓持矢干闔廬。闔廬曰：「大之甚，勇之甚。」爲是欲興師而伐楚。子胥諫曰：「臣聞之，君不爲匹夫興師。且事君猶事父也，虧君之義，復父之讎，臣弗爲也。」於是止。蔡昭公朝於楚，有美裘，囊瓦求之，昭公不與。爲是拘昭公於南郢，數年然後得歸。乃用事乎漢，曰：「苟諸侯有欲伐楚者，寡人請爲前列焉。」楚人聞之而怒，爲是興師而伐蔡。蔡請救於吳，子胥曰：「蔡非有罪，楚無道也。君若有憂中國之心，則若此時可矣。」爲是興師而伐楚。

左傳哀公元年曰：楚子西曰：昔闔廬食不二味，居不重席，室不崇壇，器不彤鏤，宮室不觀，舟車不飾，衣服財用，擇不取費，在國，天有菑癘，親巡孤寡而共其乏困，在軍，熟食者分而後敢食，其所嘗者，卒乘與焉，勤恤其民而與之勞逸，是以民不罷勞，死知不曠。

春秋哀公十三年曰：公會晉侯及吳子於黃池。公羊傳曰：吳何以稱子？吳主會也。吳主會則曷爲先言晉侯？不與夷狄之主中國也。其言及吳子，何？會兩伯之辭也。不與夷狄之主中國，則曷爲以會兩伯之辭言之？重吳也。曷爲重吳？吳在是，則天下諸侯莫敢不至也。穀梁傳曰：黃池之會，吳子進乎哉？遂子矣。吳，夷狄之國也，祝髮文身，欲因魯之禮，因晉之權，而請冠，端而襲，其藉於成周以尊天王，吳進矣。吳，東方之大國也，累累致小國以會諸侯，以合乎中國，吳能爲之，則不臣乎，吳進矣。王，尊稱也；子，卑稱也；辭尊稱而居卑稱，以會乎諸侯，以尊天王。吳王夫差曰：好冠來，孔子曰：大矣哉夫差，未能言冠而欲冠也。春秋繁露觀德篇曰：鷄父之戰，吳不得與中國爲禮。至於伯莒黃池之行，變而反道，乃爵而不殊。

樹達按：有君謂有賢君也，邲之戰，楚莊王動合乎禮，晉變而爲夷狄，楚變而爲君子。鷄父之戰，中國爲新夷狄，而吳少進。柏莒之戰，吳王闔廬憂中國而攘夷狄。黃池之會，吳王夫差藉成周以尊天王。楚與吳，皆春秋向所目爲夷狄者也。孔子生當昭定哀之世，楚莊之事，所聞也。闔廬夫差之事，所親見也。安得不有夷狄有君諸夏亡君之歎哉！春秋之義，夷狄進於中國，則中國之。中國而爲夷狄，則夷狄之。蓋孔子於夷夏之界，不以血統種族及地理與其他條件爲準，而以行爲爲準。其生在二千數百年以前，恍若豫知數千年後有希特勒、東條英機等敗類將持其民族優越論以禍天下而豫爲之防者，此等見解何等卓越！此等智慧何等深遠！中華人民共和國憲法有「反對大民族主義」之語，乃眞能體現孔子此種偉大之精神者也。而釋論語者，乃或謂夷狄雖有君，不如諸夏之亡君，以褊狹之見，讀孔子之書，謬矣。

季氏旅於泰山，子謂冉有曰：「女弗能救與？」對曰：「不能。」子曰：「嗚呼！曾謂泰山不如林放乎？」

禮記王制篇曰：天子祭天下名山大川，五嶽視三公，四瀆視諸侯。諸侯祭名山大川之在其地者。鄭注云：魯人祭泰山，晉人祭河是也。

禮記曲禮篇曰：大夫祭五祀，歲徧。注：五祀，戶、竈、中霤、門、行也。又祭法篇曰：大夫立三祀。

子曰：「君子無所爭。

衛靈公篇曰：子曰：君子矜而不爭。荀子堯問篇曰：君子力如牛，不與牛爭力；走如馬，不與馬爭走；知如士，不與士爭知。

必也射乎！揖讓而升，下而飲，其爭也君子。」

儀禮大射儀曰：司射命設豐，司宮士奉豐，坐設於西楹西。勝者之弟子洗觶，升酌散，南面坐，奠于豐上。司射命三耦及衆射者。勝者皆袒決遂，執張弓。不勝者皆襲，說決拾，卻左手，右加弛弓于其上，遂以執弣。一耦出，揖如升射。及階，勝者先升，升堂少右。不勝者進，北面坐取豐上之觶。興。少退。立。卒觶。進。坐奠于豐下。興。揖。不勝者先降，與升飲者相左，交于階前，相揖。適次，釋弓，襲，反位。僕人師繼酌射爵，取觶實之，反奠于豐上。升飲者如初。三耦卒飲，此三耦二番射後揖讓之事。司射猶挾一個以作射，如初。一耦揖升如初，司射請以樂於公，公許，司射命曰：不鼓不釋，三耦卒射如初。司射命設豐實觶如初。遂命勝者執張弓，不勝者執弛弓。升飲如初。卒，退豐與觶，如初。此三耦第三番射揖讓之事。

子夏問曰：「『巧笑倩兮，美目盼兮，素以爲絢兮。』何謂也？」

詩衞風碩人曰：巧笑倩兮，美目盼兮。

子曰：「繪事後素。」曰：「禮後乎？」子曰：「起予者商也，始可與言詩已矣。」

韓詩外傳卷三曰：故學然後知不足；敎然後知不究。不足，故自愧而勉；不究，故盡師而熟。由此觀之，則教學相長也。子夏問詩，學一以知二。孔子曰：「起予者商也，始可與言詩已矣。」

子曰：「夏禮吾能言之，杞不足徵也；殷禮吾能言之，宋不足徵也。文獻不足故也，足則吾能徵之矣。」

禮記禮運篇曰：孔子曰：我欲觀夏道，是故之杞而不足徵也，吾得夏時焉。我欲觀殷道，是故之宋而不足徵也，吾得坤乾焉。坤乾之義，夏時之等，吾以是觀之。

又中庸篇曰：子曰：吾說夏禮，杞不足徵也。吾學殷禮，有宋存焉。吾學周禮，今用之，吾從周。

樹達按：中庸云：有宋存焉，與論語異者，中庸爲子思居宋時所作，有所避忌也。本閻若璩說。

子曰：「禘自既灌而往者，吾不欲觀之矣。」

禮記郊特牲篇曰：周人尙臭，灌用鬯臭，鬱合鬯，臭陰達於淵泉。灌以圭璋，用玉器也。既灌然後迎牲，致陰氣也。

或問禘之說，子曰：「不知也。知其說者之於天下也，其如示諸斯乎！」——指其掌。

禮記祭統篇曰：凡祭有四時：春祭曰礿，夏祭曰禘，秋祭曰嘗，冬祭曰烝。礿禘，陽義也；烝嘗，陰義也。禘者，陽之盛也；嘗者，陰之盛也。故曰莫重於禘嘗。古者於禘也，發爵賜服，順陽義也。於嘗也，出田邑，發秋政，順陰義也。故記曰：嘗之日，發公室，示賞也。草艾則墨，未發秋政，則民弗敢草也。故曰：禘嘗之義大矣，治國之本也，不可不知也。

又仲尼燕居篇曰：子曰：郊社之義，所以仁鬼神也。嘗禘之禮，所以仁昭穆也。饋奠之禮，所以仁死喪也。射鄉之禮，所以仁鄉黨也。食饗之禮，所以仁賓客也。子曰：明乎郊社之義，嘗禘之禮，治國其如指諸掌而已乎。

又中庸篇曰：郊社之禮，所以祀上帝也。宗廟之禮，所以祀乎其先也。明乎郊社之禮，禘嘗之義，治國其如示諸掌乎。

又禮運篇曰：孔子曰：嗚呼哀哉！我觀周道，幽厲傷之。吾舍魯何適矣？魯之郊禘，非禮也，周公其衰矣。杞之郊也，禹也。宋之郊也，契也。是天子之事守也。

樹達按：當時制度，天子郊禘，魯爲諸侯，不合郊禘。孔子答云不知者，不欲顯言之也。

「祭如在，祭神如神在。」

禮記玉藻篇曰：凡祭，容貌顏色，如見所祭者。又祭義篇曰：致齊於內，散齊於外。齊之日，思其居處，思其笑語，思其志意，思其所樂，思其所嗜。齊三日，乃見其所爲齊者。祭之日，入室，僾然必有見乎其位。周還出戶，肅然必有聞乎其容聲。出戶而聽，愾然必有聞乎其嘆息之聲。

子曰：「吾不與祭，如不祭。」

禮記禮器篇曰：孔子曰：我戰則克，祭則受福，蓋得其道矣。春秋繁露祭義篇曰：孔子曰：吾不與祭，祭神如神在，重祭事如事生。故聖人於鬼神也，畏之而不敢欺也，信之而不獨任，事之而不專恃。

王孫賈問曰：「與其媚於奧，寧媚於竈，何謂也？」子曰：「不然，獲罪於天，無所禱也。」

春秋繁露郊語篇曰：天者，百神之大君也。事天不備，雖百神猶無益也。何以言其然也？不祭天而祭地神者，春秋譏之。孔子曰：「獲罪於天，無所禱也，」是其法也。

子曰：「周監於二代，郁郁乎文哉！吾從周。」

禮記檀弓上篇曰：有虞氏瓦棺，夏后氏堲周，殷人棺椁，周人牆置翣。周人以殷人之棺椁葬長殤，以夏后氏之塈周葬中殤下殤，以有虞氏之瓦棺葬無服之殤。

又檀弓上篇曰：仲憲言於曾子曰：夏后氏用明器，示民無知也。殷人用祭器，示民有知也。周人兼用之，示民疑也。

又檀弓下篇曰：殷既封而弔，周反哭而弔。孔子曰：殷已慤，吾從周。

又坊記篇曰：殷人弔於壙，周人弔於家，示民不偝也。子云：死，民之卒事也，吾從周。

漢書禮樂志曰：王者必因前王之禮，順時施宜，有所損益。即民之心稍稍制作，至太平而大備。周監於二代，禮文尤具，事爲之制，曲爲之防。故稱禮經三百，威儀三千。孔子美之曰：「郁郁乎文哉！吾從周。」

禮記檀弓下篇曰：殷練而祔，周卒哭而祔，孔子善殷。

樹達按：棺槨之制，周兼用夏殷周三代之禮。明器之制，周兼用夏殷二代之禮。此因而文者也。反哭之禮，殷人已慤，周改其制，此革而文者也。又按：從周其大較，孔子又未嘗不善殷。蓋擇善而從，無所固執也。

子入太廟，每事問。或曰：「孰謂鄹人之子知禮乎？入太廟，每事問。」子聞之，曰：「是禮也。」

春秋繁露郊事對篇曰：孔子入太廟，每事問，愼之至也。

子曰：「射不主皮，爲力不同科，古之道也。」

儀禮鄉射禮曰：禮射不主皮。主皮之射者，勝者又射，不勝者降。

子貢欲去告朔之餼羊。子曰：「賜也，爾愛其羊，我愛其禮。」

白虎通宗廟篇曰：諸侯以月旦告朔于廟，何？緣生以事死。故國君月朔朝宗廟，存神愛政也。春秋文公十六年曰：夏五月，公四不視朔。公羊傳曰：公曷爲四不視朔？公有疾也。何言乎公有疾不視朔？自是公無疾不視朔也。然則曷爲不言公無疾不視朔？有疾猶可言也，無疾不可言也。穀梁傳曰：天子告朔於諸侯，諸侯受乎禰廟，禮也。公四不視朔，公不臣也，以公爲厭政以甚矣。蔡邕集月令篇名曰：古者諸侯朝正於天子，受月令以歸而藏諸廟中。天子藏之於明堂，每月告朔朝廟，出而行之。周室既衰，諸侯怠於禮。魯文公廢告朔而朝，仲尼譏之。經曰：「閏月不告朔，猶朝於廟。」自是告朔遂廢，而徒用其羊。子貢非廢其令而請去之。仲尼曰：「賜也，爾愛其羊，我愛其禮。」庶明王復興，君人者昭而明之，稽而用之耳。

子曰：「事君盡禮，人以爲諂也。」

說苑敬慎篇曰：孔子論詩至於正月之六章，懼然曰：不逢時之君子，豈不殆哉！從上依世則廢道；違上離俗則危身；世不與善，己獨由之，則曰非妖則孽也。

定公問：「君使臣，臣事君，如之何？」孔子對曰：「君使臣以禮；

晏子春秋雜上篇曰：晏子侍于景公，朝寒。公曰：「請進暖食。」晏子對曰：「嬰，非君奉餽之臣也，敢辭。」公曰：「請進服裘。」對曰：「嬰，非君茵席之臣也，敢辭。」公曰：「然。夫子於寡人何爲者也？」對曰：「嬰，社稷之臣也。」公曰：「何謂社稷之臣？」對曰：「夫社稷之臣，能立社稷；辨上下之義，使當其理；制百官之序，使得其宜；作爲辭令，可分布於四方。」自是之後，君不以禮不見晏子。說苑臣術篇大同。

新序雜事一篇曰：趙簡子上羊腸之坂，羣臣皆偏袒推車；而虎會獨擔戟行歌，不推車。簡子曰：「寡人上坂，羣臣皆推車，會獨擔戟行歌不推車，是會爲人臣侮其主。爲人臣侮其主，其罪何若？」虎會對曰：「爲人臣侮其主者，死而又死。」簡子曰：「何謂死而又死？」虎會曰：「身死，妻子又死，是謂死而又死。君既已聞爲人臣而侮其主者之罪矣，君亦聞爲人君而侮其臣者乎？」簡子曰：「爲人君而侮其臣者何若？」虎會對曰：「爲人君而侮其臣者，智者不爲謀；辯者不爲使；勇者不爲鬬。智者不爲謀，則社稷危；辯者不爲使，則使不通；勇者不爲鬬，則邊侵。」簡子曰：「善。」乃罷羣臣不推車。爲士大夫置酒，舉羣臣飲，以虎會爲上客。

魏志明帝傳注引魏略曰：董尋上書諫明帝曰：建安以來，野戰死亡，或門殫戶盡，雖有存者，遺孤老弱。若今宮室狹小，當廣大之，猶宜隨時，不防農務。況乃作無益之物，黃龍鳳凰，九龍承露盤，土山淵池，此皆聖明之所不興也。今陛下既尊羣臣，顯以冠冕，被以文繡，載以華輿，所以異於小人。

而使穿方舉士，面目垢黑，沾體塗足，衣冠了鳥，毀國之光以崇無益，甚非謂也。孔子曰：「君使臣以禮，臣事君以忠。」無忠無禮，國何以立？

臣事君以忠。」

春秋襄公五年曰：十有二月辛未，季孫行父卒。左氏傳曰：季文子卒，大夫入斂，公在位，宰庀家器，爲葬備，無衣帛之妾，無食粟之馬，無藏金玉，無重器備，君子是以知季文子之忠於公室也。相三君矣，而無私積，可不謂忠乎？

晏子春秋諫下篇曰：晏子使于魯，比其反也，景公使國人起大臺之役，歲寒不已，凍餒死者鄉有焉。國人望晏子，晏子至，已復事，公乃坐，飲酒，樂。晏子曰：「君若賜臣，臣請歌之。」歌曰：「庶民之言曰，凍水洗我，若之何？太上靡散我，若之何？」歌終，喟然嘆而流涕。公就止之，曰：「夫子曷爲至此？殆爲大臺之役夫！寡人將速罷之。」晏子再拜，出而不言，遂如大臺，執朴鞭其不務者，曰：「吾，細人也，皆有蓋廬以辟燥濕。君爲一臺而不速成，何爲？」國人皆曰：「晏子助天爲虐。」晏子歸，未至而君出令，趣罷役，車馳而人趣。仲尼聞之，喟然嘆曰：「古之善爲人臣者，聲名歸之君，禍災歸之身，入則切磋其君之不善，出則高譽其君之德義。是以雖事惰君，能使垂衣裳，朝諸侯，不敢伐其功。當此道者，其晏子是耶！」

荀子臣道篇曰：有大忠者，有次忠者，有下忠者，有國賊者。以德覆君而化之，大忠也；以德調君而輔之，次忠也；以是諫非而怒之，下忠也；不卹君之榮辱，不卹國之臧否，偷合苟容，以之持祿養交而已耳，國賊也。若周公之於成王也，可謂大忠也。若管仲之於桓公，可謂次忠矣。若子胥之於夫差，可謂下忠矣。若曹觸龍之於紂者，可謂國賊矣。

子曰：「關雎，樂而不淫，哀而不傷。」

毛詩序曰：是以關雎樂得淑女以配君子，憂在進賢，不淫其色，哀窈窕，思賢才，而無傷善之心焉。是關雎之義也。

荀子大略篇曰：國風之好色也，傳曰：盈其欲而不愆其止，其誠可比於金石，其聲可內於宗廟。楊注云：好色謂關雎樂得淑女也。

哀公問社於宰我，宰我對曰：「夏后氏以松，殷人以柏，周人以栗，曰：使民戰栗。」子聞之曰：「成事不說，遂事不諫，既往不咎。」

周禮大司徒曰：設其社稷之壝而樹之田主，各以其野之所宜木。

淮南子齊俗篇曰：有虞氏之祀，其社用土。夏后氏，其社用松。殷人之禮，其社用石。周人之禮，其社用栗。

白虎通社稷篇曰：社稷所以有樹，何？尊而識之，使民望見即敬之，又所以表功也。故周官曰：司徒班社而樹之，各以土地所宜。尚書逸篇曰：大社唯松，東社唯柏，南社唯梓，西社唯栗，北社唯槐。

又宗廟篇曰：論語云：哀公問主于宰我，宰我對曰：夏后氏以松，松者，所以自竦動。殷人以柏，柏者，所以自迫促。周人以栗，栗者，所以自戰慄。

子曰：「管仲之器小哉！」

孟子公孫丑上篇曰：公孫丑問曰：「夫子當路於齊，管仲晏子之功可復許乎？」孟子曰：「子誠齊人也！知管仲晏子而已矣。或問乎曾西曰：『吾子與管仲孰賢？』曾西艴然不悅，曰：『爾何曾比予於管仲！管仲得君如彼其專也，行乎國政如彼其久也，功烈如彼其卑也，爾何曾比予於是。』曰：管仲，曾西之所不爲也，而子爲我願之乎？」

荀子王制篇曰：管仲，爲政者也，未及修禮也。

又大略篇曰：管仲之爲人，力功不力義，力知不力仁，野人也，不可以爲天子大夫。

春秋繁露精華篇曰：齊桓挾賢相之能，用大國之資，即位五年，不能致一諸侯。於柯之盟見其大信，一年而近國之君畢至，鄄幽之會是也。其後二十年之間，亦久矣，尚未能大合諸侯也，至於救邢衞之事；見存亡繼絕之義，而明年遠國之君畢至，貫澤陽穀之會是也。故曰：親近者不以言，召遠者不以使，此其效也。其後矜功，振而自足，而不修德，故楚人滅弦而志弗憂，江黃伐陳而不往救；損人之國而執其大夫，不救陳之患而責陳不納，不復安鄭而必欲迫之以兵，功未良成而志已滿矣。故曰：「管仲之器小哉。」此之謂也。自是日衰，九國叛矣。

新序雜事篇四曰：有司請吏於齊桓公，桓公曰：「以告仲父。」有司又請，桓公曰：「以告仲父。」若是者三。在側者曰：「一則告仲父，二則告仲父，易哉爲君！」桓公曰：「吾未得仲父則難，已得仲父，曷爲其不易也？」故王者勞於求人，佚於得賢。舜舉衆賢在位，垂衣裳恭己無爲而天下治。湯文用伊呂，成王用周召而刑措不用，兵偃而不動，用衆賢也。桓公用管仲，則小也，故至於霸而不能以王。故孔子曰：「小哉管仲之器！」蓋善其遇桓公，惜其不能以王也。

法言先知篇曰：或曰：「齊得夷吾而霸，仲尼曰小器，請問大器？」曰：「大器其猶規矩準繩乎！先自治而後治人之謂大器。」

或曰：「管仲儉乎？」曰：「管氏有三歸，官事不攝，焉得儉？」

韓非子外儲說左下篇曰：管仲相齊，曰：「臣貴矣，然而臣貧。」桓公曰：「使子有三歸之家。」曰：「臣富矣，然而臣卑。」桓公使立於高國之上。曰：「臣尊矣，然而臣疏。」乃立爲仲父。孔子聞而非之，曰：「泰侈偪上。」一曰：管仲出，朱蓋青衣，置鼓而歸，庭有陳鼎，家有三歸。孔子曰：良大夫也，其侈偪上。

「然則管仲知禮乎？」曰：「邦君樹塞門，管氏亦樹塞門。邦君爲兩君之好，有反坫，管氏亦有反坫。管氏而知禮，孰不知禮？」

禮記雜記下篇曰：孔子曰：管仲鏤簋而朱紘，旅樹而反坫，山節而藻棁，賢大夫也，而難爲上也。

又郊特牲篇曰：臺門而旅樹，反坫，繡黼丹朱中衣，大夫之僭禮也。

子語魯大師樂曰：「樂其可知也，始作，翕如也；從之，純如也；皦如也；繹如也。以成。」

儀封人請見，曰：「君子之至于斯也，吾未嘗不得見也。」從者見之。出曰：「二三子何患於喪乎？天下之無道久矣，天將以夫子爲木鐸。」

子謂韶盡美矣，又盡善也。謂武盡美矣，未盡善也。

述而篇曰：子在齊聞韶，三月不知肉味。曰：不圖爲樂之至於斯也！

衛靈公篇曰：顏淵問爲邦，子曰：行夏之時，乘殷之輅，服周之冕，樂則韶舞。

白虎通禮樂篇曰：合曰大武者，天下始樂周之征伐行武。故詩人歌之曰：「王赫斯怒，爰整其旅。」當此之時，樂文王之怒以定天下，故樂其武也。

左傳襄公二十九年曰：吳公子札來聘，請觀於周樂。見舞大武者，（武王樂。）曰：「美哉！周之盛也，其若此乎！」見舞韶濩者，（韶濩，殷湯樂。）曰：「聖人之弘也，而猶有慙德，聖人之難也！」（杜注云：慚於始伐。）見舞韶箾者，（舜樂）曰：「德至矣哉！大矣！如天之無不幬也！如地之無不載也！雖甚盛德，其蔑以加於此矣。」

泰伯篇曰：「三分天下有其二，以服事殷。周之德，其可謂至德也已矣。」

禮記禮運篇曰：孔子曰：「大道之行也，與三代之英，丘未之逮也，而有志焉。大道之行也，天下爲公，選賢與能，（與假爲舉）講信脩睦。故人不獨親其親，不獨子其子。使老有所終，壯有所用，幼有所長，矜寡孤獨廢疾者皆有所養，男有分，女有歸。貨惡其棄於地也，不必藏於己；力惡其不出於身也，不必爲己。是故謀閉而不興，盜竊亂賊而不作，故外戶而不閉，是謂大同。今大道既隱，天下爲家。各親其親，各子其子。貨力爲己，大人世及以爲禮，城郭溝池以爲固，禮義以爲紀。以正君臣，以篤父子，以睦兄弟，以和夫婦，以設制度，以立田里，以賢勇知，以功爲己。故謀用是作而兵由此起。禹湯文武成王周公，由此其選也。此六君子者，未有不謹於禮者也。以著其義，以考其信。著有過，刑仁講讓，示民有常。如有不由此者，在埶者去，衆以爲殃，是謂小康。」

春秋隱公三年曰：「夏四月辛卯，尹氏卒。」公羊傳曰：「尹氏者，何？天子之大夫也。其稱尹氏，何？貶。曷爲貶？譏世卿。世卿，非禮也。」何注云：「世卿者，父死子繼也。禮：公卿大夫士皆選賢而用之。卿大夫任重職大，不當世，君子疾其末則正其本。」

樹達按：任重職大，有過於天子諸侯者乎？卿不當世，而謂君當世乎？卿當選賢，而謂君不當選賢乎？孔子譏世卿，實譏世君也。此春秋之微言也。又吾先民論政尙揖讓，而征誅爲不得已。文王三分天下有其二，以服事殷，孔子稱其至德，善其不用武力也。論語稱至德者二事，一贊泰伯，一贊文王，皆貴其以天下讓也。吳季札觀湯樂而曰有慙德，亦以其用武力也。湯有慙德，武王從可知矣。貴揖讓，故非世及。禮運以天下爲公選賢與能爲大同，以大人世及謀作兵起爲小康。於春秋則譏世卿以見非世君之意，皆其義之顯白無疑者也。聲音之道與政通，樂者政之發於聲音者也，古人聞其樂而知其政。舜揖讓傳賢爲大同之治，武王征誅世及爲小康。故孔子稱韶樂爲盡美盡善，武盡美而未盡善也。孔云武未盡善，猶季札之言濩有慙德也。小康始於禹者，以其傳子，創世及之制，違反選賢與能之道也。

子曰：「居上不寬，

陽貨篇曰：寬則得衆。又見堯曰篇。

大戴禮記子張官人篇曰：水至清則無魚，人至察則無徒。冕而前旒，所以蔽明；黈纊充耳，所以塞聰。明有所不見，聽有所不聞，舉大德，赦小過，無求備於一人之義也。

春秋繁露仁義法篇曰：君子攻其惡，不攻人之惡，非仁之寬與？自攻其惡，非義之全與？此之謂仁造人，義造我。是故以自治之節治人，是居上不寬也？居上不寬，則傷厚而民弗親。

說苑君道篇曰：齊宣王謂尹文曰：「人君之事何如？」尹文對曰：「人君之事，無爲而能容下。夫事寡易從，法省易因，故民不以政獲罪也。大道容衆，大德容下，聖人寡爲而天下理矣。書曰：『睿作聖。』詩人曰：『岐有夷之行，子孫其保之。』」宣王曰：「善。」

呂氏春秋貴公篇曰：「管仲有病，桓公往問之，曰：『仲父之病病矣，弗諱，寡人將誰屬國？』對曰：『公誰欲相？』公曰：『鮑叔牙其可乎？』對曰：『不可。夷吾善鮑叔牙。鮑叔牙之爲人也，清廉潔直，視不己若者不比於人，一聞人之過，終身不忘。勿已，則隰朋其可乎。隰朋之爲人也，上志而下求，醜不若黃帝而哀不己若者。其於國也，有不聞也，其於物也，有不知也，其於人也，有不見也。勿已乎，則隰朋可也。』夫相，大官也。處大官者不欲小察，不欲小智。故曰：『大匠不斲，大庖不豆，大勇不鬬，大兵不寇。』」

後漢書朱浮傳曰：舊制：州牧奏二千石長吏不任位者事皆先下三公，三公遣掾史案驗，然後黜退。帝時用明察，不復委任三府，而權歸刺舉之吏。浮上疏曰：「陛下疾往者上威不行，下專國命。卽位以來，不用舊典，信刺舉之官，黜鼎輔之任。至於有所劾奏，便加退免。覆案不關三府，罪譴不蒙澄察。陛下以使者爲腹心，而使者以從事爲耳目。是爲尚書之平，決於百石之吏。故羣下苛刻，各自爲能。兼以私情，容長憎愛。有罪者心不厭服，無咎者坐被空文。不可經盛衰，貽後王也。」論曰：吳起與田文論功，文不及者三。朱買臣難公孫弘十策，弘不得其一。終之田文相魏，公孫宰漢。誠知宰相自有體也。故曾子曰：「君子所貴乎道者三，籩豆之事，則有司存。」而光武明帝躬好吏事，亦以課覈三公，至有誅斥詰辱之累。朱浮譏諷苛察欲速之弊然矣，焉得長者之言哉！

爲禮不敬，

左傳僖公十一年曰：「天王使召武公內史過賜晉侯命，受玉惰。過歸，告王曰：『晉侯其無後乎。王賜之命而惰於受瑞，先自棄也已，其何繼之有？禮，國之幹也；敬，禮之輿也。不敬則禮不行，禮不行則上下昏，何以長世？」

又宣公十五年曰：晉侯使趙同獻狄俘於周，不敬。劉康公曰：不及十年，原叔必有大咎，天奪之魄矣。原叔爲趙同字。

又成公四年曰：夏，公如晉。晉侯見公，不敬。季文子曰：「晉侯必不免。詩曰：『敬之敬之，天惟顯思，命不易哉。』夫晉侯之命在諸侯矣，可不敬乎？」

又成公十三年曰：春，晉侯使郤錡來乞師，將事，不敬。孟獻子曰：「郤氏其亡乎，禮，身之幹也；敬，身之基也。郤子無基。且先君之嗣卿也。受命以求師，將社稷是衞，而惰，棄君命也。不亡何爲？」

又曰：公及諸侯朝王，遂從劉康公成肅公會晉侯伐秦。成子受脤于社，不敬。劉子曰：「吾聞之：民受天地之中以生，所謂命也。是以有動作禮義威儀之則，以定命也。能者養以之福，不能者敗以取禍。是故君子勤禮，小人盡力。勤禮莫如致敬，盡力莫如敦篤。敬在養神，篤在守業。國之大事，在祀與戎。祀有執膰，戎有受脤，國之大節也。今成子惰，棄其命矣，其不反乎！」

又襄公十年曰：三月癸丑，齊高厚相大子光以先會諸侯於鍾離，不敬。士莊子曰：「高子相太子以會諸侯，將社稷是衞，而皆不敬，棄社稷也，其將不免乎！」

又襄公二十一年曰：會於商任，錮欒氏也。齊侯衞侯不敬。叔向曰：「二君者必不免。會朝，禮之經也。禮，政之輿也。政，身之守也。怠禮失政，失政不立，是以亂也。」

又襄公二十八年曰：蔡侯歸自晉，入於鄭。鄭伯享之，不敬。子產曰：「蔡侯其不免乎！日其過此也，君使子展迋勞於東門之外而傲，吾曰猶將更之。今還，受享而惰，乃其心也。君小國，事大國，而惰傲以爲己心，將得死乎？若不免，必由其子。其爲君也，淫而不父。僑聞之，如是者恆有子禍。」

又襄公二十八年曰：爲宋之盟故，公及宋公陳侯鄭伯許男如楚。公過鄭，鄭伯不在，伯有迋勞於黃崖，不敬。穆叔曰：「伯有無戾於鄭，鄭必有大咎。敬，民之主也，而棄之，何以承守？鄭人不討，必受其辜。濟澤之阿，行潦之蘋藻，寘諸宗室，季蘭尸之，敬也。敬可棄乎？」

國語周語上曰：襄王使太宰文公及內史興賜晉文公命。上卿逆於境，晉侯郊勞。館諸宗廟，饋九牢，設庭燎。及期，命於武宮，設桑主，布几筵。大宰莅之，晉侯端委而入。大宰以王命命冕服，內史贊之，三命而後卽冕服。既畢，賓饗贈餞如公命侯伯之禮，而加之以晏好。內史興歸，以告王曰：「晉不可不善也，其君必霸。逆王命敬，奉禮義成。敬王命，順之道也；成禮義，德之則也。則德以導諸侯，諸侯必歸之。且禮，所以觀忠信仁義也；忠，所以行也；信，所以守也；義，所以節也。忠分則均，仁行則報，信守則固，義節則度。分均無怨，行報無匱，守固不偷，節度不攜。若民不怨而財不匱，令不偷而動不攜，其何事不濟？中能應外，忠也；施三服義，仁也；守節不淫，信也；行禮不疚，義也。臣入晉境，四者不失。臣故曰：晉侯其能禮矣。王其善之，樹於有禮，艾人必豐。」王從之，使於晉者道相逮也。及惠后之難，王出在鄭，晉侯納之。襄王十六年，立晉文公。二十一年，以諸侯朝王於衡雍，且獻楚捷，遂爲踐土之盟。於是乎始霸也。

左傳昭公三年曰：四月，鄭伯如晉，公孫段相，甚敬而卑，禮無違者。晉侯嘉焉，授之以策曰：「子豐有勞於晉國，余聞而弗忘，賜女州田，以胙乃舊勳。」伯石再拜稽首受策以出。君子曰：「禮其人之急也乎！伯石之汰也，一爲禮於晉，猶荷其祿，況以禮終始乎？」

臨喪不哀，

禮記曲禮上篇曰：臨喪則必有哀色。

又曰：臨喪不笑。

左傳成公十五年曰：冬十月，衛定公卒。夫人姜氏既哭而息，見太子之不哀也，不內酌飲，嘆曰：「是夫也，將不唯衛國之敗，其必始於未亡人。嗚呼！天禍衛國也夫！」

又襄公十九年曰：衛石共子卒，悼子不哀。孔成子曰：「是謂蹶其本，必不有其宗。」

又襄公三十一年曰：孟孝伯卒，立敬歸之娣齊歸之子公子裯。穆叔不欲，曰：「非適嗣，何必娣之子！且是人也，居喪而不哀，在慼而有嘉容，是謂不度。不度之人鮮不爲患。若果立之，必爲季氏憂。」武子不聽，卒立之。比及葬，三易衰，衰衽如故衰。於是昭公十九年矣，猶有童心。君子是以知其不能終也。

又昭公十一年曰：九月，葬齊歸，公不慼。叔向曰：「魯公室其卑乎。君有大喪，國不廢蒐。有三年之喪，而無一日之慼。國不卹喪，不忌君也；君無慼容，不顧親也。國不忌君，君無顧親，能無卑乎？殆其失國。」

又昭公十四年曰：八月，莒著丘公卒，郊公不慼。國人弗順，欲立著丘公之弟庚輿。冬十二月，蒲餘侯殺公子意恢，郊公奔齊。公子鐸逆庚輿於齊。

吾何以觀之哉？」

大戴禮曾子立事篇曰：臨事而不敬，居喪而不哀，祭祀而不畏，朝廷而不恭，則吾無由知之矣。

論語疏證卷第四

里仁篇第四

子曰：「里仁爲美。擇不處仁，焉得知？」

孟子公孫丑上篇曰：孟子曰：矢人豈不仁於函人哉？矢人惟恐不傷人，函人惟恐傷人。巫匠亦然。故術不可不愼也。孔子曰：「里仁爲美。擇不處仁，焉得智？」夫仁，天之尊爵也，人之安宅也。莫之禦而不仁，是不智也。不仁不智，無禮無義，人役也。人役而恥爲役，由弓人而恥爲弓，矢人而恥爲矢也。如恥之，莫如爲仁。仁者如射，射者正己而後發，發而不中，不怨勝己者，反求諸己而已矣。

荀子大略篇曰。仁有里，義有門。仁非其里而處之，非禮也；義非其門而由之，非義也。

樹達按：仁非其里，義非其門，謂仁不在其里，義不在其門也。

又勸學篇曰：蓬生麻中，不扶而直；白沙在涅，與之俱黑。蘭槐之根是爲芷，其漸之滫，君子不近，庶人不服。其質非不美也，所漸者然也。故君子居必擇鄉，遊必就士，所以防邪僻而近中正也。

列女傳母儀篇曰：鄒孟軻之母號孟母，其舍近墓。孟子之少也，嬉遊爲墓閒之事，踴躍築埋。孟母曰：此非吾所以居處子也。乃去舍市傍，其嬉戲爲賈人衒賣之事。孟母又曰：此非吾所以居處子也。復徙舍學宮之傍，其嬉戲乃設俎豆揖讓進退。孟母曰：眞可以居吾子矣。遂居之。及孟子長，學六藝，卒成大儒之名。君子謂孟母善以漸化。

子曰：「不仁者不可以久處約，不可以長處樂。

衞靈公篇曰：子曰：君子固窮，小人窮斯濫矣。

禮記坊記篇曰：子云：小人貧斯約，富斯驕；約斯盜，驕斯亂。

孟子梁惠王上篇曰：無恆產而有恆心者，惟士爲能。若民，則無恆產，因無恆心。苟無恆心，放辟邪侈，無不爲已。

荀子不苟篇曰：君子，小人之反也。君子見由則恭而止；見閉則敬而齊；通則文而明；窮則約而詳。小人則不然：見由則兌而倨；見閉則怨而儉；通則驕而偏；窮則棄而儑。

仁者安仁，知者利仁。」

禮記表記篇曰：子曰：仁有三，與仁同功而異情。與仁同功，其仁未可知也；與仁同過，然後其仁可知也。仁者安仁，知者利仁，畏罪者強仁。

又中庸篇曰：或安而行之，或利而行之，或勉強而行之，及其成功一也。

史記滑稽傳集解引鍾繇華歆王朗等對問曰：前志稱：仁者安仁，智者利仁，畏罪者強仁。校其仁者，功則無以殊。核其爲仁者，則不得不異。安仁者，性善者也。利仁者，力行者也。強仁者，不得已者也。三者相比，則安仁優矣。

大戴禮記曾子立事篇曰：仁者樂道，智者利道。

子曰：「唯仁者能好人，能惡人。」

禮記大學篇曰：秦誓曰：若有一個臣，斷斷兮無他技，其心休休焉，其如有容焉。人之有技，若己有之；人之彥聖，其心好之，不啻若自其口出，實能容之，以能保我子孫黎民，尚亦有利哉。人之有技，媢嫉以惡之；人之彥聖，而違之俾不通；實不能容，以不能保我子孫黎民，亦曰殆哉。唯仁人放流之，迸諸四夷，不與同中國。此謂唯仁人爲能愛人，能惡人。

後漢書孝明八王傳注引東觀漢記曰：和帝賜彭城王恭詔曰：孔子曰：惟仁者能好人，能惡人，貴仁者所好惡得其中也。

禮記緇衣篇曰：子曰：唯君子能好其正，其惡有方。

衛靈公篇曰：子曰：衆惡之，必察焉；衆好之，必察焉。

子路篇曰：子貢問曰：「鄉人皆好之，何如？」子曰：「未可也。」「鄉人皆惡之，何如？」子曰：「未可也。不如鄉人之善者好之，其不善者惡之。」

樹達按：衆之好惡必察，鄉人皆好皆惡，孔子皆以爲未可者，以衆與鄉人不皆仁人故也。

子曰：「苟志於仁矣，無惡也。」

春秋繁露玉英篇曰：經曰：「宋督弒其君與夷，」傳言莊公馮殺之，不可及於經，何也？避所善也。是故，讓者，春秋之所善。宣公不與其子而與其弟，其弟亦不與子而反之兄子，雖不中法，皆有讓高，不可棄也。故君子爲之諱，避其後亂，移之宋督以存善志，此亦春秋之義善無遺也。若直書其篡，則宣繆之高滅而善無所見矣。難者曰：「爲賢者諱，皆言之。爲宣繆諱，獨弗言，何也？」曰：「不成於賢也。其爲善不法，不可取，亦不可棄。棄之，則棄善志也。取之，則害王法，故不棄，亦不載，以意見之而已。苟志於仁無惡，此之謂也。」

子曰：「富與貴，是人之所欲也，不以其道得之，不處也。貧與賤，是人之所惡也，不以其道得之，不去也。」

論衡問孔篇曰：孔子曰：富與貴，是人之所欲也，不以其道得之，不居也。貧與賤，是人之所惡也，不以其道得之，不去也。此言人當由道義得，不當苟取也。當守節安貧，不當妄去也。

大戴禮記曾子制言上篇曰：富以苟，不如貧以譽。

述而篇曰：子曰：飯疏食，飲水，曲肱而枕之，樂亦在其中矣。不義而富且貴，於我如浮雲。

說苑立節篇曰：孔子見齊景公，景公致廩丘以爲養。孔子辭不受，出謂弟子曰：「吾聞：君子當功以受祿。今說景公，景公未之行而賜我廩丘，其不知丘亦甚矣，」遂辭而行。

韓詩外傳卷二曰：「子路曰：士不能勤苦，不能輕死亡，不能恬貧窮，而曰我行義，吾不信也。曾子褐衣緼褚，未嘗完也；糲米之食，未嘗飽也：義不合則辭上卿。不恬貧窮，焉能行此？」說苑立節篇文大同。

說苑立節篇曰：曾子衣弊衣以耕，魯君使人往致邑焉。曰：「請以此脩衣。」曾子不受。反，復往，又不受。使者曰：「先生非求於人，人則獻之，奚爲不受？」曾子曰：「臣聞之：受人者畏人，予人者驕人。縱子有賜不我驕也，我能勿畏乎？」終不受。孔子聞之，曰：「參之言足以全其節也。」

荀子大略篇曰：古之賢人，賤爲布衣，貧爲匹夫，食則饘粥不足，衣則豎褐不完，然而非禮不進，非義不受，安取此？子夏貧，衣若縣鶉。人曰：「子何不仕？」曰：「諸侯之驕我者，吾不爲臣；大夫之驕我者，吾不復見。」

墨子耕柱篇曰：子墨子使管黔敖游高石子於衛，衛君致祿甚厚，設之於卿。高石子三朝，必盡言，而言無行者，去而之齊。見子墨子曰：「君以夫子之故，致祿甚厚，設我於卿。石三朝必盡言，而言無行，是以去之也。衛君無乃以石爲狂乎？」子墨子曰：「去之苟道，受狂何傷？」高石子曰：「石去之。」

後漢書陳蕃傳曰：靈帝卽位，竇太后優詔蕃，封蕃高陽侯。蕃上疏讓曰：竊惟割地之封，功德是爲。臣孰自思省，前後歷職，無它異能，合亦食祿，不合亦食祿。臣雖無素絜之行，竊慕君子不以其道得之不居也。若受爵不讓，掩面受之，使皇天震怒，災流下民，於臣之身，亦何所寄？」竇太后不許。蕃復固讓，章前後十上，竟不受封。

君子去仁，惡乎成名？君子無終食之閒違仁，造次必於是，顛沛必於是。」

荀子大略篇曰：君子隘窮而不失，勞倦而不苟，臨患難而不忘細席之言。細本誤作絪，兹據郝王校改正。歲不寒無以知松柏，事不難無以知君子。無日不在是。

後漢書郭泰傳曰：茅容，字季偉，陳留人也。年四十餘，耕於野。時與等輩避雨樹下，衆皆夷踞相對，容獨危坐愈恭。林宗行見之，而奇其異，遂與共言，因請寓宿。旦日，容殺鷄爲饌，林宗謂爲己設，既而以共其母，自以草蔬與客同飲。林宗起拜之，曰：「卿賢乎哉！」因勸令學，卒以成德。

禮記檀弓上篇曰：曾子寢，疾病，樂正子春坐於牀下，曾元曾申坐於足，童子隅坐而執燭。童子曰：「華而睆，大夫之簀與？」子春曰：「止。」曾子聞之，瞿然曰：「呼！」曰：「華而睆，大夫之簀與？」曾子曰：「然，斯季孫之賜也，我未之能易也。元起易簀！」曾元曰：「夫子之病革矣，不可以變。幸而至於旦，請敬易之。」曾子曰：「爾之愛我也不如彼。君子之愛人以德，細人之愛人也以姑息。吾何求哉？吾得正而斃焉，斯已矣。」舉扶而易之，反席未安而沒。

左傳哀公十五年曰：子路入，曰：「大子焉用孔悝？雖殺之，必或繼之。」且曰：「大子無勇，若燔臺半，必舍孔叔。」大子聞之，懼，下石乞盂黶敵子路，以戈擊之，斷纓。子路曰：「君子死，冠不免。」結纓而死。

春秋襄公三十年曰：五月甲午，宋災，伯姬卒。秋七月，叔弓如宋，葬宋共姬。公羊傳曰：外夫人不書葬，此何以書？隱之也。何隱爾？宋災，伯姬卒焉。其稱謚，何？賢也。何賢爾？宋災，伯姬存焉。有司復曰：「火至矣，請出。」伯姬曰：「不可，吾聞之也：婦人夜出，不見傅母，不下堂。」傅至矣，母未至也，逮乎火而死。

春秋僖公二十二年曰：冬十有一月己巳朔，宋公及楚人戰于泓，宋師敗績。公羊傳曰：偏戰者日爾，此其言朔，何？春秋辭繁而不殺者，正也。何正爾？宋公與楚人期戰于泓之陽，楚人濟泓而來。有司復曰：「請迨其未畢濟而擊之。」宋公曰：「不可。吾聞之也；君子不厄人。吾雖喪國之餘，寡人不忍行也。」既濟，未畢陳，有司復曰：「請迨其未畢陳而擊之。」宋公曰：「不可。吾聞之也；君子不鼓不成列。」已陳，然後襄公鼓之，宋師大敗。故君子大其不鼓不成列，臨大事而不忘大禮。有君而無臣，以爲雖文王之戰亦不過此也。又僖公二十三年曰：夏五月庚寅，宋公玆父卒。穀梁傳曰：玆父之不葬，何也？失民也。其失民何也？以其不敎民戰，則是棄其師也。爲人君而棄其師，其民孰以爲君哉？何休穀梁廢疾曰：所謂敎民戰者，習之也。春秋貴偏戰而惡詐戰。宋襄公所以敗於泓者，守禮偏戰也，非不敎其民也。孔子曰：「君子去仁，惡乎成名？造次必於是，顚沛必於是。」未有守正以敗而惡之也。

子曰：「我未見好仁者惡不仁者。好仁者，無以尙之。惡不仁者，其爲仁矣，不使不仁者加乎其身。有能一日用其力於仁矣乎？我未見力不足者。蓋有之矣，我未之見也。」

禮記表記篇曰：子曰：無欲而好仁者，無畏而惡不仁者，天下一人而已矣。鄭注云：一人而已，喻少也。

子曰：「人之過也，各於其黨。觀過，斯知仁矣。」

禮記表記篇曰：與仁同過，然後其仁可知也。

漢書外戚孝昭上官后傳曰：子路喪姊，期而不除，孔子非之。子路曰：「由不幸寡兄弟，不忍除之。」故曰觀過知仁。

後漢書吳祐傳曰：嗇夫孫性私賦民錢，市衣以進其父。父得而怒，曰：「有君如是，何忍欺之？」促歸伏罪。性慚懼，詣閤持衣自首。祐屏左右問其故，性具談父言。祐曰：「掾以親故，受汙穢之名，所謂觀過斯知仁矣。」使歸謝其父，還以衣遺之。

韓非子說林上篇曰：樂羊爲魏將而攻中山。其子在中山，中山之君烹其子而遺之羹。樂羊坐於幕下而啜之，盡一杯。文侯謂堵師贊曰：「樂羊以我故而食其子之肉。」答曰：「其子而食之，且誰不食？」樂羊罷中山，文侯賞其功而疑其心。孟孫獵，得麑，使秦西巴持之歸，其母隨之而啼，秦西巴弗忍而與之。孟孫適至而求麑，答曰：「余弗忍而與其母。」孟孫大怒，逐之。居三月，復召以爲其子傅。其御曰：「曩將罪之，今召以爲子傅。何也？」孟孫曰：「夫不忍麑，又且忍吾子乎？」故曰：

巧詐不如拙誠。樂羊以有功見疑，秦巴西以有罪益信。說苑貴德篇曰：樂羊以有功而見疑，秦西巴以有罪而益信，由仁與不仁也。

又外儲說左下篇曰：梁車爲鄴令，其姊往看之，暮而後至，閉門，因踰郭而入，車遂刖其足。趙成侯以爲不慈，奪之璽而免之令。

樹達按：觀過知仁者，觀其過而知其仁與不仁也。有過而仁者，有過而失之不仁者，故曰：各於其黨也。子路、秦西巴、孫性，過而仁者也。樂羊、梁車，過而不仁者也。

子曰：「朝聞道，夕死可矣。」

新序雜事一篇曰：楚共王有疾，召令尹曰：「常侍筦蘇與我處，常忠我以道，正我以善。吾與處，不安也；不見，不思也。雖然，吾有得也。其功不細，必厚爵之。申侯伯與處，常縱恣吾。吾所樂者，勸吾爲之；吾所好者，先吾服之。吾與處，歡樂也；不見，戚戚也。雖然，吾終無得也。其過不細，必亟遣之。」令尹曰：「諾。」明日，王薨。令尹即拜筦蘇爲上卿，而逐申侯伯出之境。曾子曰：「鳥之將死，其鳴也哀；人之將死，其言也善。」言反其本性，共王之謂也。故孔子曰：「朝聞道，夕死可矣。」於以開後嗣，覺來世，猶愈沒身不寤者也。

漢書夏侯勝傳曰：勝少孤，好學，從始昌受尚書及洪範五行傳。又從歐陽氏問：爲學精孰，所問非一師也。宣帝初即位，欲褒先帝，詔丞相御史曰：「孝武皇帝功德茂盛，而廟樂未稱，其與列侯二千石博士議。」於是羣臣大議廷中，皆曰：「宜如詔書。」勝獨曰：「武帝雖有攘四夷廣土斥境之功，然多殺士衆，竭民財力，亡德澤於民，不宜爲立廟樂，詔書不可用也。」於是丞相義御史大夫廣明劾奏：「勝非議詔書，毀先帝，不道。」及丞相長史黃霸阿縱勝，不舉劾，俱下獄。勝霸既久繫，霸欲從勝受經，勝辭以罪死。霸曰：「朝聞道，夕死可矣。」勝賢其言，遂授之。繫再更冬，講論不怠。

子曰：「士志於道而恥惡衣惡食者，未足與議也。」

子罕篇曰：子曰：衣敝緼袍與衣狐貉者立而不恥者，其由也與！

孟子告子上篇曰：詩云：「既醉以酒，既飽以德，」言飽乎仁義也。所以不願人之膏粱之味也。令聞廣譽施於身，所以不願人之文繡也。

子曰：「君子之於天下也，無適也，無莫也，義之與比。」

孟子離婁下篇曰：孟子曰：大人者，言不必信，行不必果，惟義所在。

韓詩外傳卷七曰：孔子曰：昔者周公事文王，行無專制，事無由己。身若不勝衣，言若不出口。有奉持於前，洞洞焉若將失之，可謂子矣。武王崩，成王幼，周公承文武之業，履天子之位，聽天子之政，征夷狄之亂，誅管蔡之罪，抱成王而朝諸侯，誅賞制斷，無所顧問，威動天地，振恐海內，可謂能武矣。成王壯，周公致政，北面而事之，請然後行，無伐矜之色，可謂臣矣。故一人之身能三變者，所以應時也。

微子篇曰：逸民：伯夷、叔齊、虞仲、夷逸、朱張、柳下惠、少連降志辱身矣。言中倫，行中慮，其斯而已矣。謂虞仲夷逸隱居放言，身中淸，廢中權。我則異於是，無可無不可。

孟子公孫丑上篇曰：非其君不事，非其民不使，治則進，亂則退，伯夷也。何事非君，何使非民，治亦進，亂亦進，伊尹也。可以仕則仕，可以止則止，可以久則久，可以速則速，孔子也。

子曰：「君子懷德，小人懷土。

憲問篇曰：子曰：士而懷居，不足以爲士矣。

樹達按：懷居卽懷土也。

禮記曲禮上篇曰：安安而能遷。

說苑脩文篇曰：傳曰：安故重遷者謂之衆庶。

淮南子脩務篇曰：孔子無黔突。劉子惜時篇曰：仲尼栖栖，突不暇黔。

樹達按：懷土者怠於遷，所謂安土重遷者是也。安安而能遷，則與懷土懷居者異矣。此孔子勸勞動，戒安惰也。

君子懷刑，小人懷惠。」

後漢書李固傳固奏記曰：孔子曰：智者見變思刑，愚者覩怪諱名。

子曰：「放於利而行，多怨。」

國語周語上曰：厲王說榮夷公，芮良夫曰：「王室其將卑乎！夫榮夷公好專利而不知大難。夫利，百物之所生也，天地之所載也，而或專之，其害多矣。天地百物將皆取焉，胡可專也？所怒甚多，而不備大難，以是教王，王能久乎？夫王人者，將導利而布之上下者也，使神人百物無不得其極，猶日怵惕，懼怨之來也。故頌曰：『思文后稷，克配彼天，立我蒸民，莫匪爾極。』大雅曰：『陳錫載周。』是不布利而懼難乎？故能載周以至於今。今王學專利，其可乎？匹夫專利，猶謂之盜，王而行之，其歸鮮矣。榮公若用，周必敗。」既，榮公爲卿士，諸侯不享，王流于彘。

又楚語下曰：鬬且廷見令尹子常，子常與之語，問蓄貨聚馬。歸，以語其弟曰：『楚其亡乎！不然，令尹其不免乎！吾見令尹，令尹問蓄財積實，如餓豺狼焉，殆必亡者也。夫古者聚貨不妨民衣食之利，聚馬不妨民之財用，國馬足以行軍，公馬足以稱富，不是過也。公貨足以賓獻，家貨足以共用，不是過也。夫貨馬郵則闕於民，民多闕則有離叛之心，將何以封矣？昔鬬子文三舍令尹，無一日之積，恤民之故也。成王聞子文之朝不及夕也，於是乎每朝設脯一束，糗一筐，以羞子文，至于今令尹秩之。成王每出子文之祿，必逃，王止而後復。人謂子文曰：「人生求富，而子逃之，何也？」對曰：「夫從政者，以庇民也。民多曠也，而我取富焉，是勤民以自封，死無日矣。我逃死，非逃富也。」故莊王之世，滅若敖氏，唯子文之後在。至于今，處於鄖，爲楚良臣，是不先恤民而後己之富乎？今子常，先大夫之後也，而相楚君，無令聞于四方，民之羸餒日已甚矣。四境盈壘，道殣相望，盜賊司目，民無所放。是之不恤，而蓄聚不厭，其速怨於民多矣。積貨滋多，蓄怨滋厚，不亡何待？夫民心之慍也，若防大川焉，潰而所犯必大矣。子常其能賢於成靈乎？成不禮於穆，願食熊蹯，不獲而死。靈不顧於民，一國棄之，如遺跡焉。子常爲政，而無禮不顧，甚於成靈，其獨何力以待之？』期年，乃有柏舉之戰，子常奔鄭，昭王奔隨。

呂氏春秋無義篇曰：先王之於論也極之矣。故義者，百事之始也，萬利之本也，中智之所不及也。不及則不知，不知則趨利，趨利固不可必也。以義動，則無曠事矣。公孫鞅爲秦將而攻魏，魏使公子卬將而當之。公孫鞅之居魏也，固善公子卬。使人謂公子卬曰：「凡所游而欲貴者，以公子之故也，今秦令鞅將，豈忍相與戰哉？公子言之公子之主，鞅請亦言之主，而皆罷軍。」於是將歸矣，使人謂公子曰：「歸未有時相見，願與公子坐而相與別也。」公子曰：「諾。」魏吏爭之曰：「不可。」公子不聽，遂相與坐，公孫鞅因伏卒與車騎以取公子卬。秦孝公薨，惠王立，以此疑公孫鞅之行，欲加罪焉。公孫鞅以其私屬與母歸魏，庇襄不受，曰：「以君之反公子卬也，吾無道知君。」趙急求李欬，李言續經與之俱如衛，抵公孫與，公孫與見而與入。續經因告衛吏，使捕之。續經以仕趙五大夫，人莫與同朝，子孫不可以交友。公孫竭與陰君之事，而反告之樗里相國，以仕秦五大夫，功非不大也，然而不得入三都，又況無此功而有其行乎？

樹達按：程子曰：欲利於己，必害於人，故多怨。樹達謂：怨者不惟受其害者而已也。他人之見而知其事者，人人有是非之心，不可掩也。卽蒙其利者，亦人人有是非之心，不可欺也。

公孫鞅之欺公子卬，爲秦也，而秦惠王以此疑鞅，秦惠王非公子卬之黨也，顧乃其敵也。續經之欺李奻，不肯與續經同朝，不肯交續經之子孫者，非李奻之人也。此之謂多怨。

子曰：「能以禮讓爲國乎？何有？

禮記經解篇曰：禮之於正國也，猶衡之於輕重也；繩墨之於曲直也；規矩之於方圜也。故衡誠縣，不可欺以輕重；繩墨誠陳，不可欺以曲直；規矩誠設，不可欺以方圜；君子審禮，不可誣以姦詐。是故隆禮由禮，謂之有方之士；不隆禮，不由禮，謂之無方之民：敬讓之道也。故以奉宗廟，則敬；以入朝廷，則貴賤有位；以處室家，則父子親，兄弟和；以處鄉里，則長幼有序。孔子曰：「安上治民，莫善於禮。」此之謂也。

又仲尼燕居篇曰：子曰：禮者何也？卽事之治也。君子有其事必有其治。治國而無禮，譬猶瞽之無相與！倀倀乎其何之？譬如終夜有求於幽室之中，非燭何見？若無禮，則手足無所錯，耳目無所加，進退揖讓無所制。是故以之居處，長幼失其別；閨門三族失其和；朝廷官爵失其序；田獵戎事失其策；軍旅武功失其制；宮室失其度；量鼎失其象；味失其時；樂失其節；車失其式；鬼神失其饗；喪失其哀；辨說失其黨；官失其體；政事失其旅；加於身而錯於前，凡衆之動失其宜。如此則無以祖洽於衆也。

又曲禮上篇曰：夫禮者，所以定親疏，決嫌疑，別同異，明是非也。道德仁義，非禮不成；教訓正俗，非禮不備；分爭辨訟，非禮不決；君臣上下父子兄弟，非禮不定；宦學事師，非禮不親；班朝治軍，涖官行法，非禮威嚴不行；禱祠祭祀，供給鬼神，非禮不誠不莊。是以君子恭敬撙節退讓以明禮。

荀子彊國篇曰：彼國者亦有砥厲，禮義節奏是也。故人之命在天，國之命在禮。人君者隆禮尊賢而王；重法愛民而霸；好利多詐而危；權謀傾覆幽險而亡。

左傳昭公二十六年曰：齊侯與晏子坐于路寢。公歎曰：「美哉室，其誰有此乎？」晏子曰：「敢問何謂也？」公曰：「吾以為在德。」對曰：「如君之言，其陳氏乎！」公曰：「是可若何？」對曰：「唯禮可以已之。在禮，家施不及國，民不遷，農不移，工賈不變，士不濫，官不滔，大夫不將公利。」公曰：「善哉！我不能矣，吾今而後知禮之可以為國也。」對曰：「禮之可以為國也久矣，與天地幷。君令，臣共，父慈，子孝，兄愛，弟敬，夫和，妻柔，姑慈，婦聽，禮也。君令而不違，臣共而不貳；父慈而教，子孝而箴；兄愛而友，弟敬而順；夫和而義，妻柔而正；姑慈而從，婦聽而婉：禮之善物也。」公曰：「善哉！寡人今而後聞此禮之上也。」對曰：「先王所稟於天地，以為其民也。是以先王上之。」

晏子春秋外篇大同。

又襄公十三年曰：晉侯蒐於綿上以治兵，使士匄將中軍，辭曰：「伯游長，昔臣習於知伯，是以佐之，非能賢也，請從伯游。」荀偃將中軍，士匄佐之。使韓起將上軍，辭以趙武。又使欒黶，辭曰：「臣不如韓起。韓起願上趙武，君其聽之！」使趙武將上軍，韓起佐之。欒黶將下軍，魏絳佐之。新軍無帥，晉侯難其人，使其什吏率其卒乘官屬以從於下軍，禮也。晉國之民，是以大和，諸侯遂睦。君子曰：「讓，禮之主也。范宣子讓，其下皆讓，欒黶爲汰，弗敢違也。晉國以平，數世賴之，刑善也夫。一人刑善，百姓休和，可不務乎？書曰：『一人有慶，兆民賴之，其寧惟永。』其是之謂乎。周之興也，其詩曰：『儀刑文王，萬邦作孚。』言行善也。及其衰也，其詩曰：『大夫不均，我從事獨賢。』言不讓也。世之治也，君子尚能而讓其下；小人農力以事其上：是以上下有禮而讒慝黜遠，由不爭也，謂之懿德。及其亂也，君子稱其功以加小人；小人伐其技以馮君子；是以上下無禮，亂虐並生，由爭善也，謂之昏德。國家之敝，恆必由之。」

說苑君道篇曰：虞人與芮人質其成於文王。入文王之境，則見其人民之讓爲士大夫；入其國，則見其士大夫讓爲公卿。二國者相謂曰：其人民讓爲士大夫，其士大夫讓爲公卿，然則此其君亦讓以天下而不居矣。二國者未見文王之身，而讓其所爭以爲閑田而反。孔子曰：「大哉！文王之道乎，其不可加矣。不動而變，無爲而成，敬慎恭己而虞芮自平。」故書曰：「惟文王之敬忌。」此之謂也。

不能以禮讓爲國，如禮何？」

禮記禮運篇曰：故治國不以禮，猶無耜而耕也。

荀子大略篇曰：禮者，政之輓也。爲政不以禮，政不行矣。

晏子春秋外篇曰：上若無禮，無以使其下；下若無禮，無以事其上。人之所貴於禽獸者，以有禮也。人君無禮，無以臨其邦；大夫無禮，官吏不恭；父子無禮，其家必凶；兄弟無禮，不能久同。詩曰：「人而無禮，胡不遄死？」故禮不可去也。

說苑脩文篇曰：齊景公登射，晏子脩禮而待。公曰：「選射之禮，寡人厭之矣。吾欲得天下勇士與之圖國。」晏子對曰：「君子無禮，是庶人也；庶人無禮，是禽獸也。夫臣勇多則弑其君；子力多則弑其長。然而不敢者，惟禮之謂也。禮者，所以御民也。轡者，所以御馬也。無禮而能治國家者，嬰未之聞也。」景公曰：「善。」乃飭射，更席，以爲上客，終日問禮。

子曰：「不患無位，患所以立。

莊子讓王篇曰：孔子曰：行脩於內者無位而不怍。

後漢書崔駰傳駰獻書誡竇憲曰：傳曰：「生而富者驕；生而貴者慠。」生富貴而能不驕慠者，未之有也。今寵祿初隆，百僚觀行。當堯舜之盛世，處光華之顯時，豈可不庶幾夙夜以永衆譽，弘申伯之美，致周召之事乎？語曰：「不患無位，患所以立。」

三國志魏志文帝傳注引獻帝傳曰：魏王令曰：世之所不足者，道義也；所有餘者，苟安也。常人之性，賤所不足，貴所有餘。故曰：「不患無位，患所以立。」

不患莫己知，求爲可知也。」

憲問篇曰：不患人之不己知，患其不能也。

衛靈公篇曰：君子病無能焉，不病人之不己知也。

荀子非十二子篇曰：君子能爲可貴，不能使人必貴己；能爲可信，不能使人必信己；能爲可用，不能使人必用己。故君子恥不修，不恥見汙；恥不信，不恥不見信；恥不能，不恥不見用。是以不誘於譽，不恐於誹，率道而行，端然正己，不爲物傾側，夫是之謂誠君子。

淮南子繆稱篇曰：伋與急同。於不己知者，不自知也。誠中之人，樂而不伋，如鴞好聲，熊之好經，夫有誰爲矜？

大戴禮記曾子制言上篇曰：弟子無曰不知我也！鄙夫鄙婦相會于牆陰，可謂密矣。明日則或揚其言矣。故士執仁與義而明，行之未篤故也，胡爲其莫之聞也？

荀子勸學篇曰：昔者瓠巴鼓瑟而流魚出聽，伯牙鼓琴而六馬仰秣。故聲無小而不聞，行無隱而不形。玉在山而草木潤，淵生珠而崖不枯。爲善不積邪？安有不聞者乎？

子曰：「參乎！吾道一以貫之。」曾子曰：「唯。」

衛靈公篇曰：子曰：「賜也！女以予爲多學而識之者與？」對曰：「然。非與？」曰：「非也，予一以貫之。」

子出，門人問曰：「何謂也？」曾子曰：「夫子之道，忠恕而已矣。」

禮記中庸篇曰：忠恕違道不遠。施諸己而不願，亦勿施於人。衞靈公篇曰：子貢問曰：「有一言而可以終身行之者乎？」子曰：「其恕乎！己所不欲，勿施於人。」荀子法行篇曰：孔子曰：君子有三恕：有君不能事，有臣而求其使，非恕也；有親不能報，有子而求其孝，非恕也；有兄不能敬，有弟而求其聽令，非恕也。士明於此三恕，則可以端身矣。韓詩外傳卷四文大同。

韓詩外傳卷三曰：己惡飢寒焉，則知天下之欲衣食也。己惡勞苦焉，則知天下之欲安佚也。己惡衰乏焉，則知天下之欲富足也。知此三者，聖王所以不降席而匡天下。故君子之道，忠恕而已矣。

子曰：「君子喻於義，小人喻於利。」

孟子盡心上篇曰：孟子曰：鷄鳴而起，孳孳爲善者，舜之徒也。鷄鳴而起，孳孳爲利者，蹠之徒也。欲知舜與蹠之分，無他，利與義之閒也。

漢書董仲舒傳曰：仲舒對策曰：皇皇求財利常恐乏匱者，庶人之意也。皇皇求仁義，常恐不能化民者，大夫之意也。

淮南子繆稱篇曰：君子非義無以生，失義則失其所以生。小人非嗜欲無以活，失嗜欲則失其所以活。故君子懼失義，小人懼失利。

又曰：君子思義而不慮利，小人貪利而不顧義。

子曰：「見賢思齊焉，見不賢而內自省也。」

荀子脩身篇曰：見善，修然必以自存也；見不善，愀然必以自省也。

孟子滕文公上篇曰：顏淵曰：「舜何人也？予何人也？有爲者亦若是。」

又離婁下篇曰：是故君子有終身之憂，無一朝之患也。乃若所憂則有之。舜，人也，我亦人也，舜爲法於天下，可傳於後世，我由同猶未免爲鄉人也，是則可憂也。憂之如何？如舜而已矣。

說苑雜言篇曰：昔者南瑕子過程大子，大子爲烹鯢魚。南瑕子曰：「吾聞君子不食鯢魚。」程大子曰：「乃君子否？子何事焉？」南瑕子曰：『吾聞：君子上比，所以廣德也；下比，所以狹行也。比於善，自進之階；比於惡，自退之原也。詩曰：「高山仰止，景行行止。」吾豈敢自以爲君子哉？志向之而已。』孔子曰：「見賢思齊焉，見不賢而內自省。」

國語晉語七曰：悼公與司馬侯升臺而望，曰：「樂夫！」對曰：「臨下之樂則樂矣，德義之樂，則未也。」公曰：「何謂德義？」對曰：「諸侯之爲，日在君側，以其善行，以其惡戒，可謂德義矣。」

子曰：「事父母幾諫，

禮記祭義篇曰：父母有過，諫而不逆。

大戴禮記曾子立孝篇曰：君子之孝也，微諫不倦。可入也，吾任其過。不可入也，吾辭其罪。詩云：「有子七人，莫慰母心」，子之辭也。「夙興夜寐，無忝爾所生」，言不自舍也。不恥其親，君子之孝也。

荀子子道篇曰：入孝出弟，人之小行也。上順下篤，人之中行也。從道不從君，從義不從父，人之大行也。孝子所以不從命有三：從命則親危，不從命則親安，孝子不從命，乃衷。從命則親辱，不從命則親榮，孝子不從命，乃義。從命則禽獸，不從命則脩飾，孝子不從命，乃敬。故可從而不從，是不子也。未可以從而從，是不衷也。明於從不從之義，而能致恭敬忠信端慤以愼行之，則可謂大孝矣。傳曰：「從道不從君，從義不從父」，此之謂也。故勞苦彫萃而能無失其敬，災禍患難而能無失其義，則不幸不順，見惡而能無失其愛，非仁人莫能行。詩曰：「孝子不匱，」此之謂也。又曰：魯哀公問於孔子曰：「子從父命，孝乎？臣從君命，貞乎？」三問，孔子不對。孔子趨出，以語子貢曰：「鄉者君問丘也曰：子從父命，孝乎？臣從君命，貞乎？三問而丘不對。賜以爲何如？」子貢曰：「子從父命，孝矣。臣從君命，貞矣。夫子有奚對焉？」孔子曰：「小人哉！賜不識也。昔萬乘之國有爭臣四人，則封疆不削；千乘之國有爭臣三人，則社稷不危；百乘之家有爭臣二人，則宗廟不毀。父有爭子，不行無禮；士有爭友，不爲不義。故子從父，奚子孝？臣從君，奚臣貞？審其所以從之之謂孝之謂貞也。」

見志不從，又敬不違，勞而不怨。」

禮記內則篇曰：父母有過，下氣怡色，柔聲以諫。諫若不入，起敬起孝。說則復諫。不說，與其得罪於鄉黨州閭，寧孰諫。父母怒不說，而撻之流血，不敢疾怨，起敬起孝。

樹達按：朱子云：此章與內則之言相表裏。事父母幾諫，卽內則所謂下氣怡色，柔聲以諫也。見志不從，又敬不違，卽內則之諫若不入，起敬起孝，說則復諫也。勞而不怨，卽內則所謂撻之流血，不敢疾怨也。

又坊記篇曰：子云：從命不忿，微諫不倦，勞而不怨，可謂孝矣。詩云：「孝子不匱。」

又曲禮下篇曰：子之事親也，三諫而不聽，則號泣而隨之。

大戴禮記曾子事父母篇曰：單居離問於曾子曰：「事父母有道乎？」曾子曰：「有。愛而敬。父母之行若中道，則從；若不中道，則諫。諫而不用，行之如由己。從而不諫，非孝也；諫而不從，亦非孝也。孝子之諫，達善而不敢爭辯。爭辨者，作亂之所由興也。由己爲無咎，則寧；由己爲賢人，則亂。」

孟子萬章上篇曰：父母愛之，喜而不忘；父母惡之，勞而不怨。

子曰：「父母在，不遠遊，遊必有方。」

禮記曲禮上篇曰：夫爲人子者，出必告，反必面。所遊必有常，所習必有業。

又玉藻篇曰：親老，出不易方，復不過時。

子曰：「三年無改於父之道，可謂孝矣。」

證見卷一學而篇，此重出。

子曰：「父母之年，不可不知也。一則以喜，一則以懼。」

韓詩外傳卷九曰：孔子行，聞哭聲甚悲。孔子曰：「驅！驅！前有賢者。」至則皐魚也。被褐擁鎌，哭於道傍。孔子辟車與之言，曰：「子非有喪，何哭之悲也？」皐魚曰：「吾失之三矣。少而學，游諸侯，文選長笛賦注引作吾少好學，周流諸侯。以後吾親，失之一也。高尚吾志，閒吾事君，文選注作不事庸君而晚事無成。失之二也。與友厚而小絕之，文選注作少擇交游，寡親友而老無所託。失之三也。樹欲靜而風不止，子欲養而親不待也。往而不可追者，年也；去而不可得見者，親也。吾請從此辭矣。」立槁而死。孔子曰：「弟子誡之！足以識矣。」於是門人辭歸而養親者十有三人。說苑敬慎篇文大同，作丘吾子。皐與丘魚與吾聲同。

大戴禮記疾病篇曰：故人之生也，百歲之中，有疾病焉，有老幼焉。故君子思其不可復者而先施焉。親戚既沒，雖欲孝，誰爲孝？年既耆艾，雖欲弟，誰爲弟？故孝有不及，弟有不時，其此之謂與。

法言孝至篇曰：事父母自知不足者，其舜乎！不可得而久者，事親之謂也。孝子愛日。

子曰：「古者言之不出，恥躬之不逮也。」

憲問篇曰：子曰：君子恥其言而過其行。

禮記雜記下篇曰：有其言，無其行，君子恥之。

顏淵篇曰：司馬牛問仁，子曰：「仁者其言也訒。」曰：「其言也訒，斯謂之仁已乎？」子曰：「爲之難，言之得無訒乎？」

憲問篇曰：子曰：其言之不怍，則爲之也難。

子曰：「以約失之者鮮矣。」

大戴禮記曾子立事篇曰：君子博學而孱守之。

荀子王霸篇曰：孔子曰：「知者之知固以多矣，有以守少，能無察乎？愚者之知固以少矣，有以守多，能無狂乎？」

樹達按：務廣者必荒。守約者得寸則進寸，得尺則進尺，故鮮失也。

子曰：「君子欲訥於言而敏於行。」

學而篇曰：敏於事而愼於言。

大戴禮記曾子立事篇曰：君子博學而孱守之，微言而篤行之。行必先人，言必後人。君子終身守此悒悒。

史記萬石張叔傳曰：萬石君名奮，姓石氏，無文學，恭謹無與比。孝景帝季年，萬石君以上大夫祿歸老于家。以歲時爲朝請，過宮門闕，萬石君必下車趨。見路馬，必式焉。子孫爲小吏，來歸謁，萬石君必朝服見之，不名。子孫有過失，不譙讓，爲便坐，對案不食，然後諸子相責，因長老肉袒固謝罪改之，乃許。子孫勝冠者在側，雖燕居，必冠，申申如也。僮僕訢訢如也，唯謹。上時賜食於家，必稽首俯伏而食之，如在上前。其執喪，哀戚甚悼。子孫遵教亦如之。萬石君家以孝謹聞乎郡國，雖齊魯諸儒質行，皆自以爲不及也。建元二年，郎中令王臧以文學獲罪，皇太后以爲儒者文多質少。今萬石君家不言而躬行，乃以長子建爲郎中令，少子慶爲內史。建每五日洗沐歸，謁親，入子舍，竊問侍者，取親中帬廁牏，身自浣滌，復與侍者，不敢令萬石君知，以爲常。內史慶醉歸，入外門，不下車。萬石君聞之，不食。慶恐，肉袒請罪，不許。舉宗及兄建肉袒。萬石君讓曰：「內史貴人，入閭里，里中長老皆走匿，而內史坐車中自如，固當。」乃謝罷慶。慶及諸子弟入里門，趨至家，萬石君以元朔五年中卒。長子建哭泣哀思，扶杖乃能行。歲餘，建亦死。諸子孫咸孝。然建最甚，甚於萬石君。建爲郎中令，書奏事。事下，建讀之，曰：「誤書馬者，與尾當五。今乃四，不足一，上譴死矣。」甚惶恐。其爲謹愼，雖他皆如是。慶爲太僕，御出，上問車中幾馬，慶以策數馬，畢，舉手曰：「六馬。」慶於諸子中最爲簡易矣，然猶如此。爲齊相，舉齊國皆慕其家行，不言而齊國大治，爲立石相祠。衛綰者，代大陵人也。事文帝，功次遷爲中郎將，醇謹無他。景帝立，上賜之劍。綰曰：「先帝賜臣劍凡六劍，不敢奉詔。」上曰：「劍，人之所施易，獨至今乎。」綰曰：「具在。」上使取六劍，劍尚盛，未嘗服也。郎官有譴，常蒙其罪，不與他將爭。有功，常讓他將。上以爲廉忠，實無他腸，乃拜綰爲河閒王太傅。孝景前六年中，封綰爲建陵侯。御史大夫張叔者，名歐。孝文時，以治刑名言事太子。然歐雖治刑名家，其人長者。自歐爲吏，未嘗言案人，專以誠長者處官。官屬以爲長者，亦不敢大欺。上具獄事，有可卻，卻之。不可者，不得已，爲涕泣面對而封之。其愛人如此。贊曰：太史公曰：仲尼有言曰：「君子欲訥於言而敏於行，」其萬石建陵張叔之謂邪！是以其教不肅而成，不嚴而治。

子曰：「德不孤，必有鄰。」

大戴禮記曾子立事篇曰：君子義則有常，善則有鄰。

荀子不苟篇曰：君子絜其身而同焉者合矣，善其言而類焉者應矣。故馬鳴而馬應之，牛鳴而牛應之，非知也，其勢然也。又見韓詩外傳卷一。

鹽鐵論論誹篇曰：檀柘而有鄉，萑葦而有叢，言物類之相從也。孔子曰：「德不孤，必有鄰。」故湯興而伊尹至，不仁者遠矣，未有明君在上而亂臣在下也。

子游曰：「事君數，斯辱矣。」

先進篇曰：所謂大臣者，以道事君，不可則止。

說苑正諫篇曰：吳以伍子胥孫武之謀，西破強楚，北服齊晉，南伐越，越王勾踐迎擊之，敗吳於姑蘇，傷闔廬指，軍却。闔廬謂太子夫差曰：「爾忘勾踐殺而父乎？」夫差對曰：「不敢。」是夕，闔廬死。夫差既立爲王，以伯嚭爲太宰，習戰射。三年伐越，敗之於夫湫。越王勾踐乃以兵五千人棲於會稽山上，使大夫種厚幣遺吳太宰嚭以請和，委國爲臣妾。吳王將許之。伍子胥諫曰：「越王爲人，能辛苦。今王不滅，後必悔之。」吳王不聽。用太宰嚭計，與越平。其後五年，吳王聞齊景公死，而大臣爭寵，新君弱，乃興師北伐齊。子胥諫曰：「不可。勾踐食不重味，弔死問疾，齊猶疥癬耳，而王不先越，乃務伐齊，不亦繆乎？」吳王不聽，伐齊，大敗齊師於艾陵。遂與鄒魯之君會以歸。益疏子胥之言。其後四年，吳將復伐齊。越王勾踐用子貢之謀，乃率其衆以助吳，而重寶以獻遺太宰嚭。太宰嚭數受越賂，其愛信越殊甚，日夜爲言於吳王，王信用嚭之計。伍子胥諫曰：「夫越，腹心之疾，今信其游辭僞詐而貪齊，譬猶石田，無所用之。盤庚曰：古人有顛越不恭，是商所以興也。願王釋齊而先越。不然，將悔之，無及也已。」吳王不聽，使子胥於齊。子胥謂其子曰：「吾諫王，王不我用。吾見吳之滅矣。爾與吳俱亡，無爲也。」乃屬其子於齊鮑氏，而歸報吳王。太宰嚭既與子胥有隙，因讒曰：「子胥爲人剛暴少恩，其怨望猜賊爲禍也。深恨前日王欲伐齊，子胥以爲不可，王卒伐之而有大功。子胥計謀不用，乃反怨望。今王又復伐齊，子胥專愎強諫，沮毁作事，徼幸吳之敗，以自勝其計謀耳。今王自行，悉國中武力以伐齊，而子胥諫不用，因輟佯病不行。

王不可以不備，此起禍不難。且臣使人微伺之，其使齊也，乃屬其子於鮑氏。夫人臣內不得意，外交諸侯。自以先王謀臣，今不用，常怏怏，願王蚤圖之！」吳王曰：「微子之言，吾亦疑之。」乃使使賜子胥屬鏤之劍，曰：「子以此死！」子胥曰：「嗟乎！讒臣宰嚭爲亂，王顧反誅我。我令若父霸，又立若。諸子弟爭立，我以死爭之於先王，幾不得立。若既立，欲分吳國與我，我顧不敢當。然若之何聽讒臣殺長者？」乃告舍人曰：「必樹吾墓上以梓，令可以爲器。而抉吾眼著之吳東門，以觀越寇之滅吳也。」乃自刺殺。吳王聞之，大怒。乃取子胥尸，盛以鴟夷革，浮之江中。吳人憐之，爲立祠於江上，因名曰胥山。

朋友數，斯疏矣。」

顏淵篇曰：子貢問友，子曰：忠告而善道之，不可則止，無自辱焉。

樹達按：孔子於事君處友並云不可則止。數者，不可而不止之謂也。不可而不止，則見辱與疏矣。君臣朋友皆以義合，合則相與，不合則不必強也。

論語疏證卷第五

公冶長篇第五

子謂：「公冶長可妻也，雖在縲絏之中，非其罪也。」以其子妻之。

史記仲尼弟子傳曰：公冶長，齊人，字子長。

皇侃論語義疏引論釋曰：公冶長從衛反魯，行至二堺上，聞鳥相呼往清溪食死人肉。須臾，見一老嫗當道而哭。冶長問之。嫗曰：「兒前日出行，于今不反，當是已死亡，不知所在？」冶長曰：「向聞鳥相呼往清溪食肉，恐是嫗兒也。」嫗往看，即得其兒也，已死。即嫗告村司。村司問嫗：「從何得知之？」嫗曰：「見冶長，道如此。」村官曰：「冶長不殺人，何緣知之？」因錄冶長付獄。主問冶長：「何以殺人？」冶長曰：「解鳥語，不殺人。」主曰：「當試之，若必解鳥語，便相放也。若不解，當令償死。」駐冶長，在獄六十日。卒日，有雀子緣獄柵上相呼，嘖嘖唶唶。冶長含笑，吏啓主：「冶長笑雀語，是似解鳥語。」主教問冶長：「雀何所道而笑之？」冶長曰：「雀鳴嘖嘖唶唶，白蓮水邊有車翻，覆黍粟，牡牛折角。收斂不盡，相呼往啄。」獄主未信，遣人往看，果如其言。復又解豬及燕語，屢驗，於是得放。

繹史九十五引留青日札曰：公冶長貧而閒居，無以給食，其雀飛鳴其舍，呼之曰：「公冶長，公冶長！南山有個虎馱羊，爾食肉，我食腸，當急取之勿彷徨。」子長如其言，往取食之。及亡羊者跡之，得其角，乃以爲偷，訟之魯君。魯君不信鳥語，逮繫之獄。孔子素知之，爲之白于魯君，亦不解也。於是歎曰：「雖在縲絏之中，非其罪也。」未幾，子長在獄舍，雀復飛鳴其上，呼之曰：「公冶長，公冶長！齊人出師侵我疆。沂水上，嶧山旁，當亟禦之勿彷徨。」子長介獄吏白之魯君，魯君亦勿信也。姑如其言往跡之，則齊師果將及矣。急發兵應敵，遂獲大勝。因釋公冶長而厚賜之，欲爵爲大夫，辭不受，蓋恥因禽語以得祿也。後世遂廢其學。

樹達按：此事殊不可信，姑存之以備一說。左傳僖公二十九年記介葛盧識牛鳴，韓非子解老篇記詹何亦然。周禮秋官夷隸、貉隸二職，掌與牛馬鳥獸言，此亦其類也。

子謂：「南容邦有道，不廢；邦無道，免於刑戮。」以其兄之子妻之。

史記仲尼弟子傳曰：南宮括，字子容。

先進篇曰：南容三復白圭，孔子以其兄之子妻之。

子謂：「子賤，君子哉若人！魯無君子者，斯焉取斯？」

史記仲尼弟子傳曰：宓不齊，字子賤，少孔子四十九歲。

新序雜事篇二曰：魯君使宓子賤爲單父宰，子賤辭去，因請借善書二人，使書憲書教品，魯君與之。至單父，使書，子賤從旁引其肘。書醜則怒之；欲好書，則又引之。書者患之，請辭而去。歸，以告魯君。魯君曰：「子賤苦吾擾之，使不得施其善政也。」乃命有司無得擅徵發單父，單父之化大治。故孔子曰：「君子哉子賤！魯無君子者，斯安取斯？」美其德也。

說苑政理篇曰：孔子弟子有孔蔑者，與宓子賤皆仕。孔子往過孔蔑，問之曰：「自子之仕者，何得？何亡？」孔蔑曰：「自吾仕者，未有所得而有所亡者三；曰：王事若襲，學焉得習？以是學不得明也。所亡者一也。奉祿少，鬻鬻不足及親戚，親戚益疏矣。所亡者二也。公事多急，不得弔死視病，是以朋友益疏矣。所亡者三也。」孔子不說，而復往見子賤，曰：「自子之仕，何得？何亡？」子賤曰：「自吾之仕，未有所亡，而所得者三；始誦之文，今履而行之，是學日益明也。所得者一也。奉祿雖少，鬻鬻得及親戚，是以親戚益親也。所得者二也。公事雖急，夜勤弔死視病，是以朋友益親也。所得者三也。」孔子謂子賤曰：「君子哉若人！君子哉若人！魯無君子者，斯焉取斯？」二鬻字本皆誤作鬻，今據文義改正。

子貢問曰：「賜也何如？」子曰：「女，器也。」曰：「何器也？」曰：「瑚璉也。」

禮記明堂位篇曰：有虞氏之兩敦，夏后氏之四璉，殷之六瑚，周之八簋。鄭注云：皆黍稷器。

或曰：「雍也仁而不佞。」子曰：「焉用佞？禦人以口給，屢憎於人。不知其仁，焉用佞？」

史記仲尼弟子傳曰：冉雍字仲弓。

先進篇曰：是故惡夫佞者。

子使漆雕開仕。對曰：「吾斯之未能信。」子說。

史記仲尼弟子傳曰：漆雕開，字子開。

子曰：「道不行，乘桴浮于海，從我者其由與！」子路聞之，喜。子曰：「由也好勇過我，無所取材。」

子罕篇曰：子欲居九夷。或曰：「陋。」子曰：「君子居之，何陋之有？」

漢書地理志曰：元菟、樂浪，皆朝鮮濊貉句驪蠻夷。殷道衰，箕子去之朝鮮，教其民以禮義田蠶織作。樂浪朝鮮民犯禁八條：相殺，以當時償殺。相傷，以穀償。相盜者，男沒入爲其家奴，女子爲婢。欲自贖者，人五十萬。雖免爲民，俗猶羞之，嫁取無所讎。是以其民終不相盜，無門戶之閉。婦人貞信不淫辟。可貴哉！仁賢之化也。然東夷天性柔順，異於三方之外。故孔子悼道不行，設浮於海，欲居九夷，有以也。

說文解字四篇上羊部曰：羌，西戎羊種也。从羊儿，羊亦聲。南方蠻閩，从虫。北方狄，从犬。東方貉，从豸。西方羌，从羊。此六種也。西南僰人僬僥，从人，蓋在坤地，頗有順理之性。唯東夷从大，大，人也。夷俗仁，仁者壽，有君子不死之國。孔子曰：道不行，欲居九夷，乘桴浮於海。有以也。

孟武伯問：「子路仁乎？」子曰：「不知也。」又問。子曰：「由也，千乘之國，可使治其賦也。不知其仁也。」

先進篇曰：子路冉有公西華侍坐。子曰：「以吾一日長乎爾，毋吾以也！居則曰：不吾知也，如或知爾，則何以哉？」子路率爾而對曰：「千乘之國，攝乎大國之間，加之以師旅，因之以饑饉，由也爲之，比及三年，可使有勇，且知方也。」

「求也何如？」子曰：「求也，千室之邑，百乘之家，可使爲之宰也。不知其仁也。」

先進篇曰：「求，爾何如？」對曰：「方六七十，如五六十，求也爲之，比及三年，可使足民。如其禮樂，以俟君子。」「赤也何如？」子曰：「赤也，束帶立於朝，可使與賓客言也。不知其仁也。」

先進篇曰：「赤，爾何如？」對曰：「非曰能之，願學焉。宗廟之事，如會同，端章甫，願爲小相焉。」

子謂子貢曰：「女與回也孰愈？」對曰：「賜也何敢望回，回也聞一以知十，

新序雜事二篇曰：昔者鄒忌以鼓琴見齊宣王，宣王善之。鄒忌曰：「夫琴，所以象政也。」遂爲王言琴之象政狀及霸王之事。宣王大悅。與語三日，遂拜以爲相。齊有稷下先生，喜議政事。鄒忌既爲齊相，稷下先生淳于髡之屬七十二人皆輕忌，以謂：設以辭，鄒忌不能及，乃相與俱往見鄒忌。淳

于髡之徒禮倨，鄒忌之禮卑。淳于髡等曰：「狐白之裘，補之以弊羊皮，何如？」鄒忌曰：「敬諾。請不敢雜賢以不肖。」淳于髡曰：「方內而員釭，何如？」鄒忌曰：「敬諾。請謹門內，不敢留賓客。」淳于髡等曰：「三人共牧一羊，羊不得食，人亦不得息，何如？」鄒忌曰：「敬諾。減吏省員，使無擾民也。」淳于髡等三稱，鄒忌三知之，如應響。淳于髡等辭屈而去，鄒忌之禮倨，淳于髡等之禮卑。故所以尙干將莫邪者，貴其立斷也；所以貴騏驥者，爲其立至也。必且歷日曠久乎？絲氂猶能挈石，駑馬亦能致遠。是以聰明捷敏，人之美材也。子貢曰：「回也聞一以知十，」美敏捷也。

賜也聞一以知二。」

學而篇曰：子貢曰：「貧而無諂，富而無驕，何如？」子曰：「可也。未若貧而樂，富而好禮者也。」子貢曰：「詩云：『如切如磋，如琢如磨，』其斯之謂與？」子曰：「賜也始可與言詩已矣，告諸往而知來者。」

述而篇曰：冉有曰：「夫子爲衛君乎？」子貢曰：「諾。吾將問之。」入曰：「伯夷叔齊何人也？」曰：「古之賢人也。」曰：「怨乎？」曰：「求仁而得仁，又何怨？」出曰：「夫子不爲也。」

樹達按：子貢因貧富之問而悟詩切磋之義，因孔子贊夷齊而知其不爲衛君，皆聞一知二之事也。

子曰：「弗如也，吾與女，弗如也。」

宰予晝寢。子曰：「朽木不可雕也，糞土之牆不可圬也，於予與何誅？」

禮記檀弓上篇曰：夫晝居於內，問其疾可也；夜居於外，弔之可也。故君子非有大故，不宿於外；非致齊也，非疾也，不晝夜居於內。

樹達按：宰予非疾而晝寢，故孔子嚴責之。此亦孔子獎勞戒惰之事也。

子曰：「始吾於人也，聽其言而信其行；今吾於人也，聽其言而觀其行。於予與改是。」

大戴禮記五帝德篇曰：孔子曰：「吾欲以顏色取人，於滅明邪改之；吾欲以語言取人，於予邪改之；吾欲以容貌取人，於師邪改之。」

韓非子顯學篇曰：澹臺子羽，君子之容也，仲尼幾而取之，與處久而行之不稱其貌。宰予之辭雅而文也，仲尼幾而取之，與處而智不充其辯。故孔子曰：「以容取人乎？失之子羽；以言取人乎？失之宰予。」

子曰：「吾未見剛者。」或對曰：「申棖。」子曰：「棖也欲，焉得剛？」

漢書孫寶傳曰：徵爲京兆尹，故吏侯文以剛直不苟合，常稱疾不肯仕。寶以恩禮請文，欲爲布衣友，日設酒食，妻子相對。文求受署爲掾，進見如賓禮。數月，以立秋日，署文東部督郵。入見，敕曰：「今日鷹隼始擊，當順天氣，取姦惡，以成嚴霜之誅，掾部渠有其人乎？」文卬曰：「無其人，不敢空受職。」寶曰：「誰也？」文曰：「霸陵杜穉季。」寶曰：「其次？」文曰：「豺狼橫道，不宜復問狐狸。」

寶默然。穉季者，大俠，與衞尉淳于長大鴻臚蕭育等皆厚善。寶前失車騎將軍，與紅陽侯有郤，自恐見危。時淳于長方貴幸，友寶，寶亦欲附之。始視事而長以穉季託寶，故寶窮，無以復應文。文怪寶氣索，知其有故，因曰：「明府素著威名，今不敢取穉季，當且闔閤勿有所問。如此竟歲，吏民未敢誣明府也。即度穉季而譴它事，衆口讙譁，終身自墮。」寶曰：「受教。」毋將隆傳曰：「哀帝崩。莽秉政，使大司徒孔光奏：『隆前爲冀州牧，治中山馮太后獄，寃陷無辜，不宜位在中土。』本中謁者令史立侍御史丁玄自典考之，但與隆連名奏事。史立時爲中太僕，丁玄，泰山太守，及尙書令趙昌譖鄭崇者爲河內太守，皆免官，徙合浦。贊曰：「孔子曰：吾未見剛者。以數子之名迹，然毋將汙於冀州，孫寶橈於定陵，淳于長封定陵侯。況俗人乎？」

子貢曰：「我不欲人之加諸我也，吾亦欲無加諸人。」

衞靈公篇曰：子貢問曰：「有一言而可以終身行之者乎？」子曰：「其恕乎！己所不欲，勿施於人。」

禮記中庸篇曰：忠恕違道不遠，施諸己而不願，亦勿施於人。

又大學篇曰：所惡於上，毋以使下；所惡於下，毋以事上；所惡於前，毋以先後；所惡於後，毋以從前；所惡於右，毋以交於左；所惡於左，毋以交於右：此之謂絜矩之道。

子曰：「賜也！非爾所及也。」

樹達按：己所不欲，勿施於人，忠恕之道也。行忠恕之道，於才質沉潛者爲易，而子貢則高明之才也；故孔子因其自言而姑抑之，亦欲激厲之，使其自勉云爾。孔子之答問也必因材；子貢有一言終身之問，而夫子以恕教之，亦可證此章之義矣。朱子謂「無加於人爲仁，勿施於人爲恕，恕則子貢能勉，仁則非所及，」似不免強生分別之病，殆未是也。

子貢曰：「夫子之文章，可得而聞也。夫子之言性與天道，不可得而聞也。」

子路有聞，未之能行，唯恐有聞。

禮記雜記下篇曰：君子有三患：未之聞，患弗得聞也；既聞之，患弗得學也；既學之，患弗能行也。

韓詩外傳卷一曰：孔子曰：君子有三憂：弗知，可無憂與？知而不學，可無憂與？學而不行，可無憂與？

先進篇曰：由也喭人。

子貢問曰：「孔文子何以謂之文也？」子曰：「敏而好學，不恥下問，是以謂之文也。」

逸周書謚法篇曰：勤學好問曰文。

子謂子產，有君子之道四焉：其行己也恭；

左傳襄公二十六年曰：「鄭伯賞入陳之功。三月甲寅朔，享子展，賜之先路三命之服，先八邑。賜子產次路再命之服，先六邑。子產辭邑。曰：「自上以下，隆殺以兩，禮也。臣之位在四，且子展之功也，臣不敢及賞禮，請辭邑。」公固與之，乃受三邑。公孫揮曰：「子產其將知政矣，讓不失禮。」又襄公三十一年曰：「鄭人游鄉校以論執政。然明謂子產曰：「毀鄉校，如何？」子產曰：「何爲乎？夫人朝夕退而游焉以議執政之善否，其所善者，吾則行之，其所惡者，吾則改之，是吾師也。若之何毀之？我聞忠善以損怨，不聞作威以防怨。豈不遽止？然猶防川。大決所犯，傷人必多，吾不克救也，不如小決使道。不如吾聞而藥之也。」然明曰：「蔑也今而後知吾子之信可事也。小人實不才，若果行此，其鄭國實賴之，豈唯二三臣。」仲尼聞是語也，曰：「以是觀之，人謂子產不仁，吾不信也。」

呂氏春秋下賢篇曰：「子產相鄭，往見壺丘子林，與其弟子坐，必以年，是倚其相於門。」

其事上也敬；其養民也惠；

左傳昭公十二年曰：「鄭簡公卒，將爲葬除，及游氏之廟，將毀焉。子大叔使其除徒執用以立，而無庸毀。曰：「子產過女，而問何故不毀，乃曰：『不忍廟也。諾。將毀矣。』」既如是，子產乃使辟之。司墓之室有當道者，毀之，則朝而塴；弗毀，則日中而塴。子大叔請毀之。曰：「無若諸侯之賓何？」子產曰：「諸侯之賓能來會吾喪，豈憚日中！無損於賓而民不害，何故不爲？」遂弗毀，日中而葬。君子謂子產於是乎知禮，禮，無毀人以自成也。

又昭公二十年曰：子產卒，仲尼聞之，出涕，曰：「古之遺愛也。」

其使民也義。」

左傳襄公三十年曰：子產使都鄙有章；上下有服；田有封洫；廬井有伍。大人之忠儉者，從而與之；泰侈者因而斃之。從政一年，輿人誦之曰：「取我衣冠而褚之；取我田疇而伍之；孰殺子產？吾其與之。」及三年，又誦之曰：「我有子弟，子產誨之；我有田疇，子產殖之；子產而死，誰其嗣之？」

後漢書陳寵傳注引新序曰：臧孫行猛政，子貢非之，曰：「獨不聞子產之相鄭乎？推賢舉能，抑惡揚善。有大略者不問其短，有厚德者不非小疵。家給人足，囹圄空虛。子產卒，國人皆叩心流涕，三月不聞竽琴之音。其生也見愛，死也可悲。」

子曰：「晏平仲善與人交，久而敬之。

史記管晏列傳曰：晏平仲，萊之夷維人也。

又張耳陳餘傳曰：餘年少，父事張耳，兩人相與爲刎頸交。張耳與趙王歇走入鉅鹿城，王離圍之。陳餘北收常山兵，得數萬人，軍鉅鹿北。王離兵食多，急攻鉅鹿。鉅鹿城中食盡兵少，張耳數使人召前陳餘。餘自度兵少，不敵秦，不敢前。數月，張耳大怒，怨陳餘。使張黶陳澤往讓陳餘曰：

「始吾與公爲刎頸交，今王與耳旦暮且死；而公擁兵數萬，不肯相救，安在其相爲死？苟必信，胡不赴秦軍俱死？且有十一二相全。」陳餘曰：「吾度前終不能救趙，徒盡亡軍。今必俱死，如以肉委餓虎，何益？」張黶陳澤曰：「事已急，要以俱死立信。安知後慮？」餘乃使五千人令張黶陳澤先嘗秦軍，至皆沒。項羽悉引兵渡河，趙王歇張耳乃得出鉅鹿。張耳與陳餘相見，責陳餘以不肯救趙。及問張黶陳澤所在，陳餘怒曰：「張黶陳澤以必死責臣，臣使將五千人先嘗秦軍，皆沒不出。」張耳不信，以爲殺之，數問陳餘。陳餘曰：「不意君之望臣深也！豈以臣爲重去將哉？」乃脫解印綬推予張耳，張耳遂收其兵。陳餘獨與麾下所善數百人之河上澤中漁獵，由此陳餘張耳遂有郤。漢元年，項羽立諸侯王，分趙，立張耳爲常山王，以南皮旁三縣封陳餘，陳餘愈益怒，因悉三縣兵襲常山王張耳，張耳敗走。漢二年，東擊楚，使使告趙，欲與俱。陳餘曰：「漢殺張耳乃從。」於是漢王求人類張耳者，斬之，持其頭遺陳餘，陳餘乃遣兵助漢。漢之敗於彭城西，陳餘亦復覺張耳不死，卽背漢。漢三年，韓信已定魏地，遣張耳與韓信擊破趙井陘，斬陳餘泜水上。太史公曰：張耳陳餘始居約時，相然信以死，豈顧問哉？及據國爭權，卒相滅亡。何鄉者相慕用之誠，後相倍之戾也？豈非以利哉？名譽雖高，賓客雖盛，所由殆與太伯延陵季子異矣。

漢書蕭育傳曰：育少與陳咸朱博爲友，著聞當世，往者有王陽貢公。故長安語曰：「蕭朱結綬，王貢彈冠。」言其相薦達也。始育與陳咸俱以公卿子顯名，咸最先進，年十八，爲左曹，二十餘，御史中丞。時朱博尙爲杜陵亭長，爲咸育所攀援，入王氏，後遂並歷刺史郡守相。及爲九卿，而博先至將軍上卿，歷位多於咸育，遂至丞相。育與博後有隙，不能終，故世以交爲難。

後漢書王丹傳曰：丹子有同門生喪親，家在中山，白丹欲往奔慰，結侶將行，丹怒而撻之，令寄縑以祠焉。或問其故，丹曰：「交道之難，未易言也。世稱管鮑，次則王貢，張陳凶其終，蕭朱隙其末。故知全之者鮮矣。」時人服其言。

臧文仲居蔡，山節藻梲，何如其知也？」

左傳文公二年曰：仲尼曰：臧文仲，其不仁者三，不知者三。下展禽，廢六關，妾織蒲，三不仁也。作虛器，縱逆祀，祀爰居，三不知也。杜注云：作虛器，謂居蔡山節藻梲也。

禮記明堂位篇曰：山節藻梲，天子之廟飾也。

子張問曰：「令尹子文三仕爲令尹，無喜色；三已之，無慍色；舊令尹之政，必以告新令尹。何如？」子曰：「忠矣。」曰：「仁矣乎？」曰：「未知。焉得仁？」「崔子弒齊君，陳文子有馬十乘，棄而違之，至於他邦，則曰：『猶吾大夫崔子也。』違之，之一邦，則又曰：『猶吾大夫崔子也。』違之。何如？」子曰：「清矣。」曰：「仁矣乎？」曰：「未知。焉得仁？」

國語楚語下曰：鬬且曰：「昔鬬子文三舍令尹，無一日之積。」

季文子三思而後行。子聞之，曰：「再斯可矣。」

左傳文公六年曰：季文子將聘於晉，使求遭喪之禮以行。其人曰：「將焉用之？」文子曰：「備豫不虞，古之善教也。求而無之實難，過求何害？」杜注云：所謂文子三思。

又哀公二十七年曰：中行文子告成子曰：「有自晉師告寅者，將爲輕車千乘以厭齊師之門，則可盡也。」成子曰：「寡君命恆曰：無及寡，無畏衆，雖過千乘，敢辟之乎？將以子之命告寡君。」文子曰：「吾乃今知所以亡。君子之謀也，始衷終皆舉之，而後入焉。今我三不知而入之，不亦難乎？」杜注云：謀一事則當慮此三變，然後入而行之，所謂君子三思。

子曰：「甯武子，邦有道則知，邦無道則愚。

左傳僖公二十八年曰：晉人復衞侯，甯武子與衞人盟于宛濮。曰：「天禍衞國，君臣不協，以及此憂也。今天誘其衷，使皆降心以相從也。不有居者，誰守社稷？不有行者，誰扞牧圉？不協之故，用昭乞盟于爾大神，以誘天衷。自今日以往，既盟之後，行者無保其力，居者無懼其罪，有渝此盟，以相及也，明神先君是糾是殛。」國人聞此盟也，而後不貳。

又僖公二十八年曰：衞侯與元咺訟，衞侯不勝。執衞侯，歸之于京師，寘諸深室。甯子職納橐饘焉。

又三十年曰：晉侯使醫衍酖衞侯，甯俞武子名俞貨醫，使薄其酖，不死。

子在陳，曰：「歸與！歸與！吾黨之小子狂簡，斐然成章，不知所以裁之。」

孟子盡心下篇曰：萬章問曰：「孔子在陳，曰：『盍歸乎來？吾黨之小子狂簡，進取不忘其初。』孔子在陳，何思魯之狂士？」孟子曰：「孔子不得中道而與之，必也狂狷乎！狂者進取，狷者有所不爲也。孔子豈不欲中道哉？不可必得，故思其次也。」「敢問：何如斯可謂狂矣？」曰：「如琴張曾皙牧皮者，孔子之所謂狂矣。」「何以謂之狂也？」曰：「其志嘐嘐然，曰：『古之人，古之人，』夷考其行而不掩焉者也。狂者又不可得，欲得不屑不潔之士而與之，是狷也，是又其次也。」

史記孔子世家曰：孔子居陳三歲，會晉楚爭強，更伐陳。及吳侵陳，陳常被寇。孔子曰：「歸與！歸與！吾黨之小子狂簡，進取不忘其初。」於是孔子去陳。過蒲，適衛。去衛，將西見趙簡子。臨河，乃還反乎衛。又去衛，復如陳。是歲魯哀公三年，而孔子年六十矣。季桓子卒，康子代立，使使召冉求。冉求將行，孔子曰：「魯人召求，非小用之，將大用之也。」是日，孔子曰：「歸乎！歸乎！吾黨之小子狂簡，斐然成章，吾不知所以裁之。」子贛知夫子思歸，送冉求，因誡曰：「卽用，以孔子爲招云。」

子曰：「伯夷叔齊不念舊惡，怨是用希。」

大戴禮記衛將軍文子篇曰：孔子曰：不克不忘，不念舊惡，蓋伯夷叔齊之行也。

後漢書寇恂傳曰：恂復拜潁川太守。執金吾賈復在汝南，部將殺人於潁川，恂捕得，繫獄。時尙草創，軍營犯法率多相容，恂乃戮之於市，復以爲恥。還過潁川，謂左右曰：「吾與寇恂並列將帥，而今爲其所陷。大丈夫豈有懷侵怨而不決之者乎？今見恂，必手劍之。」恂知其謀，不欲與相見。谷崇曰：「崇，將也，得帶劍侍側。卒有變，足以相當。」恂曰：「不然。昔藺相如不畏秦王而屈於廉頗者，爲國也。區區之趙，尚有此義，吾安可以忘之乎？」乃敕屬縣盛供具，儲酒醪，執金吾軍入界，一人皆兼二人之饌。恂乃出迎於道，稱疾而還。賈復勒兵欲追之，而吏士皆醉，遂過去。恂遣谷崇以狀聞，帝乃徵恂。恂至，引見，時復先在坐，欲起相避。帝曰：「天下未定，兩虎安得私鬭？今日朕分之。」於是並坐極歡，遂共車同出，結友而去。論曰：傳稱喜怒以類者鮮矣。夫喜而不比，怒而思難者，其唯君子乎！子曰：「伯夷叔齊，不念舊惡，怨是用希，」於寇公而見之矣。

子曰：「孰謂微生高直？或乞醯焉，乞諸其鄰而與之。」

子曰：「巧言、令色、足恭，左丘明恥之，丘亦恥之。」

學而篇曰：子曰：巧言令色，鮮矣仁！

又曰：恭近於禮，遠恥辱也。

大戴禮記曾子立事篇曰：足恭而口聖而無常位者，君子弗與也。巧言令色，能小行而篤，難於仁矣。

匿怨而友其人，左丘明恥之，丘亦恥之。

顏淵季路侍。子曰：「盍各言爾志？」子路曰：「願車馬，衣輕裘，與朋友共，敝之而無憾。」

衛靈公篇曰：吾猶及史之闕文也，有馬者借人乘之，今亡矣夫。

白虎通三綱六紀篇曰：朋友者，何謂也？朋者，黨也。友者，有也。禮記曰：「同門曰朋，同志曰友。」朋友之交，貨則通而不計，共憂患而相救。故論語曰：「子路云：願車馬，衣輕裘，與朋友共，敝之。」

顏淵曰：「願無伐善，

老子曰：不自伐，故有功；不自矜，故長。自伐者無功；自矜者不長。

僞尚書大禹謨篇曰：汝惟不矜，天下莫與汝爭能；汝惟不伐，天下莫與汝爭功。

無施勞。」

荀子修身篇曰：勞苦之事則爭先，饒樂之事則能讓。橫行天下，雖困四夷，人莫不任。勞苦之事，則偷儒轉脫，饒樂之事，則佞兌而不曲。橫行天下，雖達四方，人莫不棄。

子路曰：「願聞子之志。」子曰：「老者安之，朋友信之，少者懷之。」

禮記禮運篇曰：大道之行也，天下爲公。選賢與能，講信修睦。故人不獨親其親，不獨子其子。使老有所終，壯有所用，幼有所長，矜寡孤獨廢疾者皆有所養，男有分，女有歸。

孟子梁惠王上篇曰：老吾老以及人之老，幼吾幼以及人之幼，天下可運於掌。

子曰：「已矣乎！吾未見能見其過而內自訟者也。」

後漢書張奐傳曰：時竇太后臨朝，大將軍竇武與太傅陳蕃謀誅宦官，事泄，中常侍曹節等於中作亂。以奐新徵，不知本謀，矯制使奐與少府周靖率五營士圍武，武自殺，蕃因見害。奐遷少府，又拜大司農，以功封侯。奐深病爲節所賣，上書固讓，封還印綬，卒不肯當。

子曰：「十室之邑，必有忠信如丘者焉，不如丘之好學也。」

述而篇曰：葉公問孔子於子路，子路不對。子曰：「女奚不曰：其爲人也，發憤忘食，樂以忘憂，不知老之將至云爾。」又曰：子曰：「若聖與仁，則吾豈敢。抑爲之不厭，誨人不倦，則可謂云爾已矣。」公西華曰：「正唯弟子不能學也。」

孟子公孫丑上篇曰：昔者子貢問於孔子曰：「夫子聖矣乎？」孔子曰：「聖則吾不能，我學不厭而教不倦也。」

論語疏證卷第六

雍也篇第六

子曰：「雍也可使南面。」

史記仲尼弟子傳曰：冉雍字仲弓。孔子以仲弓爲有德行，曰：「雍也，可使南面。」

說苑脩文篇曰：上無明天子，下無賢方伯，天下爲無道，臣弑其君，子弑其父。力能討之，討之可也。當孔子之時，上無明天子也，故言雍也可使南面。南面者，天子也。

樹達按：古之人君鄉明而治，天子諸侯皆南面，不獨天子也。

仲弓問子桑伯子。子曰：「可也簡。」仲弓曰：「居敬而行簡以臨其民，不亦可乎？居簡而行簡，無乃太簡乎？」子曰：「雍之言然。」

楚辭涉江曰：桑扈臝行。王注云：去衣裸裎，效夷狄也。

說苑脩文篇曰：孔子曰：「可也簡。」簡者，易野也。易野者，無禮文也。孔子見子桑伯子，子桑伯子不衣冠而處。弟子曰：「夫子何爲見此人乎？」曰：「其質美而無文，吾欲說而文之。」孔子去，子桑伯子門人不說，曰：「何爲見孔子乎？」曰：「其質美而文繁，吾欲說而去其文。」故曰：文質脩者謂之君子；有質而無文，謂之易野。子桑伯子易野，欲同人道於牛馬。故仲弓曰「太簡。」子曰：「雍之言然。」仲弓通於化術，孔子明於王道，而無以加仲弓之言。

樹達按：簡者易也，太簡則野矣。又按：邢疏及朱子集注皆以此章與上章連爲一章。皇侃疏別爲二章，是也，今從之。

哀公問：「弟子孰爲好學？」孔子對曰：「有顏回者好學，不遷怒，不貳過。

易繫辭下篇曰：子曰：顏氏之子其殆庶幾乎！有不善，未嘗不知；知之，未嘗復行也。

大戴禮記衛將軍文子篇曰：子貢曰：夙興夜寐，諷誦崇禮，行不貳過，稱言不苟，是顏淵之行也。

不幸短命死矣，今也則亡，未聞好學者也。」

史記仲尼弟子傳曰：回年二十九，髮盡白，蚤死。

子華使於齊，

史記仲尼弟子傳曰：公西赤，字子華，少孔子四十二歲。

冉子爲其母請粟，子曰：「與之釜。」請益。曰：「與之庾。」冉子與之粟五秉。

儀禮聘禮記曰：十斗曰斛，十六斗曰籔，十籔曰秉。

子曰：「赤之適齊也，乘肥馬，衣輕裘。吾聞之也，君子周急不繼富。」

原思爲之宰，與之粟九百，辭。子曰：「毋，以與爾鄰里鄉黨乎。」

子謂仲弓曰：「犂牛之子騂且角，雖欲勿用，山川其舍諸？」

史記仲尼弟子傳曰：仲弓父，賤人。孔子曰：犂牛之子騂且角，雖欲勿用，山川其舍諸？

漢書樊酈滕灌傳靳周傳贊曰：仲尼稱：「犂牛之子騂且角，雖欲勿用，山川其舍諸？」言士不繫於世類也。

子曰：「回也，其心三月不違仁；其餘則日月至焉而已矣。」

季康子問：「仲由可使從政也與？」子曰：「由也果，於從政乎何有？」

公冶長篇曰：孟武伯問：「子路仁乎？」子曰：「不知也。」又問？子曰：「由也，千乘之國，可使治其賦也。不知其仁也。」

禮記禮器篇曰：子路爲季氏宰。季氏祭，逮闇而祭。日不足，繼之以燭。雖有強力之容，肅敬之心，皆倦怠矣。有司跛倚以臨祭，其爲不敬大矣。他日祭，子路與。室事交乎戶，堂事交乎階。質明而始行焉，晏朝而退。孔子聞之，曰：「誰謂由也而不知禮乎？」

韓詩外傳卷六曰：子路治蒲三年，孔子過之，入境而善之，曰：「由恭敬以信矣。」入邑，曰：「善哉？

由忠信以寬矣。」至庭，曰：「善哉！由明察以斷矣。」子貢執轡而問曰：「夫子未見由而三稱善，可得聞乎？」孔子曰：「入其境，田疇甚易，草萊甚辟，此恭敬以信，故民盡力。入其邑，墉屋甚尊，樹木甚茂，此忠信以寬，其民不偷。入其庭，甚閑，此明察以斷，故民不擾也。」

曰：「賜也可使從政也與？」曰：「賜也達，於從政乎何有？」

曰：「求也可使從政也與？」曰：「求也藝，

憲問篇曰：子路問成人？子曰：「若臧武仲之知，公綽之不欲，卞莊子之勇，冉求之藝，亦可以爲成人矣。」

於從政乎何有？」

先進篇曰：政事，冉有，季路。

公冶長篇曰：孟武伯問：「求也何如？」子曰：「求也，千室之邑，百乘之家，可使爲之宰也。不知其仁也。」

季氏使閔子騫爲費宰。閔子騫曰：「善爲我辭焉。如有復我者，則吾必在汶上矣。」

史記仲尼弟子傳曰：閔損字子騫，少孔子十五歲。不仕大夫，不食汙君之祿，如有復我者，必在汶上矣。

伯牛有疾，子問之，自牖執其手，曰：「亡之，命矣夫！斯人也而有斯疾也！斯人也而有斯疾也！」

史記仲尼弟子傳曰：冉耕字伯牛，孔子以爲有德行。伯牛有惡疾，孔子往問之，自牖執其手，曰：「命矣夫！斯人也而有斯疾。命矣夫！」

白虎通壽命篇曰：遭命者，逢世殘賊，若上逢亂君，下必災變暴至，夭絕人命。沙鹿崩於受邑，是也。冉伯牛危行正言，而遭惡疾。孔子曰：「命矣夫，斯人也而有斯疾也！斯人也而有斯疾也！」

淮南子精神篇曰：冉伯牛爲厲。

子曰：「賢哉！回也！一簞食，一瓢飲，在陋巷，人不堪其憂；回也不改其樂。賢哉！回也！」

述而篇曰：子曰：飯疏食，飲水，曲肱而枕之，樂亦在其中矣。不義而富且貴，於我如浮雲。

樹達按：孔子疏食飲水，樂在其中；顏淵簞食瓢飲，不改其樂，此孔門弟子中顏淵所以獨爲孔子所稱也。

孟子離婁下篇曰：禹稷當平世，三過其門而不入，孔子賢之。顏子當亂世，居於陋巷，一簞食，一瓢飲，人不堪其憂，顏子不改其樂，孔子賢之。孟子曰：禹稷顏回同道。禹思：「天下有溺者，由己溺之也。」稷思：「天下有飢者，由己飢之也。」是以如是其急也。禹稷顏子易地則皆然。

莊子讓王篇曰：孔子謂顏回曰：「回來，家貧居卑，胡不仕乎？」顏回對曰：「不願仕。回有郭外之田五十畝，足以給飦粥；郭內之田十畝，足以爲絲麻。鼓琴足以自娛，所學夫子之道者足以自樂也。回不願仕。」孔子愀然變容曰：「善哉回之意。丘聞之，『知足者不以利自累也，審自得者失之而不懼，行修於內者無位而不怍』，丘誦之久矣，今於回而後見之，是丘之得也。」

法言學行篇曰：或曰：「使我紆朱懷金，其樂不可量已。」曰：「紆朱懷金者之樂不如顏氏子之樂。顏氏子之樂也內，紆朱懷金者之樂也外。」或曰：「請問屢空之內。」曰：「顏不孔，雖得天下，不足以爲樂。」

冉求曰：「非不說子之道，力不足也。」子曰：「力不足者中道而廢，今女畫。」

里仁篇曰：有能一日用其力於仁矣乎？我未見力不足者。

法言學行篇曰：或曰：「耕不穫，獵不饗，耕獵乎？」曰：「耕道而得道，獵德而得德，是穫饗已。」吾不覩參辰之相比也，是以君子貴遷善。遷善者，聖人之徒與。百川學海而至于海，丘陵學山，不至于山，是故惡夫畫也。

子謂子夏曰：「女爲君子儒！無爲小人儒！」

荀子非十二子篇曰：弟佗其冠，衶禫其辭，禹行而舜趨，是子張氏之賤儒也。正其衣冠，齊其顏色，嗛然而終日不言，是子夏氏之賤儒也。偷儒憚事，無廉恥而耆飲食，必曰君子固不用力，是子游氏之賤儒也。

樹達按：荀子所謂賤儒，蓋即孔子所謂小人儒也。

子游爲武城宰，子曰：「女得人焉爾乎？」曰：「有澹臺滅明者，行不由徑，非公事，未嘗至於偃之室也。」

史記仲尼弟子傳曰：澹臺滅明，武城人，字子羽。狀貌甚惡，欲事孔子，孔子以爲材薄。既以受業，退而修行，行不由徑，非公事不見卿大夫。南游至江，從弟子三百人，設取予去就，名施乎諸侯。孔子聞之，曰：「吾以言取人，失之宰予；以貌取人，失之子羽。」

大戴禮記衛將軍文子篇曰：貴之不喜，賤之不怒，苟於民利矣，廉於其事上也以佐其下，是澹臺滅明之行也。孔子曰：「獨貴獨富，君子恥之，夫也中之矣。」

子曰：「孟之反不伐，奔而殿，將入門，策其馬，曰：『非敢後也，馬不進也。』」

左傳哀公十一年曰：齊國書高無丕帥師伐我，師及齊師戰于郊。孟孺子洩帥右師，冉求帥左師。師入齊軍，右師奔，齊人從之，孟之側後入以爲殿，抽矢策其馬，曰：「馬不進也。」

樹達按：孟之反名側，魯大夫。

子曰：「不有祝鮀之佞，

左傳定公四年曰：春三月，劉文公合諸侯于召陵。將會，衛子行敬子言於靈公曰：「會同難，嘖有煩言，莫之治也，其使祝佗從。」佗鮀同。公曰：「善。」乃使子魚。鮀字子魚。及皐鼬，將長蔡於衛。衛侯使祝佗私於萇弘曰：「聞諸道路，不知信否？若聞蔡將先衛，信乎？」萇弘曰：「信。蔡叔，康叔之兄也。先衛，不亦可乎？」子魚曰：「以先王觀之，則尙德也。昔武王克商，成王定之，選建明德以藩屛周。故周公相王室以尹天下，於周爲睦。分魯公以大路、大旂，夏后氏之璜，封父之繁弱。殷民六族：條氏、徐氏、蕭氏、索氏、長勺氏、尾勺氏，使帥其宗氏，輯其分族，將其類醜，以法則周公，用卽命于周。是使之職事于魯，以昭周公之明德。分之土田倍敦，祝宗卜史，備物典策，官司彝器，因商奄之民，命以伯禽，而封于少皡之虛。分康叔以大路、少帛、綪茷、旃旌、大呂，殷民七族：陶氏、施氏、繁氏、錡氏、樊氏、饑氏、終葵氏，封畛土略，自武父以南及圃田之北境，取於有閻之土，以共王職。取於相土之東都，以會王之東蒐。聃季授土，陶叔授民，命以康誥而封於殷虛。皆啓以商政，疆以周索。分唐叔以大路、密須之鼓、闕鞏、沽洗，懷姓九宗，職官五正，命以康誥而封於夏虛。啓以夏政，疆以戎索。三者皆叔也，而有令德，故昭之以分物。不然，文武成康之伯猶多，而不獲是分也，唯不尙年也。管蔡啓商，惎間王室，王於是乎殺管叔而蔡蔡叔，以車七乘，徒七十人。其子蔡仲改行帥德，周公舉之以爲己卿士，見諸王而命之以蔡。其命書云：『王曰：胡！無若爾考之違王命也。』若之何其使蔡先衛也？武王之母弟八人，周公爲太宰，康叔爲司寇，聃季爲司空，五叔無官，豈尙年哉？曹，文之昭也；晉，武之穆也。曹爲伯甸，非尙年也。今將尙之，是反先王也。晉文公爲踐土之盟，衞成公不在，夷叔其母弟也，猶先蔡。其載書云：『王若曰：晉重、魯申、衞武、蔡甲午、鄭捷、齊潘、宋王臣、莒期。』藏在周府，可覆視也。吾子欲復文武之略，而不正其德，將如之何？」萇弘說，告劉子，與范獻子謀之，乃長衞侯於盟。

而有宋朝之美，

左傳昭公二十年曰：公子朝通于襄夫人宣姜，懼而欲以作亂，故齊豹北宮喜褚師圃公子朝作亂。杜注云：宣姜，靈公嫡母。

又定公十四年曰：衞侯爲夫人南子召宋朝。杜注云：南子，宋女也。朝，宋公子，舊通于南子；在宋，呼之。

難乎免於今之世矣。」

子曰：「誰能出不由戶？何莫由斯道也？」

易繫辭上傳曰：仁者見之謂之仁，知者見之謂之知，百姓日用而不知，故君子之道鮮矣。

禮記中庸篇曰：君子之道費而隱。夫婦之愚，可以與知焉；及其至也，雖聖人亦有所不知焉。夫婦之不肖，可以能行焉；及其至也，雖聖人亦有所不能焉。君子之道，造端乎夫婦；及其至也，察乎天地。

孟子盡心上篇曰：孟子曰：行之而不著焉，習矣而不察焉，終身由之而不知其道者，衆也。

子曰：「質勝文則野，文勝質則史。文質彬彬，然後君子。」

顔淵篇曰：棘子成曰：「君子質而已矣，何以文爲？」子貢曰：「惜乎！夫子之說，君子也，駟不及舌。文猶質也，質猶文也，虎豹之鞟猶犬羊之鞟。」

賈子容經篇曰：語曰：審乎明王，執中履衡，言秉中適而據乎宜。故威勝德則淳，德勝威則施。威之與德，交若繆纆，且畏且懷，君道正矣。質勝文則野，文勝質則史，文質彬彬，然後君子。

淮南子繆稱篇曰：文者，所以接物也，情繫於中而欲發外者也。以文滅情則失情，以情滅文則失文；文情理通，則鳳麟極矣。

子曰：「人之生也直，罔之生也幸而免。」

漢紀六高后紀荀悅論曰：疾病有不治能自瘳者，有治之則瘳者，有不治則不瘳者，有雖治而終身不可愈者。昔虢太子死，扁鵲治而生之。鵲曰：「我不能治死爲生也，能使可生者生耳。」然太子不遇鵲，亦不生矣。若夫膏肓之疾，雖醫和亦不能治矣。故孔子曰：「死生有節。」又曰：「不得其死然。」又曰：「幸而免。」死生有節，其正理也。不得其死，未可以死而死。幸而免者，可以死而不死。

子曰：「知之者不如好之者，好之者不如樂之者。」

淮南子繆稱篇曰：故同味而嗜厚膊者，必其甘之者也；同師而超羣者，必其樂之者也。弗甘弗樂而能爲表者，未之聞也。

子曰：「中人以上，可以語上也；中人以下，不可以語上也。」

陽貨篇曰：子曰：性相近也，習相遠也。子曰：唯上知與下愚不移。穀梁傳僖公二年曰：且夫玩好在耳目之前，而患在一國之後，此中知以上乃能慮之。臣料：虞君，中知以下也。漢書古今人表曰：孔子曰：「中人以下，可以語上也，」「唯上智與下愚不移。」傳曰：譬如堯舜，禹稷卨與之爲善，則行；鯀驩兜欲與爲惡，則誅。可以爲善，不可與爲惡，是謂上智。桀紂，龍逢比干欲與之爲善，則誅；于莘崇侯與之爲惡，則行。可與爲惡，不可與爲善，是謂下愚。齊桓公，管仲相之則霸，豎貂輔之則亂。可與爲善，可與爲惡，是謂中人。

樹達按：上知與下愚不移，上知謂中人以上也，下愚謂中人以下也。穀梁傳稱中知以上中知以下，中人卽彼中知矣。

樊遲問知。子曰：「務民之義，敬鬼神而遠之，可謂知矣。」

左傳僖公十九年曰：民，神之主也。是以聖王先成民而後致力於神。

樹達按：務民之義，所謂先成民也，今言盡力於人事。

禮記表記篇曰：子曰：夏道尊命，事鬼敬神而遠之，近人而忠焉；殷人尊神，率民以事神，先鬼而後禮；周人尊禮尚施，事鬼敬神而遠之，近人而忠焉。

樹達按：今觀龜甲卜辭，殷人尊神之說信矣。

左傳莊公三十二年曰：史嚚曰：國將興，聽於民；將亡，聽於神。

禮記檀弓上篇曰：孔子曰：之死而致死之，不仁而不可爲也；之死而致生之，不知而不可爲也。

國語楚語曰：觀射父曰：古者民神異業，敬而不瀆，故神降之嘉生，民以物享，禍災不至，求用不匱。及少皞之衰也，九黎亂德，民神雜糅，不可方物。夫人作享，家爲巫史，無有要質，民匱於祀，而不知其福，烝享無度，民神同位，民瀆齊盟，無有嚴威，神狎民則，不蠲其爲，嘉生不降，無物以享，禍災薦臻，莫盡其氣。顓頊受之，乃命南正重司天以屬神，命火正黎司地以屬民，使復舊常，無相侵瀆，是謂絕地天通。

問仁，曰：「仁者先難而後獲，可謂仁矣。」

顏淵篇曰：樊遲從遊於舞雩之下，曰：「敢問崇德、脩慝、辨惑。」子曰：「善哉問！先事後得，非崇德與？」

樹達按：先事後得，即此先難後獲也。夫子一再以此告樊遲，蓋意在救其短與。

晏子春秋問下篇曰：叔向問晏子曰：「人何以則可謂保其身？」晏子對曰：「詩云：『既明且哲，以保其身，夙夜匪懈，以事一人。』不庶幾，不要幸，先其難乎而後幸得之，時其所也；失之，非其罪也。可謂保其身矣。」

子曰：「知者樂水，

韓詩外傳卷三曰：問者曰：「夫智者何以樂於水也？」曰：「夫水者，緣理而行，不遺小閒，似有智者；動而下之，似有禮者；蹈深不疑，似有勇者；障防而清，似知天命者；歷險致遠，卒成不毀，似有德者。天地以成，羣物以生，國家以寧，萬事以平，品物以正，此智者所以樂於水也。」說苑雜言篇同。

仁者樂山。

尚書大傳曰：子張曰：「仁者何樂於山也？」孔子曰：「夫山者，嵬然高，嵬然高則何樂焉？山，草木生焉，鳥獸蕃焉，財用殖焉，生財用而無私爲，四方皆伐焉，每無私予焉，出雲風以通乎天地之閒；陰陽和合，雨露之澤，萬物以成，百姓以饗，此仁者之所以樂於山者也。」韓詩外傳卷三、說苑雜言篇文並略同。

知者動，仁者靜。知者樂，仁者壽。」

春秋繁露循天之道篇曰：故仁人之所以多壽者，外無貪而內清淨，心和平而不失中正，取天地之美以養其身，是其且多且治。

申鑒俗嫌篇曰：或問：「仁者壽，何謂也？」曰：「仁者內不傷性，外不傷物；上不違天，下不違人；處正居中，形神以和；故咎徵不至，而休嘉集之；壽之術也。」曰：「顏冉何？」曰：「命也。麥不終夏，花不濟春，如和氣何？雖云其短，長亦在其中矣。」

中論夭壽篇曰：或問：孔子稱仁者壽，而顏淵早夭。積善之家，必有餘慶，而比干子胥身陷大禍。豈聖人之言不信而欺人邪？故司空潁川荀爽以爲：「形體者，人之精魄也。德義令聞者，精魄之榮華也。形體固自朽弊消亡之物，壽與不壽不過數十歲，德義立與不立，差數千歲，豈可同日言也哉！顏淵時有百年之人，今寧復知其姓名邪？詩云：『萬有千歲，眉壽無有害。』人豈有萬壽千歲者，皆令德之謂也。仁者壽，豈不信哉？」北海孫翺以爲：「死生有命，非他人之所致也。若積善有慶，行仁得壽，乃教化之義，誘人而納於善之理也。若曰積善不得報，行仁者凶，則愚惑之民將走於惡以反天常。故曰：『民可使由之，不可使知之。』」幹以爲：二論皆非其理也。夫壽有三：有王澤之壽，有聲聞之壽，有行仁之壽。書曰：『五福，一曰壽。』此王澤之壽也。詩云：『其德不爽，壽考不忘。』此聲聞之壽也。孔子曰：『仁者壽。』此行仁之壽也。孔子云爾者，以仁者利養萬物，萬物亦受利矣，故必壽也。自堯至於武王，自稷至於周召，皆仁人也。君臣之數，不爲少矣；考其年壽，不爲夭矣。斯非仁者壽之驗也？又七十子豈殘酷者哉？顧其仁有優劣耳。其夭者惟顏回，據一顏回而多疑其餘，無異以一鉤之金權於一車之羽，云金輕於羽也。

子曰：「齊一變，至於魯；魯一變，至於道。」

說苑政理篇曰：齊之所以不如魯者，太公之賢不如伯禽。伯禽與太公俱受封而各之國，三年，太公來朝。周公問曰：「何治之疾也？」對曰：「尊賢，先疏後親，先義後仁也。」此霸者之迹也。周公曰：「太公之澤及五世。」五年，伯禽來朝，周公問曰：「何治之難？」對曰：「親親，先內後外，先仁後義也。」此王者之迹也。周公曰：「魯之澤及十世。」此魯有王迹者，仁厚也；齊有霸迹者，武政也。齊之所以不如魯，太公之賢不如伯禽也。

淮南子齊俗篇曰：昔太公望周公旦受封而相見。太公問周公曰：「何以治魯？」周公曰：「尊尊親親。」太公曰：「魯從此弱矣。」周公問太公曰：「何以治齊？」太公曰：「舉賢而上功。」周公曰：「後世必有刼殺之君。」其後齊日以大，至霸，二十四世而田氏代之。魯削，至三十二世而亡。按此說與說苑小異而大同。

左傳閔公元年曰：齊仲孫湫來省難。仲孫歸，公曰：「魯可取乎？」對曰：「不可。猶秉周禮，周禮，所以本也。臣聞之：國將亡，本必先顛，而後枝葉從之。魯不棄周禮，未可動也。」

又昭公二年曰：晉侯使韓宣子來聘；觀書於大史氏，見易象與魯春秋，曰：「周禮盡在魯矣！吾乃今知周公之德與周之所以王也。」

禮記禮運篇曰：孔子曰：「嗚呼哀哉！我觀周道，幽厲傷之，吾舍魯何適矣？」

又明堂位篇曰：凡四代之服器官，魯兼用之。是故，魯，王禮也，天下傳之久矣。禮樂刑法政俗，未嘗相變也。天下以爲有道之國，是故天下資禮樂焉。

樹達按：齊爲霸業，魯秉周禮，則王道也。齊一變至於魯，由霸功變爲王道也。禮運以禹湯文武成王周公六君子爲小康，見卷三子謂韶章引。是王道爲小康也。魯一變至於道者，由小康變爲大同也。禮運言大道之行天下爲公，此道正彼文所謂大道矣。

子曰：「觚不觚，觚哉！觚哉！」

顏淵篇曰：齊景公問政於孔子，孔子對曰：「君君，臣臣，父父，子子。」

樹達按：此皆孔子正名之義也。觚可不觚則名實亂矣。孔子卽小物而興感，豈拘拘於一器一物之形制云爾哉。君君，臣臣，父父，子子，則與觚不觚者異矣。

宰我問曰：「仁者，雖告之曰：井有仁焉，其從之也？」子曰：「何爲其然也？君子可逝也，不可陷也；可欺也，不可罔也。」

孟子萬章上篇曰：昔者有饋生魚於鄭子產，子產使校人畜之池。校人烹之，反命曰：「始舍之，圉圉焉；少則洋洋焉；攸然而逝。」子產曰：「得其所哉！得其所哉！」校人出，曰：「孰謂子產知？予既烹而食之，曰：得其所哉！得其所哉！」故君子可欺以其方，難罔以非其道。

子曰：「君子博學於文，

呂氏春秋用衆篇曰：善學者若齊王之食鷄也，必食其跖數千而後足。雖足，猶若有跖。

說苑建本篇曰：孟子曰：人知糞其田，莫知糞其心。糞田莫過利苗得粟，糞心易行而得其所欲。何爲糞心？博學多聞。何爲易行？一性止淫也。

約之以禮，亦可以弗畔矣夫。」

子罕篇曰：顏淵喟然歎曰：夫子循循然善誘人，博我以文，約我以禮。

漢紀卷二十五成帝紀荀悅論曰：季路之言：「何必讀書，然後爲學？」棘子成曰：「君子質而已矣，何以文爲？」夫潛地窟者而不覩天明，守冬株者而不識夏榮，非通照之術也。然博覽之家，不知其穢，兼而善之，是大田之莠與苗並興，則良農之所悼也；質樸之士，不擇其美，兼而棄之，是崐山之玉與石俱捐，則卞和之所痛也。故孔子曰：「博學於文，約之以禮，亦可以弗畔矣夫。」

後漢書范升傳曰：升奏曰：孔子曰：「博學約之，弗畔矣夫？」夫學而不約，必叛道也。顏淵曰：「博我以文，約我以禮。」孔子可謂知教，顏淵可謂善學矣。

法言吾子篇曰，多聞則守之以約，多見則守之以卓。寡聞則無約也，寡見則無卓也。

申鑒時事篇曰：或曰：至德要道，約爾。典籍甚富，如何博之以求約也？語有之曰，有鳥將來，張羅待之，得鳥者一目也。今爲一目之羅，無時得鳥矣。道雖要也，非博無以通矣。博其方，約其說。

子見南子，子路不說。夫子矢之曰：「予所否者，天厭之！天厭之！」

史記孔子世家曰：反乎衞，主蘧伯玉家。靈公夫人有南子者，使人謂孔子曰：「四方之君子不辱欲與寡君爲兄弟者，必見寡小君；寡小君願見。」孔子辭謝，不得已而見之。夫人在絺帷中，孔子入門，北面稽首。夫人自帷中再拜，環珮玉聲璆然。孔子曰：吾鄉爲弗見，見之禮答焉。

漢書王莽傳上曰：太后下詔曰：是以孔子見南子，周公居攝，蓋權時也。

法言五百篇曰：或問：「聖人有詘乎？」曰：「有。」「焉詘乎？」曰：「仲尼於南子，所不欲見也；於陽虎，所不欲敬也。見所不見，敬所不敬，不詘，如何？」

子曰：「中庸之爲德也，其至矣乎！民鮮久矣。」

禮記中庸篇曰：子曰：中庸其至矣乎！民鮮能久矣。

又曰：天下國家可均也，爵祿可辭也，白刃可蹈也，中庸不可能也。

又曰：子曰：人皆曰予知，擇乎中庸而不能期月守也。

又曰：子曰：道之不行也，我知之矣，知者過之，愚者不及也。道之不明也，我知之矣，賢者過之，不肖者不及也。人莫不飲食也，鮮能知味也。

又曰：仲尼曰：君子中庸，小人反中庸。君子之中庸也，君子而時中；小人之中庸也，小人而無忌憚也。

又曰：子曰：舜其大知也與！舜好問而好察邇言；隱惡而揚善；執其兩端，用其中於民：其斯以爲舜乎！

又曰：子曰：回之爲人也，擇乎中庸，得一善，則拳拳服膺而弗失之矣。

又曰：君子依乎中庸，遯世不見知而不悔，唯聖者能之。

子貢曰：「如有博施於民而能濟衆，何如？可謂仁乎？」子曰：「何事於仁！必也聖乎！堯舜其猶病諸！

述而篇曰：子曰：若聖與仁，則吾豈敢。

樹達按：孔子論德，以聖爲第一，而仁次之，此兩章義可互證也。

夫仁者己欲立而立人，己欲達而達人。

禮記中庸篇曰：誠者，自成也；而道自道也。誠者，物之終始，不誠無物。是故君子誠之爲貴。誠者，非自成己而已也；所以成物也。成己，仁也；成物，知也；性之德也，合外內之道也，故時措之宜也。

孟子萬章上篇曰：伊尹曰：天之生此民也，使先知覺後知，使先覺覺後覺也。予，天民之先覺者也，予將以斯道覺斯民也。非予覺之而誰也？

能近取譬，可謂仁之方也已。」

新語術事篇曰：善言古者合之於今，能術遠者考之於近。故說事者上陳五帝之功而思之於身，下列桀紂之敗而戒之於己，則德可以配日月，行可以合神靈。

樹達按：能近取譬爲行仁之方者，萬事萬物在此身之外者，皆引之於人身而求其相合。以易言之，天行健，君子以自強不息；地勢坤，君子以厚德載物；山上有水，蹇，君子以反身修德；洊雷震，君子以恐懼修省；天地不交，否，君子以儉德免難。凡易大象傳所稱君子以云云者，皆近取譬之事也。以詩言之，因素以爲絢悟禮後之義，因於緝熙敬止而明君臣父子之道，近取譬也。以本書言之，子欲無言而及天之四時行萬物生，子在川上而歎其不舍晝夜，何莫非近取譬之事也？

論語疏證卷第七

述而篇第七

子曰：「述而不作，信而好古，

禮記中庸篇曰：仲尼祖述堯舜，憲章文武。

本篇曰：子曰：蓋有不知而作之者，我無是也。

又曰：子曰：我非生而知之者；好古，敏以求之者也。

漢書儒林傳曰：周道旣衰，壞於幽厲，禮樂征伐，自諸侯出，陵夷二百餘年而孔子興。以聖德遭季世，知言之不用而道不行，於是敍書則斷堯典；稱樂則法韶舞；論詩則首周南。綴周之禮，因魯春秋，舉十二公行事，繩之以文武之道，成一王法，至獲麟而止。蓋晚而好易，讀之韋編三絕而爲之傳，皆因近聖之事以立先王之教。故曰：「述而不作，信而好古。」

說苑建本篇曰：子路問於孔子曰：「請釋古之學而行由之意，可乎？」孔子曰：「不可。昔者東夷慕諸夏之義，有女，其夫死，爲之內私壻，終身不嫁。不嫁則不嫁矣，然非貞節之義也。蒼梧之弟娶妻而美好，請與兄易。忠則忠矣，然非禮也。今子欲釋古之學而行子之意，庸知子用非爲是，用是爲非乎？不順其初，雖欲悔之，難哉！」按順讀爲愼。

竊比於我老彭。」

大戴禮記虞戴德篇曰：昔老彭及仲傀，政之教大夫，官之教士，技之教庶人，揚則抑，抑則揚，綴以德行，不任以言。

子曰：「默而識之，

本篇曰：子曰：蓋有不知而作之者，我無是也。多聞，擇其善者而從之；多見而識之：知之次也。

學而不厭，誨人不倦，何有於我哉？」

本篇曰：子曰：若聖與仁，則吾豈敢。抑爲之不厭，誨人不倦，則可謂云爾已矣。公西華曰：正唯弟子不能學也。

孟子公孫丑上篇曰：昔者子貢問於孔子曰：「夫子聖矣乎？」孔子曰：「聖則吾不能，我學不厭而教不倦也。」

呂氏春秋尊師篇曰：子貢問孔子曰：「後世將何以稱夫子？」孔子曰：「吾何足以稱哉！勿已者，則好學而不厭，好教而不倦，其惟此邪」！

樹達按：此章與本篇下文若聖與仁章意皆相反。蓋此爲聖人謙辭，而言之殆亦非一時也。

子曰：「德之不修，

易象傳曰：山上有水，蹇，君子以反身修德。

學之不講；

易象傳曰：麗澤，兌，君子以朋友講習。

後漢書獻帝紀曰：詔曰：孔子歎學之不講，不講則所識日忘。

聞義不能徙，不善不能改：是吾憂也。」

易象傳曰：風雷，益，君子以見善則遷，有過則改。

顏淵篇曰：子張問崇德辨惑。子曰：「主忠信，徙義，崇德也。」

荀子大略篇曰：君子之學如蛻，幡然遷之。故其行效，其立效，其坐效，其置顏色出辭氣效。無留善；無宿問。

子之燕居，申申如也，夭夭如也。

子曰：「甚矣！吾衰也！久矣吾不復夢見周公。」

呂氏春秋專志篇曰：蓋聞孔子墨翟晝日諷誦習業，夜親見文王周公旦而問焉。用志如此其精也，何事而不達？何爲而不成？故曰：精而熟之，鬼將告之。非鬼告之也，精而熟之也。

子曰：「志於道。

禮記學記篇曰：凡學，官先事，士先志。

孟子盡心上篇曰：王子墊問曰：「士何事？」孟子曰：「尚志。」曰：「何謂尚志？」曰：「仁義而已矣。」

里仁篇曰：士志於道而恥惡衣惡食者，未足與議也。

據於德。

禮記樂記篇曰：德者得也。

又中庸篇曰：回之爲人也，擇乎中庸，得一善，則拳拳服膺而弗失之矣。

依於仁。

里仁篇曰：君子無終食之閒違仁。造次必於是，顚沛必於是。

游於藝。」

禮記少儀篇曰：士依於德；游於藝。

又學記篇曰：不興其藝，不能樂學。故君子之於學也，藏焉，脩焉，息焉，游焉。夫然，故安其學而親其師，樂其友而信其道。是以雖離師輔而不反。

子曰：「自行束脩以上，吾未嘗無誨焉。」

子曰：「不憤不啓，不悱不發。

禮記學記篇曰：記問之學，不足以爲人師，必也其聽語乎！力不能問，然後語之；語之而不知，雖舍之可也。

又曰：君子之教諭也，開而弗達，開而弗達則思。

孟子盡心下篇曰：君子引而不發，躍如也。

舉一隅，不以三隅反，則不復也。」

春秋莊公四年曰：冬，公及齊人狩于郜。公羊傳曰：公曷爲與微者狩？齊侯也。齊侯則其稱人，何？諱與讎狩也。前此者有事矣，後此者有事矣，則曷爲獨於此焉譏？於讎者將壹譏而已。故擇其重者而譏焉。莫重乎其與讎狩也。於讎者則曷爲將壹譏而已？讎者無時可與通，通則爲大譏。不可勝譏，故將壹譏而已。其餘從同。

樹達按：春秋之擇重爲譏，正舉一隅之義也。

子食於有喪者之側，未嘗飽也。

禮記檀弓上篇曰：食於喪者之側，未嘗飽也。

子於是日哭，則不歌。

禮記曲禮上篇曰：哭日不歌。

論衡感類篇曰：子於是日也哭，則不歌。周禮：子卯，稷食菜羹。哀樂不並行。白虎通喪服篇曰：凶服不敢入公門者，明尊朝廷，吉凶不相干。故周官曰：「凶服不入公門。」曲禮曰：「居喪不言樂，祭事不言凶，公廷不言婦女。」論語曰：「子於是日哭，則不歌。」禮記檀弓下篇曰：弔於人，是日不樂。

子謂顏淵曰：「用之則行，舍之則藏，

季氏篇曰：孔子曰：隱居以求其志，行義以達其道；吾聞其語矣，未見其人也。

樹達按：行義以達其道，用之則行也；隱居以求其志，舍之則藏也。

孟子盡心上篇曰：故士窮不失義，達不離道。古之人，得志，澤加於民；不得志，修身見於世。窮則獨善其身，達則兼善天下。

唯我與爾有是夫。」

孟子公孫丑上篇曰：可以仕則仕，可以止則止，孔子也。又萬章下篇曰：可以處而處，可以仕而仕，孔子也。

韓詩外傳卷九曰：孔子與子貢子路顏淵遊於戎山之上。孔子喟然歎曰：「二三子各言爾志。由！爾何如？」對曰：「得白羽如月，赤羽如日，擊鐘鼓者上聞於天，下槊於地，使將而攻之，惟由爲能。」孔子曰：「勇士哉！」「賜！爾何如？」對曰：「得素衣縞冠，使於兩國之間，不持尺寸之兵，升斗之糧，使兩國相親如弟兄。」孔子曰：「辯士哉！」「回！爾何如？」顏淵曰：「願得明王聖主，爲之相，使城郭不治，溝池不鑿，陰陽和調，家給人足，鑄庫兵以爲農器。」孔子曰：「大士哉！由來！區區汝何攻？賜來！便便汝何使？願得衣冠，爲子宰焉。」外傳卷七別一條略同，說苑指武篇文亦略同，末云，子路舉手問曰，願聞夫子之意。孔子曰，吾所願者顏氏之計，吾願負衣冠而從顏氏子也。

樹達按：顏子欲鑄庫兵爲農器而孔子稱之，此又孔子尚和平反武力之一事也。

子路曰：「子行三軍，則誰與？」

周禮夏官序官曰：凡制軍，萬有二千五百人爲軍。王六軍，大國三軍，次國二軍，小國一軍。

子曰：「暴虎馮河死而無悔者，吾不與也；

爾雅釋訓曰：暴虎，徒搏也。馮河，徒涉也。

必也臨事而懼，好謀而成者也。」

尸子發蒙篇曰：孔子曰：臨事而懼，希不濟。

大戴禮記曾子立事篇曰：居上位而不淫，臨事而栗者，鮮不濟矣。

子曰：「富而可求也，雖執鞭之士，吾亦爲之。

周禮秋官曰：條狼氏，掌執鞭以趨辟，王出入則八人夾道，公則六人，侯伯則四人，子男則二人。凡誓，執鞭以趨於前，且命之。

樹達按：秋官序官，條狼氏是下士，故云執鞭之士。

如不可求，從吾所好。」

顏淵篇曰：子夏曰：商聞之矣，死生有命，富貴在天。

韓詩外傳卷一曰：卑賤貧窮，非士之恥也。士之所恥者，天下舉忠而士不與焉；舉信而士不與焉；舉廉而士不與焉。三者存乎身，名傳於後世，與日月並而不息。然則非惡生而樂死也，非惡富貴而好貧賤也。由其理，尊貴及己而仕，不辭也。孔子曰：「富而可求，雖執鞭之士，吾亦爲之。」故阨窮而不憫，勞辱而不苟，然後能有致也。說苑立節篇同。

鹽鐵論貧富篇曰：孔子云：「富而可求，雖執鞭之事，吾亦爲之。如不可求，從吾所好。」君子求義，非苟富也。故刺子貢不受命而貨殖焉。

子之所愼：齊、

鄉黨篇曰：齊必變食，居必遷坐。

戰、

本篇曰：子路曰：「子行三軍，則誰與？」子曰：「暴虎馮河死而無悔者，吾不與也；必也臨事而懼，好謀而成者也。」禮記禮器篇曰：子曰：我戰則克，祭則受福，蓋得其道矣。

疾。

鄉黨篇曰：康子饋藥，拜而受之，曰：丘未達，不敢嘗。

子在齊聞韶，三月不知肉味。曰：「不圖爲樂之至於斯也！」

八佾篇曰：子謂：韶盡美矣，又盡善也。

史記孔子世家曰：魯亂，孔子適齊，與太師語樂。聞韶音，學之，三月不知肉味。

漢書禮樂志曰：夫樂本情性，浹肌膚而臧骨髓。雖經乎千載，其遺風餘烈尚猶不絕。春秋時，陳公子完奔齊。陳，舜之後，韶樂存焉。故孔子適齊，聞韶，三月不知肉味。曰：「不圖爲樂之至於斯！」美之甚也。

說苑修文篇曰：孔子至齊郭門之外，遇一嬰兒，挈一壺，相與俱行。其視精，其心正，其行端。孔子謂御曰：趣驅之！趣驅之！韶樂方作。孔子至彼，聞韶，三月不知肉味。故樂非獨以自樂也，又以樂人；非獨以自正也，又以正人矣哉。於此樂者，不圖爲樂至於此。

太平御覽八十一引樂動聲儀曰：孔子曰：簫韶者，舜之遺音也。溫潤以和，似南風之至。其爲音如寒暑風雨之動物，如物之動人，雷動獸禽，風雨動龍魚，仁義動君子，財色動小人，是以聖人務其本。

冉有曰：「夫子爲衛君乎？」子貢曰：「諾，吾將問之。」

史記衛世家曰：太子蒯聵與靈公夫人南子有惡，欲殺南子。靈公怒，太子蒯聵奔宋，已而之晉趙氏。靈公卒，夫人命子郢爲太子。郢曰：「亡人太子蒯聵之子輒在也。」於是衛乃以輒爲君，是爲出公。趙簡子欲入蒯聵，衛人聞之，發兵擊蒯聵，蒯聵不得入。

樹達按：冉有所問之衛君謂出公也。

入曰：「伯夷叔齊何人也？」曰：「古之賢人也。」曰：「怨乎？」曰：「求仁而得仁，又何怨？」

史記伯夷列傳曰：伯夷叔齊，孤竹君之二子也。父欲立叔齊。及父卒，叔齊讓伯夷。伯夷曰：「父命也，」遂逃去。叔齊亦不肯立而逃之。國人立其中子。

出曰：「夫子不爲也。」

春秋哀公二年曰：晉趙鞅帥師納衛世子蒯聵于戚。穀梁傳曰：納者，內弗受也。帥師而後納者，有伐也，何用弗受也？以輒不受父之命，受之王父也；信父而辭王父，則是不尊王命也。其弗受，以尊王父也。又三年曰：春，齊國夏衛石曼姑帥師圍戚。公羊傳曰：「齊國夏曷爲與衛石曼姑帥師圍戚？」「伯討也。」「此其爲伯討奈何？」「曼姑受命于靈公而立輒，以曼姑之義爲固可以距之也。」「輒者，曷爲者也？」「蒯聵之子也。」「然則曷爲不立蒯聵而立輒？」「蒯聵爲無道，靈公逐蒯聵而立輒。」「然則輒之義可以立乎？」曰：「可。」「其可奈何？」「不以父命辭王父命。以王父命辭父命，是父之行乎子也，不以家事辭王事。以王事辭家事，是上之行乎下也。」

子路篇曰：「葉公語孔子曰：「吾黨有直躬者，其父攘羊而子證之。」孔子曰：「吾黨之直者異於是。父爲子隱，子爲父隱，直在其中矣。」」

孟子盡心上篇曰：桃應問曰：「舜爲天子，皋陶爲士。瞽瞍殺人，則如之何？」孟子曰：「執之而已矣。」「然則舜不禁與？」曰：「夫舜惡得而禁之？夫有所受之也。」「然則舜如之何？」曰：「舜視棄天下猶棄敝屣也，竊負而逃，遵海濱而處，終身訢然樂而忘天下。」

子曰：「飯疏食，飲水，曲肱而枕之，樂亦在其中矣。

禮記中庸篇曰：君子素其位而行，不願乎其外。素富貴，行乎富貴；素貧賤，行乎貧賤；素夷狄，行乎夷狄；素患難，行乎患難。君子無入而不自得焉。故君子居易以俟命，小人行險以徼幸。

莊子讓王篇曰：子貢曰：古之得道者，窮亦樂，通亦樂。所樂非窮通也，道得於此，則窮通爲寒暑風雨之序矣。呂氏春秋慎人篇、風俗通卷七文同。

不義而富且貴，於我如浮雲。」

里仁篇曰：富與貴，是人之所欲也，不以其道得之，不處也。貧與賤，是人之所惡也，不以其道得之，不去也。

孟子公孫丑上篇曰：公孫丑問曰：「伯夷伊尹於孔子，有同與？」曰：「有。得百里之地而君之，皆能以朝諸侯，有天下；行一不義殺一不辜而得天下，皆不爲也。是則同。」

呂氏春秋離俗覽高義篇曰：孔子見齊景公，景公致廩丘以爲養，孔子辭不受。入謂弟子曰：「吾聞君子當功以受祿。今說景公，景公未之行，而賜之廩丘，其不知丘亦甚矣。」令弟子趣駕而行。說苑立節篇文同。

子曰：「加我數年，五十以學易，可以無大過矣。」

史記孔子世家曰：孔子晚而喜易，序彖繫象說卦文言。讀易，韋編三絕。曰：「假我數年，若是，我於易則彬彬矣。」

易繫辭上傳曰：君子所居而安者，易之序也；所樂而玩者，爻之辭也。是故君子居則觀其象而玩其辭，動則觀其變而玩其占。是以自天祐之，吉無不利。

子所雅言：詩書執禮，皆雅言也。

禮記文王世子篇曰：瞽宗秋學禮，執禮者詔之。

周禮春官大史曰：凡射事飾中，舍算，執其禮事。

樹達按：劉寶楠云，雅之爲言夏也。孫卿榮辱篇云：「越人安越，楚人安楚，君子安雅，是非知能材性然也，是注錯習俗之節異也。」又儒效篇云：「居楚而楚，居越而越，居夏而夏，是非天性也，積靡使然也。」然則雅夏古字通。夫子生長於魯，不能不魯語。惟誦詩讀書執禮必正言其言，所以重先王之訓典，譏末學之流失也。

葉公問孔子於子路，子路不對。子曰：「女奚不曰？其爲人也，發憤忘食，

大戴禮記制言中篇曰：是故君子思仁義，晝則忘食，夜則忘寢。

樂以忘憂，

本篇曰：子曰：飯疏食，飲水，曲肱而枕之，樂亦在其中矣。不義而富且貴，於我如浮雲。

不知老之將至云爾。」

禮記中庸篇曰：子曰：君子遵道而行，半塗而廢，吾弗能已矣。又表記篇曰：小雅曰：「高山仰止，景行行止。」子曰：「詩之好仁如此，鄉道而行，中道而廢，忘身之老也，不知年數之不足也，俛焉日有孳孳，斃而後已。」

樹達按：孔子五十而知天命。易繫辭上傳云：樂天知命，故不憂。此云樂以忘憂，不知老之將至，殆孔子五十以後之言也。

子曰：「我非生而知之者，

季氏篇曰：孔子曰：生而知之者，上也；學而知之者，次也；困而學之，又其次也；困而不學，民斯爲下矣。

禮記中庸篇曰：或生而知之，或學而知之，或困而知之。及其知之，一也。

好古，敏以求之者也。」

本篇曰：子曰：述而不作，信而好古，竊比於我老彭。

樹達按：此孔子自謂學而知之也。

子不語：怪、力、亂、神。

困學紀聞五引子思子曰：夫子之敎必始於詩書而終於禮樂，雜說不與焉。

禮記中庸篇曰：子曰：素隱行怪，後世有述焉，吾弗爲之矣。

荀子榮辱篇曰：仁義德行，常安之術也，然而未必不危也；汙僈突盜，常危之術也，然而未必不安也。故君子道其常，而小人道其怪。

又天論篇曰：星隊木鳴，國人皆恐。曰：是何也？曰：無何也。是天地之變，陰陽之化，物之罕至者也，怪之可也，而畏之，非也。夫日月之有蝕，風雨之不時，怪星之黨見，是無世而不常有之。上明而政平，則是雖並世起，無傷也；上闇而政險，則是雖無一至者，無益也。傳曰：萬物之怪，書不說。無用之辯，不急之察，棄而不治。若夫君臣之義，父子之親，夫婦之別，則日切磋而不舍也。

左傳宣公十五年曰：民反德爲亂。

淮南子主術篇曰：孔子作爲春秋，不道鬼神。

大戴禮記曾子立事篇曰：君子亂言而弗殖，神言弗致也。

子曰：「三人行，必有我師焉。

子張篇曰：衛公孫朝問於子貢曰：「仲尼焉學？」子貢曰：「文武之道未墜於地，在人，賢者識其大者，不賢者識其小者，莫不有文武之道焉。夫子焉不學？而亦何常師之有。」

老子曰：善人，不善人之師；不善人，善人之資。

呂氏春秋驕恣篇曰：楚莊王曰：仲虺有言曰：諸侯之德能自爲取師者王；能自取友者存；其所擇而莫如己者亡。

樹達按：孔子於三人之行必有我師，正仲虺所謂能自爲取師者也。

擇其善者而從之，其不善者而改之。」

國語晉語七曰：悼公與司馬侯升臺而望，曰：「樂夫！」對曰：「臨下之樂，則樂矣；德義之樂，則未也。」公曰：「何謂德義？」對曰：「諸侯之爲，日在君側，以其善行，以其惡戒，可謂德義矣。」

子曰：「天生德於予，桓魋其如予何？」

史記孔子世家曰：孔子去曹，適宋，與弟子習禮大樹下。宋司馬桓魋欲殺孔子，拔其樹。孔子去，弟子曰：「可以速矣。」孔子曰：「天生德於予，桓魋其如予何？」

子曰：「二三子以我爲隱乎？吾無隱乎爾。吾無行而不與二三子者，是丘也。」

陽貨篇曰：子曰：「予欲無言。」子貢曰：「子如不言，則小子何述焉？」子曰：「天何言哉？四時行焉，百物生焉，天何言哉？」

樹達按：孔子語默動作皆所以教弟子，不獨以言，故云無行而不與。天不言而以四時行百物生示人，孔子以自然爲師也。

子以四教：文、行、忠、信。

子罕篇曰：顏淵喟然歎曰：夫子循循然善誘人，博我以文，約我以禮。

公冶長篇曰：子貢曰：夫子之文章，可得而聞也。

顏淵篇曰：子張問崇德辨惑，子曰：「主忠信，徙義，崇德也。」

衞靈公篇曰：子張問行，子曰：言忠信，行篤敬，雖蠻貊之邦行矣；言不忠信，行不篤敬，雖州里行乎哉？

子曰：「聖人，吾不得而見之矣；得見君子者，斯可矣。」

荀子脩身篇曰：好德而行，士也；篤志而體，君子也；齊明而不竭，聖人也。

又儒效篇曰：彼學者，行之，曰士也；敦慕焉，君子也；知之，聖人也。

又哀公篇曰：孔子曰：人有五儀：有庸人，有士，有君子，有賢人，有大聖。哀公曰：「敢問：何如斯可謂之君子矣？」孔子對曰：「所謂君子者，言忠信而心不德，仁義在身而色不伐，思慮明通而辭不爭，故猶然如將可及者，君子也。」哀公曰：「敢問：何如斯可謂大聖矣？」孔子對曰：「所謂大聖者，知通乎大道，應變而不窮，辨乎萬物之情性者也。大道者，所以變化遂成萬物也；情性者，所以理然不取舍也。是故其事大辨偏同。乎天地，明察乎日月，總要萬物於風雨，繆繆肫肫，其事不可循；若天之嗣，其事不可識；百姓淺然不識其鄰：若此則可謂大聖矣。」

韓詩外傳卷三曰：言行多當，未安愉也；知慮多當，未周密也：是篤厚君子，未及聖人也。若夫百王之法，若別黑白；應當世之變，若數三綱；行禮要節，若性四支；因化之功，若推四時；天下得序，羣物安居：是聖人也。

子曰：「善人，吾不得而見之矣；得見有恆者斯可矣。

先進篇曰：子張問善人之道，子曰：「不踐迹，亦不入於室。」

孟子盡心下篇曰：浩生不害問曰：「樂正子何人也？」孟子曰：「善人也；信人也。」「何謂善？何謂信？」曰：「可欲之謂善；有諸己之謂信。」

亡而爲有，虛而爲盈，約而爲泰，難乎有恆矣。」

子釣而不綱，弋不射宿。

賈子禮篇曰：不合圍，不掩羣，不射宿，不涸澤。

子曰：「蓋有不知而作之者，我無是也。多聞，擇其善者而從之；

說苑建本篇曰：吳子曰：多聞而擇焉，所以明智也。

先進篇曰：子曰：先進於禮樂，野人也；後進於禮樂，君子也。如用之，則吾從先進。

子罕篇曰：子曰：麻冕，禮也。今也純，儉，吾從衆。拜下，禮也。今拜乎上，泰也。雖違衆，吾從下。」

禮記檀弓下篇曰：殷既封而弔，周反哭而弔。孔子曰：「殷已愨；吾從周。」又坊記篇曰：殷人弔於壙，周人弔於家，示民不偝也。子云：「死，民之卒事也。吾從周。」

衞靈公篇曰：顏淵問爲邦。子曰：行夏之時，乘殷之輅，服周之冕，樂則韶舞。

樹達按：禮樂從先進，純冕從衆，拜下從下，反哭從周，及答顏淵爲邦之問，皆所謂擇善而從也。

多見而識之，

廣韻十三末鴰字注引韓詩曰：孔子渡江，見之，異，衆莫能名。孔子嘗聞河上人歌曰：「鴰兮鴰兮，逆毛衰兮，一身九尾長兮，」鶬鴰也。繹史孔子類記四引衝波傳曰：有鳥九尾，孔子與子夏見之，人以問孔子，曰：「鶬也。」子夏曰：「何以知之？」孔子曰：河上之歌云：「鶬兮鶬兮，逆毛衰兮，一身九尾長兮。」

論衡實知篇曰：孔子未嘗見狌狌，至輒能名之。然而孔子名狌狌，聞昭人之歌。

知之次也。」

季氏篇曰：孔子曰：生而知之者，上也；學而知之者，次也。

本篇曰：子曰：我非生而知之者，好古，敏以求之者也。

樹達按：孔子不以生知自居，自謂學而知之，故云知之次。多聞多見皆學之事也。

互鄉難與言，童子見，門人惑。

衞靈公篇曰：子曰：可與言而不與之言，失人；不可與言而與之言，失言。

樹達按：互鄉難與言而孔子見其童子，門人疑孔子有失言之病，故惑也。

子曰：「人潔己以進，與其潔也，不保其往也；與其進也，不與其退也。唯何甚？」

衞靈公篇曰：子曰：有敎無類。

孟子盡心下篇曰：夫子之設科也，往者不追，來者不距。苟以是心至，斯受之而已矣。

樹達按：孟子來者不距，與孔子正同也。

後漢書郭泰傳曰：賈淑，字子厚，林宗鄉人也。雖世有冠冕，而性險害，邑里患之。林宗遭母憂，淑來修弔，既而鉅鹿孫威直亦至。威直以林宗賢而受惡人弔，心怪之，不進而去。林宗追而謝之，曰：「賈子厚誠實凶德，然洗心向善，仲尼不逆互鄉，故吾許其進也。」淑聞之，改過自厲，終成善士。鄉里有憂患者，淑輒傾身營救，爲州閭所稱。

樹達按：與其進也三句本錯簡在子曰句下，今依朱子說校乙。

子曰：「仁遠乎哉？我欲仁，斯仁至矣。」

顏淵篇曰：顏淵問仁。子曰：克己復禮爲仁。一日克己復禮，天下歸仁焉。爲仁由己，而由人乎哉？

子罕篇曰：唐棣之華，偏其反而，豈不爾思？實是遠而。子曰：「未之思也，夫何遠之有？」

陳司敗問：「昭公知禮乎？」孔子曰：「知禮。」

春秋昭公五年曰：公如晉。左氏傳曰：公如晉，自郊勞至于贈賄，無失禮。晉侯謂女叔齊曰：「魯侯不亦善於禮乎？」對曰：「魯侯焉知禮！」公曰：「何爲？」對曰：「是儀也，不可謂禮。」

又昭公二十五年曰：齊侯唁公于野井。公羊傳曰：齊侯唁公于野井。曰：「奈何君去魯國之社稷？」昭公曰：「喪人不佞，失守魯國之社稷，執事以羞。」再拜顙。慶子家駒曰：「慶子免於于大難矣。」子家駒曰：「臣不佞，陷君於大難，君不忍加之以鈇鑕，賜之以死。」再拜顙。高子執簞食與四脡脯，國子執壺漿，曰：「吾寡君聞君在外，餕饔未就，敢致糗於從者。」昭公曰：「君不忘吾先君，延及喪人，錫之以大禮。」再拜稽首，以衽受。高子曰：「有夫不祥，君無辱大禮！」昭公蓋祭而不嘗。景公曰：「寡人有不腆先君之服，未之敢服；有不腆先君之器，未之敢用。敢以請。」昭公曰：「喪人不佞，失守魯國之社稷，執事以羞，敢辱大禮！敢辭。」景公曰：「寡人有不腆先君之服，未之敢服；有不腆先君之器，未之敢用。敢固以請。」昭公曰：「以吾宗廟之在魯也，有先君之服，未之能以服；有先君之器，未之能以出；敢固辭。」景公曰：「寡人有不腆先君之服，未之敢服；有不腆先君之器，未之敢用。請以饗乎從者。」昭公曰：「喪人其何稱？」景公曰：「孰君而無稱？」昭公於是噭然而哭，諸大夫皆哭。既哭，以人爲菑，以幦爲席，以鞍爲几，以遇禮相見。孔子曰：「其禮與？其辭足觀矣。」

樹達按：據此二事，知昭公本習於容儀，蓋當時有知禮之名，故陳司敗以爲問也。

白虎通諫諍篇曰：所以爲君隱惡，何？君至尊，故設輔弼，置諫官，本不當有遺失。論語曰：「陳司敗問：昭公知禮乎？孔子曰：知禮，」此爲君隱也。

孔子退，揖巫馬期而進之，

史記仲尼弟子傳曰：巫馬施，字子旗，少孔子三十歲。

曰：「吾聞君子不黨，君子亦黨乎？

衛靈公篇曰：君子矜而不爭，羣而不黨。

君取於吳，爲同姓，

禮記坊記篇曰：子云：取妻不取同姓，以厚別也。故買妾不知其姓，則卜之。

又大傳篇曰：繫之以姓而弗別，綴之以食而弗殊，雖百世而昏姻不通者，周道然也。

謂之吳孟子。君而知禮，孰不知禮？」

春秋哀公十二年曰：夏五月甲辰，孟子卒。公羊傳曰：孟子者何？昭公之夫人也。其稱孟子，何？諱娶同姓，蓋吳女也。何注云：春秋不繫吳者，禮，婦人繫姓，不繫國；不稱夫人，不言薨，不書葬者，深諱之。穀梁傳曰：孟子者，何也？昭公夫人也。其不言夫人，何也？諱娶同姓也。左氏傳曰：昭公娶于吳，故不書姓。

白虎通嫁娶篇曰：不娶同姓者，重人倫，防淫泆，恥與禽獸同也。論語曰：「君娶于吳，爲同姓，謂之吳孟子。」曲禮曰：「買妾不知其姓，則卜之。」

巫馬期以告。子曰：「丘也幸，苟有過，人必知之。」

史記仲尼弟子傳曰：臣不可言君親之惡，爲諱也，禮也。

公羊傳閔公元年曰：春秋爲尊者諱。

荀子子道篇曰：子路問於孔子曰：「魯大夫練而牀，禮邪？」孔子曰：「吾不知也。」子路出，謂子貢曰：「吾以夫子爲無所不知，夫子徒有所不知。」子貢曰：「女何問哉？」子路曰：「由問：魯大夫練而牀，禮邪？夫子曰：吾不知也。」子貢曰：「吾將爲女問之。」子貢問曰：「練而牀，禮邪？」孔子曰：「非禮也。」子貢出，謂子路曰：「女謂夫子爲有所不知乎？夫子徒無所不知，女問非也。禮，居是邑，不非其大夫。」

樹達按：居是邦不非其大夫，不非其君可知矣。

子與人歌而善，必使反之，而後和之。

子曰：「文，莫吾猶人也，躬行君子，則吾未之有得。」

子曰：「若聖與仁，則吾豈敢。抑爲之不厭，誨人不倦，則可謂云爾已矣。」公西華曰：「正唯弟子不能學也。」

孟子公孫丑上篇曰：昔者子貢問於孔子曰：「夫子聖矣乎？」孔子曰：「聖則吾不能，我學不厭而敎不倦也。」子貢曰：「學不厭，智也；敎不倦，仁也。仁且智，夫子既聖矣。」

呂氏春秋尊師篇曰：子貢問孔子曰：「後世將何以稱夫子？」孔子曰：「吾何足以稱哉？勿已者，則好學而不厭，好敎而不倦，其惟此邪。」

說苑說叢篇曰：學問不倦，所以治己也；敎誨不厭，所以治人也。

子疾病，子路請禱。子曰：「有諸？」子路對曰：「有之。誄曰：禱爾于上下神祇。」子曰：

「丘之禱久矣。」

論衡感虛篇曰：聖人修身正行，素禱之日久，天地鬼神知其無罪，故曰禱久矣。

太平御覽引莊子曰：孔子病，子貢出卜。孔子曰：「吾坐席不敢先，居處若齊，飲食若祭，吾卜之久矣。」據困學紀聞引。

子曰：「奢則不孫，儉則固。」

禮記雜記下篇曰：孔子曰：管仲鏤簋而朱紘，旅樹而反坫，山節藻棁，賢大夫也，而難爲上也。晏平仲祀其先人，豚肩不掩豆，賢大夫也，而難爲下也。君子上不僭上，下不偪下。

又禮器篇曰：是故君子大牢而祭謂之禮，匹士大牢而祭謂之攘。管仲鏤簋朱紘，山節藻棁，君子以爲濫矣。晏平仲祀其先人，豚肩不掩豆，澣衣濯冠以朝，君子以爲隘矣。

樹達按：上二節皆謂管仲失之奢，晏子失之儉也。

鹽鐵論通有篇曰：昔孫叔敖相楚，妻不衣帛，馬不秣粟。孔子曰：「不可。太儉極下，此蟋蟀所爲作也。」

說苑權謀篇曰：孔子曰：「奢則不遜。」夫不遜者必侮上，侮上者，逆之道也。

漢書董仲舒傳曰：對策曰：「臣聞：制度文采玄黃之飾，所以明尊卑，異貴賤，而勸有德也。故春秋受命，所先制者，改正朔，易服色，所以應天也。然則宮室旌旗之制，有法而然者也。故孔子曰：

『奢則不遜，儉則固。』儉非聖人之中制也。」

與其不孫也，寧固。」

八佾篇曰：林放問禮之本。子曰：「大哉問！禮，與其奢也，寧儉；喪，與其易也，寧戚。」

禮記檀弓下篇曰：曾子曰：「晏子可謂知禮也已，恭敬之有焉。」有若曰：「晏子一狐裘三十年，遣車一乘，及墓而反。國君七個，遣車七乘；大夫五個，遣車五乘，晏子焉知禮？」曾子曰：「國無道，君子恥盈禮焉。國奢則示之以儉，國儉則示之以禮。」

子曰：「君子坦蕩蕩，小人長戚戚。」

荀子子道篇曰：子路問於孔子曰：「君子亦有憂乎？」孔子曰：「君子，其未得也，則樂其意；既已得之，又樂其治。是以有終身之樂，無一日之憂。小人者，其未得也，則憂不得；既已得之，又恐失之。是以有終身之憂，無一日之樂也。」

子溫而厲，

子張篇曰：子夏曰：君子有三變：望之儼然，即之也溫，聽其言也厲。

賈子道術篇曰：欣熈可安謂之熅，熅與溫通。反熅爲鷙。

威而不猛，

左傳襄公三十一年曰：有威而可畏謂之威。

堯曰篇曰：子夏曰：君子正其衣冠，尊其瞻視，儼然人望而畏之，斯不亦威而不猛乎？恭而安。

賈子道術篇曰：接過慎容謂之恭，反恭爲媟。

論語疏證卷第八

泰伯篇第八

子曰：「泰伯，其可謂至德也已矣！三以天下讓，民無得而稱焉。」

史記周本紀曰：古公有長子曰太伯，太同泰。次曰虞仲。太姜生少子季歷，季歷生昌，有聖瑞。古公曰：「我世當有興者，其在昌乎！」太伯虞仲知古公欲立季歷以傳昌，乃二人亡如荆蠻，文身斷髮以讓季歷。古公卒，季歷立，是爲公季。公季卒，子昌立，是爲西伯，謚爲文王。

本篇曰：三分天下有其二，以服事殷，周之德，其可謂至德也已矣！

樹達按：論語稱至德者二，一贊泰伯，一贊文王，皆以其能讓天下也。此孔子贊和平，非武力之義也。

子曰：「恭而無禮則勞。

禮記仲尼燕居篇曰：敬而不中禮謂之野，恭而不中禮謂之給。

又曲禮上篇曰：道德仁義，非禮不成。

顏淵篇曰：子夏曰：君子敬而無失，與人恭而有禮。

學而篇曰：有子曰：恭近於禮，遠恥辱也。

禮記表記篇曰：子曰：恭近禮，儉近仁，信近情。敬讓以行此，雖有過，其不甚矣。

愼而無禮則葸。

公冶長篇曰：季文子三思而後行。子聞之，曰：「再斯可矣。」

勇而無禮則亂。

左傳宣公十五年曰：民反德爲亂。

陽貨篇曰：子曰：好勇不好學，其蔽也亂。

又曰：子路曰：「君子尙勇乎？」子曰：「君子義以爲上，君子有勇而無義爲亂，小人有勇而無義爲盜。」

禮記仲尼燕居篇曰：勇而不中禮謂之逆。

左傳哀公十六年曰：楚太子建之遇讒也，自城父奔宋。又辟華氏之亂於鄭，鄭人甚善之。又適晉，與晉人謀襲鄭，乃求復焉。鄭人復之，如初。晉人使諜於子木，子木卽建也。請行而期焉。子木暴虐於其私邑，邑人訴之，鄭人省之，得晉諜焉，遂殺子木。其子曰勝，在吳，子西欲召之。葉公曰：「吾聞，勝也詐而亂，無乃害乎？」子西曰：「吾聞勝也信而勇，不爲不利，舍諸邊境，使衞藩焉。」葉公曰：「周仁之謂信，率義之謂勇。吾聞勝也好復言，而求死士，殆有私乎。復言，非信也；期死，非勇也。子必悔之。」弗從，召之，使處吳境，爲白公。請伐鄭，子西曰：「楚未節也，不然，吾不忘也。」

他日又請，許之。未起師，晉人伐鄭，楚救之，與之盟。勝怒曰：「鄭人在此，讎不遠矣。」勝自厲劍，子期之子平見之。曰：「王孫何自厲也？」曰：「勝以直聞，不告女，庸爲直乎？將以殺爾父。」平以告子西，子西曰：「勝如卵，余翼而長之。楚國第，我死，令尹司馬非勝而誰？」勝聞之，曰：「令尹之狂也，得死乃非我。」子西不悛。吳人伐愼，白公敗之，請以戰備獻，許之，遂作亂。秋七月，殺子西子期于朝而刼惠王；子西以袂掩面而死。

樹達按：葉公稱白公勝爲亂，而子西則稱勝爲勇，亂非勇而與勇至相似故也。

直而無禮則絞。

陽貨篇曰：子曰：好直不好學，其蔽也絞。

子路篇曰：葉公語孔子曰：「吾黨有直躬者，其父攘羊而子證之。」孔子曰：「吾黨之直者異於是。父爲子隱，子爲父隱，直在其中矣。」

樹達按：本章言勇而無禮則亂；直而無禮則絞。而陽貨篇則曰，好直不好學，其蔽也絞；好勇不好學，其蔽也亂。勇之弊同爲亂，直之弊同爲絞。然則二章義實同。特彼言不好學，舉其因，此章言無禮，明其果，爲異耳。此知不好學者正謂不學禮也。

君子篤於親，則民興於仁。

學而篇曰：曾子曰：愼終追遠，民德歸厚矣。

故舊不遺，則民不偷。」

毛詩小雅序曰：伐木，燕朋友故舊也。自天子至於庶人，未有不須友以成者。親親以睦，友賢不棄，不遺故舊，則民德歸厚矣。

微子篇曰：周公謂魯公曰：君子不施其親，不使大臣怨乎不以。故舊無大故，則不棄也。

荀子宥坐篇曰：孔子曰：吾有鄙也，去其故鄉，事君而達，卒遇故人，曾無舊言，吾鄙之。

曾子有疾，召門弟子曰：「啓予足！啓予手！詩云：『戰戰兢兢，如臨深淵，如履薄冰。』而今而後，吾知免夫。小子！」

孝經曰：子曰：身體髮膚，受之父母，不敢毀傷，孝之始也。

禮記祭義篇曰：樂正子春下堂而傷其足，數月不出，猶有憂色。門弟子曰：「夫子之足瘳矣，數月不出，猶有憂色，何也？」樂正子春曰：「善如爾之問也。吾聞諸曾子，曾子聞諸夫子曰：『天之所生，地之所養，無人爲大。父母全而生之，子全而歸之，可謂孝矣。不虧其體，不辱其身，可謂全矣。』故君子頃步而弗敢忘孝也。今予忘孝之道，予是以有憂色也。」大戴禮曾子大孝篇、呂氏春秋孝行覽文略同。

論衡四諱篇曰：先祖全而生之，子孫亦當全而歸之。曾子重愼，臨絕效全，喜免毁傷之禍也。

禮記檀弓上篇曰：子張病，召申祥而語之，曰：「君子曰終，小人曰死，吾今日其庶幾乎！」

樹達按：此事與曾子正同。可見孔門弟子之於學，至死不息，大都皆爾，不惟曾子一人也。

曾子有疾，孟敬子問之。曾子言曰：「鳥之將死，其鳴也哀；人之將死，其言也善。

新序雜事一篇曰：楚共王有疾，召令尹曰：「常侍筦蘇與我處，常忠我以道，正我以善。吾與處，不安也；不見，不思也。雖然，吾有得也。其功不細，必厚爵之。申侯伯與處，常縱恣吾。吾所樂者，勸吾爲之；吾所好者，先吾服之。吾與處，歡樂之；不見，戚戚也。雖然，吾終無得也。其過不細，必亟遣之。」令尹曰：「諾。」明日，王薨。令尹卽拜筦蘇爲卿，而逐申侯伯出之境。曾子曰：「鳥之將死，其鳴也哀；人之將死，其言也善。」言返其本性，共王之謂也。

史記滑稽東方朔傳曰：至老，朔且死時，諫曰：「詩云：『營營青蠅，止於蕃；愷悌君子，無信讒言。讒言罔極，交亂四國。』願陛下遠巧佞，退讒言。」帝曰：「今顧東方朔多善言。」怪之。居無何，朔果病死。傳曰：「鳥之將死，其鳴也哀；人之將死，其言也善。」此之謂也。

君子所貴乎道者三：動容貌，斯遠暴慢矣；正顏色，斯近信矣；出辭氣，斯遠鄙倍矣。

禮記冠義篇曰：禮義之始，在於正容體，齊顏色，順辭令。容體正，顏色齊，辭令順，而后禮義備。

又表記篇曰：子曰：「君子不失足於人，不失色於人，不失口於人。是故君子貌足畏也，色足憚也，言足信也。」

又玉藻篇曰：君子之容舒遲，見所尊者齊遬。足容重，手容恭，目容端，口容止，聲容靜，頭容直，氣容肅，立容德，色容莊，坐如尸，燕居告溫溫。

韓詩外傳卷九曰：傳曰：孔子過康子，子張子夏從，孔子入坐，二子相與論，終日不決。子夏辭氣甚隘，顔色甚變。子張曰：「子亦聞夫子之議論邪？徐言誾誾，威儀翼翼，後言先默，得之推讓。巍巍乎，蕩蕩乎，道有歸矣。小人之論也，專意自是，言人之非，瞋目扼腕，疾言噴噴，口沸目赤。一幸得勝，疾笑嗌嗌，威儀固陋，辭氣鄙俗。是以君子賤之也。」

籩豆之事，則有司存。」

禮記樂記篇曰：鋪筵席，陳尊俎，列籩豆，以升降爲禮者，禮之末節也；故有司掌之。

說苑修文篇曰：曾子有疾，孟儀往問之。曾子曰：「鳥之將死，必有悲聲；君子集大辟，必有順辭。禮有三儀，知之乎？」對曰：「不識也。」曾子曰：「坐！吾語汝。君子修禮以立志，則貪慾之心不來；君子思禮以修身，則怠惰慢易之節不至；君子修禮以仁義，則忿爭暴亂之辭遠。若夫置罇俎，列籩豆，此有司之事也。君子雖勿能可也。」

樹達按：此與論語少異。

曾子曰：「以能問於不能，以多問於寡。

詩大雅板曰：先民有言，詢于芻蕘。

僞尙書仲虺之誥曰：好問則裕，自用則小。

荀子大略篇曰：迷者不問路，溺者不問遂，亡人好獨。詩曰：「我言維服，勿用爲笑，先民有言，詢于芻蕘，」言博問也。

淮南子主術篇曰：文王智而好問，故聖；武王勇而好問，故勝。

說苑建本篇曰：夫問訊之士，日夜興起，厲中益知，以分別理。是故處身則全，立身不殆。士苟欲深明博察以垂榮名，而不好問訊之道，則是伐智本而塞智原也，何以立軀也？

又說叢篇曰：君子不羞學，不羞問。問訊者，知之本；念慮者，知之道也。此言貴因人知而加知之，不貴獨自用其知而知之。

呂氏春秋觀世篇曰：譬之，若登山，登山者處已高矣，左右視，尙巍巍焉山在其上。賢者之所與處，有似於此。身已賢矣，行已高矣，左右視，尙盡賢於己。

韓非子說林上篇曰：管仲隰朋從桓公伐孤竹，春往，冬反，迷惑失道。管仲曰：「老馬之智可用也。」乃放老馬而隨之，遂得道。行山中，無水。隰朋曰：「蟻冬居山之陽，夏居山之陰，蟻壤寸而有水。」乃掘地，遂得水。以管仲之聖而隰朋之智，至其所不知，不難師於老馬與蟻。今人不知以其愚心而師聖人之智，不亦過乎！

有若無，實若虛。

大戴禮記曾子制言上篇曰：良賈深藏如虛；君子有盛教如無。

老子曰：良賈深藏若虛；君子盛德，容貌若愚。

中論虛道篇曰：人之爲德，其猶虛器歟！器虛則物注，滿則止焉。故君子常虛其心，士恭其容貌，不以逸羣之才加乎衆人之上，視彼猶賢，自視猶不足也，故人願告之而不倦。易曰：「君子以虛受人。」詩曰：「彼姝者子，何以告之？」君子之於善道也，大則大識之，小則小識之。善無大小，咸在於心，然後舉而行之。我之所有，既不可奪；而我之所無，又取於人。是以功常前人而人後之也。

淮南子繆稱篇曰：后稷廣利天下，猶不自矜。禹無廢功，無廢財，自視猶觖如也。滿如陷，實如虛，盡之者也。

大戴禮記衞將軍文子篇曰：滿而不漏，實如虛，過之如不及，是曾參之行也。

樹達按：據此，曾子於此章雖稱其友，而曾子亦自實踐其言也。

犯而不校，昔者吾友嘗從事於斯矣。」

韓詩外傳卷九曰：子路曰：「人善我，我亦善之；人不善我，我不善之。」子貢曰：「人善我，我亦善之；人不善我，我則引之進退而已耳。」顏回曰：「人善我，我亦善之；人不善我，我亦善之。」三子所持各異，問於夫子，夫子曰：「由之所言，蠻貊之言也；賜之所言，朋友之言也；回之所言，親屬之言也。」

樹達按：吾友，先儒皆謂指顏子，據外傳顏回之言，正與犯而不校之義相合也。

曾子曰：「可以託六尺之孤，

列女傳節義傳曰：魯孝義保者，魯孝公稱之保母，臧氏之寡也。初，孝公父武公，與其二子長子括中子戲朝周宣王，宣王立戲爲魯太子。武公薨，戲立，是爲懿公。孝公時號公子稱，最少，義保與其子俱入宮，養公子稱。括之子伯御與魯人作亂，攻殺懿公而自立，求公子稱於宮，將殺之。義保聞伯御將殺稱，乃衣其子以稱之衣，臥於稱之處，伯御殺之。義保遂抱稱以出，遇稱舅魯大夫於外。舅問：「稱死乎？」義保曰：「不死，在此。」舅曰：「何以得免？」義保曰：「以吾子代之。」義保遂以逃。十一年，魯大夫皆知稱之在保，於是請周天子，殺伯御，立稱，是爲孝公。魯人高之。論語曰：「可以託六尺之孤，」其義保之謂也。

史記趙世家曰：晉景公時，趙盾卒，謚爲宣孟。子朔嗣。三年，大夫屠岸賈欲誅趙氏，韓厥告趙朔：「趣亡。」朔不肯，曰：「子不絕趙祀，朔死不恨。」韓厥許諾，稱疾不出。賈不請而擅與諸將攻趙氏於下宮，殺趙朔趙同趙括趙嬰齊，皆滅其族。趙朔妻，成公姊，有遺腹，走公宮匿。趙朔客曰公孫杵臼，杵臼謂朔友人程嬰曰：「胡不死？」程嬰曰：「朔之婦有遺腹，若幸而男，吾奉之；卽女也，吾徐死耳。」居無何，而朔婦免身，生男。屠岸賈聞之，索於宮中，夫人置兒袴中，祝曰：「趙宗滅乎？若號！卽不滅，若無聲。」及索，兒竟無聲。已脫，程嬰謂公孫杵臼曰：「今一索不得，後必且復索之，奈何？」公孫杵臼曰：「立孤與死孰難？」嬰曰：「死易，立孤難耳。」公孫杵臼曰：「趙氏先君遇子厚，子彊爲難者，吾爲其易者，請先死。」乃二人謀取他人嬰兒，負之，衣之以文葆，匿山中。程嬰出，謬謂諸將軍曰：「嬰不肖，不能立趙孤。誰能與我千金？吾告趙氏孤處。」諸將皆喜，許之。發師隨程嬰攻公孫杵臼。杵臼謬曰：「小人哉程嬰！昔下宮之難，不能死，與我謀匿趙氏孤兒。今又賣我，縱不能立，而忍賣之乎？」抱兒呼曰：「天乎！天乎！趙氏孤兒何罪？請活之！獨殺杵臼可也！」諸將不許，遂殺杵臼與孤兒。諸將以爲趙氏孤兒良已死，皆喜。然趙氏眞孤乃反在，程嬰卒與俱匿山中。居十五年，晉景公疾，卜之，「大業之後不遂者爲祟。」景公問韓厥，厥知趙孤在，具以實告。於是景公乃與韓厥謀立趙孤兒，召而匿之宮中。諸將入問疾，景公因韓厥之衆以脅諸將而見趙孤。趙孤名曰武；於是召趙武。程嬰偏拜諸將，諸將遂反與程嬰趙武攻屠岸賈，滅其族。復與趙武田邑如故。及趙武冠，爲成人，程嬰乃辭諸大夫，謂趙武曰：「昔下宮之難，皆能死。我非不能死，我思立趙氏之後。今趙武既立，爲成人，復故位，我將下報趙宣孟與公孫杵臼。」趙武啼泣，頓首固請曰：「武願苦筋骨以報子至死，而子忍去我死乎？」程嬰曰：「不可。彼以我爲能成事，故先我死。今我不報，是以我事爲不成。」遂自殺。趙武服齊衰三年，爲之祭邑，春秋祠之，世世勿絕。

後漢書李固傳曰：固既策罷，知不免禍，乃遣三子歸鄉里。時燮年十三，姊文姬爲同郡趙伯英妻，賢而有智，密與二兄謀，豫藏匿燮，託言還京師，人咸信之。有頃，難作，下郡，收回三子，二兄受害，文姬乃告父門生王成曰：「君執義先公，有古人之節，今委君以六尺之孤，李氏存滅，其在君矣。」成感其義，乃將燮乘江東下，入徐州界內，令變名姓爲酒家傭，而成賣卜於市，陰相往來，燮從受學。酒家異之，意非恒人，以女妻燮。燮專精經學，十餘年間，梁冀既誅，而災眚屢見。明年，史官上言，當存錄大臣冤死者子孫，於是求固後嗣。燮乃以本末告酒家，酒家具車重厚遣之，遂還鄉里，追服。姊弟相見，悲感傍人。後王成卒，燮以禮葬之；每四節，爲設上賓之位而祠焉。

可以寄百里之命。

白虎通封公侯篇曰：諸侯封不過百里，象雷震百里，所潤雲雨同也。

臨大節而不可奪也。

呂氏春秋知分篇曰：晏子與崔杼盟，其辭曰：「不與崔氏而與公孫氏者，受其不祥。」晏子俛而飲血，仰而呼天，曰：「不與公孫氏而與崔氏者，受此不祥。」崔杼不說，直兵造胸，句兵鉤頸，謂晏子曰：「子變子言，則齊國吾與子共之；子不變子言，則今是已。」晏子曰：「崔子！子獨不爲夫詩乎？詩曰：『莫莫葛藟，延于條枚，凱弟君子，求福不回。』嬰且可以回而求福乎？子惟之矣！」崔杼曰：「此賢者，不可殺也。」罷兵而去。

後漢書耿恭傳曰：時焉耆龜茲攻沒都護陳睦，北虜亦圍關寵於柳中。會顯宗崩，救兵不至，車師復畔，與匈奴共攻恭，恭厲士衆擊走之。後王夫人，先世漢人，常私以虜情告恭，又給以糧餉。數月，食盡窮困，乃煮鎧弩，食其筋革，恭與士推誠同死生，故皆無二心，而稍稍死亡，餘數十人。單于知恭已困，欲必降之，復遣使招恭曰：「若降者，當封爲白屋王，妻以女子。」恭乃誘其使上城，手擊殺之，炙諸城上。虜官屬望見，號哭而去。單于大怒，更益兵圍恭，不能下。初，關寵上書求救，肅宗遣征西將軍耿秉屯酒泉，行太守事，遣秦彭與謁者王蒙皇甫援發張掖酒泉敦煌三郡及鄯善兵合七千餘人。建初元年正月，會柳中，擊車師，攻交河城，斬首三千八百級，北虜驚走，車師復降。會關寵已沒，蒙等聞之，便欲引兵還。先是恭遣軍吏范羌至敦煌迎兵士寒服，羌因隨王蒙軍出塞，羌固請迎恭，諸將不敢前，乃分兵二千人與羌，從山北迎恭。遇大雪丈餘，軍僅能至，城中夜聞兵馬聲，以爲虜來，大驚。羌乃遙呼曰：「我范羌也，漢遣軍迎校尉耳。」城中皆稱萬歲，開門，共相持涕泣。明日，遂相隨俱歸，虜兵追之，且戰且行。吏士素飢困，發疏勒時，尚有二十六人，隨路死沒，三月，至玉門，唯餘十三人，衣屨穿決，形容枯槁。中郎將鄭衆爲恭以下洗沐易衣冠。上疏曰：「耿恭以單兵固守孤城，卒全忠勇，不爲大漢恥。恭之節義，古今未有，宜蒙顯爵以厲將帥。」及恭至雒陽，鮑昱奏：「恭節過蘇武，宜蒙爵賞。」於是拜爲騎都尉。

君子人與？君子人也。」

曾子曰：「士不可以不弘毅，任重而道遠。

禮記表記篇曰：子曰：仁之爲器重，其爲道遠。舉者莫能勝也；行者莫能致也。取數多者，仁也。夫勉於仁者，不亦難乎！

仁以爲己任，不亦重乎？

衞靈公篇曰：子曰：當仁不讓於師。

死而後已，不亦遠乎？」

禮記表記篇曰：鄉道而行，中道而廢，忘身之老也，不知年數之不足也，俛焉日有孳孳，斃而後已。

荀子勸學篇曰：「學惡乎始？惡乎終？」曰：「其數，則始乎誦經，終乎讀禮；其義，則始乎爲士，終乎爲聖人。眞積力久則入，學至乎沒而後止也。故學數有終，若其義，則不可須臾舍也。」

韓詩外傳卷八曰：孔子燕居，子貢攝齊而前曰：「弟子事夫子有年矣，才竭而智罷，振於學問，不能復進，請一休焉。」孔子曰：「賜也欲焉休乎？」曰：「賜欲休於事君。」孔子曰：「詩云：『夙夜匪懈，以事一人。』爲之若此其不易也，若之何其休也？」曰：「賜欲休於事父。」孔子曰：「詩云：『孝子不匱，永錫爾類。』爲之若此其不易也，如之何其休也？」曰：「賜欲休於事兄弟。」孔子曰：「詩云：『妻子好合，如鼓瑟琴，兄弟既翕，和樂且耽。』爲之若此其不易也，如之何其休也？」曰：「賜欲休於耕田。」孔子曰：「詩云：『晝爾于茅，宵爾索綯，亟其乘屋，其始播百穀。』爲之若此其不易也，若之何其休也？」子貢曰：「君子亦有休乎？」孔子曰：「闔棺兮，乃止播兮，不知其時之易遷兮，此之謂君子所休也。」故學而不已，闔棺乃止。荀子大略篇文大同。

禮記檀弓上篇曰：曾子寢疾病，樂正子春坐於牀下，曾元曾申坐於足，童子隅坐而執燭。童子曰：「華而睆，大夫之簀與？」子春曰：「止。」曾子聞之，瞿然曰：「呼。」曰：「華而睆，大夫之簀與？」曾子曰：「然。斯季孫之賜也，我未之能易也，元起易簀！」曾元曰：「夫子之病革矣，不可以變。幸而至於旦，請敬易之。」曾子曰：「爾之愛我也不如彼。君子之愛人也以德，細人之愛人也以姑息。吾何求哉？吾得正而斃焉斯已矣。」舉扶而易之，反席未安而沒。

子曰：「興於詩；

陽貨篇曰：子曰：詩，可以興。

立於禮；

季氏篇曰：伯魚曰：他日又獨立，鯉趨而過庭。曰：「學禮乎？」對曰：「未也。」「不學禮，無以立。」鯉退而學禮。堯曰篇曰：子曰：不知禮，無以立也。

左傳昭公七年曰：孟僖子將死，召其大夫曰：「禮，人之幹也，無禮，無以立。」

荀子脩身篇曰：凡用血氣志意知慮，由禮則治通，不由禮則勃亂提僈。食飲衣服居處動靜，由禮則和節，不由禮則觸陷生疾。容貌態度進退趨行，由禮則雅，不由禮則夷固僻違，庸衆而野。故人無禮則不生，事無禮則不成，國家無禮則不寧。韓詩外傳卷壹文大同。

成於樂。」

禮記樂記篇曰：是故先王本之情性，稽之度數，制之禮義，合生氣之和，道五常之行，使之陽而不散，陰而不密，剛氣不怒，柔氣不懾，四肢交暢於中而發作於外，皆安其位而不相奪也。然後立之學等，廣其節奏，省其文采，以繩德厚。律小大之稱，比終始之序，以象事行，使親疏貴賤長幼男女之理皆行見於樂。故曰：樂觀其深矣。

困學紀聞五引子思子曰：夫子之敎必始於詩書而終於禮樂，雜說不與焉。孔叢子雜訓篇同。

子曰：「民可使由之，不可使知之。」

雍也篇曰：子曰：誰能出不由戶？何莫由斯道也。

易繫辭上傳曰：仁者見之謂之仁，知者見之謂之知，百姓日用而不知，故君子之道鮮矣。

孟子盡心上篇曰：孟子曰：行之而不著焉，習矣而不察焉，終身由之而不知其道者，衆也。

呂氏春秋樂成篇曰：禹之決洪水也，民聚瓦礫。事已成，功已立，爲萬世利。禹之所見者遠也，而民莫之知。故民不可與慮化舉始，而可以樂成功。孔子始用於魯，魯人鷖誦之曰：「麛裘而韠，投之無戾，韠而麛裘，投之無郵。」用三年，男子行乎塗右，女子行乎塗左，財物之遺者，民莫之舉。大智之用，固難踰也。子產始治鄭，使田有封洫，都鄙有服。民相與誦之曰：「我有田疇，而子產賦之；我有衣冠，而子產貯之。孰殺子產？吾其與之。」後三年，民又誦之曰：「我有田疇，而子產殖之；我有子弟，而子產誨之。子產若死，其使誰嗣之？」使鄭簡魯哀當民之誹訾也而因弗遂用，則國必無功矣，子產孔子必無能矣。舟車之始見也，三世然後安之，夫開善豈易哉。

又曰：魏襄王與羣臣飮酒，酣，王爲羣臣祝，令羣臣皆得志。史起興而對曰：「羣臣或賢或不肖，賢者得志則可，不肖者得志則不可。」王曰：「皆如西門豹之爲人臣也。」史起對曰：「魏氏之行田也以百畝，鄴獨二百畝，是田惡也；漳水在其旁，而西門豹弗知用，是其愚也；知而弗言，是不忠也。愚與不忠，不可效也。」魏王無以應之。明日，召史起而問焉，曰：「漳水猶可以灌鄴田乎？」史起對曰：「可。」王曰：「子何不爲寡人爲之？」史起曰：「臣恐王之不能也。」王曰：「子誠能爲寡人爲之，寡人盡聽子矣。」史起敬諾，言之於王曰：「臣爲之，民必大怨臣。大者死，其次乃藉臣。臣雖死藉，願王之使他人遂之也。」王曰：「諾。」使之爲鄴令。史起因往爲之，鄴民大怨，欲藉史起，史起不敢出而避之，王乃使他人遂爲之。水已行，民大得其利，相與歌之。「鄴有聖令，時爲史公，決漳水，灌鄴旁，終古斥鹵，生之稻粱。」使民知可與不可，則無所用智矣。魏襄王可謂能決善矣。誠能決善，衆雖讙譁而弗爲變。功之難立也，其必由哅哅邪！國之殘亡，亦猶此也。故哅哅之中，不可不味也。中主以之哅哅也止善，賢主以之哅哅也立功。

說苑政理篇曰：齊桓公謂管仲曰：「吾欲舉事於國，昭然如日月，無愚夫愚婦皆曰善，可乎？」仲對曰：「夫短綆不可以汲深井，知鮮不可以語聖人之言。慧士可以辨物，智士可與辨無方，聖人可與辨神明。夫聖人之所爲，非衆人之所及也。是故民不可稍而掌也；可並而牧也。衆不可戶說也，可舉而示也。

淮南子氾論篇曰：天下之怪物，聖人之所獨見；利害之反覆，知者之所獨明達也。同異嫌疑者，世俗之所眩惑也。夫見不可布於海內，聞不可明於百姓；是故因鬼神禨祥而爲之立禁，總形推類而爲之變象。何以知其然也？世俗言曰：「饗大高者而彘爲上牲，葬死人者裘不可以藏，相戲以刃者，太祖軵其肘，枕戶橉而臥者，鬼神蹠其首。」此皆不著於法令，而聖人之所不口傳也。夫饗大高而彘爲上牲者，非彘能賢於野獸麋鹿也，而神明獨饗之，何也？以爲：彘者，家人所常畜而易得之物也，故因其便以尊之。裘不可以藏者，非能具綈綿縵帛溫煖於身也，世以爲：裘者，難得貴賈之物也，而可傳於後世，無益於死者，而足以養生，故因其資以讋之。相戲以刃，太祖軵其肘者，夫以刃相戲，必爲過失；過失相傷，其患必大。無涉血之仇爭忿鬬，而以小事自內於刑戮，愚者所不知忌也，故因太祖以累其心。枕戶橉而臥，鬼神履其首者，使鬼神能玄化，則不待戶牖而行，若循虛而出入，則亦無能履也。夫戶牖者，風氣之所從往來，而風氣者，陰陽相捔者也，離者必病，故託鬼神以伸誡之也。凡此之屬，皆不可勝著於書策竹帛，而藏於官府者也，故以禨祥明之，爲愚者之不知其害，乃借鬼神之威以聲其敎，所由來者遠矣。而愚者以爲禨祥，而很者以爲非，唯有道者能通其志。

樹達按：孔子此語似有輕視敎育之病，若能盡心敎育，民無不可知也。以民爲愚不可知，於是乃假手於鬼神以恐之，淮南子所云是也，此爲民不可知必然之結論。即淮南子所舉四事言之，皆人所易知之事，民決無不可知之理也。

子曰：「好勇疾貧，亂也。

本篇曰：勇而無禮則亂。

人而不仁，疾之已甚，亂也。」

大戴禮記曾子立事篇曰：君子惡人之爲不善，而弗疾也。

後漢書郭泰傳曰：泰字林宗，太原界休人也。性明知人，好獎訓士類。左原者，陳留人也，爲郡學生，犯法，見斥。林宗嘗遇諸路，爲設酒肴以慰之。謂曰：「昔顏涿聚，梁甫之巨盜，段干木，晉國之大閑，卒爲齊之忠臣，魏之名賢，尙不能無過，況其餘乎？愼勿恚恨，責躬而已。」原納其言而去。或有譏林宗不絕惡人者，對曰：「人而不仁，疾之已甚，亂也。」原後忽更懷忿，結客，欲報諸生。其日林宗在學，原愧負前言，因遂罷去。後事露，衆人咸謝服焉。

又陳寔傳曰：時中常侍張讓權傾天下，讓父死，歸葬潁川，雖一郡畢至，而名士無往者，讓甚恥之，寔乃獨弔焉。及後復誅黨人，讓感寔故，多所全宥。

荀子臣道篇曰：仁者必敬人。凡人，非賢，則案不肖也。人賢而不敬，則是禽獸也；人不肖而不敬，則是狎虎也。禽獸則亂，狎虎則危，災及其身矣。詩曰：「不敢暴虎，不敢馮河，人知其一，莫知其它。戰戰兢兢，如臨深淵，如履薄冰。」此之謂也。故仁者必敬人。敬人有道，賢者則貴而敬之，不肖者則畏而敬之。賢者則親而敬之，不肖者則疏而敬之。其敬一也，其情二也。若夫忠信端慤而不害傷，則無接而不然，是仁人之質也。

韓非子說林下篇曰：衞將軍文子見曾子，曾子不起而延於坐。席正，身見於奧。文子謂其御曰：「曾子愚人也哉！以我爲君子也？君子安可毋敬也！以我爲暴人也？暴人安可侮也！曾子不僇，命也。」

子曰：「如有周公之才之美，使驕且吝，其餘不足觀也已。」

逸周書寤儆篇曰：不驕不悋，俗吝字。時乃無敵。

韓詩外傳卷三曰：周公踐天子之位七年，布衣之士所贄而師者十人，所友見者十二人，窮巷白屋所先見者四十九人，時進善百人，敎士千人，官朝者萬人。當此之時，誠使周公驕而且吝，則天下賢士至者寡矣。成王封伯禽於魯，周公誡之曰：「往矣！子無以魯國驕士！吾，文王之子，武王之弟，成王之叔父也，又相天子，吾於天下亦不輕矣。然一沐三握髮，一飯三吐哺，猶恐失天下之士。吾聞：德行寬裕，守之以恭者榮；土地廣大，守之以儉者安；祿位尊盛，守之以卑者貴；人衆兵強，守之以畏者勝；聰明睿知，守之以愚者善；博文強記，守之以淺者智。夫此六者，皆謙德也。」說苑敬愼篇文同。

子曰：「三年學，不至於穀，不易得也。」

子曰：「篤信好學，

子張篇曰：執德不弘，信道不篤，焉能爲有？焉能爲亡？

守死善道。

春秋宣公十七年曰：冬十有一月壬午，公弟叔肸卒。穀梁傳曰：其曰公弟叔肸，賢之也。其賢之，何也？宣弑而非之也。非之，則胡爲不去也？曰：兄弟也，何去而之？與之財，則曰：「我足矣。」織屨而食，終身不食宣公之食。君子以是爲通恩也，以取貴乎春秋。公羊無傳。何注曰：稱字者，賢之。宣公簒立，叔肹不仕其朝，不食其祿，終身於貧賤。孔子曰：「篤信好學，守死善道；危邦不入，亂邦不居；天下有道則見，無道則隱。」此之謂也。漢書龔勝傳曰：王莽既簒國，遣使者奉璽書大子師友祭酒印綬，安車駟馬迎勝，卽拜，秩上卿。使者與郡太守縣長吏三老官屬行義諸生千人以上入勝里致詔。勝稱病篤，爲牀室中戶西牖下，使者入戶致詔，付璽書，奉印綬，內安車駟馬，以印綬就加勝身，勝輒推不受。勝自知不見聽，卽謂門人高暉等：「吾受漢家厚恩，亡以報。今年老矣，旦暮入地，誼豈以一身事二姓，下見故主哉？」勝因敕以棺歛喪事。語畢，遂不復開口飮食，積十四日死，死時年七十九矣。贊曰：「守死善道，勝實蹈焉。」

危邦不入，亂邦不居。

大戴禮記盛德篇曰：是故官屬不理，分職不明，法政不一，百事失紀，曰亂也。地宜不殖，財物不蕃，萬民飢寒，敎訓失道，風俗淫僻，百姓流亡，人民散敗，曰危也。

中鑒政體篇曰：上多欲，下多端，法不定，政多門，此亂國之風也。上下相疏，內外相蒙，小臣爭寵，大臣爭權，此危國之風也。

晏子春秋問下篇曰：晏子聘于吳，吳王問曰：「國如何則可處？如何則可去也？」晏子對曰：「嬰聞之：親疏得處其倫，大臣得盡其忠，民無怨治，國無虐刑，則可處矣。是以君子懷不逆之君，居治國之位。親疏不得居其倫，大臣不得盡其忠，民多怨治，國有虐刑，則可去矣。是以君子不懷暴君之祿，不處亂國之位。」

說苑說叢篇曰：君子雖窮，不處亡國之勢。

春秋襄公二十九年曰：吳子使札來聘。公羊傳曰：吳無君無大夫，此何以有君有大夫？賢季子也。何賢乎季子？讓國也。其讓國奈何？謁也，餘祭也，夷昧也，與季子同母者四。季子弱而才，兄弟皆愛之，同欲立之以爲君。謁曰：「今若是迮而與季子國，季子猶不受也。請無與子而與弟，弟兄迭爲君而致國乎季子。」皆曰：「諾。」故諸爲君者皆輕死爲勇，飲食必祝，曰：「天苟有吳國，尚速有悔于予身。」故謁也死，餘祭也立，餘祭也死，夷昧也立，夷昧也死，則國宜之季子者也，季子使而亡焉。僚者，長庶也，即之，季子使而反，至而君之爾。闔廬曰：「先君之所以不與子國而與弟者，凡爲季子故也。將從先君之命與？則國宜之季子者也。如不從先君之命與？則我宜立者也，僚惡得爲君乎？」於是使專諸刺僚，而致國乎季子。季子不受。曰：「爾弑吾君，吾受爾國，是吾與爾爲篡也。爾殺吾兄，吾又殺爾，是父子兄弟相殺終身無已也。」去之延陵，終身不入吳國。故君子以其不受爲義，以其不殺爲仁。

後漢書獨行李業傳曰：及公孫述僭號，素聞業賢，徵之，欲以爲博士，業固疾不起。數年，述羞不致之，乃使大鴻臚尹融持毒酒奉詔命以劫業。「若起，則受公侯之位；不起，賜之以藥。」融譬旨，業歎曰：「危國不入，亂國不居。親於其身爲不善者，義所不從。君子見危授命，何乃誘以高位重餌哉？」遂飲毒而死。

天下有道則見，無道則隱。

史記蔡澤傳曰：進退盈縮，與時變化，聖人之常道也。故國有道則仕，國無道則隱。

衛靈公篇曰：君子哉蘧伯玉！邦有道則仕；邦無道，則可卷而懷之。

後漢書周燮黃憲傳曰：桓帝時，安陽人魏桓字仲英，亦數被徵，其鄉人勸之行。桓曰：「夫干祿求進，所以行其志也。今後宮千數，其可損乎？廄馬萬匹，其可減乎？左右悉權豪，其可去乎？」皆對曰：「不可。」桓乃慨然嘆曰：「使桓生行死歸，於諸子何有哉？」遂隱身不出。

邦有道，貧且賤焉，恥也；邦無道，富且貴焉，恥也。」

憲問篇曰：憲問恥，子曰：邦有道，穀。邦無道，穀，恥也。

說苑說叢篇曰：君子雖貧，不受亂君之祿。尊乎亂世，同乎暴君，君子之恥也。

中論爵祿篇曰：古之制爵祿也，爵以居有德，祿以養有功。功大者其祿厚，德遠者其爵尊；功小者其祿薄，德近者其爵卑。是故觀其爵則別其人之德也，見其祿則知其人之功也。古之君子貴爵祿者，蓋以此也。孔子曰：「邦有道，貧且賤焉，恥也。」自時厥後，文武之教衰，黜陟之道廢，諸侯僭恣，大夫世位。爵人不以德，祿人不以功。竊國而貴者有之，竊地而富者有之。姦邪得顧，仁賢失志，於是則以富貴相詬病矣。故孔子曰：「邦無道，富且貴焉，恥也。」

子曰：「不在其位，不謀其政。」

易象傳曰：兼山，艮、君子以思不出其位。

憲問篇曰：曾子曰：君子思不出其位。

莊子逍遙遊篇曰：庖人雖不治庖，尸祝不越樽俎而代之矣。

孟子離婁上篇曰：位卑而言高，罪也。

又離婁下篇曰：曾子居武城，有越寇。或曰：「寇至，盍去諸？」曰：「無寓人於我室，毀傷其薪木。」寇退，則曰：「修我牆屋，我將反。」寇退，曾子反。左右曰：「待先生如此其忠且敬也。寇至則先去以爲民望，寇退則反，殆於不可。」沈猶行曰：「是非汝所知也。昔沈猶有負芻之禍，從先生者七十人，未有與焉。」子思居於衛，有齊寇。或曰：「寇至，盍去諸？」子思曰：「如伋去，君誰與守？」孟子曰：「曾子子思同道。曾子，師也，父兄也。子思，臣也，微也。曾子子思易地則皆然。」

樹達按：子思在位，曾子不在其位，故處之不同，此古人之辨證法也。

左傳文公六年曰：晉蒐于夷，舍二軍，使狐射姑將中軍，趙盾佐之。陽處父至自溫，改蒐于董，易中軍。陽子，成季之屬也，故黨於趙氏，且謂趙盾能。曰：「使能，國之利也。」是以上之。宣子於是乎始爲國政。賈季即狐射姑。怨陽子之易其班也，本中軍帥，易之爲佐。九月，賈季使續鞫居殺陽處父。書曰：晉殺其大夫，侵官也。

樹達按：侵官者，不在其位而謀其政也。

韓非子二柄篇曰：昔者韓昭侯醉而寢，典冠者見君之寒也，故加衣於君之上。覺寢而說，問左右曰：「誰加衣者？」左右對曰：「典冠。」君曰：「兼罪典衣與典冠。」其罪典衣，以爲失其事也；其罪典冠，以爲越其職也。非不惡寒也，以爲侵官之害甚於寒。故明主之畜臣，臣不得越官而有功，不得陳言而不當。越官則死，不當則罪。

左傳僖公三十二年曰：杞子自鄭使告于秦曰：「鄭人使我掌其北門之管，若潛師以來，國可得也。」穆公訪諸蹇叔，蹇叔曰：「勞師以襲遠，非所聞也。師勞力竭，遠主備之，無乃不可乎？師之所爲，鄭必知之。勤而無所，必有悖心。且行千里，其誰不知？」公辭焉。召孟明、西乞、白乙，使出師於東門之外。秦師遂東。三十三年春，秦師過周北門。及滑，鄭商人弦高將市於周，遇之。以乘韋先牛十二犒師曰：「寡君聞吾子將步師出於敝邑，敢犒從者。不腆敝邑爲從者之淹，居者具一日之積，行則備一夕之衞。」且使遽告于鄭。鄭穆公使視客館，則束載厲兵秣馬矣。使皇武子辭焉。曰：「吾子淹久於敝邑，唯是脯資餼牽竭矣，爲吾子之將行也。鄭之有原圃，猶秦之有具囿也，吾子取其麋鹿以閒敝邑，若何？」杞子奔齊，逢孫、楊孫奔宋。孟明曰：「鄭有備矣，不可冀也。攻之，不克；圍之，不繼。吾其還也。」滅滑而還。

樹達按：不在其位，不謀其政，經也；弦高佯爲鄭吏以犒秦，權也。國家存亡在呼吸之頃，如弦高以不在其位而不謀，則悖矣。此又古人行事深合辨證法者也。

說苑善說篇曰：晉獻公之時，東郭民有祖朝者，上書獻公曰：「草茅臣東郭民祖朝願請問國家之計。」獻公使使出告之曰：「肉食者已慮之矣，藿食者尚何與焉？」祖朝對曰：「大王獨不聞古之將曰桓司馬者，朝朝其君，舉而晏。御呼車，驂亦呼車。御肘其驂曰：『子何越云爲乎？何爲藉呼車？』驂謂其御曰：『當呼者呼，乃吾事也。子當御，正子之轡銜耳。子今不正轡銜，使馬卒然驚，妄轢道中行人，必逢大敵。下車免劍，涉血履肝者，固吾事也。子寧能辟子之轡下佐我乎？其禍亦及吾身，與有深憂，吾安得無呼車乎？』今大王曰：『食肉者已慮之矣。』設使食肉者一旦失計於廟堂之上，若臣等之藿食者寧得無肝膽塗地於中原之野與？其禍亦及臣之身，臣與有其深憂，安得無與國家之計乎？」獻公召而見之，三日與語，立以爲師也。

子曰：「師摯之始，關雎之亂，洋洋乎盈耳哉！」

子曰：「狂而不直，侗而不願，倥倥而不信，吾不知之矣。」

子曰：「學如不及，猶恐失之。」

大戴禮記曾子立事篇曰：君子愛日以學，及時以行。

荀子脩身篇曰：道雖邇，不行不至；事雖小，不爲不成。其爲人也多暇日者，其出人不遠矣。

淮南子繆稱篇曰：文王聞善如不及，宿不善如不祥。非爲日不足也，其憂尋推之也。

又泰族篇曰：人莫不知學之有益於己也，然而不能者，嬉戲害之也。人皆多以無用害有用，故智不博而日不足。以鑿觀池之力耕，則田野必辟矣；以積土山之高修隄防，則水用必足矣；以食狗馬鴻雁之費養士，則名譽必榮矣；以弋獵博奕之日誦詩讀書，則聞識必博矣。

說苑建本篇曰：晚世之人，莫能閒居心思，鼓琴讀書，追觀上古，友賢大夫，學問講辨，日以自虞；疏遠世事，分明利害，籌策得失，以觀禍福；設義立度，以爲法式。窮追本末，究事之情，死有遺業，生有榮名。此皆人材之所能逮也。然莫能爲者，偷慢懈墮多暇日之故也，是以失本而無名。

文本淮南子修務篇，因說苑文較明，故舍彼引此。

法言問明篇曰：辰乎辰，曷來之遲，去之速也？君子競諸。諄言敗俗，諄好敗則，姑息敗德。君子謹於言，慎於好，亟於時。

子曰：「巍巍乎！舜禹之有天下也而不與焉！」

衞靈公篇曰：子曰：無爲而治者，其舜也與！夫何爲哉？恭己正南面而已矣。

論衡語增篇曰：舜承安繼治，任賢使能，恭己無爲而天下治。故孔子曰：巍巍乎舜禹之有天下也而不與焉。

子曰：「大哉！堯之爲君也，巍巍乎唯天爲大，唯堯則之，蕩蕩乎民無能名焉。巍巍乎其有成功也，煥乎其有文章。」

史記五帝紀曰："帝堯者，放勳。其仁如天，其知如神。堯立七十年，得舜，二十年而老，令舜攝行天子之政，薦之於天，堯辟位凡二十八年而崩。堯知子丹朱之不肖，不足授天下，於是乃權授舜。授舜則天下得其利而丹朱病；授丹朱則天下病而丹朱得其利。堯曰：「終不以天下之病而利一人，」而卒授舜以天下。

孟子滕文公上篇曰："堯以不得舜爲己憂，舜以不得禹皐陶爲己憂。分人以財謂之惠，敎人以善謂之忠，爲天下得人者謂之仁。是故以天下與人易，爲天下得人難。孔子曰：「大哉堯之爲君，惟天爲大，惟堯則之，蕩蕩乎民無能名焉。君哉舜也，巍巍乎有天下而不與焉。」

說苑至公篇曰："書曰：「不偏不黨，王道蕩蕩，」言至公也。古有行大公者，帝堯是也。貴爲天子，富有天下，得舜而傳之，不私於其子孫也。去天下若遺躧，於天下猶然，況其細於天下乎！非帝堯孰能行之？孔子曰：「巍巍乎，惟天爲大，惟堯則之。」

論衡藝增篇曰："論語曰：「大哉堯之爲君也！蕩蕩乎民無能名焉。」傳曰：有年五十擊壤於路者，觀者曰：「大哉堯德乎！」擊壤者曰：「吾日出而作，日入而息，鑿井而飮，耕田而食，堯何等力？」此言蕩蕩無能名之效也。

春秋繁露奉本篇曰："孔子曰：「唯天爲大，唯堯則之，」則之者，大也。「巍巍乎其有成功也，」言其尊大以成功也。齊桓晉文不尊周室，不能霸；三代聖人不則天地，不能至王。階此而觀之，可以知天地之貴矣。

舜有臣五人而天下治。

孟子滕文公上篇曰：「當堯之時，天下猶未平，洪水橫流，氾濫於天下，草木暢茂，禽獸繁殖，五穀不登，禽獸逼人，獸蹄鳥跡之道交於中國。堯獨憂之，舉舜而敷治焉。舜使益掌火，益烈山澤而焚之，禽獸逃匿。禹疏九河，瀹濟漯而注諸海，決汝漢，排淮泗，而注之江，然後中國可得而食也。后稷教民稼穡，樹藝五穀，五穀熟而民人育。人之有道也，飽食煖衣，逸居而無教，則近於禽獸。聖人有憂之，使契爲司徒，教以人倫。父子有親，君臣有義，夫婦有別，長幼有序，朋友有信。堯以不得舜爲己憂，舜以不得禹皋陶爲己憂。是故以天下與人易，爲天下得人難。」

樹達按：集解引孔安國說釋五人爲禹稷契皋陶伯益，是也。其說實本孟子此章，而疏家皆不及，失之。

武王曰：「予有亂臣十人。」

左傳昭公二十四年曰：萇弘曰：大誓曰：「紂有億兆夷人，亦有離德；余有亂臣十人，同心同德。」此周所以興也。

又襄公二十八年曰：叔孫穆子曰：武王有亂臣十人。

又成公二年曰：君子曰：大誓所謂商兆民離，周十人同者，衆也。

孔子曰：「才難，不其然乎？唐虞之際，於斯爲盛，有婦人焉，九人而已。

毛詩序云：卷耳，后妃之志也。又當輔佐君子求賢審官，知臣下之勤勞，內有進賢之志，而無險詖私謁之心，朝夕思念，至於憂勤也。

三分天下有其二，以服事殷，周之德其可謂至德也已矣。」

逸周書太子晉篇曰：如文王者，其大道仁，其小道惠。三分天下而有其二，敬人無方，服事于商。既有其衆，而反失其身，此之謂仁。

左傳襄公四年曰：韓獻子曰：文王帥殷之畔國以事紂。

周書程典解曰：維三月既生魄，文王合六州之衆奉勤於商。

呂氏春秋古樂篇曰：周文王處岐，諸侯去殷三淫而翼文王。散宜生曰：「殷可伐也。」文王弗許。又行論篇曰：昔者紂為無道，殺梅伯而醢之，殺鬼侯而脯之，以禮諸侯之廟，文王流涕而咨之。紂恐其畔，欲殺文王而滅周。文王曰：「父雖無道，子敢不事父乎？君雖不惠，臣敢不事君乎？孰王而可畔也？」

子曰：「禹，吾無閒然矣。菲飲食而致孝乎鬼神；惡衣服而致美乎黻冕；卑宮室而盡力乎溝洫。禹，吾無閒然矣。」

說苑反質篇曰：古有無文者，得之矣，夏禹是也。卑小宮室，損薄飲食，土階三等，衣裳細布。

論語疏證卷第九

子罕篇第九

子罕言利，

里仁篇曰：放於利而行，多怨。

又曰：子曰：君子喻於義，小人喻於利。

孟子梁惠王上篇曰：孟子見梁惠王，王曰：「叟！不遠千里而來，亦將有以利吾國乎？」孟子對曰：「王，何必曰利！亦有仁義而已矣。王曰：何以利吾國？大夫曰：何以利吾家？士庶人曰：何以利吾身？上下交征利而國危矣。萬乘之國，弒其君者必千乘之家；千乘之國，弒其君者必百乘之家。萬取千焉，千取百焉，不爲不多矣。苟爲後義而先利，不奪不饜。未有仁而遺其親者也，未有義而後其君者也。王亦曰：仁義而已矣！何必曰利！」

又告子下篇曰：宋牼將之楚，孟子遇於石丘。曰：「先生將何之？」曰：「吾聞秦楚構兵，我將見楚王說而罷之。楚王不悅，我將見秦王說而罷之。二王我將有所遇焉。」曰：「軻也請無問其詳，願聞其指，說之將何如？」曰：「我將言其不利也。」曰：「先生之志則大矣，先生之號則不可。先生以利說秦楚之王，秦楚之王悅於利以罷三軍之師，是三軍之士樂罷而悅於利也。爲人臣者懷利以事其君，爲人子者懷利以事其父，爲人弟者懷利以事其兄，是君臣父子兄弟終去仁義，懷利以相接，然而不亡者，未之有也。先生以仁義說秦楚之王，秦楚之王悅於仁義而罷三軍之師，是三軍之士樂罷而悅於仁義也。爲人臣者懷仁義以事其君，爲人子者懷仁義以事其父，爲人弟者懷仁義以事其兄，是君臣父子兄弟去利，懷仁義以相接也。然而不王者，未之有也。何必曰利？」

荀子大略篇曰：故義勝利者爲治世，利克義者爲亂世。上重義則義克利，上重利則利克義。故天子不言多少，諸侯不言利害，大夫不言得喪，士不通貨財。有國之君不息牛羊，錯質之臣不息鷄豚，衆卿不脩幣，大夫不爲場圃。

春秋繁露玉英篇曰：凡人之性莫不善義，然而不能義者，利敗之也。故君子終日言不及利，欲以勿言愧之而已；愧之，以塞其源也。夫處位動風化者，徒言利之名爾，猶惡之，況求利乎？

又天道施篇曰：利者，盜之本也。

史記孟子荀卿傳曰：太史公曰：余讀孟子書至梁惠王問何以利吾國，未嘗不廢書而歎也。曰：嗟乎！利誠亂之始也。夫子罕言利者，常防其源也。故曰：「放於利而行，多怨。」

與命，

雍也篇曰：伯牛有疾，子問之，自牖執其手，曰：「亡之，命矣夫！斯人也而有斯疾也！斯人也而有斯疾也！」

憲問篇曰：公伯寮愬子路於季孫，子服景伯以告。曰：「夫子固有惑志於公伯寮，吾力猶能肆諸市朝。」子曰：「道之將行也與？命也；道之將廢也與？命也。公伯寮其如命何？」

顏淵篇曰：子夏曰：「商聞之矣，死生有命，富貴在天。」

樹達按：論語一書孔子自言命者，惟伯牛與公伯寮二事。子夏之言蓋亦聞之孔子，然則信乎其罕言也。

史記外戚世家曰：孔子罕稱命，蓋難言之矣。非通幽明之變，惡能識乎性命哉？

與仁。

公冶長篇曰：或曰：「雍也仁而不佞。」子曰：「焉用佞，禦人以口給，屢憎於人。不知其仁，焉用佞！」

又曰：孟武伯問：「子路仁乎？」子曰：「不知也。」又問，子曰：「由也，千乘之國，可使治其賦也，不知其仁也。」「求也何如？」子曰：「求也，千室之邑，百乘之家，可使爲之宰也。不知其仁也。」「赤也何如？」子曰：「赤也，束帶立於朝，可使與賓客言也。不知其仁也。」

又曰：子張問曰：「令尹子文三仕爲令尹，無喜色；三已之，無慍色。舊令尹之政，必以告新令尹。何如？」子曰：「忠矣。」曰：「仁矣乎？」曰：「未知，焉得仁！」「崔子弒齊君，陳文子有馬十乘，棄而違之，至於他邦，則曰：猶吾大夫崔子也。違之，之一邦，則又曰：猶吾大夫崔子也。違之。何如？」子曰：「清矣。」曰：「仁矣乎？」曰：「未知，焉得仁！」

憲問篇曰：「克伐怨欲不行焉，可以爲仁矣。」子曰：「可以爲難矣。仁則吾不知也。」

禮記儒行篇曰：溫良者，仁之本也；敬愼者，仁之地也；寬裕者，仁之作也；孫接者，仁之能也；禮節者，仁之貌也；言談者，仁之文也；歌樂者，仁之和也；分散者，仁之施也；儒皆兼此而有之，猶且不敢言仁也。

述而篇曰：子曰：若聖與仁，則吾豈敢。

樹達按：論語一書言仁者不一而足，夫子言仁非罕也。所謂罕言仁者，乃不輕許人以仁之意，與罕言利命之義似不同。試觀聖人評論仲弓，子路，冉有，公西華，令尹子文，陳文子之爲人，及克伐怨欲不行之德，皆云不知其仁，更參之以儒行之說，可以證明矣。抑孔子不敢以仁自居，雖曰謙遜之辭，其重視仁亦可見也。

達巷黨人曰：「大哉孔子！博學而無所成名。」子聞之，謂門弟子曰：「吾何執？執御乎？執射乎？吾執御矣。」

子曰：「麻冕，禮也。今也純，儉，吾從衆。

書顧命曰：王麻冕黼裳，由賓階隮，卿士邦君麻冕蟻裳，入卽位，太保、太史、太宗皆麻冕彤裳。

白虎通紼冕篇曰：麻冕者何？周宗廟之冠也。禮曰：「周冕而祭？」冕所以用麻爲之者，女工之始，示不忘本也。

拜下，禮也。今拜乎上，泰也。雖違衆，吾從下。」

儀禮燕禮曰：主人盥，洗象觚，升，實之，東北面獻于公，公拜受爵。主人降自西階，阼階下北面拜送爵。此主人獻公拜下。又曰：更爵，洗，升酌膳酒，以降，酢于阼階下，北面坐奠爵，再拜稽首。此主人自酢于公拜下。又曰：小臣自阼階下請媵爵者，公命長，小臣作下大夫二人媵爵，媵爵者阼階下，皆北面再拜稽首。此獻畢二人媵爵于公拜下。

樹達按：儀禮記臣與君行禮，皆堂下再拜稽首。今舉燕禮數事爲例，餘不備述。

述而篇曰：子曰：蓋有不知而作之者，我無是也。多聞，擇其善者而從之。

樹達按：此二事皆擇善而從之實例也。

子絕四：毋意，

先進篇曰：賜不受命，而貨殖焉，億則屢中。

衛靈公篇曰：子曰：不逆詐，不億不信，抑亦先覺者，是賢乎。

禮記少儀篇曰：毋測未至。注云：測，意度也。

春秋昭公十二年曰：春，齊高偃帥師納北燕伯于陽。公羊傳曰：伯于陽者何？公子陽生也。子曰：「我乃知之矣。」在側者曰：「子苟知之，何以不革？」曰：「如爾所不知何？」何注云：此夫子欲爲後人法，不欲令人妄億錯。子絶四：毋意，毋必，毋固，毋我。

樹達按：意字與先進、衛靈公二篇億字義同，皆謂意度。毋意正少儀篇所謂毋測未至也。朱子訓爲私意，古訓未之聞，殆未是也。

毋必，毋固，毋我。

里仁篇曰：子曰：君子之於天下也，無適也，無莫也，義之與比。

微子篇曰：逸民：伯夷，叔齊，虞仲，夷逸，朱張，柳下惠，少連。子曰：「不降其志，不辱其身，伯夷叔齊與。」謂柳下惠少連，降志辱身矣，言中倫，行中慮，其斯而已矣。謂虞仲夷逸，隱居放言，身中清，廢中權。我則異於是，無可無不可。

列子仲尼篇曰：子夏問孔子曰：「顏回之爲人奚若？」子曰：「回之仁賢於丘也。」曰：「子貢之爲人奚若？」子曰：「賜之辨賢於丘也。」曰：「子路之爲人奚若？」子曰：「由之勇賢於丘也。」曰：「子張之爲人奚若？」子曰：「師之莊賢於丘也。」子夏避席而問曰：「然則四子者何爲事夫子？」曰：「居！吾語汝。夫回能仁而不能反；賜能辨而不能訥；由能勇而不能怯；師能莊而不能同。兼四子之有以易吾，吾弗許也，此其所以事吾而不貳也。」又見淮南子人閒篇、說苑雜言篇、論衡定賢篇。

孟子公孫丑上篇曰：可以仕則仕，可以止則止，可以久則久，可以速則速，孔子也。

又萬章下篇曰：孔子之仕於魯也，魯人獵較，孔子亦獵較。

子畏於匡。

史記孔子世家曰：或譖孔子於衞靈公，孔子去衞。將適陳，過匡，顏刻爲僕，以其策指之曰：「昔吾入此，由彼缺也。」匡人聞之，以爲魯之陽虎，陽虎嘗暴匡人，匡人於是遂止孔子，孔子狀類陽虎，拘焉。

莊子秋水篇曰：孔子遊於匡，宋人圍之數匝，而弦歌不輟。子路入見，曰：「何夫子之娛也？」孔子曰：「來！吾語女。我諱窮久矣，而不免，命也；求通久矣，而不得，時也。當堯舜而天下無窮人，非知得也；當桀紂而天下無通人，非知失也；時勢適然。夫水行不避蛟龍者，漁父之勇也；陸行不避兕虎者，獵人之勇也；白刃交於前，視死若生者，烈士之勇也；知窮之有命，知通之有時，臨大難而不懼者，聖人之勇也。由處矣！吾命有所制矣。」無幾何，將甲者進辭曰：「以爲陽虎也，故圍之。今非也，請辭而退。」

韓詩外傳卷六曰：孔子行，簡子將殺陽虎，孔子似之，帶甲以圍孔子舍。子路慍怒，奮戟將下，孔子止之。曰：「由，何仁義之寡裕也！夫詩書之不習，禮樂之不講，是丘之罪也。若吾非陽虎而以我爲陽虎，則非丘之罪也，命也。我歌，子和！」子路歌，孔子和之，三終而圍罷。

曰：「文王既沒，文不在茲乎？天之將喪斯文也，後死者不得與於斯文也；天之未喪斯文也，匡人其如予何？」

史記孔子世家曰：匡人拘孔子益急，弟子懼。孔子曰：「文王既沒，文不在茲乎？天之將喪斯文也，後死者不得與於斯文也；天之未喪斯文也，匡人其如予何？」孔子使從者爲甯武子臣於衛，然後得去。

白虎通聖人篇曰：「聖人未沒時，聖人亦自知聖乎？」曰：「知之。」孔子曰：「文王既沒，文不在兹乎？」

太宰問於子貢曰：「夫子聖者與？何其多能也？」

國語魯語下曰：季桓子穿井，獲如土缶，其中有羊焉。使問之仲尼，曰：「吾穿井而獲狗，何也？」對曰：「以丘之所聞，羊也。丘聞之，木石之怪曰夔蝄蜽，水之怪曰龍罔象，土之怪羵羊。」

太平御覽九百二引韓詩外傳曰：魯哀公使人穿井，三月不得泉，得一玉羊焉。公以爲祥，使祝鼓舞之，欲上於天，羊不能上。孔子見公，曰：「水之精爲玉，土之精爲羊，願無怪之，此羊肝土也。」公使殺之，視肝卽土矣。

又魯語下曰：吳伐越，墮會稽，獲骨焉，節專車。吳子使來好聘，且問之仲尼，曰：「無以吾命。」賓發幣於大夫，及仲尼，仲尼爵之。既徹俎而宴，客執骨而問曰：「敢問骨何爲大？」仲尼曰：「丘聞之，昔禹致羣神於會稽之山，防風氏後至，禹殺而戮之，其骨節專車，此爲大矣。」客曰：「敢問誰守爲神？」仲尼曰：「山川之靈足以紀綱天下者，其守爲神，社稷之守者爲公侯，皆屬於王者。」客曰：「防風何守也？」仲尼曰：「汪芒氏之君也，守封嵎之山者也，爲漆姓，在虞夏商爲汪芒氏，於周爲長狄，今爲大人。」客曰：「人長之極幾何？」仲尼曰：「僬僥氏長三尺，短之至也；長者不過十，數之極也。」

史記孔子世家文同上，末曰：「吳客曰：『善哉聖人。』」

又魯語下曰：仲尼在陳，有隼集於陳侯之庭而死，楛矢貫之，石砮，其長尺有咫。陳惠公使人以隼如仲尼之館問之。仲尼曰：隼之來也，此肅慎氏之矢也。昔武王克商，通道于九夷百蠻；使各以其方賄來貢，使無忘職業。於是肅慎氏貢楛矢，石砮，其長尺有咫。先王欲昭其令德之致遠也，以示後人，使永監焉。故銘其栝曰：『肅慎氏之貢矢。』以分大姬，配虞胡公而封諸陳。古者分同姓以珍玉，展親也；分異姓遠方之職貢，使無忘服也。故分陳以肅慎氏之貢。君若使有司求諸故府，其可得也。」使求，得之金櫝，如之。

說苑辨物篇曰：楚昭王渡江，有物大如斗，直觸王舟，止於舟中。昭王大怪之，使聘問孔子。孔子曰：「此名萍實，令剖而食之，惟霸者能獲之，此吉祥也。」其後齊有飛鳥一足，來下，止於殿前，舒翅而跳。齊侯大怪之，又使聘問孔子。孔子曰：「此名商羊。急告民！趣治溝渠，天將大雨。」於是如之。天果大雨，諸國皆水，獨齊以安。孔子歸，弟子請問。孔子曰：「異哉，小兒謠曰：『楚王渡江，得萍實；大如拳，赤如日；剖而食之，美如蜜。』此楚王之應也。兒又有兩兩相牽屈一足而跳曰：『天將大雨，商羊起舞。』今齊獲之，亦其應也。」夫謠之後未嘗不有應隨者也，故聖人非獨守道而已也，睹物記也，卽其應矣。

論衡明雩篇曰：孔子出，使子路齎雨具。有頃，天果大雨。子路問其故，孔子曰：「昨暮月離于畢。」

後日，月復離畢。孔子出，子路請齎雨具，孔子不聽。出，果無雨。子路問其故，孔子曰：「昔日月離其陰，故雨；昨暮月離其陽，故不雨。」

淮南子主術篇曰：孔子之通，智過萇弘，勇服於孟賁，足躡郊菟，力招城關，能亦多矣。

子貢曰：「固天縱之將聖，又多能也。」

論衡實知篇曰：將者，且也，不言已聖，言且聖者，以爲孔子聖未就也。孔子從知天命至耳順，學就知明，成聖之驗也。未五十六十之時，未能知天命至耳順也，則謂之且矣。當子貢答太宰時，殆三十四十之時也。

子聞之，曰：「太宰知我乎！吾少也賤，故多能鄙事。君子多乎哉？不多也。」牢曰：「子云：『吾不試，故藝。』」

子曰：「吾有知乎哉？無知也。有鄙夫問於我，空空如也，我叩其兩端而竭焉。」

子曰：「鳳鳥不至，河不出圖，吾已矣夫！」

韓詩外傳卷八曰：天下有道，得鳳象之一，則鳳過之；得鳳象之二，則鳳翔之；得鳳象之三，則鳳集之；得鳳象之四，則鳳春秋下之；得鳳象之五，則鳳沒身居之。

白虎通封禪篇曰：鳳凰者，禽之長也，上有明王，太平，乃來居廣都之野。

周易乾、坤鑿度曰：仲尼，魯人偶筮其命，得旅，請益於商瞿氏。曰：「子有聖智而無位。」孔子泣而曰：「天也！命也！鳳鳥不來，河無圖至，天命之也。」

拾遺記卷二曰：孔子相魯之時，有神鳳游集，至哀公之末，不復來翔。故云：鳳鳥不至，可爲悲也。

史記孔子世家曰：魯哀公十四年春，狩大野，叔孫氏車子鉏商獲獸，以爲不祥。仲尼視之，曰：「麟也，取之。」曰：「河不出圖，雒不出書，吾已矣夫！」

漢書董仲舒傳曰：仲舒對策曰：孔子曰：「鳳鳥不至，河不出圖，吾已矣夫！」自悲可致此物而身卑賤不得致也。

又儒林傳曰：周道既衰，壞於幽厲，禮樂征伐自諸侯出，陵夷二百餘年而孔子興。以聖德遭季世，知言之不用而道不行，乃歎曰：「鳳鳥不至，河不出圖，吾已矣夫！」「文王既沒，文不在茲乎？」

論衡問孔篇曰：孔子曰：「鳳鳥不至，河不出圖，吾已矣夫！」夫子自傷不王也。已致太平，太平則鳳鳥至，河圖出矣。今不得王，故瑞應不至。悲心自傷，故曰「吾已矣夫。」

子見齊衰者、冕衣裳者與瞽者，見之，雖少，必作；過之必趨。

鄉黨篇曰：見齊衰者，雖狎，必變。見冕者與瞽者，雖褻，必以貌。

顏淵喟然歎曰：「仰之彌高，鑽之彌堅，瞻之在前，忽焉在後。

論衡恢國篇曰：顏淵喟然歎曰：「仰之彌高，鑽之彌堅，」此言顏淵學於孔子，積累歲月，見道彌深也。

夫子循循然善誘人，博我以文，約我以禮。

雍也篇曰：子曰：君子博學於文，約之以禮，亦可以弗畔矣夫。

後漢書范升傳曰：升奏曰：孔子曰：「博學約之，弗叛矣夫。」夫學而不約，必叛道也。顏淵曰：「博我以文，約我以禮。」孔子可謂知教，顏淵可謂善學矣。

欲罷不能，既竭吾才，如有所立，卓爾。雖欲從之，末由也已。」

法言學行篇曰：「顏不孔，雖得天下，不足以爲樂。」「然亦有苦乎？」曰：「顏苦孔之卓之至也。」或人瞿然曰：「茲苦也，祗其所以爲樂也與！」

莊子田子方篇曰：顏淵曰：夫子步亦步，夫子趨亦趨，夫子馳亦馳，夫子奔逸絕塵，而回瞠若乎後矣。

子疾病，子路使門人爲臣。病閒，曰：「久矣哉由之行詐也！無臣而爲有臣。吾誰欺？欺天乎！且予與其死於臣之手也，無寧死於二三子之手乎！且予縱不得大葬，予死於道路乎？」

論衡感類篇曰：子疾病，子路遣門人爲臣。病閒；曰：「久矣哉由之行詐也！無臣而爲有臣，吾誰欺？欺天乎！」孔子罪子路者也。己非人君，子路使門人爲臣，非天之心，而妄爲之，是欺天也。

子貢曰：「有美玉於斯，韞匵而藏諸？求善賈而沽諸？」子曰：「沽之哉！沽之哉！我待賈者也。」

述而篇曰：冉有曰：「夫子爲衞君乎？」子貢曰：「諾。吾將問之。」入曰：「伯夷叔齊何人也？」曰：「古之賢人也。」曰：「怨乎？」曰：「求仁而得仁，又何怨？」出曰：「夫子不爲也。」

樹達按：孔子之事，以美玉爲言；衞君之事，以夷齊爲問，皆子貢善於語言之證也。

子欲居九夷，或曰：「陋，如之何？」子曰：「君子居之，何陋之有？」

漢書地理志曰：玄菟，樂浪，武帝時置，皆朝鮮濊貉句驪蠻夷。殷道衰，箕子去之朝鮮，教其民以禮義，田蠶織作。樂浪朝鮮民犯禁八條，相殺，以當時償殺；相傷，以穀償；相盜者，男沒入爲其家奴，女子爲婢；欲自贖者，人五十萬，雖免爲民，俗猶羞之，嫁取無所讎。是以其民終不相盜，無門戶之閉；婦人貞信不淫僻。其田民飲食以籩豆，都邑頗放效吏及內郡賈人，往往以杯器食。郡初取吏於遼東，吏見民無閉藏，及賈人往者，夜則爲盜，俗稍益薄。今於犯禁寖多至六十餘條。可貴哉仁賢之化也！然東夷天性柔順，異於三方之外，故孔子悼道不行，設浮於海，欲居九夷，有以也。

說文解字羊部曰：羌，西戎羊種也，从羊儿，羊亦聲。南方蠻閩，从虫；北方狄，从犬；東方貉，从豕；西方羌，从羊；此六種也。西南僰人焦僥，从人，蓋在坤地，頗有順理之性。唯東夷从大，大，人也。夷俗仁，仁者壽，有君子不死之國。孔子曰：「道不行，欲之九夷，乘桴浮於海，」有以也。

後漢書東夷傳曰：夷有九種：曰畎夷，于夷，方夷，黃夷，白夷，赤夷，玄夷，風夷，陽夷。故孔子欲居九夷也。

論衡問孔篇曰：孔子疾道不行於中國，恚恨失意，故欲之九夷也。君子居之，何陋之有？言以君子之道居而教之，何爲陋乎？

子曰：「吾自衞反魯，然後樂正，雅頌各得其所。」

史記孔子世家曰：吾自衞反魯，然後樂正，雅頌各得其所。古者詩三千餘篇，及至孔子，去其重，取可施於禮義，上采契后稷，中述殷周之盛，至幽厲之缺，始於衽席。故曰：關雎之亂以爲風始，鹿鳴爲小雅始，文王爲大雅始，清廟爲頌始。三百五篇，孔子皆弦歌之，以求合韶武雅頌之音，禮樂自此可得而述，以備王道，成六藝。

漢書禮樂志曰：周道始缺，怨刺之詩起；王澤既竭，而詩不能作；王官失業，雅頌相錯，孔子論而定之。故曰：「吾自衞反魯，然後樂正，雅頌各得其所。」

子曰：「出則事公卿，入則事父兄，

禮記中庸篇曰：子曰：君子之道四；丘未能一焉。所求乎子以事父，未能也；所求乎弟以事兄，未能也；所求乎臣以事君，未能也；所求乎朋友先施之，未能也。

喪事不敢不勉，不爲酒困。

鄉黨篇曰：惟酒無量，不及亂。

何有於我哉？」

子在川上曰：「逝者如斯夫，不舍晝夜。」

孟子離婁下篇曰：徐子曰：「仲尼亟稱於水曰：『水哉！水哉！』何取於水也？」孟子曰：「原泉混混，不舍晝夜，盈科而後進，放乎四海，有本者如是：是之取爾。苟爲無本，七八月之間雨集，溝澮皆盈；其涸也，可立而待也。故聲聞過情，君子恥之。」

荀子宥坐篇曰：孔子觀於東流之水，子貢問於孔子曰：「君子之所以見大水必觀焉者，何也？」孔子曰：「夫水，大徧與諸生而無爲也，似德；其流也埤下，裾拘必循其理，似義；其洸洸乎不淈盡，似道；若有決行之，其應佚若聲響，其赴百仞之谷不懼，似勇；主量必平，似法；盈不求概，似正；淖約微達，似察；以出以入就鮮絜，似善化；其萬折也必東，似志，是故君子見大水必觀焉。」大戴禮記勸學篇、說苑雜言篇文同。

春秋繁露山川頌曰：水則源泉混混沄沄，晝夜不竭，既似力者；盈科後行，既似持平者；循微赴下，不遺小間，既似察者；循谿谷不迷，或奏萬里而必至，既似知者；防山而能清淨，既似知命者；不清而入，潔清而出，既似善化者；赴千仞之壑，入而不疑，既似勇者；物皆困於火，而水獨勝之，既似武者；咸得之而生，失之而死，既似有德者。孔子在川上，曰：「逝者如斯夫，不舍晝夜。」此之謂也。

子曰：「吾未見好德如好色者也。」

衞靈公篇曰：子曰：「已矣乎，吾未見好德如好色者也！」禮記大學篇曰：所謂誠其意者，毋自欺也。如惡惡臭，如好好色，此之謂自謙。史記孔子世家曰：居衞月餘，靈公與夫人同車，宦者雍渠參乘出，使孔子爲次乘，招搖市過之。孔子曰：「吾未見好德如好色也。」於是醜之，去衞。後漢書宋弘傳曰：弘當讌見，御坐新屏風圖畫列女，帝數顧視之。弘正容言曰：「未見好德如好色者，」帝卽爲徹之。笑謂弘曰：「聞義則服，可乎？」對曰：「陛下進德，臣不勝其喜。」

子曰：「譬如爲山，未成一簣，止，吾止也。譬如平地，雖覆一簣，進，吾往也。」

子曰：「語之而不惰者，其回也與。」

先進篇曰：子曰：「回也，非助我者也，於吾言無所不說。

樹達按：教而不能相說以解，則惰生焉。顏淵於夫子之言無所不說，焉有惰之理哉！

子謂顏淵曰：「惜乎！吾見其進也，未見其止也。」

子曰：「苗而不秀者有矣夫，秀而不實者有矣夫。」

牟子理惑論曰：顏淵有不幸短命之記，苗而不秀之喻。

禰衡顏子碑曰：亞聖德，蹈高蹤，秀不實，振芳風。

樹達按：漢唐人皆以此章爲孔子爲顏淵夭死言之，是也。

子曰：「後生可畏，焉知來者之不如今也？

新序雜事五篇曰：齊有閭丘邛，年十八，道遮宣王曰：「家貧親老，願得小仕。」宣王曰：「子年尚稚，未可也。」閭丘邛對曰：「不然。昔有顓頊，行年十二而治天下；秦項橐七歲爲聖人師。由此觀之，邛不肖，年不稚也。」宣王曰：「未有咫角驂駒而能服重致遠者也。由此觀之，夫士亦華髮墮顛而後可用耳。」閭丘邛曰：「不然。夫尺有所短，寸有所長。驊騮綠驥，天下之俊馬也，使之與狸鼬試於釜竈之間，其疾未必能過狸鼬也。黄鵠白鶴，一舉千里，使之與燕服翼試之堂廡之下，廬室之間，其便未必能過燕服翼也。辟閭巨闕，天下之利器也，擊石不闕，刺石不銼，使之與管槖決目出眯，其便未必能過管槖也。由此觀之，華髮墮顚與邛何以異哉？」宣王曰：「善。子有善言；何見寡人之晚也。」邛對曰：「夫雞豚讙嗷，卽奪鐘鼓之音；雲霞充咽，則奪日月之明。讒人在側，是以見晚也。」宣王拊軾曰：「寡人有過。」遂載與之俱歸而用焉。故孔子曰：「後生可畏，安知來者不如今，」此之謂也。

四十五十而無聞焉，斯亦不足畏也已。」

大戴禮記曾子立事篇曰：三十四十之閒而無藝，卽無藝矣；五十而不以善聞，則無聞矣。

子曰：「法語之言，能無從乎？改之爲貴。巽與之言，能無說乎？繹之爲貴。說而不繹，從而不改，吾末如之何也已矣。」

大戴禮記曾子立事篇曰：懼之而不恐，說之而不聽，雖有聖人，亦無若何矣。

子曰：「主忠信，毋友不如己者，過則勿憚改。」

已見卷一學而篇。

子曰：「三軍可奪帥也，匹夫不可奪志也。」

禮記緇衣篇曰：子曰：言有物而行有格也，是以生則不可奪志，死則不可奪名。又儒行篇曰：儒有今人與居，古人與稽，今世行之，後世以爲楷。適弗逢世，上弗援，下弗推，讒諂之民有比黨而危之者。身可危也，而志不可奪也。後漢書龐參橋玄傳曰：參爲漢陽太守。郡人任棠者，有奇節，隱居教授。參到，先候之，棠不與言，但以薤一大本、水一盂置戶屏前，自抱孫兒伏於戶下。主簿白以爲倨。參思其微意，良久曰：「棠是欲曉太守也。水者，欲吾清也。拔大本薤者，欲吾擊強宗也。抱兒當戶，欲吾開門恤孤也。」於是歎息而還。參在職，果能抑強助弱，以惠政得民。玄爲漢陽太守，郡人上邽姜岐守道隱居，名聞西州，玄召以爲吏，稱疾不就。玄怒，敕督郵尹益逼致之。曰：「岐若不至，趣嫁其母。」益固爭，不能得，遽曉譬岐，岐堅臥不起。郡內士大夫亦競往諫玄，乃止。時頗以爲譏。論曰：任棠姜岐，世著其清，結甕牖而辭三命，殆漢陽之幽人乎！龐參躬求賢之禮，故民悅其政；橋玄厲邦君之威，而衆失其情。夫豈力不足歟？將有道在焉。如令其道可忘，則彊梁勝矣。語曰：「三軍可奪帥，匹夫不可奪志。」子貢曰：「寧喪千軍，不失士心。」昔段干木踰牆而避文侯之命，泄柳閉門，不納穆公之請。貴必有所屈，賤亦有所伸矣。

子曰：「衣敝緼袍，與衣狐貉者立而不恥者，其由也與？

里仁篇曰：子曰：士志於道而恥惡衣惡食者，未足與議也。

史記仲尼弟子傳曰：孔子卒，原憲亡在草澤中。子貢相衞，而結駟連騎，排藜藿，入窮閻，過謝原憲。憲攝敝衣冠，見子貢，子貢恥之。曰：「夫子豈病乎？」原憲曰：「吾聞之，無財者謂之貧，學道而不能行者謂之病。若憲，貧也，非病也。」子貢慚，不懌而去，終身恥其言之過也。

「不忮不求，何用不臧？」

淮南子詮言篇曰：利則爲害始，禍則爲福先。唯不求利者爲無害，唯不求福者爲無禍。侯而求霸者，必失其侯；霸而求王者，必喪其霸。故國以全爲常，霸王其寄也；身以生爲常，富貴其寄也；不知道者，釋其所已有，而求其所未得也。苦心愁慮以行曲，故福至則喜，禍至則怖。神勞於謀，智遽於事，禍福萌生，終身不悔。

子路終身誦之。子曰：「是道也，何足以臧？」

子曰：「歲寒，然後知松柏之後彫也。」

莊子讓王篇曰：孔子曰：君子通於道謂之通，窮於道謂之窮；今丘抱仁義之道以遭亂世之患，其何窮之爲？故內省而不窮於道，臨難而不失其德。天寒既至，霜雪既降，吾是以知松柏之茂也。陳蔡之隘，於丘其幸乎。呂氏春秋慎人篇、風俗通窮通篇文同。

荀子大略篇曰：君子隘窮而不失，勞倦而不苟，臨患難而不忘細席之言。歲不寒，無以知松柏；事不難，無以知君子。

文選左思招隱詩注引荀子曰，桃李蒨粲於一時，時至而後殺。至於松柏，經隆冬而不凋，蒙霜雪而不變，可謂得其眞矣。

史記伯夷傳曰：歲寒然後知松柏之後凋，舉世混濁，清士乃見。

淮南子俶眞篇曰：夫大寒至，霜雪降，然後知松柏之茂也。據難履危，利害陳於前，然後知聖人之不失道也。

子曰：「知者不惑，

漢書雋不疑傳曰：始元五年，有一男子乘黃犢車，建黃旐，衣黃襜褕，著黃冒，詣北闕，自謂衛太子，公車以聞。詔使公卿將軍中二千石雜識視。長安中吏民聚觀者數萬人，右將軍勒兵闕下以備非常。丞相御史中二千石至者莫敢發言。京兆尹不疑後到，叱從吏收縛。或曰：「是非未可知，且安之。」不疑曰：「諸君何患於衛太子！昔蒯聵違命出奔，輒拒而不納，春秋是之。衛太子得罪先帝，亡不卽死，今來自詣，此罪人也。」遂送詔獄。天子與大將軍霍光聞而嘉之，曰：「公卿大臣當用經術明於大誼。」繇是名聲出於朝廷，在位者皆自以不及也。

後漢書种暠傳曰：順帝擢暠監太子於承光宮，中常侍高梵從中單駕出迎太子，時太傅杜喬等疑不欲從，惶惑不知所爲。暠乃手劍當車曰：「太子，國之儲副，人命所係。今常侍來，無詔信，何以知非姦邪？今日有死而已。」梵辭屈，不敢對，馳奏之。詔報，太子乃得去。喬退而嘆息，愧暠臨事不惑。帝亦嘉其持重，稱善者良久。

仁者不憂，勇者不懼。」

孟子公孫丑上篇曰：北宫黝之養勇也，不膚撓，不目逃，思以一毫挫於人，若撻之於市朝。不受於褐寬博，亦不受於萬乘之君。視刺萬乘之君若刺褐夫，無嚴諸侯，惡聲至，必反之。孟施舍之養勇也，曰：「視不勝猶勝也。量敵而後進，慮勝而後會，是畏三軍者也。舍豈能爲必勝哉？能無懼而已矣。」孟施舍似曾子，北宫黝似子夏。夫二子之勇，未知其孰賢，然而孟施舍守約也。昔者曾子謂子襄曰：「子好勇乎？吾嘗聞大勇於夫子矣。自反而不縮，雖褐寬博，吾不惴焉；自反而縮，雖千萬人吾往矣。」孟施舍之守氣，又不如曾子之守約也。憲問篇曰：君子道者三，我無能焉。仁者不憂，知者不惑，勇者不懼。子貢曰：「夫子自道也。」中鑒雜言下篇曰：君子樂天知命，故不憂；審物明辨，故不惑；定心致公，故不懼。若乃所憂則有之。憂已不能成天性也。懼已惑之，憂不能免天命無惑焉。按文有誤。

子曰：「可與共學，未可與適道；

穀梁傳隱公元年曰：春秋貴義而不貴惠，信道而不信邪。孝子揚父之美，不揚父之惡。先君之欲與桓，非正也，邪也。雖然，既勝其邪心以與隱矣。已探先君之邪志而遂以與桓，則是成父之惡也。兄弟，天倫也，爲子受之父，爲諸侯受之君，已廢天倫而忘君父以行小惠，曰：小道也。若隱者，可謂輕千乘之國，蹈道則未也。

可與適道，未可與立；可與立，未可與權。」

春秋桓公十一年曰：九月，宋人執鄭祭仲。公羊傳曰：祭仲者何？鄭相也。何以不名？賢也。何賢乎祭仲？以爲知權也。其爲知權奈何？古者鄭國處於留，先鄭伯有善於鄶公者，通乎夫人以取其國而遷鄭焉，而野留。莊公死，已葬，祭仲將往省於留，塗出於宋，宋人執之，謂之曰：「爲我出忽而立突。」祭仲不從其言，則君必死，國必亡；從其言，則君可以生易死，國可以存易亡。少遼緩之，則突可故出而忽可故反。是不可得則病，然後有鄭國。古之人有權者，祭仲之權是也。權者何？權者，反於經然後有善者也。權之所設，舍死亡無所設。行權有道，自貶損以行權，不害人以行權。殺人以自生，亡人以自存，君子不爲也。何注云：權者稱也，所以別輕重。喻祭仲知國重君輕，君子以存國除逐君之罪。

孟子離婁上篇曰：淳于髡曰：「男女授受不親，禮與？」孟子曰：「禮也。」曰：「嫂溺則援之以手乎？」曰：「嫂溺不援，是豺狼也。男女授受不親，禮也。嫂溺援之以手者，權也。」

春秋繁露玉英篇曰：春秋有經禮，有變禮。爲如安性平心者，經禮也。至有於性雖不安，於心雖不平，於道無以易之，此變禮也。是故昏禮不稱主人，經禮也。辭窮無稱，稱主人，變禮也。天子三年然後稱王，經禮也。有故則未三年而稱王，變禮也。婦人無出境之事，經禮也。母爲子娶婦，奔喪父母，變禮也。明乎經變之事，然後知輕重之分，可與適權矣。

韓詩外傳卷二曰：高子問於孟子曰：「夫嫁娶者，非己所自親也，衞女何以得編於詩也？」孟子曰：「有衞女之志則可，無衞女之志則怠。若伊尹於太甲，有伊尹之志則可，無伊尹之志則篡。夫道二，常之謂經，變之謂權。懷其常道而挾其變權，乃得爲賢。夫衞女行中孝，慮中聖，權如之何？淮南子氾論篇曰：夫君臣之接，屈膝卑拜，以相尊禮也。至其迫於患也，則舉足蹙其體，天下莫能非也。是故患之所在，禮不足以難之也。孝子之事親，和顔卑體，奉帶運履。至其溺則捽父，祝則名君，勢不得不然也。此權之所設也。故孔子曰：「可以共學矣，而未可以適道也；可與適道，未可以立也；可以立，未可與權。」權者，聖人之所獨見也。故忤而後合者謂之權，合而後舛者謂之不知權，而不知權者，善反醜矣。

中論智行篇曰：昔武王崩，成王幼，周公居攝，管蔡啓殷畔亂，周公誅之。成王不達，周公恐之。天乃雷電風雨以彰周公之德，然後成王寤。成王非不仁厚於骨肉也，徒以不聰叡之故，助畔亂之人，幾喪周公之功而墮文武之業。召公見周公之反政而猶不知，疑其貪位。周公爲之作君奭，然後悅。夫以召公懷聖之資，而猶若此，況乎末葉之士，苟失一行，而智略褊短，亦可懼矣。仲尼曰：「可與立，未可與權。」

「唐棣之華，偏其反而！豈不爾思？室是遠而。」子曰：「未之思也，夫何遠之有？」

春秋繁露竹林篇曰：「春秋之常辭也，不予夷狄而與中國爲禮。至邲之戰，偏然反之，何也？」曰：春秋無通辭，從變而移。今晉變而爲夷狄，楚變而爲君子，故移其辭以從其事。故春秋之於偏戰也，猶其於諸夏也。引之魯則謂之外，引之夷狄則謂之內。比之詐戰則謂之義，比之不戰則謂之不義。故盟不如不盟，然而有所謂善盟。戰不如不戰，然有所謂善戰。不義之中有義，義之中有不義。辭不能及，皆在於指，非精心達思者其孰能知之？詩云：「棠棣之華，偏其反而！豈不爾思？室是遠而。」孔子曰：「未之思也，夫何遠之有？」由是觀之，見其指者不任其辭，然後可與適道矣。

論語疏證卷第十

鄉黨篇第十

孔子於鄉黨，恂恂如也，似不能言者。

後漢書張湛傳曰：湛建武初爲左馮翊，後告歸平陵，望寺門而步。主簿進曰：「明府位尊德重，不宜自輕。」湛曰：「禮，下公門，軾路馬。孔子於鄉黨，恂恂如也。父母之國，所宜盡禮，何謂輕哉？」

藝文類聚二十三引張奐誡兄子書曰：經言：「孔子於鄉黨，恂恂如也。」恂恂者，恭謙之貌也。且自以汝父爲師，汝父寧輕鄉里耶？

其在宗廟朝廷，便便言，唯謹爾。

朝，與下大夫言，侃侃如也；與上大夫言，誾誾如也。

禮記王制篇曰：「王者之制祿爵，公、侯、伯、子、男，凡五等。諸侯之上大夫卿、下大夫、上士、中士、下士，凡五等。」

呂氏春秋異用篇曰：孔子之弟子從遠方來者，孔子荷杖而問之，曰：「子之公不有恙乎？」搏杖而揖之，問曰：「子之父母不有恙乎？」置杖而問曰：「子之兄弟不有恙乎？」杙步而倍之，問曰：「子之妻子不有恙乎？」故孔子以六尺之杖諭貴賤之等，辨親疏之義，又況於以尊位厚祿乎！

樹達按：論語所記，孔子因所與語之人異而異其容也。呂覽所記：孔子因所語及之人異而異其容也。

君在，踧踖如也，與與如也。

君召使擯，

穀梁傳定公十年曰：頰谷之會，孔子相焉。

樹達按：相謂相禮，與論語願爲小相焉之相同。此云君召使擯，擯卽相禮之事也。史記孔子世家云：「由司空爲大司寇。定公十年春，及齊平，會於夾谷，孔子攝相事。」所記本春秋傳，不誤。乃下文又云：「定公十四年，孔子由大司寇行攝相事，有喜色，與聞國政」云云。不惟前後複重，且似誤解相爲國相之相矣。

色勃如也，足躩如也。揖所與立，左右手，衣前後，襜如也。趨進，翼如也。賓退，必復命曰：「賓不顧矣。」

儀禮聘禮曰：擯者出請，賓告事畢。擯者入告，公出送賓。及大門內，公問君，賓對，公再拜。公問大夫，賓對。公勞賓，賓再拜稽首，公答拜。公勞介，介皆再拜稽首，公答拜。賓出，公再拜送，賓不顧。

入公門，鞠躬如也，如不容。

立不中門。

禮記曲禮上篇曰：爲人子者，居不主奧，坐不中席，行不中道，立不中門。

行不履閾。

禮記曲禮上篇曰：大夫士出入君門，由闑右，不踐閾。

又玉藻篇曰：賓入，不中門，不履閾。

過位，色勃如也；足躩如也。其言似不足者。

攝齊升堂，鞠躬如也，屏氣似不息者。出，降一等，逞顏色，怡怡如也。沒階趨，翼如也。

復其位，踧踖如也。

儀禮聘禮記曰：下階，發氣怡焉。再三舉足，又趨。

執圭，鞠躬如也，如不勝。上如揖，下如授，勃如戰色。

儀禮聘禮記曰：執圭，入門，鞠躬焉，如恐失之。

又曰：上介執圭，如重，授賓。賓入門，皇，升堂讓。將授，志趨，授如爭承，下如送，君還而后退。

禮記曲禮下篇曰：凡執主器，執輕如不克。

足蹜蹜如有循。

禮記曲禮下篇曰：執主器，操幣圭璧，則尚左手；行不舉足，車輪曳踵。

又玉藻篇曰：執龜玉，舉前曳踵，蹜蹜如也。

儀禮士相見禮曰：凡執幣者不趨，執玉者則惟舒武，舉前曳踵。

享禮，有容色，私覿，愉愉如也。

荀子大略篇曰：聘，問也。享，獻也。私覿，私見也。

儀禮聘禮記曰：及享，發氣焉，盈容。私覿，愉愉焉。

君子不以紺緅飾，紅紫不以爲褻服。

陽貨篇曰：惡紫之奪朱也。

當暑袗絺綌，必表而出之。

緇衣羔裘，素衣麑裘，黃衣狐裘。

禮記玉藻篇曰：君子狐青裘豹褎，玄綃衣以裼之；麛裘青豻褎，絞衣以裼之；羔裘豹飾，緇衣以裼之；狐裘，黃衣以裼之。

褻裘長，短右袂。必有寢衣，長一身有半。狐貉之厚以居。

去喪，無所不佩。

禮記玉藻篇曰：凡帶必有佩玉，唯喪否。佩玉有衝牙。君子無故玉不去身。君子於玉比德焉。注云：故謂喪與災眚。

又聞傳篇曰：期而小祥，期而大祥，素縞麻衣，中月而禫。禫而纖，無所不佩。

又玉藻篇曰：孔子佩象環五寸而綦組綬。

白虎通衣裳篇曰：所以必有佩者，表德見所能也。故循道無窮則佩環，能本道德則佩琨，能決嫌疑則佩玦。是以見其所佩，卽知其所能。論語曰：「去喪，無所不佩。」

非帷裳，必殺之。

羔裘玄冠不以弔。

禮記檀弓上篇曰：始死，羔裘玄冠者，易之而已。羔裘玄冠，夫子不以弔。

白虎通崩薨篇曰：玄冠不以弔者，不以吉服臨人凶，示助哀也。論語曰：「羔裘玄冠不以弔。」

通典八十引魏杜布會喪宜去冠議曰：論語曰：「羔裘玄冠不以弔。」故周人去玄冠，代以素弁；漢去玄冠，代以布巾，亦王者相變之儀，未必獨非也。

吉月，必朝服而朝。

禮記玉藻篇曰：孔子曰：朝服而朝，卒朔然後服之。

齊，必有明衣，布。

齊必變食。

周禮天官膳夫曰：王日一舉，王齊，日三舉。

居必遷坐。

禮記檀弓上篇曰：君子非致齊也，非疾也，不晝夜居於內。鄭注云：內，正寢之中。

又玉藻篇曰：將適公所，宿齊戒，居外寢。

大戴禮記盛德篇曰：此天子之路寢也，不齊，不居其室。

食不厭精，膾不厭細。

禮記少儀篇曰：牛與羊魚之腥，聶而切之爲膾。

又內則篇曰：肉腥，細者爲膾，大者爲軒。

食饐而餲，魚餒而肉敗，不食。

爾雅釋器曰：食饐謂之餲，肉謂之敗，魚謂之餒。

色惡，不食；臭惡，不食。

周禮天官內饔曰：辨腥臊羶香之不可食者。牛夜鳴則庮；羊泠毛而毳，羶；犬赤股而躁，臊；鳥皫色而沙鳴，貍；豕盲眡而交睫，腥；馬黑脊而般臂，螻。鄭注云：皆臭味也。司農云：庮，朽木臭也。螻，螻蛄臭也。

失飪，不食。

爾雅釋器曰：摶者謂之糷，米者謂之糱。

不時，不食。

後漢書和熹鄧皇后紀曰：詔曰：凡供薦新味，多非其節。或鬱養強孰，或穿掘萌芽，味無所至而夭折生長，豈所以順時育物乎？傳曰：「非其時不食。」自今當奉祠廟及給御者，皆須時乃上。

割不正，不食。

墨子非儒篇曰：哀公迎孔子，割不正，弗食。

不得其醬，不食。

禮記內則篇曰：牛炙，醢。牛胾，醢。牛膾，羊炙，羊胾，醢。豕炙，醢。豕胾，芥醬，魚膾，雉，兔，鶉，鷃。

又曰：腶脩，蚳醢；脯羹，兔醢；麋膚，魚醢；魚膾，芥醬；麋腥，醢醬；桃諸，梅諸，卵鹽。

肉雖多，不使勝食氣。

惟酒無量，不及亂。

沽酒市脯，不食。

漢書食貨志曰：羲和魯匡言，酒者，天之美祿，帝王所以頤養天下，享祀祈福，扶養衰疾。百禮之會，非酒不行。故詩曰：「無酒酤我。」而論語曰：「酤酒不食。」王者非相反也。夫詩據承平之世，酒酤在官，和旨使人，可以相御也。論語：孔子當周衰亂，酒沽在民，薄惡不誠，是以疑而弗食。

不徹薑食，不多食。

祭於公，不宿肉。祭肉，不出三日，出三日，不食之矣。

禮記雜記上篇曰：大夫冕而祭於公，士弁而祭於公。

又禮運篇曰：仲尼與於蜡賓。

食不語，寢不言。

雖疏食菜羹，必祭，必齊如也。

禮記雜記下篇曰：孔子曰：吾食於少施氏而飽，少施氏食我以禮，吾祭，作而辭曰：「疏食不足祭也。」吾飧，作而辭曰：「疏食不敢以傷吾子。」

席不正，不坐。

墨子非儒篇曰：哀公迎孔子，席不端，不坐。

新序節士篇曰：縣名爲勝母，曾子不入；邑號朝歌，墨子回車。故孔子席不正不坐，割不正不食，不飲盜泉之水，積正也。

本篇曰：君賜食，必正席先嘗之。

禮記曲禮上篇曰：主人跪正席，客跪，撫席而辭。

鄉人飲酒，杖者出，斯出矣。

禮記王制篇曰：五十杖於家，六十杖於鄉，七十杖於國，八十杖於朝。又見內則篇。

鄉人儺，朝服而立於阼階。

周禮春官占夢曰：季冬，遂令始難毆疫。鄭注云：故書難或爲儺，其字當作儺。

禮記月令篇曰：季春之月，命國難，九門磔攘以畢春氣。

又郊特牲篇曰：鄉人裼，孔子朝服立於阼，存室神也。

問人於他邦，再拜而送之。

禮記少儀篇曰：凡膳告於君子，主人展之，以授使者於阼階之南，南面再拜稽首送。

康子饋藥，

左傳哀公三年曰：秋，季孫季桓子。有疾，命正常曰：「南孺子之子男也，則以告而立之；女也，則肥也可。」康子名肥季孫卒，康子即位。

拜而受之，曰：「丘未達，不敢嘗。」

禮記玉藻篇曰：大夫親賜士，士拜受，又拜於其室。

廄焚。

禮記雜記下篇曰：廄焚，孔子拜。鄉人爲火來者，拜之，士壹，大夫再，亦相弔之道也。

子退朝，曰：「傷人乎？」不問馬。

鹽鐵論刑德篇曰：文學曰：仁者，愛之效也；義者，事之宜也。故君子愛人以及物，治近以及遠。傳曰：凡生之物，莫貴於人；人主之所貴，莫重於人。故天之生萬物，以奉人也；主愛人，以順天也。聞以六畜禽獸養人；未聞以所養害人者也。魯廄焚，孔子罷朝，問人不問馬，賤畜而重人也。

君賜食，必正席先嘗之；君賜腥，必熟而薦之；君賜生，必畜之。

侍食於君，君祭，先飯。

儀禮士相見禮曰：君賜之食，則君祭先飯，徧嘗膳飲而俟。君命之食，然後食。若有將食者，則俟君之食然後食。

禮記玉藻篇曰：若賜之食而君客之，則命之祭然後祭。先飯，辨嘗羞，飲而俟。若有嘗羞者，則俟君之食然後食，飯飲而俟。

疾，君視之。

禮記喪大記曰：君於大夫疾，三問之；士疾，一問之。

荀子大略篇曰：君於大夫，三問其疾，三臨其喪；於士，一問一臨。

禮記雜記下篇曰：卿大夫疾，君問之無算；士，一問之。

太平御覽二十一引公孫尼子曰：孔子有疾，哀公使醫視之，醫曰：「子居處飲食何如？」又見七百二十四。

東首，

禮記喪大記曰：疾病，外內皆埽。君大夫徹縣，士去琴瑟。寢，東首於北墉下。

儀禮既夕禮記曰：士處適寢，寢，東首於北墉下。有疾，疾者齊，養者皆齊。

禮記玉藻篇曰：君子之居恒當戶，寢恒東首。

加朝服，拖紳。

漢書龔勝傳曰：莽遣使者奉璽書印綬，立門外。勝稱病篤，爲牀室戶中西南牖下，東首，加朝服，拕紳。

君命召，不俟駕行矣。

禮記玉藻篇曰：凡君召，以三節，二節以走，一節以趨。在官不俟屨，在外不俟車。

孟子公孫丑下篇曰：禮曰：父召無諾；君命召，不俟駕。

又萬章下篇曰：萬章曰：「孔子君命召，不俟駕而行，然則孔子非與？」曰：「孔子當仕有官職，而以其官召之也。」

荀子大略篇曰：諸侯召其臣，臣不俟駕，顛倒衣裳而走，禮也。詩曰：「顛之倒之，自公召之。」

入太廟，每事問。

八佾篇曰：「子入太廟，每事問。或曰：『孰謂鄹人之子知禮乎？入太廟，每事問。』子聞之，曰：『是禮也。』」

朋友死，無所歸，曰：「於我殯。」

禮記檀弓上篇曰：賓客至，無所館。夫子曰：「生於我乎館，死於我乎殯。」

白虎通三綱六紀篇曰：朋友者，何謂也？朋者，黨也。友者，有也。禮記曰：同門曰朋；同志曰友。朋友之交，貨則通而不計，共憂患而相救。生不屬，死不託。故論語曰：「朋友無所歸，生於我乎館，死於我乎殯。」

朋友之饋，雖車馬，非祭肉，不拜。

禮記坊記篇曰：父母在，饋獻不及車馬。

樹達按：據此，親沒之後，可以車馬爲饋也。

又玉藻篇曰：君賜車馬，乘以拜。

寢不尸，居不容。

述而篇曰：子之燕居，申申如也；夭夭如也。

見齊衰者，雖狎，必變；見冕者與瞽者，雖褻，必以貌。

子罕篇曰：子見齊衰者，冕衣裳者，與瞽者，見之，雖少，必作；過之必趨。

凶服者式之。式負版者。

周禮秋官小司寇曰：獻民數於王，王拜受之。

新書禮篇曰：受計之禮，主所親拜者二，聞生民之數則拜之，聞登穀則拜之。

有盛饌，必變色而作。

禮記曲禮上篇曰：食至，起。

迅雷風烈，必變。

禮記玉藻篇曰：若有疾風迅雷甚雨，則必變；雖夜，必興，衣服冠而坐。

論衡雷虛篇曰：或曰：「論語曰：『迅雷風烈，必變。』禮記曰：『有疾風迅雷甚雨則必變，雖夜必興，衣服冠而坐。』懼天怒，畏罰及己也。如雷不爲天怒，其擊不爲罰過，則君子何爲爲雷變動，朝服而正坐乎？」或本誤雖，乎本誤子，今校改。曰：「天之與人猶父子，有父爲之變，子安能忽？故天變己亦宜變，順天時，示己不違也。人聞犬聲於外，莫不驚駭，竦身側耳以審聽之，況聞天變異常之聲，軒轞迅疾之音乎？」

又感類篇曰：迅雷風烈，孔子必變。禮，君子聞雷，雖夜，衣冠而坐，所以敬雷，懼激氣也。聖人君子於道無嫌，然猶順天變動，況成王有周公之疑，聞雷雨之變，安能不振懼乎？

升車，必正立執綏，車中不內顧。

賈子容經篇曰：坐乘以經坐之容，手撫式，視五旅，欲無顧，顧不過轂。立乘以經立之容，左持綏而左臂詘。

白虎通車旂篇曰：車所以立乘者，何？制車以步，故立乘。車中不內顧，何？仰即觀天，俯即察地，前聞和鸞之聲，旁見四方之運，此車教之道。論語曰：「升車，必正立執綏，車中不內顧。」

左傳宣公十二年曰：逢大夫與其二子乘；謂其二子，無顧。顧曰：「趙傁在後。」怒之，使下。指木曰：「尸女於是。」

不疾言，不親指。

禮記曲禮上篇曰：車上不廣欬，不妄指。

色斯舉矣，翔而後集。

意林一引子思子曰：孔思請行，魯君曰：「天下主亦猶寡人也，將焉之？」孔思對曰：「蓋聞君子猶鳥也，駭則舉。」又見呂氏春秋審應覽、孔叢子抗志篇。

韓詩外傳卷二曰：楚狂接輿躬耕以食，其妻之市，未返。楚王使使者賫金百鎰，願請先生治河南，接輿笑而不應。使者遂不得，辭而去。妻從市而來，曰：「先生少而為義，豈將老而遺之哉？門外車轍何其深也？」接輿曰：「今者王使使者賫金百鎰，欲使我治河南。」其妻曰：「豈許之乎？」曰：

「未也。」妻曰：「君使不從，非忠也；從之，是遺義也。不如去之。」乃夫負釜甑，妻戴織器，變易姓字，莫知其所之。論語曰：「色斯舉矣，翔而後集，」接輿之妻是也。曰：「山梁雌雉，時哉！時哉！」子路共之，三嗅而作。

呂氏春秋審己篇曰：子路揜雉而後釋之。

論語疏證卷第十一

先進篇第十一

子曰：「先進於禮樂，野人也；後進於禮樂，君子也。如用之，則吾從先進。」

樹達按：此亦孔子擇善而從之事也。

子曰：「從我於陳蔡者，皆不及門也。」

德行：顏淵、

雍也篇曰：哀公問：弟子孰爲好學？孔子對曰：有顏回者好學，不遷怒，不貳過。

又曰：子曰：回也，其心三月不違仁，其餘則日月至焉而已矣。

又曰：子曰：賢哉回也，一簞食，一瓢飲，在陋巷，人不堪其憂，回也不改其樂，賢哉回也。

述而篇曰：子謂顏淵曰：用之則行，舍之則藏，惟我與爾有是夫。

大戴禮記衞將軍文子篇曰：子貢曰：夙興夜寐，諷誦崇禮，行不貳過，稱言不苟，是顏淵之行也。

閔子騫、

史記仲尼弟子傳曰：閔損，字子騫，不仕大夫，不食汙君之祿。

本篇曰：子曰：孝哉閔子騫，人不間於其父母昆弟之言。

雍也篇曰：季氏使閔子騫爲費宰，閔子騫曰：善爲我辭焉。如有復我者，則吾必在汶上矣。

公羊傳宣公元年曰：古者臣有大喪，則君三年不呼其門；已練，可以弁冕服金革之事。君使之，非也；臣行之，禮也。閔子要経而服事，既而曰：「若此乎，古之道不即人心。」退而致仕，孔子蓋善之也。

冉伯牛、

雍也篇曰：伯牛有疾，子問之，自牖執其手，曰：「亡之，命矣夫！斯人也而有斯疾也！斯人也而有斯疾也！」

孟子公孫丑上篇曰：冉牛、閔子、顏淵善言德行。

又曰：子夏子游子張皆有聖人之一體；冉牛閔子顏淵則具體而微。

仲弓。

雍也篇曰：子曰：雍也可使南面。

又曰：仲弓問子桑伯子。子曰：「可也簡。」仲弓曰：「居敬而行簡以臨其民，不亦可乎？居簡而行簡，無乃太簡乎？」子曰：「雍之言然。」

荀子非十二子篇曰：無置錐之地，而王公不能與之爭名；在一大夫之位，則一君不能獨畜，一國不能獨容，成名況乎諸侯，莫不願以爲臣，是聖人之不得勢者也。仲尼子弓是也。

大戴禮記衞將軍文子篇曰：國一逢有德之君，世受顯命，不失厥名，以御于天子以申之，在貧如客，不遷怒，不探怨，不錄舊罪，是冉雍之行也。

言語：宰我、

史記仲尼弟子傳曰：宰予，字子我，利口辯辭。

陽貨篇曰：宰我問：三年之喪，期已久矣。君子三年不爲禮，禮必壞；三年不爲樂，樂必崩。舊穀既沒，新穀既升，鑽燧改火，期可已矣。

大戴禮記五帝德篇曰：孔子曰：吾欲以語言取人，於予邪改之。

韓非子顯學篇曰：宰予之辭雅而文也，仲尼幾而取之，與處而智不充其辯。故孔子曰：「以言取人乎？失之宰予。」

樹達按：宰我語見於論語者不過二三章，而三年之喪一章於其利口辯辭已可見一斑矣。

子貢。

孟子公孫丑上篇曰：宰我，子貢，善爲說辭。

史記仲尼弟子傳曰：子貢利口巧辭，孔子常黜其辯。

韓詩外傳卷九曰：孔子與子貢子路顏淵游於武山之上，孔子喟然歎曰：「二三子各言爾志。」子貢曰：「得素衣縞冠，使於兩國之間，不持尺寸之兵，升斗之糧，使兩國相親如弟兄。」孔子曰：「辯士哉！」

說苑善說篇曰：子貢曰：出言陳辭，身之得失，國之安危也。辭者，人之所以自通也。

左傳哀公七年曰：大宰嚭召季康子，康子使子貢辭。大宰嚭曰：「國君道長，而大夫不出門，此何禮也？」對曰：「豈以爲禮！畏大國也。大國不以禮命於諸侯，苟不以禮，豈可量也！寡君既共命焉，其老豈敢棄其國！大伯端委以治周禮，仲雍嗣之，斷髮文身，臝以爲飾，豈禮也哉！有由然也。」

又哀公十二年曰：公會吳於橐皋，吳子使大宰嚭請尋盟，公不欲。使子貢對曰：「盟，所以周信也，故心以制之，玉帛以奉之，言以結之，明神以要之。寡君以爲：『苟有盟焉，弗可改也矣；若猶可改，日盟何益？』今吾子曰：『必尋盟。』若可尋也，亦可寒也。」乃不尋盟。

又哀公十二年曰：吳人徵會於衛，衛侯會吳于鄖，吳人藩衛侯之舍，子服景伯謂子貢曰：「夫諸侯之會，事既畢矣，侯伯致禮，地主歸餼，以相辭也。今吳不行禮於衛，而藩其君舍以難之，子盍見大宰？」乃請束錦以行。語及衛故。大宰嚭曰：「寡君願事衛君，衛君之來也緩，寡君懼，故將止之。」子貢曰：「衛君之來，必謀於其衆，其衆或欲或否，是以緩來。其欲來者，子之黨也；其不欲來者，子之讎也。若執衛君，是墮黨而崇讎也。夫墮子者得其志矣。且合諸侯而執衛君，誰敢不懼？墮黨崇讎而懼諸侯，或者難以霸乎！」大宰嚭說，乃舍衛侯。

又哀公十五年曰：冬，及齊平，子服景伯如齊，子贛爲介。陳成子館客，曰：寡君使恆告曰：「寡人願事君如事衛君。」景伯揖子贛而進之。對曰：「寡君之願也。昔晉人伐衛，齊爲衛故，伐晉冠氏，喪車五百，因與衛地，自濟以西，禚媚杏以南，書社五百。吳人加鄙邑以亂，齊因其病，取讙與闡，寡君是以寒心。若得視衞君之事君也，則固所願也。」成子病之，乃歸成。贛與貢同。

述而篇曰：冉有曰：「夫子爲衞君乎？」子貢曰：「諾，吾將問之。」入曰：「伯夷叔齊何人也？」曰：「古之賢人也。」曰：「怨乎？」曰：「求仁而得仁，又何怨？」出曰：「夫子不爲也。」

子罕篇曰：子貢曰：「有美玉於斯，韞匵而藏諸？求善賈而沽諸？」子曰：「沽之哉！沽之哉！我待賈者也。」

荀子子道篇曰：子路問於孔子曰：「魯大夫練而牀，禮邪？」孔子曰：「吾不知也。」子路出，謂子貢曰：「吾以夫子爲無所不知，夫子徒有所不知。」子貢曰：「女何問哉？」子路曰：「由問，魯大夫練而牀，禮也？夫子曰：吾不知也。」子貢曰：「吾將爲女問之。」子貢問曰：「練而牀，禮也？」孔子曰：「非禮也。」子貢出，謂子路曰：「女謂夫子爲有所不知乎？夫子徒無所不知，女問非也。禮：居是邑，不非其大夫。」

樹達按：史記仲尼弟子傳載子貢說齊吳越之事，疑出於縱橫家之所爲，今不取。

政事：冉有、

公冶長篇曰：孟武伯問：「求也何如？」子曰：「求也，千室之邑，百乘之家，可使爲之宰也。」

雍也篇曰：季康子問：「求也可使從政也與？」曰：「求也藝，於從政乎何有！」

季路。

公冶長篇曰：孟武伯問：「子路仁乎？」子曰：「由也，千乘之國，可使治其賦也，不知其仁也。」

雍也篇曰：季康子問：「仲由可使從政也與？」子曰：「由也果，於從政乎何有！」

禮記禮器篇曰：子路爲季氏宰。季氏祭，逮闇而祭，日不足，繼之以燭，雖有強力之容，肅敬之心，皆倦怠矣。有司跛倚以臨祭，其爲不敬大矣。他日祭，子路與。室事交乎戶，堂事交乎階。質明而始行焉，晏朝而退。孔子聞之，曰：「誰謂由也而不知禮乎？」

韓詩外傳卷六曰：子路治蒲三年，孔子過之，入境而善之，曰：「由恭敬以信矣。」入邑，曰：「善哉！由忠信以寬矣。」至庭，曰：「善哉！由明察以斷矣。」子貢執轡而問曰：「夫子未見由而三稱善，可得聞乎？」孔子曰：「入其境，田疇甚易，草萊甚辟，此恭敬以信，故民盡力。入其邑，墉屋甚尊，樹木甚茂，此忠信以寬，其民不偷。入其庭，甚閑，此明察以斷，故民不擾也。」

文學：子游、

禮記檀弓上篇曰：曾子弔於負夏，主人既祖，塡池推柩而反之，降婦人而後行禮。從者曰：「禮與？」曾子曰：「夫祖者，且也，且胡爲其不可以反宿也？」從者又問諸子游曰：「禮與？」子游曰：「飯於牖下，小斂於戶內，大斂於阼階，殯於客位，祖於庭，葬於墓，所以即遠也。故喪事有進而無退。」曾子聞之，曰：「多矣乎，予出祖者。」

又曰：曾子襲裘而弔，子游裼裘而弔。曾子指子游而示人曰：「夫夫也，爲習於禮者，如之何其裼裘而弔也？」主人既小斂，袒括髮。子游趨而出，襲裘帶絰而入。曾子曰：「我過矣！我過矣！夫夫是也。」

失也。

又曰：小斂之奠，子游曰：「於東方。」曾子曰：「於西方，斂斯席矣。」小斂之奠在西方，魯禮之末失也。

又檀弓下篇曰：有子與子游立，見孺子慕者。有子謂子游曰：「予壹不知乎喪之踊也，予欲去之久矣，情在於斯，其是也夫。」子游曰：「禮有微情者，有以故興物者。有直情而徑行者，戎狄之道也，禮道則不然。人喜則斯陶，陶斯咏，咏斯猶，猶斯舞，舞斯慍，慍斯戚，戚斯歎，歎斯辟，辟斯踊矣。品節斯，斯之謂禮。人死，斯惡之矣；無能也，斯倍之矣。是故制絞衾，設蔞翣，爲使人勿惡也。始死，脯醢之奠；將行，遣而行之；既葬而食之；未有見其饗之者也。自上世以來，未之有舍也，爲使人勿倍也。故子之所刺於禮者，亦非禮之訾也。」

又曰：衛司徒敬子死，子夏弔焉，主人未小斂，絰而往。子游弔焉，主人既小斂，子游出，絰反哭。子夏曰：「聞之也與？」曰：「聞諸夫子。主人未改服，則不絰。」

又檀弓上篇曰：公叔木有同母異父之昆弟死，問於子游？子游曰：「其大功乎。」

又雜記下篇曰：子游曰：「既祥，雖不當縞者，必縞然後反服。」

又玉藻篇曰：子游曰：「參分帶下，紳居二焉，紳韠結三齊。」

通典九十一王肅引子思子曰：「言氏之子達於禮乎！繼父同居服期。」

樹達按：曾子云：「夫夫也，爲習於禮者，」知子游在當時已有習禮之名矣。同門之友，曾子服焉；有子子夏質焉；其他疑於禮者取決焉。子游之長於文學，有明徵矣。

子夏。

孟子公孫丑上篇曰：子夏，子游，子張，皆有聖人之一體。

八佾篇曰：子夏問曰：「『巧笑倩兮，美目盼兮，素以爲絢兮，』何謂也？」子曰：「繪事後素。」曰：「禮後乎？」子曰：「起予者商也，始可與言詩已矣。」

尙書大傳略說曰：子夏讀書既畢而見於夫子，夫子謂曰：「子何爲於書？」子夏對曰：「書之論事也，昭昭然若日月之代明；離離然若星辰之錯行。上有堯舜之道；下有三王之義。凡商之所受書於夫子者，志之於心弗敢忘，雖退而窮居河濟之間，深山之中，作壤室，究蓬戶，常於此彈琴以歌先王之道，則可以發憤慷喟，忘己貧賤。故有人亦樂之，無人亦樂之；上見堯舜之德，下見三王之義，忽不知憂患與死也。」夫子愀然變容曰：「嘻！子殆可與言書矣。」韓詩外傳卷二讀書作讀詩。

儀禮喪服第十一。子夏傳。

公羊傳哀公十四年疏引孝經說曰：孔子曰：「春秋屬商。」公羊傳疏卷一曰：公羊者，子夏口授公羊高。高五世相授，至漢景帝時，公羊壽共弟子胡毋生乃著竹帛。穀梁傳序疏曰：穀梁子名淑，字元始，魯人，一名赤，受經於子夏，爲經作傳，故曰穀梁傳。

論語讖曰：子夏六十四人共撰仲尼微言。

後漢書徐防傳曰：防上疏曰：臣聞，詩書禮樂，定自孔子；發明章句，始於子夏。

子曰：「回也，非助我者也，於吾言無所不說。」

爲政篇曰：子曰：吾與回言，終日不違，如愚；退而省其私，亦足以發，回也不愚。

中論智行篇曰：仲尼亦奇顏淵之有盛才。故曰：「回也非助我者也，於吾言無所不說。」顏淵達於聖人之情，故無窮難之辭，是以能獨獲亹亹之譽，爲七十子之冠。曾參雖質孝，原憲雖體清，仲尼未甚嘆也。

樹達按：劉寶楠云：教學本是相長。故夫子稱子夏爲起予，正以質疑問難，義可益明也。

子曰：「孝哉閔子騫！人不閒於其父母昆弟之言。」

藝文類聚二十引說苑曰：閔子騫兄弟二人，母死，其父更娶，復有二子。子騫爲其父御車，失轡，父持其手，衣甚單。父則歸，呼其母兒，執其手，衣甚厚，溫。即謂其婦曰：「吾所以娶汝，乃爲吾子。今汝欺我，去。無留！」子騫前曰：「母在，一子單；母去，四子寒。」其父默然。故曰：「孝哉閔子騫，一言其母還，再言三子溫。」

漢書杜鄴傳曰：鄴對問曰：昔曾子問從令之義。孔子曰：是何言與？善閔子騫守禮不苟，從親所行，無非禮者，故無可閒也。

後漢書范升傳曰：升奏記王邑曰：升聞，子以人不閒於其父母爲孝；臣以下不非其君上爲忠。

南容三復白圭，孔子以其兄之子妻之。

詩大雅抑曰：白圭之玷，尚可磨也；斯言之玷，不可爲也。公冶長篇曰：子謂南容，邦有道，不廢；邦無道，免於刑戮；以其兄之子妻之。大戴禮記衞將軍文子篇曰：獨居思仁，公言言義，其聞詩也，一日三復「白圭之玷」，是南宮縚之行也。夫子信其仁，以爲異姓。盧注云：異姓，謂以兄之子妻之也。

季康子問：「弟子孰爲好學？」孔子對曰：「有顏回者好學，不幸短命死矣，今也則亡。」

已見第六卷雍也篇。

顏淵死，

史記仲尼弟子傳曰：顏回年二十九，髮盡白，蚤死。

顏路請子之車以爲之椁，

史記仲尼弟子傳曰：顏無繇，字路，路者，顏回父。父子嘗各異時事孔子，顏回死，顏路貧，請孔子車以葬。

子曰：「才不才，亦各言其子也。鯉也死，有棺而無椁，吾不徒行以爲之椁。以吾從大夫之後，不可徒行也。」

禮記王制篇曰：君子者老不徒行。

顏淵死，子曰：「噫！天喪予！天喪予！」

春秋哀公十四年曰：西狩獲麟。公羊傳曰：麟者，仁獸也。有王者則至；無王者則不至。有以告者。曰：「有麕而角者。」孔子曰：「孰爲來哉？孰爲來哉？」反袂拭面，涕沾袍。顏淵死，子曰：「嘻！天喪予！」子路死，子曰：「天祝予！」西狩獲麟，孔子曰：「吾道窮矣！」

春秋繁露隨本消息篇曰：顏淵死，子曰：「天喪予！」子路死，子曰：「天祝予！」西狩獲麟，曰：「吾道窮！吾道窮！」三年身隨而卒。階此而觀，天命成敗，聖人知之，有所不能救，命矣夫。

漢書董仲舒傳贊曰：劉向子歆以爲：伊呂乃聖人之耦，王者不得則不興。故顏淵死，孔子曰：「噫！天喪余！」唯此一人爲能當之。自宰我子貢子游子夏不與焉。

論衡問孔篇曰：顏淵死，子曰：「噫！天喪予！」此言：人將起，天與之輔；人將廢，天奪其佐。佐本誤作佑，今校改。孔子有四友，欲因而起，顏淵早夭，故曰天喪予。

顏淵死，子哭之慟。從者曰：「子慟矣！」曰：「有慟乎？非夫人之爲慟，而誰爲？」

史記仲尼弟子傳曰：回年二十九，蚤死。孔子哭之慟。曰：自吾有回，門人益親。

論衡問孔篇曰：夫慟，哀之至也。哭顏淵慟者，殊之衆徒，哀痛之甚也。

顏淵死，門人欲厚葬之。子曰：不可。

禮記檀弓上篇曰：子游問喪具。夫子曰：「稱家之有亡。」子游曰：「有無惡乎齊？」夫子曰：「有，毋過禮。苟亡矣，斂手足形，還葬，縣棺而封，人豈有非之者哉！」

樹達按：顏淵家貧，厚葬非儒家稱家有無之義，故夫子不可也。

門人厚葬之。子曰：「回也視予猶父也。

國語晉語曰：欒共子曰：成聞之，民生於三，事之如一。父生之，師教之，君食之。

呂氏春秋勸學篇曰：曾子曰：「君子行於道路，其有父者可知也；其有師者可知也。夫無父而無師者，餘若夫何哉？」此言事師之猶事父也。曾點使曾參，過期而不至。人皆見曾點，曰：「無乃畏邪？」曾點曰：「彼雖畏，我存，夫安敢畏。」孔子畏於匡，顏淵後。孔子曰：「吾以汝爲死矣。」顏淵曰：「子在，回何敢死。」顏回之於孔子也，猶曾參之事父也。

予不得視猶子也。非我也，夫二三子也。」

禮記檀弓上篇曰：子貢曰：昔者夫子之喪顏淵，若喪子而無服。

樹達按：孔子喪顏淵若喪子，而門人不從孔子之言，厚葬顏淵，孔子之志不行，故云予不得視猶子，所以責門人也。

季路問事鬼神。子曰：「未能事人，焉能事鬼！」

鹽鐵論論鄒篇曰：文學曰：孔子曰：「未能事人，焉能事鬼？」近者不達，焉知瀛海？故無補於用者，君子不爲；無益於治者，君子不由。

敢問死。子曰：「未知生，焉知死！」

說苑辨物篇曰：子貢問孔子：死人有知無知也？孔子曰：「吾欲言死者有知也，恐孝子順孫妨生以送死也；欲言無知，恐不孝子孫棄不葬也。賜欲知死人有知將無知也，死徐自知之，猶未晚也。」

閔子侍側，誾誾如也；子路，行行如也；冉有、子貢，侃侃如也。子樂。「若由也不得其死然。」

史記仲尼弟子傳曰：衞出公立十二年，其父蕢聵居外，不得入。子路爲衞大夫孔悝之邑宰，蕢聵與孔悝作亂，謀入孔悝家，遂與其徒襲攻出公。出公奔魯，蕢聵入，立，是爲莊公。方孔悝作亂，子路在外，聞之，而馳往。遇子羔出衞城門，謂子路曰：「出公去矣，而門已閉，子可還矣，毋空受其禍。」子路曰：「食其食者不避其難。」有使者入城，子路隨而入，造蕢聵。蕢聵與孔悝登臺。子路曰：「君焉用孔悝？請得而殺之。」蕢聵勿聽。於是子路欲燔臺，蕢聵懼，乃下石乞壺黶攻子路，擊斷子路之纓。子路曰：「君子死而冠不免。」遂結纓而死。孔子聞衞亂，曰：「嗟乎！由死矣！」已而果死。

魯人爲長府，閔子騫曰：「仍舊貫，如之何？何必改作？」子曰：「夫人不言，言必有中。」

春秋僖公二十年曰：新作南門。公羊傳曰：何以書？譏。何譏爾？門有古常也。又宣公十五年曰：冬。蝝生。公羊傳曰：上變古易常，應是而有天災。春秋繁露楚莊王篇曰：春秋之於世事也，善復古，譏易常，欲其法先王也。漢書董仲舒傳曰：仲舒對策曰：春秋變古則譏之。又外戚孝成許皇后傳曰：成帝報后曰：「君子之道，樂因循而重改作。昔魯人爲長府，閔子騫曰：『仍舊貫，如之何？何必改作。』蓋惡之也。」樹達按：春秋時上不恤民，故孔子修春秋於築作多譏之。孔子之說，猶閔子之義也。孔門師弟自對時政立言，非謂凡治國者不必改作也。漢以後人皆不知此義，殊可惜也。

子曰：「由之瑟奚爲於丘之門？」

說苑脩文篇曰：子路鼓瑟，有北鄙之聲。孔子聞之。曰：「信矣由之不才也！」冉有侍，孔子曰：「求來！爾奚不謂由？夫先王之制音也，奏中聲，爲中節，流入於南，不歸於北。南者，生育之鄉；北者，殺伐之域。故君子執中以爲本；務生以爲基。故其音溫和而居中，以象生育之氣。小人則不然，執末以論本；務綱以爲基。故其音湫厲而微末，以象殺伐之氣。夫殺者，乃亂亡之風，奔北之爲也。紂爲北鄙之聲，其廢也忽焉。今由也，匹夫之徒，有亡國之聲，豈能保七尺之身哉！」冉有以告子路。子路自悔，不食，七日而骨立焉。孔子曰：「由之改過矣。」

門人不敬子路。子曰："由也升堂矣，未入於室也。"

子貢問："師與商也孰賢？"子曰："師也過，商也不及。"

禮記仲尼燕居篇曰：子曰：師爾過，而商也不及。子貢越席而對曰："敢問將何以爲此中者也？"子曰：禮乎禮，夫禮所以制中也。

又檀弓上篇曰：子夏既除喪而見，予之琴，和之而不和，彈之而不成聲。作而曰："哀未忘也，先王制禮，而弗敢過也。"子張既除喪而見，予之琴，和之而和，彈之而成聲。作而曰："先王制禮，不敢不至焉。"

曰："然則師愈與？"

禮記中庸篇曰：子曰：道之不明也，我知之矣。知者過之；愚者不及也。道之不行也，我知之矣。賢者過之；不肖者不及也。

樹達按：賢知者過之，愚不肖者不及，則過似勝於不及，故子貢以師愈爲問也。

子曰："過猶不及。"

新書容經篇曰：子路見孔子之背，磬折舉褒。曰：唯由也見。孔子聞之曰：由也何以遺忘也？故過猶不及，有餘猶不足也。

季氏富於周公，而求也爲之聚斂而附益之。子曰：「非吾徒也，小子鳴鼓而攻之可也！」

左傳哀公十一年曰：季氏欲以田賦，使冉有訪諸仲尼。仲尼曰：丘不識也。三發，卒曰：「子爲國老，待子而行，若之何子之不言也？」仲尼不對，而私於冉有曰：「君子之行也，度於禮。施取其厚，事舉其中，斂從其薄。如是則以丘亦足矣。若不度於禮而貪冒無厭，則雖以田賦，將又不足。且子季孫若欲行而法，則周公之典在；若欲苟而行，又何訪焉？」弗聽。

又哀公十二年曰：春王正月，用田賦。

孟子離婁上篇曰：孟子曰：求也爲季氏宰，無能改於其德，而賦粟倍他日。孔子曰：「求非我徒也，小子鳴鼓而攻之可也。」由此觀之，君不行仁政而富之，皆棄於孔子者也，況於爲之強戰。

論衡答佞篇曰：損上益下，忠臣之說也；損下益上，佞人之義也。季氏富於周公，而求也爲之聚斂而附益之，小子鳴鼓而攻之可也。聚斂季氏，不知其惡，不知百姓所共非也。

又順鼓篇曰：季氏富於周公，而求也爲之聚斂而附益之。孔子曰：「非吾徒也，小子鳴鼓而攻之可也。」攻者，責也，責讓之也。

柴也愚。

史記仲尼弟子傳曰：高柴，字子羔，少孔子三十歲。子羔長不盈五尺，受業孔子，孔子以爲愚。

大戴禮記衞將軍文子篇曰：自見孔子，入戶未嘗越屨；往來過人不履影；開蟄不殺；方長不折；

執親之喪，未嘗見齒。是高柴之行也。孔子曰：高柴執親之喪則難能也；開蟄不殺，則天道也；方長不折，則恕也，恕則仁也。

參也魯。

禮記檀弓上篇曰：曾子襲裘而弔；子游裼裘而弔。曾子指子游而示人曰：「夫夫也，爲習於禮者，如之何其裼裘而弔也？」主人既小歛，袒括髮，子游趨而出，襲裘帶絰而入。曾子曰：「我過矣！我過矣！夫夫是也。」

又曰：有子問於曾子曰：「問喪於夫子乎？」曰：「聞之矣。喪欲速貧，死欲速朽。」有子曰：「是非君子之言也。」曾子曰：「參也聞諸夫子也。」有子又曰：「是非君子之言也。」曾子曰：「參也與子游聞之。」有子曰：「然。然則夫子有爲言之也。」曾子以斯言告於子游。子游曰：「甚哉！有子之言似夫子也。昔者夫子居於宋，見桓司馬自爲石椁，三年而不成。夫子曰：『若是其靡也，死不如速朽之愈也。』死之欲速朽，爲桓司馬言之也。南宮敬叔反，必載寶而朝。夫子曰：『若是其貨也，喪不如速貧之愈也。』喪之欲速貧，爲敬叔言之也。」曾子以子游之言告於有子。有子曰：「然。吾固曰：非夫子之言也。」曾子曰：「子何以知之？」有子曰：「夫子制於中都，四寸之棺，五寸之椁，以斯知不欲速朽也。昔者夫子失魯司寇，將之荆，蓋先之以子夏，又申之以冉有，以斯知不欲速貧也。」

師也辟。

子張篇曰：子游曰：吾友張也，爲難能也，然而未仁。

又曰：曾子曰：堂堂乎張也，難與並爲仁矣。

樹達按：辟者，偏也。

由也喭。

子路篇曰：子路曰：「衛君待子而爲政，子將奚先？」子曰：「必也正名乎！」子路曰：「有是哉！子之迂也！奚其正？」子曰：「野哉！由也！君子於其所不知，蓋闕如也。」

衛靈公篇曰：在陳絶糧，從者病，莫能興。子路愠見。曰：「君子亦有窮乎？」子曰：「君子固窮，小人窮斯濫矣。」

述而篇曰：子謂顔淵曰：「用之則行，舍之則藏，唯我與爾有是夫！」子路曰：「子行三軍，則誰與？」子曰：「暴虎馮河，死而無悔者，吾不與也。必也臨事而懼，好謀而成者也。」

本篇曰：子路使子羔爲費宰。子曰：「賊夫人之子。」子路曰：「有民人焉；有社稷焉；何必讀書然後爲學。」子曰：「是故惡夫佞者。」

又曰：子路曾皙冉有公西華侍坐。子曰：「居則曰：不吾知也，如或知爾，則何以哉？」子路率爾而對。

韓詩外傳卷六曰：孔子行，簡子將殺陽虎，孔子似之，帶甲以圍孔子舍。子路愠怒，奮戟將下。孔子止之，曰：「由，何仁義之寡裕也。夫詩書之不習，禮樂之不講，是丘之罪也。若吾非陽虎而以我爲陽虎，則非丘之罪也。」說苑雜言篇文同。

子曰：「回也其庶乎，屢空。賜不受命而貨殖焉，億則屢中。」

漢書貨殖傳曰：子貢既學於仲尼，退而仕衛，發貯鬻財曹魯之閒，七十子之徒，賜最爲饒。而顏淵簞食瓢飲，在于陋巷。子貢結駟連騎，束帛之幣，聘享諸侯。所至，國君無不分庭與之抗禮。然孔子賢顏回而譏子貢，曰：「回也其庶乎，屢空。賜不受命而貨殖焉，億則屢中。」

鹽鐵論貧富篇曰：文學曰：孔子云：「富而可求，雖執鞭之事，吾亦爲之；如不可求，從吾所好。」君子求義，非苟富也，故刺子貢不受命而貨殖焉。

論衡知實篇曰：孔子曰：「賜不受命而貨殖焉，億則屢中，」罪子貢善居積，意貴賤之期，數得其時，故貨殖多，富比陶朱。

子張問善人之道。子曰：「不踐迹，亦不入於室。」

子曰：「論篤是與，君子者乎？色莊者乎？」

子路問：「聞斯行諸？」子曰：「有父兄在，如之何其聞斯行之。」

禮記曲禮上篇曰：父母在，不許友以死，不有私財。

又坊記篇曰：父母在，不敢有其身，不敢私其財，示民有上下也。

又檀弓上篇曰：未仕者不敢稅人，如稅人，則以父兄之命。

又坊記篇曰：父母在，饋獻不及車馬，示民不敢專也。

白虎通三綱六紀篇曰：朋友之道，親存不得行者二：不得許友以其身，不得專通財之恩。友飢，則白之於父兄，父兄許之，乃稱父兄與之，不聽則止。故曰：友飢爲之減餐；友寒爲之不重裘。故論語曰：「有父兄在，如之何其聞斯行之也。」

三國志吳志全琮傳曰：琮字子璜，吳郡錢唐人也。父柔，嘗使琮齎米數千斛到吳，有所市易。琮至，皆散用，空船而還。柔大怒，琮頓首曰：「愚以所市非急，而士大夫方有倒懸之患，故便振贍，不及啓報。」柔更以奇之。裴松之云：子路問：「聞斯行諸？」子曰：「有父兄在。」琮輒散父財，誠非子道，然士類懸命，憂在朝夕，權其輕重以先人急，斯亦馮諼市義、汲黯振救之類也。

冉有問：「聞斯行諸？」子曰：「聞斯行之。」

公西華曰：「由也問『聞斯行諸？』子曰：『有父兄在。』求也問『聞斯行諸？』子曰：『聞斯行之。』赤也惑。敢問？」

子曰：「求也退，故進之。

雍也篇曰：冉求曰：非不說子之道，力不足也。

由也兼人，故退之。」

公冶長篇曰：子路有聞，未之能行，唯恐有聞。

禮記學記篇曰：學者有四失，教者必知之。人之學也，或失則多；或失則少；或失則易；或失則止。此四者，心之莫同也。知其心，然後能救其失也。教也者，長善而救其失也。

韓非子難三篇曰：葉公子高問政於仲尼，仲尼曰：「政在說近而來遠。」哀公問政於仲尼，仲尼曰：「政在選賢。」齊景公問政於仲尼，仲尼曰：「政在節財。」三公出，子貢問曰：「三公問夫子政一也，夫子對之不同，何也？」仲尼曰：「葉都大而國小，民有背心，故曰政在說近而來遠。魯哀公有大臣三人，外障諸侯四鄰之士，內比周而以愚其君，使宗廟不掃除，社稷不血食者，必是三臣也。故曰政在選賢。齊景公築雍門，爲路寢，一朝而以三百乘之家賜者三。故曰政在節財。」尚書大傳略說、說苑政理篇文同。

樹達按：論語此章及韓非子所載問政之說，皆孔子之辨證法也。

子畏於匡。

證見卷九子罕篇子畏於匡條。

顏淵後，子曰：「吾以女爲死矣！」曰：「子在，回何敢死。」

呂氏春秋勸學篇曰：曾子曰：「君子行於道路，其有父者可知也；其有師者可知也。夫無父而無師者，餘若夫何哉？」此言事師之猶事父也。曾點使曾參，過期而不至，人皆見曾點，曰：「無乃畏耶？」曾點曰：「彼雖畏，我存，夫安敢畏。」孔子畏於匡，顏淵後。孔子曰：「吾以女爲死矣。」顏淵曰：「子在，回何敢死。」顏回之於孔子也，猶曾參之事父也。

季子然問：「仲由冉求可謂大臣與？」子曰：「吾以子爲異之問，曾由與求之問。所謂大臣者，以道事君，不可則止。

禮記內則篇曰：四十始仕，方物出謀發慮。道合則服從；不可則去。

又曲禮下篇曰：爲人臣之禮，不顯諫；三諫而不聽，則逃之。

孟子萬章下篇曰：君有過則諫；反覆之而不聽，則去。

禮記表記篇曰：子曰：事君三違而不出境，則利祿也。

春秋莊公二十四年曰：冬，戎侵曹，曹羈出奔陳。公羊傳曰：曹羈者，何？曹大夫也。曹無大夫，此何以書？賢也。何賢乎曹羈？戎將侵曹，曹羈諫曰：「戎衆以無義，君請勿自敵也。」曹伯曰：「不可。」三諫，不從，遂去之。故君子以爲得君臣之義也。

說苑正諫篇曰：君有過失者，危亡之萌也。見君之過失而不諫，是輕君之危亡也。夫輕君之危亡者，忠臣不忍爲也。三諫而不用則去，不去則身亡，身亡者，仁人所不忍爲也。夫不諫則危君；固諫則危身。與其危君，寧危身。危身而終不用，則諫亦無功矣。智者度君權時，調其緩急而處其宜。上不敢危君，下不以危身。故在國而國不危；在身而身不殆。昔陳靈公不聽泄冶之諫而殺之。曹羈三諫曹君，不聽而去。春秋序義，雖俱賢，而曹羈合禮。

白虎通諫諍篇曰：諸侯之臣諍不從，得去，何？以屈尊申卑，孤惡君也。

今由與求也，可謂具臣矣。」

八佾篇曰：季氏旅於泰山，子謂冉有曰：「女弗能救與？」對曰：「不能。」

季氏篇曰：季氏將伐顓臾，冉有季路見於孔子曰：「季氏將有事於顓臾。」孔子曰：「求，無乃爾是過與？夫顓臾，昔者先王以爲東蒙主，且在邦域之中矣，是社稷之臣也，何以伐爲？」冉有曰：「夫子欲之，吾二臣者皆不欲也。」孔子曰：「求，周任有言曰：陳力就列，不能者止。危而不持，顛而不扶，則將焉用彼相矣？且爾言過矣，虎兕出於柙，龜玉毀於櫝中，是誰之過與？今由與求也相夫子，遠人不服而不能來也；邦分崩離析而不能守也；而謀動干戈於邦內，吾恐季孫之憂不在顓臾而在蕭牆之內也。」

本篇曰：季氏富於周公，而求也爲之聚斂而附益之。子曰：「非吾徒也，小子鳴鼓而攻之可也。」

曰：「然則從之者與？」子曰：「弒父與君，亦不從也。」

子路使子羔爲費宰。子曰：「賊夫人之子。」子路曰：「有民人焉；有社稷焉；何必讀書，然後爲學。」

左傳襄公三十一年曰：子皮欲使尹何爲邑，子產曰：「少，未知可否。」子皮曰：「愿，吾愛之，不吾叛也。使夫往而學焉，夫亦愈知治矣。」子產曰：「不可。人之愛人，求利之也。今吾子愛人則以政，猶未能操刀而使割也，其傷實多。子有美錦，不使人學製焉。大官大邑，身之所庇也，而使學者製焉，其爲美錦，不亦多乎？僑聞：學而後入政，未聞以政學者也。若果行此，必有所害。譬如田獵，射御貫則能獲禽；若未嘗登車射御，則敗績厭覆是懼，何暇思獲。」子皮曰：「善哉！微子之言，吾不知也。」

論衡量知篇曰：鄭子皮使尹何爲政，子産比於未能操刀使之割也；子路使子羔爲費宰，孔子曰：賊夫人之子，皆以未學不見大道也。

子曰：「是故惡夫佞者。」

公冶長篇曰：子曰：焉用佞？禦人以口給，屢憎於人，焉用佞？

子路曾晳冉有公西華侍坐。

史記仲尼弟子傳曰：曾蒧，字晳，曾參父。

樹達按：點蒧同音通用。

子曰：「以吾一日長乎爾，毋吾以也！居則曰：不吾知也，如或知爾，則何以哉？」

子路率爾而對曰：「千乘之國，攝乎大國之閒，加之以師旅，因之以饑饉，由也爲之，比及三年，可使有勇且知方也。」

公冶長篇曰：孟武伯問：「子路仁乎？」子曰：「不知也。」又問，子曰：「由也，千乘之國，可使治其賦也。」

夫子哂之。

「求！爾何如？」對曰：「方六七十，如五六十，求也爲之，比及三年，可使足民。如其禮樂，以俟君子。」

公冶長篇曰：孟武伯問：「求也何如？」子曰：「求也，千室之邑，百乘之家，可使爲之宰也。」

「赤！爾何如？」對曰：「非曰能之，願學焉。宗廟之事如會同，端章甫，願爲小相焉。」

公冶長篇曰：孟武伯問：「赤也何如？」子曰：「赤也，束帶立於朝，可使與賓客言也。」

大戴禮記衞將軍文子篇曰：子貢曰：「志通而好禮，擯相兩君之事，篤雅其有禮節也。是公西赤之行也。」孔子曰：「禮儀三百，可勉能也，威儀三千則難也。」公西赤問曰：「何謂也？」孔子曰：「貌以擯禮，禮以擯辭，是之謂也。」孔子之語人也，曰：「當賓客之事則通矣。」謂門人曰：「二三子欲學賓客之禮者，於赤也。」

「點！爾何如？」鼓瑟希，鏗爾，舍瑟而作，對曰：「異乎三子者之撰。」子曰：「何傷乎，亦各言其志也。」曰：「暮春者，春服既成，冠者五六人，童子六七人，浴乎沂，風乎舞雩，詠而歸。」夫子喟然歎曰：「吾與點也。」

後漢書仲長統傳曰：統常以爲：凡遊帝王者，欲以立身揚名耳。而名不常存，人生易滅；優遊偃仰，可以自娛；欲卜居清曠以樂其志。論之曰：使居有良田廣宅，背山臨流；溝池環市，竹木周匹；場圃築前，果園樹後；舟車足以代步涉之難，使令足以息四體之役；養親有兼珍之膳，妻孥無苦身之勞；良朋萃止，則陳酒肴以娛之；嘉時吉日，則烹羔豚以奉之；躊躇畦苑，遊戲平林；濯清水，追涼風；釣遊鯉，弋高鴻；諷於舞雩之下，詠歸高堂之上；安神閨房，思老氏之玄虛；呼吸精和，求至人之仿佛；與達者數子論道講書，俯仰二儀，錯綜人物；彈南風之雅操，發清商之妙曲；逍遥一世之上，睥睨天地之閒；不受當時之責，永保性命之期；如是，則可以陵霄漢，出宇宙之外矣。豈羨夫入帝王之門哉。

樹達按：孔子所以與曾點者，以點之所言爲太平社會之縮影也。

三子者出，曾皙後，曾皙曰：「夫三子者之言何如？」子曰：「亦各言其志也已矣。」曰：「夫子何哂由也？」曰：「爲國以禮，其言不讓，是故哂之。」

禮記曲禮上篇曰：侍於君子，不顧望而對，非禮也。

「唯求則非邦也與？」「安見方六七十如五六十而非邦也者！」「唯赤則非邦也與？」「宗廟會同，非諸侯而何？赤也爲之小，孰能爲之大！」

論語疏證卷第十二

顏淵篇第十二

顏淵問仁，子曰：「克己復禮，爲仁。」

左傳昭公十二年曰：楚子狩于州來，次于潁尾。右尹子革夕，左史倚相過，王曰：「是良史也，子善視之！是能讀三墳五典八索九丘。」對曰：「臣嘗問焉，昔穆王欲肆其心，周行天下，將皆必有車轍馬跡焉。祭公謀父作祈招之詩以止王心，王是以獲沒於祇宮。臣問其詩而不知也。若問遠焉，其焉能知之？」王曰：「子能乎？」對曰：「能。其詩曰：『祈招之愔愔，式昭德音，思我王度，式如玉，式如金，形民之力而無醉飽之心。』」王揖而入，饋不食，寢不寐，數日，不能自克，以及於難。仲尼曰：「古也有志，『克己復禮，仁也。』信善哉！楚靈王若能如是，豈其辱於乾谿。」

一日克己復禮，天下歸仁焉。

後漢書梁節王暢傳曰：和帝詔報暢曰：「朕惟王至親之屬，淳淑之美，傅相不良，不能防邪，至令有司紛紛有言。今王深思悔過，端自克責，朕惻然傷之。志匪由于咎，在彼小子，一日克己復禮，天下歸仁。王其安心靜意，茂率休德。」

爲仁由己，而由人乎哉？

述而篇曰：子曰：「仁遠乎哉？我欲仁，斯仁至矣。」

顏淵曰：「請問其目。」子曰：「非禮勿視；非禮勿聽；非禮勿言；非禮勿動。」

禮記中庸篇曰：「齊明盛服，非禮不動，所以修身也。」

又樂記篇曰：是故君子反情以利其志，比類以成其行。姦聲亂色不留聰明；淫樂慝禮不接心術；惰慢邪僻之氣不設於身體；使耳目鼻口心知百體皆由順正以行其義。

國語周語下曰：單子曰：步言視聽必皆無謫，則可以知德矣。視遠曰絕其義；足高曰棄其德；言爽曰反其信；聽淫曰離其名。夫目以處義，足以踐德，口以庇信，耳以聽名，故不可不愼也。

春秋繁露天道施篇曰：夫禮，體情而妨亂者也，民之情不能制其欲，使之度禮。目視正色，耳聽正聲，口食正味，身行正道，非奪之情，所以安其情也。

荀子勸學篇曰：君子知夫不全不粹之不足以爲美也，故誦數以貫之，思索以通之，爲其人以處之，除其害者以持養之。使目非是無欲見也，使耳非是無欲聞也，使口非是無欲言也，使心非是無欲慮也。及至其致好之也，目好之五色，耳好之五聲，口好之五味，心利之有天下。是故權利不能傾也，羣衆不能移也，天下不能蕩也。生乎由是，死乎由是，夫是之謂德操。

韓詩外傳卷十曰：吳延陵季子遊於齊，見遺金，呼牧者取之。牧者曰：「子居之高，視之下；貌之君子而言之野也。吾有君不君，有友不友，當暑衣裘，君疑取金者乎？」延陵子知其爲賢者，請問姓字。牧者曰：「子乃皮相之士也，何足語姓字哉！」遂去。延陵季子立而望之，不見乃止。孔子曰：

非禮勿視；非禮勿聽。

顏淵曰：「回雖不敏，請事斯語矣。」

仲弓問仁，子曰：「出門如見大賓，使民如承大祭。己所不欲，勿施於人。

左傳僖公三十三年曰：臼季使，過冀，見冀缺耨，其妻饁之，敬，相待如賓。與之歸。言諸文公曰：「敬，德之聚也，能敬必有德，德以治民，君請用之。臣聞之，出門如賓，承事如祭，仁之則也。」

衞靈公篇曰：子貢問曰：「有一言而可以終身行之者乎？」子曰：「其恕乎！己所不欲，勿施於人。」

禮記中庸篇曰：忠恕違道不遠。施諸己而不願，亦勿施於人。

公冶長篇曰：子貢曰：我不欲人之加諸我也，吾亦欲無加諸人。

禮記大學篇曰：所惡於上，毋以使下；所惡於下，毋以事上；所惡於前，毋以先後；所惡於後，毋以從前；所惡於右，毋以交於左；所惡於左，毋以交於右。此之謂絜矩之道。

又祭統篇曰：是故君子之事君也，必身行之。所不安於上，則不以使下；所惡於下，則不以事上。非諸人，行諸己，非敎之道也。

孟子離婁上篇曰：得天下有道，得其民，斯得天下矣；得其民有道，得其心，斯得其民矣；得其心有道，所欲，與之聚之，所惡，勿施爾也。民之歸仁也，猶水之就下，獸之走壙也。

韓詩外傳卷三曰：己惡飢寒焉，則知天下之欲衣食也；己惡勞苦焉，則知天下之欲安佚也；己惡衰乏焉，則知天下之欲富足也。知此三者，聖王所以不降席而匡天下。故君子之道，忠恕而已矣。

在邦無怨；在家無怨。」

禮記中庸篇曰：正己而不求於人，則無怨。

仲弓曰：「雍雖不敏，請事斯語矣。」

司馬牛問仁，子曰：「仁者其言也訒。」曰：「其言也訒，斯謂之仁矣乎？」子曰：「爲之難，言之得無訒乎？」

史記仲尼弟子傳曰：司馬耕，字子牛，牛多言而躁，問仁於孔子。孔子曰：「仁者其言也訒。」曰：「其言也訒，斯可謂之仁乎？」子曰：「爲之難，言之得無訒乎？」

里仁篇曰：子曰：「古者言之不出，恥躬之不逮也。」

憲問篇曰：子曰：「君子恥其言而過其行。」

禮記中庸篇曰：庸德之行；庸言之謹。有所不足，不敢不勉；有餘不敢盡。言顧行；行顧言；君子胡不慥慥爾？

司馬牛問君子，子曰：「君子不憂不懼。」

子罕篇曰：子曰：智者不惑，仁者不憂，勇者不懼。

曰：「不憂不懼，斯謂之君子矣乎？」子曰：「內省不疚，夫何憂何懼？」

禮記中庸篇曰，故君子內省不疚，無惡於志，君子之所不可及者，其惟人之所不見乎。

司馬牛憂曰：「人皆有兄弟，我獨亡。」

左傳哀公十四年曰：宋桓魋之寵，害於公，公將討之。未及，魋先謀公，公知之，召左師向巢，以命其徒攻桓氏，向魋遂入于曹以叛。民遂叛之，向魋奔衞。司馬牛致其邑與珪焉而適齊。魋奔齊，司馬牛又致其邑焉而適吳。吳人惡之而反，卒於魯郭門之外，阬氏葬諸丘輿。

樹達按：牛爲桓魋之弟。牛云無兄弟者，謂無賢兄弟也。

子夏曰：「商聞之矣，死生有命，

韓詩外傳卷一曰：哀公問孔子曰：有智壽乎？孔子曰：然。人有三死而非命也者，自取之也。居處不理，飲食不節，勞過者，病共殺之。居下而好干上，嗜慾無厭，求索不止者，刑共殺之。少以敵衆，弱以侮強，忿不量力者，兵共殺之。故有三死而非命者，自取之也。說苑雜言篇文同。

富貴在天。

孟子萬章上篇曰：萬章問曰：「或謂：孔子於衞主癰疽，於齊主侍人瘠環，有諸乎？」孟子曰：「否，不然也，好事者爲之也。於衞主顏讎由。彌子之妻與子路之妻，兄弟也。彌子謂子路曰：『孔子主我，衞卿可得也。』子路以告。孔子曰：『有命。』孔子進以禮，退以義，得之不得曰有命，而主癰疽與侍人瘠環，是無義無命也。」

憲問篇曰：公伯寮愬子路於季孫，子服景伯以告。曰：「夫子固有惑志於公伯寮，吾力猶能肆諸市朝。」子曰：「道之將行也與，命也；道之將廢也與，命也。公伯寮其如命何？」

君子敬而無失，與人恭而有禮，四海之內皆兄弟也，君子何患乎無兄弟也？」

大戴禮記曾子制言上篇曰：曾子門弟子或將之晉，曰：「吾無知焉。」曾子曰：「何必然！往矣！有知焉謂之友，無知焉謂之主。且夫君子執仁立志，先行後言，千里之外皆爲兄弟。苟是之不爲，則雖汝親，庸孰能親汝乎？」

樹達按：無知謂無相知之人。

說苑雜言篇曰：夫子曰：敬其行，修其禮，千里之外，親如兄弟；若行不敬，禮不合，對門不通矣。

子張問明。子曰：「浸潤之譖，膚受之愬不行焉，可謂明也已矣；浸潤之譖，膚受之愬，不行焉，可謂遠也已矣。」

逸周書謚法解曰：譖訴不行曰明。

子貢問政。子曰：「足食，

書洪範篇曰：八政，一曰食。尚書大傳曰：八政何以先食？傳曰：食者，萬物之始，人事之本也。故八政先食。

禮記王制篇曰：國無九年之蓄曰不足；無六年之蓄曰急；無三年之蓄，曰國非其國也。三年耕必有一年之食；九年耕必有三年之食；以三十年之通，雖有凶旱水溢，民無菜色。

春秋莊公二十八年曰：臧孫辰告糴于齊。公羊傳曰：告糴者，何？請糴也。何以不稱使？以爲臧孫辰之私行也。曷爲以臧孫辰之私行？君子之爲國也，必有三年之委。一年不熟，告糴，譏也。

逸周書文傳篇曰：天有四殃，水旱饑荒。其至無時，非務積聚，何以備之？夏箴曰：小人無兼年之食，遇天饑，妻子非其有也；大夫無兼年之食，遇天饑，臣妾輿馬非其有也；國無兼年之食，遇天饑，百姓非其有也。

墨子七患篇曰：且夫食者，聖人之所寶也。周書曰：國無三年之食者，國非其國也；家無三年之食者，子非其子也。此之謂國備。

孔叢子刑論篇曰：孔子曰：民之所以生者，衣食也。上不教民，民匱其生，飢寒切於身而不爲非者，寡矣。

足兵，

易象傳曰：澤上於地，萃。君子以除戎器，戒不虞。

左傳襄公二十七年曰：宋子罕曰：天生五材，民並用之，廢一不可，誰能去兵？兵之設久矣，所以威不軌而昭文德也。聖人以興，亂人以廢。廢興存亡昏明之術，皆兵之由也。

穀梁傳襄公二十五年曰：古者雖有文事，必有武備。

司馬法曰：國雖大，好戰必亡；天下雖安，忘戰必危。

春秋僖公三年曰：徐人取舒。公羊傳曰：其言取之，何？易也。何注云：易者，由無守禦之備。鹽鐵論險固篇曰：關梁者，邦國之固，而山川社稷之寶也。徐人取舒，春秋謂之取，惡其無備，得物之易也。故君子爲國，必有不可犯之難。易曰：「重門擊柝以待暴客，」言備之素修也。

說苑指武篇曰：夫兵不可玩，玩則無威；兵不可廢，廢則召寇。昔吳王夫差好戰而亡，徐偃王無武亦滅。故明王之制國也，上不玩兵，下不廢武。易曰：存不忘亡，是以身安而國可保也。

又曰：楚文王伐徐，殘之。徐偃王將死，曰：吾賴於文德而不明武備，好行仁義之道，而不知詐人之心，以至於此夫。古之王者其有備乎！

漢書藝文志曰：鴻範八政，八曰師。孔子曰爲國者「足食足兵」，「以不教民戰，是謂棄之。」明兵之重也。易曰「古者弦木爲弧；剡木爲矢，弧矢之利以威天下」，其用上矣。

大戴禮記王言篇曰：孔子曰：其禮可守，其信可復，其跡可履。其於信也，如四時春秋冬夏；其博有萬民也，如飢而食，如渴而飲，下土之人信之。若夫暑熱凍寒，遠若邇，非道邇也，及其明德也。是以兵革不動而威，用利不施而親。此之謂明王之守也，折衝乎千里之外，此之謂也。

民信之矣。」

子貢曰：「必不得已而去，於斯三者何先？」曰：「去兵。」

逸周書糴匡解曰：年饑則兵備不制，男守疆，戎禁不出。

子貢曰：「必不得已而去，於斯二者何先？」曰：「去食。

周禮地官均人曰：凶禮則無力政，無財賦，不收地守地職，不均地政。

周書大匡解曰：農廩分鄉，鄉命受糧，成年不償，信誠匡助，以輔殖財。

自古皆有死，民無信不立。」

棘子成曰：「君子質而已矣，何以文爲？」

春秋繁露玉杯篇曰：質文兩備，然後其禮成；文質偏行，不得有我爾之名。俱不能備而偏行之，寧有質而無文。

子貢曰：「惜乎！夫子之說，君子也，駟不及舌。

說苑說叢篇曰：一言而非，四馬不能追；一言不急，四馬不能及。

又曰：口者，關也；舌者，機也。出言不當，四馬不能追也。

文猶質也，質猶文也；虎豹之鞟猶犬羊之鞟。」

雍也篇曰：子曰：質勝文則野，文勝質則史。文質彬彬，然後君子。

樹達按：孔子言：「禮，與其奢也，寧儉；喪，與其易也，寧戚。」又曰：「奢則不孫；儉則固。與其不孫也，寧固。」皆以文質不得兼備，則寧有質而無文。前舉董生之言，正孔子之義也。此與棘子成之說異者，棘子成意謂有質則已足，不復用文。孔子則以文質兼備爲主，萬不得已，則存質而舍文。兩說輕重不同，貌雖似同而實則有異，故子貢非其說而惜之也。然子貢謂文猶質，質猶文，於文質之輕重本末不加分別，似又非孔子之意矣。

哀公問於有若曰：「年饑，用不足，如之何？」有若對曰：「盍徹乎？」

孟子滕文公上篇曰：夏后氏五十而貢，殷人七十而助，周人百畝而徹，其實皆什一也。徹者，徹也；助者，藉也。

曰：「二，吾猶不足，如之何其徹也？」

春秋宣公十五年曰：初稅畝。杜注云：公田之法，十取其一，今又履其餘畝，復十收其一。故哀公曰二，吾猶不足，遂爲常，故曰初。

對曰：「百姓足，君孰與不足？百姓不足，君孰與足？」

說苑政理篇曰：魯哀公問政於孔子。對曰：「政有使民富。」哀公曰：「何謂也？」孔子曰：「薄稅斂則民富。」公曰：「若是則寡人貧矣。」孔子曰：「詩云：愷悌君子，民之父母，未見其子富而父母貧者也。」

荀子富國篇曰：下貧則上貧；下富則上富。故田野縣鄙者，財之本也；垣窌倉廩者，財之末也。百姓時和，事業得敍者，貨之源也；等賦府庫者，貨之流也。故明主必謹養其和，節其流，開其源，而時斟酌焉。潢然知天下必有餘而上不憂不足。如是，則上下俱富，多無所藏之，是知國計之極也。

說苑政理篇曰：文王問於呂望曰：「爲天下若何？」對曰：「王國富民，霸國富士，僅存之國富大夫，亡道之國富倉府。」是謂上溢而下漏。

新語辨惑篇曰：昔哀公問於有若曰：「年飢，用不足，如之何？」有若對曰：「盍徹乎？」蓋損上而歸之於下。忤於耳而不合於意，遂逆而不用也。

國語楚語上曰：伍舉曰：「夫君國者，將民之與處。民實瘠矣，君安得肥？」

子張問崇德辨惑。子曰：「主忠信，

證見卷一學而篇。

徙義，崇德也。

易象傳曰：風雷益。君子以見善則遷，有過則改。

述而篇曰：子曰：德之不修，學之不講，聞義不能徙，不善不能改，是吾憂也。

愛之欲其生，惡之欲其死；既欲其生，又欲其死，是惑也。」按此下本有「誠不以富亦祇以異」二句，今依程子校移至十六篇。

禮記檀弓下篇曰：今之君子，進人若將加諸膝，退人若將隊諸淵。

漢書王尊傳曰：湖三老公乘興上書曰：尊以京師廢亂，羣盜並興，選賢徵用，起家爲卿。賊亂既除，豪猾伏辜，即以佞巧廢黜。一尊之身，三期之閒，乍賢乍佞，豈不甚哉！孔子曰：愛之欲其生，惡之欲其死，是惑也。

三國志魏志邴原傳注引原別傳曰：爲郡所召，署功曹主簿。時魯國孔融在郡，敎選計當任公卿之才，原爲計佐。融有所愛一人，常盛嗟嘆之，後恚望，欲殺之。朝吏皆請，融意不解，原獨不爲請。融謂原曰：「衆皆請而君何獨不？」對曰：「明府於某本不薄也，常言歲終當擧之，此所謂吾一子也，而今乃欲殺之。明府愛之，則引而方之於子；憎之，則推之欲危其身。原愚，不知明府以何愛之？以何惡之？」融曰：「某生於微門，吾成就其兄弟，拔擢而用之，某今孤負恩施。夫善則進之，惡則誅之，固君道也。往者應仲遠爲泰山太守，擧一孝廉，旬月之閒而殺之。夫君人者，厚薄何常之有？」原對曰：「夫孝廉，國之俊選也，擧之若是，則殺之非也；若殺之是，則擧之非也。語云：愛之欲其生，惡之欲其死，是惑也。仲遠之惑甚矣，明府奚取焉？」

齊景公問政於孔子，

史記齊太公世家曰：崔杼弑莊公，立莊公異母弟杵臼，是爲景公。

孔子對曰：「君君，臣臣，父父，子子。」

禮記大學篇曰：爲人君，止於仁；爲人臣，止於敬；爲人子，止於孝；爲人父，止於慈。

又哀公問篇曰：公曰：「敢問爲政如之何？」孔子對曰：「夫婦別；父子親；君臣嚴。三者正則庶物從之矣。」大戴禮記哀公問於父子篇同。

孟子離婁上篇曰：欲爲君，盡君道；欲爲臣，盡臣道。二者皆法堯舜而已矣。

荀子君道篇曰：請問爲人君，曰：「以禮分施，均徧而不偏。」請問爲人臣，曰：「以禮待君，忠順而不懈。」請問爲人父，曰：「寬惠而有禮。」請問爲人子，曰：「敬愛而致文。」此道也，偏立而亂，俱立而治。其足以稽矣。

呂氏春秋處方篇曰：凡爲治，必先定分，君臣父子夫婦六者當位，則下不踰節而上不苟爲矣，少不悍辟而長不簡慢矣。

公曰：「善哉！信如君不君，臣不臣，

國語齊語曰：管子曰：爲君不君，爲臣不臣，亂之本也。

左傳昭公三年曰：叔向曰：「齊其何如？」晏子曰：「此季世也，吾弗知齊其爲陳氏矣。公棄其民而歸於陳氏。齊舊四量：豆，區，釜，鍾。四升爲豆，各自其四以登於釜；釜十則鍾。陳氏三量，皆登一焉，鍾乃大矣。以家量貸，而以公量收之。山木如市，弗加於山；魚鹽蜃蛤，弗加於海。民參其力，二入於公而衣食其一，公聚朽蠹而三老凍餒。國之諸市，屨賤踊貴。民人痛疾，而或燠休之，其愛之如父母，而歸之如流水，欲無獲民，將焉辟之？」

又二十六年曰：齊侯與晏子坐於路寢。公嘆曰：「美哉！室，其誰有此乎？」晏子曰：「其陳氏乎！陳氏雖無大德，而有施於民。豆區釜鍾之數，其取之公也薄，其施之民也厚。公厚斂焉，陳氏厚施焉，民歸之矣。後世若少惰，陳氏而不亡，則國其國也已。」公曰：「是可若何？」對曰：「唯禮可以已之。在禮，家施不及國。」

父不父，子不子。

晏子春秋諫上篇曰：淳于人納女于景公，生孺子荼，景公愛之，諸臣謀欲廢公子陽生而立荼。公以告晏子，晏子曰：「不可。夫以賤匹貴，國之害也；置大立少，亂之本也。夫陽生生而長，國人戴之，君其勿易。夫服位有等，故賤不陵貴；立子有禮，故孽不亂宗。願君教荼以禮而勿陷于邪，導之以義而勿湛于利。長少行其道，宗孽得其倫。夫陽生敢毋使荼饜粱肉之味，玩金石之聲，而有患乎？廢長立少，不可以教下；尊孽卑宗，不可以利所愛。長少無等，宗孽無別，是設賊樹姦之本也。君其圖之。古之明君非不知立愛也，以爲義失則憂，是故立子以道。若夫恃讒諛以事君者，不足以責信。今君用讒人之謀，聽亂夫之言也，廢長立少，臣恐後人之有因君之過以資其邪，廢少而立長以成其利者。君其圖之。」公不聽。景公沒，田氏殺君荼，立陽生；殺陽生，立簡公；殺簡公而取齊國。

春秋哀公五年曰：齊侯杵臼卒。左氏傳曰：齊燕姬生子，不成而死。諸子鬻姒之子荼嬖。諸大夫恐其爲大子也，言於公曰：「君之齒長矣，未有大子，若之何？」公曰：「二三子閒於憂虞，則有疾疢，亦姑謀樂，何憂於無君？」公疾，使國惠子高昭子立荼，寘羣公子於萊。秋，齊景公卒。冬十月，公子嘉公子駒公子黔奔衛；公子鉏公子陽生來奔。萊人歌之曰：「景公死乎，不與埋；三軍之事乎，不與謀。師乎師乎！何黨之乎？」

又六年曰：齊陽生入于齊，齊陳乞弑其君荼。

雖有粟，吾得而食諸？」

史記太史公自序曰：夫不通禮義之旨，至於君不君，臣不臣，父不父，子不子。夫君不君則犯，臣不臣則誅，父不父則無道，子不子則不孝。此四行者，天下之大過也。

子曰：「片言可以折獄者，其由也與！」子路無宿諾。

左傳哀公十四年曰：小邾射以句繹來奔。曰：「使季路要我，吾無盟矣。」使子路，子路辭。季康子使冉有謂之曰：「千乘之國，不信其盟，而信子之言，子何辱焉？」

子曰：「聽訟吾猶人也，

說苑至公篇曰：孔子爲魯司寇，聽獄必師斷。師，衆也。敦敦然皆立，然後君子進曰：「某子以爲何若？」某子以爲云云。又曰：「某子以爲何若？」某子曰：「云云。」辯矣，辯與徧同。然後君子幾當從某子云云乎。以君子之知，豈必待某子之云云然後知所以斷獄哉！君子之敬讓也，文辭有可與人共之者，君子不獨有也。

必也使無訟乎！」

禮記大學篇曰：子曰：聽訟吾猶人也，必也使無訟乎。無情者不得盡其辭，大畏民志，此謂知本。

大戴禮記禮察篇曰：禮者，禁於將然之前；而法者，禁於已然之後。是故法之所用易見；而禮之所爲生難知也。若夫慶賞以勸善，刑罰以懲惡，先王執此之正堅如金石，行此之信順如四時，據此之功無私如天地爾，豈顧不用哉！然如曰禮云禮云者，貴絕惡於未萌，而起敎於微眇，使民日徙善遠罪而不自知也。孔子曰：「聽訟吾猶人也，必也使毋訟乎！」此之謂也。漢書賈誼傳同。

史記酷吏傳曰：孔子曰：「導之以政，齊之以刑，民免而無恥；導之以德，齊之以禮，有恥且格。」老氏稱：「上德不德，是以有德；下德不失德，是以無德。法令滋章，盜賊多有。」太史公曰：信哉！是言也。法令者，治之具；而非制治淸濁之源也。昔天下之網嘗密矣；然姦僞萌起，其極也，上下相遁，至於不振。當是之時，吏治若救火揚沸，非武健嚴酷，惡能勝其任而愉快乎！言道德者溺其職矣。故曰：「聽訟吾猶人也，必也使毋訟乎！」

潛夫論德化篇曰：是故上聖不務治民事而務治民心。故曰：「聽訟吾猶人也，必也使無訟乎。」「導之以德；齊之以禮。」務厚其情而明其義。民親愛則無相害傷之意，動思義則無姦邪之心。夫若此者，非法律之所使也，非威刑之所彊也，此乃敎化之所致也。

荀子宥坐篇曰：孔子爲魯司寇。有父子訟者，孔子拘之，三月不別。其父請止，孔子舍之。

韓詩外傳卷三曰：傳曰：魯有父子訟者，康子欲殺之。孔子曰：「未可殺也，夫民不知父子訟之爲不義久矣。是則上失其道。上有道，是人亡矣。」訟者聞之，請無訟。

漢書刑法志曰：「孔子曰：『古之知法者能省刑，本也；今之知法者不失有罪，末矣。』」

又韓延壽傳曰：延壽爲吏，上禮義，好古教化。所至必聘其賢士，以禮待用；廣謀議；納諫爭；舉行喪讓財；表孝弟有行。修治學官。春秋鄉社，陳鐘鼓管弦，盛升降揖讓。又置正五長，相率以孝弟，不得舍姦人。在東郡三歲，令行禁止，斷獄大減，爲天下最。入守左馮翊，行縣至高陵，民有昆弟相與訟田，自言，延壽大傷之。曰：「幸得備位，爲郡表率，不能宣明教化，至令民有骨肉爭訟，旣傷風化，重使賢長吏、嗇夫、三老、孝弟受其恥，咎在馮翊，當先退。」是日，移病，不聽事。因入臥傳舍，閉閤思過。一縣莫知所爲。於是訟者轉相責讓，此兩昆弟深自悔，皆自髡肉袒謝，願以田相移，終死不敢復爭。延壽大喜，開閤延見，內酒肉，與相對飲食。厲勉以意告鄉部，有以表勸悔過從善之民。延壽乃起聽事，郡中歙然，莫不轉相敕厲，不敢犯。延壽恩信周徧二十四縣，莫復以辭訟自言者。

孔叢子對魏王篇曰：信陵君問子高曰：「古之善爲國者至於無訟，其道何由？」答曰：「由乎政善也。上下勤德而無私，德無不化，俗無不移。衆之所譽，政之所是也；衆之所毀，政之所非也。毀譽是非與政相應，所以無訟也。」

子張問政。子曰：「居之無倦，行之以忠。」

子路篇曰：子路問政，子曰：「先之，勞之。」請益，曰：「無倦。」

子曰：「博學於文，約之以禮，亦可以弗畔矣夫。」

證見卷六雍也篇。

子曰：「君子成人之美，不成人之惡。小人反是。」

春秋隱公元年曰：元年春王正月。穀梁傳曰：公何以不言卽位？成公志也。焉成之？言君之不取爲公也。君之不取爲公，何也？將以讓桓也。讓桓正乎？曰：不正。春秋成人之美，不成人之惡。隱不正而成之，何也？將以惡桓也。其惡桓，何也？隱將讓而桓弒之，則桓惡矣；桓弒而隱讓，則隱善矣。善則其不正焉，何也？春秋貴義而不貴惠，信道而不信邪。孝子揚父之美，不揚父之惡。先君之欲與桓，非正也，邪也。雖然，既勝其邪心以與隱矣，已探先君之邪志而遂以與桓，則是成父之惡也。

季康子問政於孔子。孔子對曰：「政者，正也。子帥以正，孰敢不正？」

子路篇曰：苟正其身矣，於從政乎何有？不能正其身，如正人何？

又曰：子曰：其身正，不令而行；其身不正，雖令不從。

禮記哀公問篇曰：公曰：「敢問：何謂爲政？」孔子對曰：「政者，正也。君爲正則百姓從政矣。君之所爲，百姓之所從也。君所不爲，百姓何從？」大戴禮記哀公問於孔子篇同。

大戴禮記王言篇曰："上者，民之表也，表正則何物不正？故君先立於仁，則大夫忠而士信；民敦；工樸；商慤；女憧；婦空空。"

孟子離婁下篇曰："君仁莫不仁；君義莫不義；君正莫不正。一正君而國定矣。"

左傳襄公二十一年曰："春，邾庶其以漆閭丘來奔，季武子以公姑姊妻之，皆有賜於從者。於是魯多盜，季孫謂臧武仲曰：'子盍詰盜？'武仲曰：'不可詰也。子召外盜而大禮焉，何以止吾盜？庶其竊邑於邾以來，子以姬氏妻之而與之邑，其從者皆有賜焉。若大盜，禮焉以君之姑姊與其大邑；其次，皁牧輿馬；其小者，衣裳劍帶；是賞盜也。賞而去之，其或難焉。紇也聞之，在上位者洒濯其心，壹以待人，軌度其信，可明徵也，而後可以治人。夫上之所爲，民之歸也；上所不爲，而民或爲之，是以加刑罰焉，而莫敢不懲。若上之所爲，而民亦爲之，乃其所也，又可禁乎？'"

說苑反質篇曰："齊桓公謂管仲曰：'吾國甚小而財用甚少，羣臣衣服輿馬甚汰，吾欲禁之，可乎？'管仲曰：'臣聞之：君嘗之，臣食之；君好之，臣服之。今君之食也，必桂之漿，衣練紫之衣，狐白之裘，此羣臣之所以奢泰也。詩云："不躬不親，庶民不信。"君欲禁之，胡不自親乎？'桓公曰：'善。'於是更製練白之衣，大帛之冠，朝，一載而齊國儉也。"

季康子患盜，問於孔子。孔子對曰："苟子之不欲，雖賞之不竊。"

說苑貴德篇曰："周天子使家父毛伯求金於諸侯，春秋譏之。故天子好利則諸侯貪；諸侯貪則大夫鄙；大夫鄙則庶人盜。上之變下，猶風之靡草也。

荀子正論篇曰：天下有道，盜其先變乎。

又君子篇曰：聖王在上，分義行乎下，則士大夫無流淫之行；百吏庶人無怠慢之事；衆庶百姓無姦怪之俗；無盜賊之罪；莫敢犯大上之禁。天下曉然知夫盜竊之人不可以爲富也；皆知夫賊害之人不可以爲壽也；皆知夫犯上之禁不可以爲安也。由其道，則人得其所好焉；不由其道，則必遇其所惡焉。是故刑罰綦省而威行如流。

季康子問政於孔子曰：「如殺無道以就有道，何如？」

韓詩外傳卷三曰：季孫子之治魯也，衆殺人而必當其罪；多罰人而必當其過。

孔子對曰：「子爲政，焉用殺？

韓詩外傳卷三曰：魯有父子訟者，康子欲殺之。孔子曰：「未可殺之，夫民不知父子訟之爲不義久矣。是則上失其道。上有道，是人亡矣。」訟者聞之，請無訟。康子曰：「治民以孝。殺一不義以僇不孝，不亦可乎？」孔子曰：「否。不教而聽其獄，殺不辜也。三軍大敗，不可誅也；獄讞不治，不可刑也。上陳之教而先服之，則百姓從風矣；邪行不從，然後俟之以刑，則民知罪矣。夫一仞之牆，民不能踰；百仞之山，童子登遊焉：凌遲故也。今其仁義之凌遲久矣，能謂民無踰乎。詩曰：『俾民不迷』，昔之君子道其百姓不使迷，是以威厲而刑措不用也。故刑其仁義；謹其教道。故民目晰焉而見之，使民耳晰焉而聞之，使民心晰焉而知之，則道不迷而民志不惑矣。詩曰：『示我顯德行。』故道義不易，民不由也；禮樂不明，民不見也。詩曰：『周道如砥，其直如矢』，言其易也；『君子所履，小人所示』，見其明也；『睠言顧之，潸焉出涕』，哀其不聞禮教而就刑誅也。夫散其本教而待之刑辟，猶決其牢而發以毒矢也，不亦哀乎！故曰：未可殺也。昔者先王使民以禮。譬之，如御也，刑者，鞭策也。今猶無轡銜而鞭策以御也，欲馬之進則策其後；欲馬之退則策其前。御者以勞；而馬亦多傷矣。今猶此也，上憂勞而民多罹刑。詩曰：『人而無禮，胡不遄死？』為上無禮，則不免乎患；為下無禮，則不免乎刑。上下無禮，胡不遄死？」康子避席再拜曰：「僕雖不敏，請承此語矣。」

春秋繁露身之養重於義篇曰：仲尼曰：國有道，雖加刑也，無刑；國無道，雖殺之，不可勝也。

鹽鐵論申韓篇曰：所貴良吏者，貴其絕惡於未萌，使之不為非；非貴其拘之囹圄而刑殺之也。

孟子梁惠王上篇曰：若民，則無恆產，因無恆心。苟無恆心，放辟邪侈，無不為已。及陷於罪，然後從而刑之，是罔民也。焉有仁人在位罔民而可為也？

子欲善而民善矣。

孟子離婁下篇曰：孟子曰：「君仁莫不仁，君義莫不義。」

賈子新書大政上篇曰：故君能為善，則吏必能為善矣；吏能為善，則民必能為善矣。

君子之德風，小人之德草。草上之風，必偃。」

孟子滕文公上篇曰：上有好者，下必有甚焉者矣。君子之德，風也；小人之德，草也。草上之風，必偃。

漢書地理志曰：秦既滅韓，徙天下不軌之民於南陽。故其俗夸奢，上氣力，好商賈漁獵，藏匿，難制御也。宣帝時，鄭弘召信臣爲南陽太守，治皆見紀。信臣勸民農桑，去末歸本，郡以殷富。潁川，韓都，士有申子韓非刻害餘烈；高仕宦，好文法，民以貪遴爭訟生分爲失。韓延壽爲太守，先之以敬讓。黃霸繼之，教化大行，獄或八年無重罪囚。南陽好商賈，召父富以本業；潁川好爭訟分異，黃韓化以篤厚。君子之德風也；小人之德草也。信矣！

又董仲舒傳曰：仲舒對策曰：命者，天之令也；性者，生之質也；情者，人之欲也。或夭，或壽，或仁，或鄙，陶冶而成之，不能粹美，有治亂之所生，故不齊也。孔子曰：「君子之德風也；小人之德草也。草上之風，必偃。」故堯舜行德則民仁壽；桀紂行暴則民鄙夭。

說苑政理篇曰：季孫問於孔子曰：「如殺無道以就有道，何如？」孔子曰：「子爲政，焉用殺？子欲善而民善矣。君子之德，風也；小人之德，草也。草上之風，必偃。」言明其化而已也。王者尙其德而希其刑；霸者刑德並湊；強國先其刑而後德。

又君道篇曰：夫上之化下，猶風之靡草。東風則草靡而西；西風則草靡而東。

樹達按：春秋季桓子以哀公三年七月卒。桓子卒，康子肥卽位。然則以上諸問皆哀公三年七月以後事也。

子張問：「士何如斯可謂之達矣？」子曰：「何哉爾所謂達者？」子張對曰：「在邦必聞，在家必聞。」子曰：「是聞也，非達也。夫達也者，質直而好義，察言而觀色，慮以下人。

季氏篇曰：未見顏色而言謂之瞽。

說苑尊賢篇曰：孔子閒居，喟然而歎曰：「銅鞮伯華而無死，天下其有定矣。」子路曰：「願聞其爲人也何若。」孔子曰：「其幼也，敏而好學；其壯也，有勇而不屈；其老也，有道而能以下人。」子路曰：「其幼也敏而好學，則可；其壯也有勇而不屈，則可；夫有道，又誰下哉？」孔子曰：「由不知也，吾聞之，以衆攻寡，而無不消也；以貴下賤，無不得也。昔在周公旦制天下之政，而下士七十人；豈無道哉！欲得士之故也。夫有道而能下於天下之士，君子乎哉。」

大戴禮記曾子制言上篇曰：弟子問於曾子曰：「夫士何如則可以爲達矣？」曾子曰：「不能則學；疑則問；欲行則比賢。雖有險道，循行達矣。今之弟子，病下人，不知事賢；恥不知而又不問；欲作則其知不足。是以惑闇終其世而已矣。是謂窮民也。」

莊子徐无鬼篇曰：管仲曰：「以賢臨人，未有得人者也；以賢下人，未有不得人者也。」

在邦必達，在家必達。

夫聞也者，色取仁而行違，

先進篇曰：子曰：「論篤是與，君子者乎？色莊者乎？」

居之不疑。

大戴禮記曾子立事篇曰：「非其事而居之。矯也。」

在邦必聞，在家必聞。」

漢書王莽傳贊曰：王莽始起外戚，折節力行以要名譽。宗族稱孝，師友歸仁。及其居位輔政，成哀之際，勤勞國家，直道而行，動見稱述。豈所謂「在家必聞，在國必聞，色取仁而行違」者邪。

樊遲從遊於舞雩之下，曰：「敢問：崇德，脩慝，辨惑。」子曰：「善哉問！先事後得，非崇德與？

雍也篇曰：樊遲問仁，子曰：「仁者先難而後獲，可謂仁矣。」

攻其惡，無攻人之惡，非脩慝與？

大戴禮記曾子立事篇曰：「君子攻其惡，求其過，彊其所不能，去私欲，從事於義：可謂學矣。」

春秋繁露仁義法篇曰：君子攻其惡，不攻人之惡。以仁治人，義治我。「躬自厚而薄責於外。」此之謂也。且論已見之，而人不察。不攻人之惡，非仁之寬與？自攻其惡，非義之全與？故自稱其惡謂之情，稱人之惡謂之責；求諸己謂之厚，求諸人謂之薄。

說苑政理篇曰：言人之善者，有所得而無所傷也；言人之惡者，無所得而有所傷也。

又說叢篇曰：好稱人惡，人亦道其惡。

一朝之忿，忘其身以及其親，非惑與？」

季氏篇曰：忿思難。

樊遲問仁。子曰：「愛人。」問知。子曰：「知人。」

大戴禮記王言篇曰：是故仁者莫大於愛人；知者莫大於知賢。

荀子子道篇曰：子路入，子曰：「由，知者若何？仁者若何？」子路對曰：「知者使人知己；仁者使人愛己。」子曰：「可謂士矣。」子貢入，子曰：「賜，知者若何？仁者若何？」子貢對曰：「知者知人；仁者愛人。」子曰：「可謂士君子矣。」顏淵入。子曰：「回，知者若何？仁者若何？」顏淵對曰：「知者自知，仁者自愛。」子曰：「可謂明君子矣。」

淮南子泰族篇曰：仁知，人材之美者也。所謂仁者，愛人也；所謂知者，知人也。愛人則無虐刑矣；知人則無亂政矣。智伯有五過人之材，而不免於身死人手者，不愛人也。齊王建有三過人之巧，而身虜於秦者，不知賢也。故仁莫大於愛人；知莫大於知人。二者不立，雖察慧捷巧，劬錄疾力，不免於亂也。

春秋繁露仁義法篇曰：仁之法在愛人，不在愛我。人不被其愛，雖厚自愛，不予爲仁。仁者，愛人之名也。故王者愛及四夷；霸者愛及諸侯；安者愛及封內；危者愛及旁側；亡者愛及獨身。

樊遲未達。子曰：「舉直錯諸枉，能使枉者直。」

申鑒政體篇曰：敎化之廢，推中人而墜於小人之域；敎化之行，引中人而納於君子之塗。

樊遲退，見子夏，曰：「鄉也吾見於夫子而問知。子曰：『舉直錯諸枉，能使枉者直』，何謂也？」子夏曰：「富哉言乎！舜有天下，選於衆，舉皋陶，不仁者遠矣。湯有天下，選於衆，舉伊尹，不仁者遠矣。」

左傳宣公十六年曰：晉侯請於王，以黻冕命士會將中軍，且爲太傅，於是晉國之盜逃奔於秦。羊舌職曰：「吾聞之：禹稱善人，不善人遠：此之謂也夫。」

荀子儒效篇曰：仲尼將爲司寇，沈猶氏不敢朝飲其羊，公慎氏出其妻，慎潰氏踰境而徙，魯之粥牛馬者不豫賈，必蚤正以待之也。

子貢問友。子曰：「忠告而善道之，不可則止，毋自辱焉。」

里仁篇曰：子游曰：事君數，斯辱矣；朋友數，斯疏矣。

左傳文公六年曰：晉襄公卒，靈公少，晉人以難故，欲立長君，使先蔑士會如秦逆公子雍。又七年曰：先蔑之使也，荀林父止之，曰：「夫人大子猶在，而外求君，此必不行。子以疾辭，若何？不然，將及。攝卿以往可也，何必子？同官爲寮，吾嘗同寮，敢不盡心乎。」弗聽。爲賦板之三章，又弗聽。

曾子曰：「君子以文會友，以友輔仁。」

禮記學記篇曰：獨學而無友，則孤陋而寡聞。

說苑說叢篇曰：賢師良友在其側，詩書禮樂陳于前，棄而爲不善者，鮮矣。

論語疏證卷第十三

子路篇第十三

子路問政。子曰："先之，勞之。"

本篇曰：仲弓爲季氏宰，問政。子曰："先有司。"

大戴禮記子張問入官篇曰："欲政之速行也者，莫若以身先之也。故不先以身，雖行必鄰也。"

新語無爲篇曰：孔子曰："移風易俗，豈家至之哉，先之於身而已矣。"

晏子雜篇下曰：齊人甚好轂擊，相犯以爲樂，禁之不止。晏子患之，乃爲新車良馬，出與人相犯也。曰："轂擊者不祥，臣其祭祀不順，居處不敬乎！"下車，棄去之。然後國人乃不爲。故曰：禁之以制，而身不先行，民不能止。故化其心莫若敎也。說苑政理篇同。

子張篇曰：子夏曰：信而後勞其民。

堯曰篇曰：子張問於孔子曰：何如斯可以從政矣？子曰："勞而不怨。擇可勞而勞之，又誰怨？"

國語魯語曰：昔聖王之處民也，擇瘠土而處之，勞其民而用之，故能王天下。夫民勞則思，思則善心生；逸則淫，淫則忘善，忘善則惡心生。沃土之民不材，淫也；瘠土之民莫不嚮義，勞也。

請益，曰：「無倦。」

顏淵篇曰：子張問政。子曰：「居之無倦，行之以忠。」

仲弓爲季氏宰，問政。子曰：「先有司。

本篇曰：子路問政。子曰：「先之，勞之。」

赦小過。

易象傳曰：雷雨作，解。君子以赦過宥罪。

書堯典曰：眚災肆赦。

大戴禮記子張問入官篇曰：民有小罪，必以其善以赦其過。

尚書大傳曰：子曰：古之聽民者，察貧窮；哀孤獨矜寡；宥老幼不肖無告。有過必赦；大罪勿增；小罪勿纍。不赦有過謂之賊逆；率過以小謂之枳。故與其赦不辜，寧失有罪；與其增以有罪，寧失過以有赦。

漢書東方朔傳曰：朔荅客難曰：故曰：水至清則無魚；人至察則無徒。冕而前旒，所以蔽明；黈纊充耳，所以塞聰。明有所不見，聰有所不聞，舉小德，赦小過，無求備於一人之義也。

舉賢才。」

禮記大學篇曰：見賢而不能舉，舉而不能先，命也。鄭注云：命讀爲慢。

穀梁傳昭公十九年曰：子既生，不免乎水火，母之罪也。羈貫成童，不就師傅，父之罪也。就師學問無方，心志不通，身之罪也。心志既通而名譽不聞，友之罪也。名譽既聞，有司不舉，有司之罪也。有司舉之，王者不用，王者之過也。

說苑政理篇曰：孔子謂宓子賤曰：「子治單父而衆說，語丘所以爲之者。」曰：「此地民有賢於不齊者五人，不齊事之，皆教不齊所以治之術。」孔子曰：「昔者堯舜清微其身以聽觀天下，務來賢人。夫舉賢者，百福之宗也，而神明之主也。不齊之所治者小也，不齊所治者大，其與堯舜繼矣。」

曰：「焉知賢才而舉之？」曰：「舉爾所知。爾所不知，人其舍諸？」

漢書劉向傳曰：向上封事曰：故賢人在上位，則引其類而聚之於朝；在下位，則思與其類俱進。在上則引其類；在下則推其類。故湯用伊尹，不仁者遠而衆賢至，類相致也。

子路曰：「衞君待子而爲政，子將奚先？」子曰：「必也正名乎！」

史記孔子世家曰：孔子自楚反乎衞，是時衞君輒父不得立，在外，諸侯數以爲讓。而孔子弟子多仕於衞，衞君欲得孔子爲政。子路曰：「衞君待子而爲政，子將奚先？」孔子曰：「必也正名乎！」

韓詩外傳卷五曰：孔子侍坐於季孫，季孫之宰通曰：「君使人假馬，其與之乎？」孔子曰：「吾聞：君取於臣謂之取，不曰假。」季孫悟，告宰通曰：「今以往，君有取謂之取，無曰假。」孔子曰：「正假馬之言而君臣之義定矣。」論語曰：必也正名乎！新序雜事五篇同。

韓非子外儲說右下篇曰：衞君入朝於周，周行人問其號。對曰：「諸侯辟疆。」周行人却之，曰：「諸侯不得與天子同號。」衞君乃自更曰諸侯燬，而後內之。仲尼聞之，曰：「遠哉禁偪！虛名不以借人，況實事乎？」又見賈子審微篇。

子路曰：「有是哉，子之迂也！奚其正？」

春秋繁露玉英篇曰：是故治國之端在正名，名之正，興五世，五傳之外，美惡乃形，可謂得其眞矣。非子路之所能見。

子曰：「野哉由也！君子於其所不知，蓋闕如也。名不正則言不順；

尹文子大道上篇曰：大道無形，稱器有名。名也者，正形者也。形正由名，則名不可差。故仲尼云：「必也正名乎。名不正則言不順也。」

言不順則事不成；事不成則禮樂不興；禮樂不興，則刑罰不中；刑罰不中，則民無所措手足。

呂氏春秋審分覽曰：夫名多不當其實，而事多不當其用者，故人主不可以不審名分也。今有人於此，求牛則名馬，求馬則名牛，所求必不得矣；而因用威怒，有司必誹怨矣；牛馬必擾亂矣。百官，衆有司也；萬物，羣牛馬也。不正其名，不分其職，而數用刑罰，亂莫大焉！故名不正則人主憂勞勤苦，而官職煩亂悖逆矣。

後漢書梁統傳曰：統對問曰：「聞聖帝明王制立刑罰，故雖堯舜之盛，猶誅四凶。經曰：「天討有罪，五刑五庸哉。」又曰：「爰制百姓于刑之衷。」孔子曰：「刑罰不衷，則人無所厝手足。」衷之爲言，不輕不重之謂也。

故君子名之必可言也，言之必可行也。君子於其言，無所苟而已矣。」

春秋僖公十六年曰：春王正月戊申朔，霣石於宋五。是月，六鷁退飛，過宋都。穀梁傳曰：先霣而後石，何也？霣而後石也。于宋四竟之內曰宋。後數，散辭也，耳治也。六鷁退飛過宋都，先數，聚辭也，目治也。子曰：石，無知之物；鷁，微有知之物。石無知，故日之；鷁微有知之物，故月之。君子之於物，無所苟而已。石鷁且猶盡其辭，而況於人乎？故五石六鷁之辭不設，則王道不亢矣。

春秋繁露深察名號篇曰：春秋辨物之理以正其名，名物如其眞，不失秋毫之末。故名霣石則後其五；言退鷁則先其六，聖人之謹於正名如此。君子於其言無所苟而已。

韓詩外傳卷六曰：天下之辯有三至五勝而辭置下辯者。別殊類使不相害；序異端使不相悖；輸公通意，揚其所謂，使人預知焉，不務相迷也。是以辯者不失所守，不勝者得其所求，故辯可觀也。夫繁文以相假，飾辭以相悖，數譬以相移，外人之身，使不得反其意，則論便然後害生也。夫不疏其指而弗知謂之隱；外意外身謂之諱；幾廉倚跌謂之移；指緣謬辭謂之苟。四者，所不爲也。故理可同睹也。夫隱諱移苟，爭言競爲而後息，不能無害其爲君子也，故君子不爲也。論語曰：「君子於其言，無所苟而已矣。」

樊遲請學稼。子曰：「吾不如老農。」請學爲圃。曰：「吾不如老圃。」樊遲出，子曰：「小人哉樊須也！上好禮則民莫敢不敬。

呂氏春秋具備篇曰：宓子賤治亶父，三年，巫馬旗短褐衣敝裘而往觀化於亶父。見夜漁者，得則舍之。巫馬旗問之，曰：「漁，爲得也，今子得而舍之，何也？」對曰：「宓子不欲人之取小魚也，所舍者，小魚也。」巫馬旗歸，告孔子曰：「宓子之德至矣。使小民闇行，若有嚴刑於旁。敢問宓子何以至於此？」孔子曰：「丘嘗與之言曰：誠乎此者刑乎彼，宓子必行此術於亶父也。」淮南子道應篇文同，又見水經注泗水篇。

上好義則民莫敢不服。

爲政篇曰：哀公問曰：「何爲則民服？」孔子對曰：「舉直錯諸枉，則民服；舉枉錯諸直，則民不服。」

荀子王霸篇曰：之所與爲之者，之人則舉義士也；之所爲布陳於國家刑法者，則舉義法也；主之所極然帥羣臣而首鄉之者，則舉義志也；如是，則下仰上以義矣，是綦定也。

左傳僖公二十八年曰：晉侯圍曹。三月丙午，入曹，令無入僖負羈之宮而免其族，報施也。魏犫顛頡怒。曰：「勞之不圖，報於何有？」爇僖負羈氏。魏犫傷於胸，公欲殺之，而愛其材。使問，且視之，病，將殺之。魏犫束胸見使者，曰：「以君之靈，不有寧也。」距躍三百，曲踊三百，乃舍之。殺顛頡以徇于師。立舟之僑以爲戎右。城濮之戰，晉中軍風于澤，亡大旆之左旃，祁瞞奸命，司馬殺之以徇于諸侯。師還，濟河，舟之僑先歸。秋七月丙申，振旅，愷以入于晉。獻俘，授馘，飲至，大賞，徵會，討貳，殺舟之僑以徇於國。民於是大服。君子謂文公其能刑矣，三罪而民服。杜注云，三罪，顛頡祁瞞舟之僑。詩云：「惠此中國，以綏四方，」不失賞刑之謂也。

韓非子外儲說左下篇曰：孔子相衛，弟子子皋爲獄吏，刖人足，所刖者守門。人有惡孔子於衞君者，曰：「尼欲作亂。」衞君欲執孔子，孔子走，弟子皆逃，子皋從。出門，刖危引之而逃之門下室中。吏追之，不得。夜半，子皋問刖危曰：「吾不能虧主之法令而親刖子之足，是子報仇之時也，而子何故乃肯逃我？我何以得此於子？」刖危曰：「吾斷足也，固吾罪當之，不可奈何。然方公之欲治臣也，公傾側法令先後臣以言，欲臣之免也甚，而臣知之。及獄決罪定，公憱然不悅，形於顏色，臣見，又知之，非私臣而然也。夫天性仁心固然也，此臣之所以悅而德公也。」

樹達按：韓非，法家也，其譽儒家孔門弟子子皋（高柴字子羔，皋與羔同。）如此，知其非過譽也。

上好信則民莫敢不用情。

左傳僖公二十七年曰：晉侯始入而教其民，二年，欲用之。子犯曰：「民未知義，未安其居。」於是乎出定襄王。入務利民，民懷生矣，將用之。子犯曰：「民未知信，未宣其用。」於是乎伐原以示之信。民易資者不求豐焉，明徵其辭。公曰：「可矣乎？」子犯曰：「民未知禮，未生其共。」於是乎大蒐以示之禮；作執秩以正其官。民聽不惑而後用之。出穀戍，釋宋圍，一戰而霸，文之教也。

夫如是，則四方之民襁負其子而至矣，焉用稼？」

子曰：「誦詩三百，授之以政，不達；使於四方，不能專對：雖多，亦奚以爲？」

左傳襄公二十七年曰：宋公兼享晉楚之大夫，趙孟爲客，子木與之言，弗能對。使叔向侍言焉，子木亦不能對也。

又昭公七年曰：公如楚，鄭伯勞于師之梁，孟僖子爲介，不能相儀；及楚，不能答郊勞。

又昭公十五年曰：十二月，晉荀躒如周，葬穆后，籍談爲介。既葬，除喪，以文伯宴。王曰：「伯氏！諸侯皆有以鎮撫王室，晉獨無有，何也？」文伯揖籍談，對曰：「諸侯之封也，皆受明器於王室，以鎮撫其社稷，故能薦彝器於王。晉居深山，戎狄之與鄰，而遠於王室，王靈不及，拜戎不暇，其何以獻器？」王曰：「叔氏！而忘諸乎？叔父唐叔，成王之母弟也，其反無分乎？密須之鼓與其大路，文所以大蒐也；闕鞏之甲，武所以克商也；唐叔受之，以處參虛，匡有戎狄。其後襄之二路，鏚鉞秬鬯，彤弓虎賁，文公受之，以有南陽之田，撫征東夏。非分而何？且昔而高祖孫伯黶司晉之典籍，以爲大政，故曰籍氏。女，司典之後也，何故忘之？」籍談不能對。賓出，王曰：「籍父其無後乎！數典而忘其祖。」

樹達按：以上三事皆不能專對之事。

又文公四年曰：衛甯武子來聘，公與之宴，爲賦湛露及彤弓。不辭，又不答賦。使行人私焉。對曰：「臣以爲肄業及之也。昔諸侯朝正於王，王宴樂而獻其功，王於是乎賜之彤弓一，彤矢百，玈弓矢千，以覺報宴。今陪臣來繼舊好，君辱貺之，其敢干大亂以自取戾？」

又襄公四年曰：「穆叔如晉，晉侯享之，金奏肆夏之三，不拜。工歌文王之三，又不拜。歌鹿鳴之三，三拜。韓獻子使行人子員問之。曰：『子以君命辱於敝邑，先君之禮，藉之以樂以辱吾子。吾子舍其大而重拜其細，敢問何禮也？』對曰：『三夏，天子所以享元侯也，使臣弗敢與聞。文王，兩君相見之樂也，臣不敢及。鹿鳴，君所以嘉寡君也，敢不拜嘉！四牡，君所以勞使臣也，敢不重拜！皇皇者華，君敎使臣曰：「必諮於周。」臣聞之，訪問於善爲咨；咨親爲詢；咨禮爲度；咨事爲諏；咨難爲謀。臣獲五善，敢不重拜！』」

韓詩外傳卷八曰：「齊景公使人於楚，楚王與之上九重之臺，顧使者曰：『齊有臺若此乎？』使者曰：『吾君有治位之坐，土階三等，茅茨不翦，樸椽不斵者，猶以謂爲之者勞，居之者泰。吾君惡有臺若此者。』使者可謂不辱君命，其能專對矣。」賈子退讓篇作翟王使至楚，無末句。

樹達按：以上三事皆能專對之事。

子曰：「其身正，不令而行；其身不正，雖令，不從。」

禮記大學篇曰：「堯舜帥天下以仁而民從之；桀紂帥天下以暴而民從之；其所令反其所好而民不從。是故君子有諸己而後求諸人；無諸己而後非諸人。所藏乎身不恕而能喻諸人者，未之有也。」呂氏春秋先己篇曰：「孔子見魯哀公，哀公曰：『有語寡人曰：爲國家者，爲之堂上而已矣，寡人以爲迂言也。』孔子曰：『此非迂言也。丘聞之，得之於身者得之人；失之於身者失之人；不出於門戶而天下治者，其惟知反於己身者乎。」

淮南子主術篇曰：故民之化上也，不從其所言而從所行。故齊莊公好勇，不使鬭爭，而國家多難，其漸至于崔杼之亂。頃襄好色，不使風議，而民多昏亂，其積至昭奇之難。故至精之所動，若春氣之生，秋氣之殺也，雖馳傳騖置不若此其亟。故君人者其猶射者乎！於此豪末，於彼尋常矣。故愼所以感之也。

又主術篇曰：法者，非天墮，非地生，發於人間而反以自正。是故有諸己不非諸人；無諸己不求諸人。所立於下者不廢於上；所禁於民者不行於身。所謂亡國，非無君也；無法也。變法者，非無法也；有法者而不用，與無法等。是故人主之立法，先自爲檢式儀表，故令行於天下。孔子曰：「其身正，不令而行；其身不正，雖令不從。」故禁勝於身，則令行於民矣。

又繆稱篇曰：舜不降席而天下治，桀不下陛而天下亂：蓋情甚乎叫呼也。無諸己，求諸人，古今未之聞也。同言而民信，信在言前也；同令而民化，誠在令外也。聖人在上，民遷而化，情以先之也；動於上不應於下者，情與令殊也。

韓詩外傳卷六曰：勇士一呼而三軍皆避，士之誠也。昔者楚熊渠子夜行，寢石以爲伏虎，彎弓而射之，沒金飲羽。下視，知其爲石。石爲之開，而況人乎？夫倡而不和，動而不憤，中心有不全者矣。夫不降席而匡天下者，求之己也。孔子曰：「其身正，不令而行；其身不正，雖令不從。」先王之所以拱揖指麾而四方來賓者，誠德之至已形於外也。新序雜事四篇文同。新序雜事一篇曰：魯有沈猶氏者，且飲羊飽之，以欺市人。公愼氏有妻而淫。愼潰氏奢侈驕佚。魯民之鬻牛馬者善豫賈。孔子將爲魯司寇，沈猶氏不敢朝飲其羊，公愼氏出其妻，愼潰氏踰境而徙，魯之鬻馬牛不豫賈，布正以待之也。既爲司寇，季孟墮郈費之城，齊人歸所侵魯之地，由積正之所致也。故曰：「其身正，不令而行。」

後漢書第五倫傳曰：倫上疏曰：其身不正，雖令不從。以身教者從，以言教者訟。

晏子春秋雜下篇曰：靈公好婦人而丈夫飾者，國人盡服之，公使吏禁之。曰：「女子而男子飾者，裂其衣，斷其帶。」裂衣斷帶相望而不止。晏子見，公問曰：「寡人使吏禁女子而男子飾，裂斷其衣帶，相望而不止者，何也？」晏子對曰：「君使服之於內，而禁之於外，猶懸牛首於門而賣馬肉於內也。公何以不使內勿服，則外莫敢爲也。」公曰：「善。」使內勿服，踰月而國莫之服。說苑政理篇文同，靈公作景公。

子曰：「魯衛之政，兄弟也。」

史記孔子世家曰：於是孔子自楚反乎衛。是歲也，孔子年六十三，而魯哀公六年也。其明年，吳與魯會繒，徵百牢。太宰嚭召季康子，康子使子貢往，然後得已。孔子曰：「魯衛之政，兄弟也。」

子謂：衛公子荆善居室。始有，曰：「苟合矣。」少有，曰：「苟完矣。」富有，曰：「苟美矣。」

左傳襄公二十九年曰：吳公子札來聘。適衞，說蘧瑗、史狗、史鰌、公子荊、公叔發、公子朝，曰：「衞多君子，未有患也。」

子適衞，冉有僕。子曰：「庶矣哉！」冉有曰：「既庶矣，又何加焉？」曰：「富之。」

管子治國篇曰：凡治國之道，必先富民。民富則易治也；民貧則難治也。民富則安鄉重家，安鄉重家，則敬上畏罪，敬上畏罪則易治也；民貧則危鄉輕家，危鄉輕家，則敢陵上犯禁，陵上犯禁則難治也。

孟子梁惠王上篇曰：是故明君制民之產，必使仰足以事父母，俯足以畜妻子，樂歲終身飽，凶年免於死亡。然後驅而之善，故民之從之也輕。今也，制民之產，仰不足以事父母，俯不足以畜妻子，樂歲終身苦，凶年不免於死亡。此惟救死而恐不贍，奚暇治禮義哉？

說苑建本篇曰：河間獻王曰：管子稱：「倉廩實，知禮節；衣食足，知榮辱。」夫穀者，禮義所以行，而人心所以安也。尚書五福，以富爲始。子貢問爲政，孔子曰：富之，既富乃敎之也，此治國之本也。

申鑒政體篇曰：民不畏死，不可懼以罪；民不樂生，不可勸以善。雖使卨布五敎，咎繇作士，政不行焉。故在上者先豐民財以定其志，是謂養生。

曰：「既富矣，又何加焉？」曰：「敎之。」

孟子滕文公上篇曰：人之有道也，飽食煖衣逸居而無敎，則近於禽獸。聖人有憂之，敎以人倫。父子有親，君臣有義，夫婦有別，長幼有序，朋友有信。又曰：設爲庠序學校以敎之。夏曰校，殷曰序，周曰庠，學則三代共之，皆所以明人倫也。人倫明於上，小民親於下。

荀子大略篇曰：不富無以養民情；不敎無以理民性。故家五畝宅，百畝田，務其業而勿奪其時，所以富之也；立大學，設庠序，脩六禮，明十敎，所以道之也。詩曰：「飲之食之，敎之誨之。」王事具矣。

鹽鐵論授時篇曰：賢良曰：周公之相成王也，百姓饒樂，國無窮人，非代之耕織也。易其田疇，薄其稅斂，則民富矣。上以奉君親，下無飢寒之憂，則敎可成也。語曰：「既富矣，又何加焉？」曰：敎之。」

中鑒政體篇曰：禮敎榮辱，以加君子，化其情也；桎梏鞭朴，以加小人，治其刑也。若夫中人之倫，則刑禮兼焉。敎化之廢，推中人而墜於小人之域；敎化之行，引中人而納於君子之塗。是謂章化。

子曰：「苟有用我者，期月而已可也，三年有成。」

史記孔子世家曰：衞靈公老，怠於政，不用孔子。孔子喟然歎曰：苟有用我者，期月而已，三年有成。

意林引風俗通曰：尚書有考績。孔子曰：「如有用我者，期月而已，三年有成。」鄭子產從政三年，民乃歌之。聖賢尚須漸進，況中才乎？

荀子大略篇曰：故先王既陳之以道，上先服之；若不可，尚賢以綦之；綦讀爲惎，教也。若不可。廢不能以單之。單讀爲憚。綦三年而百姓從風矣。

又致士篇曰：恭敬以先之，政之始也；然後中和察斷以輔之，政之隆也；然後進退誅賞之，政之終也。故一年與之始，三年與之終。用其終爲始，則政令不行而上下怨疾，亂所以自也。書曰：「義刑義殺，勿庸以卽，女惟曰未有順事，」言先教也。

漢書食貨志曰：民三年耕則餘一年之畜，衣食足而知榮辱，廉讓生而爭訟息，故三載考績。孔子曰：「苟有用我者，期月而已可也，三年有成，」成此功也。

子曰：「『善人爲邦百年，亦可以勝殘去殺矣。』誠哉！是言也。」

漢書刑法志曰：如有王者，必世而後仁。善人爲國百年，可以勝殘去殺矣。言聖王承衰撥亂而起，被民以德教，變而化之，必世然後仁道成焉。至於善人，不入於室，然猶百年勝殘去殺矣。此爲國者之程式也。

漢紀二十三元帝紀論曰：「可以勝殘去殺矣，」言刑之不用也。

子曰：「如有王者，必世而後仁。」

漢書食貨志曰：「三考黜陟，餘三年食；進業曰登，再登曰平，餘六年食；三登曰泰平；二十七歲遺九年食。然後至德流洽，禮樂成焉。故曰：「如有王者，必世而後仁，」繇此道也。

後漢書祭肜傳曰：「建武十七年，拜遼東太守。至，則勵兵馬，廣斥候，虜每犯塞，常爲士卒鋒，數破走之。二十一年秋，鮮卑萬餘騎寇遼東，肜率數千人迎擊之，虜大奔，投水死者過半，遂窮追出塞，斬首三千餘級。自是鮮卑震怖，畏肜，不敢復闚塞。肜以三虜連和，卒爲邊害，乃使招呼鮮卑，示以財利。其大都護偏何遣使奉獻，願得歸化。肜慰納賞賜，稍復親附。其異種滿離高句驪之屬，遂駱驛款塞，上貂裘好馬，帝輒倍其賞賜。其後偏何邑落諸豪並歸義，願自効。肜曰：「審欲立功，當歸擊匈奴，斬送頭首，乃信耳。」偏何等皆仰天指心曰：「必自効。」即擊匈奴左伊秩訾部，斬首二千餘級，持頭詣郡。其後歲歲相攻，輒送首級，受賞賜。自是匈奴衰弱，邊無寇警，鮮卑烏桓並入朝貢。肜爲人質厚重毅，撫夷狄以恩信，皆畏而愛之，故得其死力。肜之威聲暢於北方，西自武威，東盡玄菟，及樂浪胡夷皆來內附，野無風塵。論曰：祭肜武節剛方，動用安重，雖條侯穰苴之倫不能過也。且臨守偏海，政移獷俗，徼人請符以立信，胡貊數級於郊下。至乃臥鼓邊亭，滅烽幽障者將三十年。古所謂「必世而後仁，」豈不然哉！

子曰：「苟正其身矣，於從政乎何有？不能正其身，如正人何？」

本篇曰：子曰：其身正，不令而行；其身不正，雖令不從。

冉子退朝。

國語魯語曰：自卿以下，合官職於外朝；合家事於內朝。韋注云：外朝，君之公朝也。內朝，家朝也。

子曰：「何晏也？」對曰：「有政。」子曰：「其事也。如有政，雖不吾以，吾其與聞之。」

學而篇曰：夫子至於是邦也，必聞其政。

左傳哀公十一年曰：季氏欲以田賦，使冉有訪於仲尼，仲尼曰：「丘不識也。」三發，卒曰：「子爲國老，待子而行，若之何子之不言也？」

定公問：「一言而可以興邦，有諸？」孔子對曰：「言不可以若是其幾也。人之言曰：『爲君難，

韓詩外傳卷十曰：傳曰：言爲王之不易也。大命之至，其太宗、太史、太祝斯素服執策北面而弔乎天子，曰：「大命既至矣。如之何，憂之長也。」授天子策一矣，曰：「敬享以祭，永主天命，畏之無疆，厥躬無敢寧。」授天子策二矣，曰：「敬之夙夜，伊祝厥躬無怠，萬民望之。」授天子策三矣，曰：「天子南面，授於帝位，以治爲憂，未以位爲樂也。」詩曰：「天難忱斯，不易惟王。」

桓範世要論爲君難篇羣書治要引。曰：或曰：「仲尼稱爲君難。夫人君者，處尊高之位，執賞罰之柄；用人之才，因人之力。何爲不成？何求不得？功立則受其功，治成則享其福。故官人，舜也；治水，禹也；稼穡，棄也；理訟，皐陶也。堯無事也，而由之聖治，何爲君難邪？」曰：「此其所以爲難也。夫日月光照于晝夜，風雨動潤于萬物，陰陽代以生殺，四時迭以成歲。不見天事而猶貴之者，其所以運氣陶演協和施化，皆天之爲也。是以天，萬物之覆；君，萬物之燾也。懷生之類有不浸潤于澤者，天以爲負；員首之民有不沾濡于惠者，君以爲恥。」

爲臣不易。』

說苑善說篇曰：公乘不仁曰：爲人臣者不易，爲君亦不易。

桓範世要論臣不易篇曰：昔孔子言：「爲臣不易。」或人以爲易，言人臣之事君，供職奉命，敕身恭己忠順而已。曷爲不易哉？此言似易，論之甚難。夫君臣之接，以愚奉智，不易，以明事闇，爲難。唯以賢事賢，以聖事聖，爲可。然賢聖相遭既稀，周公之于成王，猶未能得，斯誠不易也。且父子以恩親，君臣以義固。恩有所爲虧；況義能無所爲缺哉？苟有虧缺，亦何容易？

吳志張溫傳曰：駱統表理溫曰：昔賈誼，至忠之臣也；漢文，大明之君也。然而絳灌一言，賈誼遠退。何者？疾之者深，譖之者巧也。然而誤聞於天下，失彰於後世。故孔子曰：「爲君難，爲臣不易也。」

如知爲君之難也，不幾乎一言而興邦乎？」

曰：「一言而喪邦，有諸？」孔子對曰：「言不可以若是其幾也。人之言曰：『予無樂乎爲君，唯其言而莫予違也。』如其善而莫之違也，不亦善乎？如不善而莫之違也，不幾乎一言而喪邦乎？」

韓非子難一篇曰：晉平公與羣臣飮，飮酣，乃喟然歎曰：「莫樂爲人君，惟其言而莫之違。」師曠侍坐於前，援琴撞之。公披衽而避，琴壞於壁。公曰：「大師誰撞？」師曠曰：「今者有小人言於側者，故撞之。」公曰：「寡人也。」師曠曰：「啞，是非君人者之言也！」左右請除之。公曰：「釋之，以爲寡人戒。」又見淮南子齊俗篇。

說苑君道篇曰：師經鼓琴，魏文侯起舞，賦曰：「使我言而無見違。」師經援琴而撞文侯，不中，中旒，潰之。文侯謂左右曰：「爲人臣而撞其君，其罪如何？」左右曰：「罪當烹。」提師經下堂一等。師經曰：「臣可一言而死乎？」文侯曰：「可。」師經曰：「昔堯舜之爲君也，唯恐言而不違；桀紂之爲君也，唯恐言而人違之。臣撞桀紂，非撞吾君也。」文侯曰：「釋之！是寡人之過也。」

國語吳語曰：申胥曰：「今王播棄黎老而孩童焉比謀。曰：『余令而不違』，夫不違乃違也，夫不違，亡之階也。」

葉公問政。子曰：「近者說，遠者來。」

韓非子難三篇曰：葉公子高問政於仲尼，仲尼曰：「政在說近而來遠。」子貢問，仲尼曰：「葉都大而國小，民有背心，故曰政在說近而來遠。」尚書大傳、說苑政理篇大同。墨子耕柱篇曰：葉公子高問政於仲尼，曰：「善爲政者若之何？」仲尼對曰：「善爲政者，遠者近之；而舊者新之。」

子夏爲莒父宰，問政。子曰，「無欲速，無見小利。欲速則不達。

本篇曰：子曰：「『善人爲邦百年，亦可以勝殘去殺矣。』誠哉是言也。」

又曰：子曰：如有王者，必世然後仁。

又曰：子曰：善人敎民七年，亦可以卽戎矣。

又曰：子曰：苟有用我者，期月而已可也，三年有成。

孟子離婁上篇曰：今也小國師大國而恥受命焉，是猶弟子而恥受命於先師也。如恥之，莫若師文王。師文王，大國五年，小國七年，必爲政於天下矣。

又曰：諸侯有行文王之政者，七年之內，必爲政於天下矣。

子張篇曰：子夏曰：君子信而後勞其民；未信，則以爲厲己也。信而後諫；未信，則以爲謗己也。

後漢書朱浮傳曰：帝以二千石長吏多不勝任，時有纖微之過者，必見斥罷，交易紛擾，百姓不寧。

浮上疏曰：「今牧人之吏多未稱職，小違理實，輒見斥罷，豈不粲然黑白分明哉？然以堯舜之盛，猶加三考；大漢之興，亦累功效。吏皆積久，養老於官，至名子孫因爲氏姓。當時吏職，何能悉理？論議之徒，豈不諠譁？蓋以爲：天地之功，不可倉卒；艱難之業，當累日也。間者守宰數見換易，迎新相代，疲勞道路，覩事日淺，未足昭見其職，既加嚴切，人不自保，各相顧望，無自安之心，爭飾詐僞以希虛譽。夫物暴長者必夭折，功卒成者必亟壞。如摧長久之業，而造速成之功，非陛下之福也。天下非一時之用也，海内非一旦之功也。願陛下游意於經年之外，望化於一世之後，天下幸甚。」自是牧守易代頗簡。又疏曰：「夫事積久則吏自重，吏安則人自靜。傳曰：『五年再閏，天道乃備。』夫以天地之靈，猶五載以成其化，况人道哉？」

見小利則大事不成。」

大戴禮記四代篇曰：好見小利妨於政。

呂氏春秋愼大覽權勳篇曰：利不可兩，忠不可兼。不去小利，則大利不得；不去小忠，則大忠不至。故小利，大利之殘也；小忠，大忠之賊也。

淮南子泰族篇曰：原蠶一歲再登，非不利也。然而王法禁之者，爲其殘桑也。離先稻熟，而農夫耨之，不以小利傷大穫也。家老異飯而食，殊器而享，子婦跣而上堂，跪而斟羹，非不費也。然而不可省者，爲其害義也。使民居處相司，有罪相覺，於以舉姦，非不掇也。然而不可行者，傷和睦之心，而構仇讐之怨也。故事有鑿一孔而開百隙，樹一物而生萬葉者，所鑿不足以爲便，而所開足以爲敗；所樹不足以爲利，而所生足以爲滅。愚者惑於小利而忘其大害。韓非子十過篇曰：晉獻公欲假道於虞以伐虢，乃使荀息以垂棘之璧，與屈產之乘，賂虞公而求假道焉。虞公貪利其璧與馬而欲許之。宮之奇諫，虞公弗聽，遂假之道。荀息伐虢，克之。還反，處三年，興兵伐虞，又克之。故虞公之兵殆而地削者，何也？愛小利而不慮其害。故曰：顧小利，則大利之殘也。

葉公語孔子曰：「吾黨有直躬者，其父攘羊而子證之。」

韓非子五蠹篇曰：楚之有直躬，其父竊羊而謁之吏，令尹曰：殺之！以爲直於君而曲于父，執而罪之。

呂氏春秋仲冬紀當務篇曰：楚有直躬者，其父竊羊而謁之上。上執父而將誅之，直躬者請代之。將誅矣，告吏曰：「父竊羊而謁之，不亦信乎？父誅而代之，不亦孝乎？信且孝而誅之，國將有不誅者乎？」荆王聞之，乃不誅也。孔子聞之曰：「異哉！直躬之爲信也。一父而載取名焉。」故直躬之信，不若無信。

孔子曰：「吾黨之直者異於是，父爲子隱，

白虎通諫諍篇曰：君不爲臣隱，父獨爲子隱，何？以爲父子一體，榮恥相及。故論語曰：父爲子隱，子爲父隱，直在其中矣。

春秋文公十五年曰：齊人來歸子叔姬。公羊傳曰：其言來，何？閔之也。此有罪，何閔爾？父母之於子，雖有罪，猶若其不欲服罪然。何注云：孔子曰：父爲子隱，子爲父隱，直在其中矣。所以崇父子之親也。鹽鐵論周秦篇曰：父母之於子，雖有罪猶匿之。豈不欲服罪，子爲父隱，父爲子隱，未聞父子之相坐也。

通典卷六十九養兄弟子爲後後自生子議曰：東晉成帝咸和五年，散騎侍郎賀嶠妻于氏上表云：董仲舒一代純儒，漢朝每有疑義，未嘗不遣使者訪問，以片言而折衷焉。時有疑獄，曰：甲無子，拾道旁棄兒乙，養之以爲子。及乙長，有罪殺人，以狀語甲，甲藏匿乙，甲當何論？仲舒斷曰：甲無子，振活養乙，雖非所生，誰與易之？詩云：「螟蛉有子，蜾蠃負之。」春秋之義，「父爲子隱」。甲宜匿乙，詔不當坐。

漢書東平思王傳曰：宇壯大，通姦犯法，事太后，內不相得。太后上書言之。上於是遣太中大夫張子蟜以璽書賜王太后曰：夫福善之門，莫美於和睦；患咎之首，莫大於內離。今東平王出襁褓之中，而託於南面之位。加以年齒方剛，涉學日寡，驁忽臣下，不自它於太后。以是之間能無失禮義者，其唯聖人乎！傳曰：「父爲子隱，直在其中矣。」王太后明察此意，不可不詳。母子之間，同氣異息，骨肉之恩，豈可忽哉！

子爲父隱，直在其中矣。」

韓詩外傳卷四曰：子爲親隱，義不得正；君誅不義，仁不得愛。雖違仁害義，法在其中矣。

又卷二曰：楚昭王有士曰石奢，其爲人也，公而好直，王使爲理。於是道有殺人者，石奢追之，則父也。還反於廷，曰：「殺人者，臣之父也。以父成政，非孝也；不行君法，非忠也。弛罪廢法而伏其辜，臣之所守也。」遂伏斧鑕。曰：「命在君。」君曰：「追而不及，庸有罪乎？子其治事矣。」石奢曰：不然。「不私其父，非孝也；不行君法，非忠也；以死罪生，不廣也。君欲赦之，上之惠也；臣不能失法，下之義也。」遂不去鈇鑕，刎頸而死乎廷。君子聞之，曰：貞夫法哉，石先生乎！孔子曰：「子爲父隱，父爲子隱，直在其中矣。」詩曰：「彼己之子，邦之司直，」石先生之謂也。

孟子盡心上篇曰：桃應問曰：「舜爲天子，皋陶爲士，瞽瞍殺人，則如之何？」孟子曰：「執之而已矣。」「然則舜不禁與？」曰：「夫舜惡得而禁之，夫有所受之也。」「然則舜如之何？」曰：「舜視棄天下，猶棄敝蹝也。竊負而逃，遵海濱而處，終身訢然樂而忘天下。」

樊遲問仁。子曰：「居處恭，執事敬，與人忠。雖之夷狄，不可棄也。」

衞靈公篇曰：子張問行。子曰：言忠信，行篤敬，雖蠻貊之邦行矣。言不忠信，行不篤敬，雖州里，行乎哉？

子貢問曰：「何如斯可謂之士矣？」子曰：「行己有恥，

孟子盡心上篇曰：孟子曰：人不可以無恥，無恥之恥，無恥矣。

又曰：恥之於人大矣。爲機變之巧者無所用恥焉。不恥不若人，何若人有？

大戴禮記曾子制言上篇曰：君子不貴興道之士而貴有恥之士也。夫有恥之士，富而不以道，則恥之；貧而不以道，則恥之。

使於四方，不辱君命，可謂士矣。」

韓詩外傳卷八曰：越王句踐使廉稽獻民於荆王。荆王使者曰：「越，夷狄之國也。臣請欺其使者。」荆王曰：「越王，賢人也，其使者亦賢。子其愼之！」使者出見廉稽，曰：「冠則得以俗見；不冠，不得見。」廉稽曰：「夫越亦周室之列封也，不得處於大國，而處江海之陂，與魭鱣魚鼈爲伍，文身翦髮而後處焉。今來至上國，必曰：冠則得以俗見，不冠不得見。如此，則上國使適越，亦將劓墨文身翦髮而後得以俗見，可乎？」荆王聞之，披衣出謝。孔子曰：使於四方，不辱君命，可謂士矣。

漢書蘇武傳曰：武字子卿，武帝遣武以中郎將使持節送匈奴使留在漢者，武與副中郎將張勝及假吏常惠等俱。既至匈奴，置幣遺單于。方欲發使送武等，會緱王與虞常等謀反匈奴中。虞常在漢時，素與副張勝相知，私候勝曰：「聞漢天子甚怨衞律，常能爲漢射殺之。吾母與弟在漢，幸蒙其賞賜。」勝許之，以貨物與常。後月餘，常等七十餘人欲發，其一人夜亡告之。單于子弟發兵與戰，緱王等皆死，常生得。單于使衞律治其事，勝恐前語發，以狀語武。武曰：「事如此，此必及我，見犯乃死，重負國。」欲自殺，勝惠共止之。常果引張勝。單于使衞律召武受辭。武謂惠等：「屈節辱命，雖生，何面目以歸漢？」引佩刀自刺。衞律驚，自抱持武。武氣絶，半日，復息。單于壯其節，朝夕遣人候問武。會論虞常，欲因此時降武。劍斬虞常已，律曰：「漢使張勝謀殺單于近臣，當死。單于募降者赦罪。」勝請降。律謂武曰：「副有罪，當相坐。」武曰：「本無謀，又非親屬，何謂相坐？」舉劍擬之，武不動。律知武終不可脅，白單于，愈益欲降之。乃幽武，置大窖中。天雨雪，武臥，齧雪，與旃毛並咽之，數日不死。匈奴以爲神，乃徙武北海上無人處，使牧羝，羝乳乃得歸。武旣至海上，廩食不至，掘野鼠去草實而食之。杖漢節牧羊，臥起操持，節旄盡落。積五六年，丁令盜武牛羊，武復窮厄。久之，單于使李陵至海上，爲武置酒設樂。因謂武曰：「單于聞陵與子卿素厚，故使陵來說足下，虛心欲相待。終不得歸漢，空自苦無人之地，信義何所見乎？人生如朝露，何久自苦如此？」武曰：「武父子亡功德，皆爲陛下所成就，位列將，爵通侯。臣事君，猶子事父也，子爲父死，亡所恨，願勿復再言。」陵與武飲數日。復曰：「子卿壹聽陵言。」武曰：「自分已死久矣。王必欲降武，請畢今日之驩，效死於前。」陵見其至誠，喟然歎曰：「嗟乎！義士！陵與衛律之罪上通於天。」因泣下霑衿，與武決去。昭帝卽位。匈奴與漢和親，漢求武等。武留匈奴凡十九歲，始以彊壯出，及還，鬚髮盡白。贊曰：孔子稱：「志士仁人有殺身以成仁，無求生以害仁」，「使於四方，不辱君命」，蘇武有之矣。

曰：「敢問其次。」曰：「宗族稱孝焉，鄉黨稱弟焉。」

曰：「敢問其次。」曰：「言必信，行必果，硜硜然小人哉！抑亦可以爲次矣。」

孟子離婁下篇曰：大人者，言不必信，行不必果，惟義所在。

曰：「今之從政者何如？」子曰：「噫！斗筲之人，何足算也！」

子曰：「不得中行而與之，必也狂狷乎。狂者進取，狷者有所不爲也。」

孟子盡心下篇曰：萬章問曰：「孔子在陳，曰：『盍歸乎來？吾黨之小子狂簡，進取不忘其初。』孔子在陳，何思魯之狂士？」孟子曰：「孔子不得中道而與之，必也狂狷乎。狂者進取；狷者有所不爲也。孔子豈不欲中道哉？不可必得，故思其次也。」「敢問何如斯可謂狂矣？」曰：「如琴張曾皙牧皮者，孔子之所謂狂矣。」「何以謂之狂也？」曰：「其志嘐嘐然，曰：『古之人，古之人，』夷考其行而不掩焉者也。狂者又不可得，欲得不屑不潔之士而與之，是狷也。是又其次也。」

又離婁下篇曰：人有不爲也，而後可以有爲。

後漢書獨行傳曰：孔子曰：「與其不得中庸，必也狂狷乎！」又云：「狂者進取；狷者有所不爲也。」此蓋失於周全之道，而取諸偏至之端者也。然則有所不爲，亦將有所必爲者矣。既云進取，亦將有所不取者矣。

子曰：「南人有言曰：『人而無恆，不可以作巫醫』，善夫！不恆其德，或承之羞。」子曰：「不占而已矣。」

易恆曰：九三，不恆其德，或承之羞，貞吝。

禮記緇衣篇曰：子曰：南人有言曰：「人而無恆，不可以爲卜筮，」古之遺言與。龜筮猶不能知也，而況於人乎？詩云：「我龜既厭，不我告猶。」兌命曰：「爵無及惡德，民立而正事，純而祭祀，是爲不敬。事煩則亂；事神則難。」易曰：「不恆其德，或承之羞，恆其德偵。婦人吉；夫子凶。」

子曰：「君子和而不同，小人同而不和。」

左傳昭公二十年曰：齊侯至自田，晏子侍于遄臺，子猶馳而造焉。公曰：「惟據與我和夫。」晏子對曰：「據亦同也；焉得爲和？」公曰：「和與同異乎？」對曰：「異。和如羹焉；水火醯醢鹽梅，以烹魚肉，燀之以薪，宰夫和之，齊之以味，濟其不及以洩其過，君子食之以平其心。君臣亦然。君所謂可，而有否焉，臣獻其否以成其可；君所謂否，而有可焉，臣獻其可以去其否。是以政平而不干，民無爭心。故詩曰：『亦有和羹，既戒既平，鬷假無言，時靡有爭。』聲亦如味，淸濁大小，長短疾徐，哀樂剛柔，遲速高下，出入周疏，以相濟也。君子聽之以平其心，心平德和。故詩曰：『德音不瑕。』今據不然，君所謂可，據亦曰可；君所謂否，據亦曰否；若以水濟水，誰能食之？若琴瑟之專壹，誰能聽之？同之不可也如是。」

國語鄭語曰：史伯曰：夫和實生物，同則不繼，以他平他謂之和，故能豐長而物歸之。若以同裨同，盡乃棄矣。故先王以土與金木水火雜以成百物。是以和五味以調口，剛四支以衞體，和六律以聰耳，正七體以役心，平八索以成人，建九紀以立純德，合十數以訓百體。出千品，具萬方，計億事，材兆物，收經入，行姟極。故王者居九畡之田，收經入以食兆民。周訓而能用之，和樂如一。夫如是，利之至也。於是乎先王聘后於異姓，求財於有方，擇臣取諫工，而講以多物，務和同也。聲一無聽，物一無文，味一無果，物一不講。王將棄是類也，而與剸同，天奪之明，欲無弊，得乎？

申鑒雜言上篇曰：君子食和羹以平其志，納和言以平其政，履和行以平其德。夫酸鹹甘苦不同，嘉味以濟，謂之和羹；宮商角徵不同，嘉音以章，謂之和聲；臧否損益不同，中正以訓，謂之和言；趨舍動靜不同，雅度以平，謂之和行。人之言曰：「唯其言而莫予違也，則幾於喪國焉。」孔子曰：「君子和而不同。」

韓非子內儲說上七術篇曰：魯哀公問於孔子曰：「鄙諺曰：『莫衆而迷。』今寡人舉事，與羣臣慮之，而國愈亂，其故何也？」孔子對曰：「明主之問臣，一人知之，一人不知也。如是者，明主在上，羣臣直議於下。今羣臣無不一辭同軌乎季孫者，舉魯國盡化爲一，君雖問境內之人，猶不免於亂也。」

又曰：張儀欲以秦韓與魏之勢伐齊荆，而惠施欲以齊荆偃兵，二人爭之。羣臣左右皆爲張子言，而以攻齊荆爲利，而莫爲惠子言。王果聽張子，而以惠子言爲不可。攻齊荆事已定，惠子入見，王言曰：「先生毋言矣！攻齊荆之事果利矣，一國盡以爲然。」惠子曰：「說不可不察也。夫齊荆之事也誠利，一國盡以爲利，是何智者之衆也；攻齊荆之事誠不利，一國盡以爲利，何愚者之衆也。凡謀者，疑也。疑也者，以爲可者半，以爲不可者半。今一國盡以爲可，是王亡半也。劫主者，固亡其半者也。」

史記秦本紀曰：趙高欲爲亂，恐羣臣不聽，乃先設驗，持鹿獻於二世，曰：「馬也。」二世笑曰：「丞相誤邪？謂鹿爲馬。」問左右，或默，或言馬以阿順趙高，或言鹿者。高因陰中諸言鹿者以法，後羣臣皆畏高。

漢書孫寶傳曰：平帝立，寶爲大司農。會越巂郡上黃龍游江中，太師孔光大司徒馬宮咸稱莽功德比周公，宜告祠宗廟。寶曰：「周公上聖，召公大賢，尚猶有不相說，著於經典，書君奭序云，召公爲保，周公爲師，相成王爲左右，召公不說，周公作君奭。兩不相損。今風雨未時，百姓不足，每有一事，君臣同聲，得無非其美者？」時大臣皆失色，侍中奉車都尉甄邯即時承制罷議者。

子貢問曰：「鄉人皆好之，何如？」子曰：「未可也。」「鄉人皆惡之，何如？」子曰：「未可也。不如鄉人之善者好之，其不善者惡之。」

論衡定賢篇曰：子貢問曰：鄉人皆好之，何如？孔子曰：未可也。鄉人皆惡之，何如？曰：未可也。不若鄉人之善者好之，其不善者惡之。夫如是，稱譽多而小大皆言善者，非賢也。善人稱之，惡人毀之，毀譽者半，乃可有賢。

衞靈公篇曰：子曰：衆好之，必察焉；衆惡之，必察焉。

里仁篇曰：唯仁者能好人，能惡人。

子曰：「君子易事而難說也。

荀子不苟篇曰：君子易知而難狎。

說苑雜言篇曰：曾子曰：夫子見人之一善而忘其百非，是夫子之易事也。

說之不以道，不說也。

荀子大略篇曰：知者明於事，達於數，不可以不誠事也。故曰：君子難說，說之不以道，不說也。

及其使人也，器之。

淮南子主術篇曰：是故賢主之用人也，猶巧工之制木也。大者以爲舟航柱梁，小者以爲接槢，修者以爲櫚榱，短者以爲朱儒枅櫨。無小大修短，各得其所宜；規矩方圓，各有所施。天下之物莫凶於雞毒，然而良醫橐而藏之，有所用也。是故林莽之材猶無可棄者，而況人乎？今夫朝廷之所不舉，鄉曲之所不譽，非其人不肖也，其所以官之者非其職。是故有大略者不可責以捷巧，有小智者不可任以大功。

又人間篇曰：輕者欲發，重者欲止；貪者欲取，廉者不利非其有。故輕者可令進鬭，而不可令持牢；重者可令填固，而不可令陵敵；貪者可令進取，而不可令守職；廉者可令守分，而不可令進取；信者可令持約，而不可令應變。五者相反，聖人兼用而財使之。夫天地不包一物，陰陽不生一類，海不讓水潦以成其大，山不讓土石以成其高。夫守一隅而遺萬方，取一物而棄其餘，則所得者鮮，而所治者淺矣。

小人難事而易說也，說之雖不以道，說也。及其使人也，求備焉。」

微子篇曰：周公謂魯公曰：無求備於一人。

子曰：「君子泰而不驕。

子張篇曰：君子無衆寡，無大小，無敢慢，斯不亦泰而不驕乎？

小人驕而不泰。」

子曰：「剛毅木訥，近仁。」

禮記中庸篇曰：發強剛毅，足以有執也。

漢書周勃傳曰：勃爲人木強敦厚，高帝以爲可屬大事。勃不好文學，每召諸生說士，東鄉坐，責之，「趣爲我語！」其椎少文如此。高后崩，呂祿以趙王爲漢上將軍，呂產以呂王爲相國，秉權，欲危劉氏。勃與丞相平、朱虛侯章共誅諸呂，迎立代王，是爲孝文皇帝。論曰：周勃爲布衣時，鄙樸庸人。至登輔佐，匡國家難，誅諸呂，立孝文，爲漢伊周，何其盛也？始呂后問宰相，高祖曰：「陳平智有餘，王陵少戇，可以佐之。安劉氏者必勃也。」終皆如言。

後漢書吳漢傳曰：漢爲人質厚少文，造次不能以辭自達。鄧禹及諸將多知之，數相薦舉，乃得召見，遂見親信，常居門下。論曰：吳漢自建武世常居上公之位，終始倚愛之親，諒由質簡而彊力也。

子曰：剛毅木訥，近仁：斯豈漢之方乎！

子路問曰：「何如斯可謂之士矣？」子曰：「切切偲偲怡怡如也，可謂士矣。朋友切切偲偲，兄弟怡怡。」

大戴禮記曾子立事篇曰：宮中雍雍，外焉肅肅，兄弟憘憘，朋友切切。遠者以貌，近者以情，友以立其所能而遠其所不能。苟無失其所守，亦可與終身矣。

子曰：「善人教民七年，亦可以卽戎矣。」

子曰：「以不教民戰，是謂棄之。」

漢書刑法志曰：二伯之後，寖以陵夷。至魯成公作丘甲，哀公用田賦，搜狩治兵大閱之事皆失其正，春秋書而譏之，以存王道。於是師旅亟動，百姓罷敝，無伏節死難之誼。孔子傷焉，曰：以不敎民戰，是謂棄之。

春秋桓公六年曰：秋八月壬午，大閱。公羊傳曰：大閱者，何？簡車徒也。何以書？蓋以罕書也。

何注云：孔子曰：以不教民戰，是謂棄之。故比年簡徒謂之蒐；三年簡車，謂之大閱；五年大簡車徒，謂之大蒐。存不忘亡；安不忘危。蒐例時，此日者，桓既無文德；又忽忘武備。故尤危錄。又昭公八年曰：秋，蒐於紅。公羊傳曰：蒐者，何？簡車徒也。何以書？蓋以罕書也。何注云：說在桓六年。又昭公十一年曰：大蒐于比蒲。公羊傳曰：大蒐者，何？簡車徒也。何以書？蓋以罕書也。何注云：說在桓六年。

又僖公二十三年曰：夏五月庚寅，宋公茲父卒。穀梁傳曰，茲父之不葬，何也？失民也。其失民，何也？以其不教民戰，則是棄其師也。爲人君而棄其師，其民孰以爲君哉？

孟子告子下篇曰：魯欲使慎子爲將軍。孟子曰：不教民而用之，謂之殃民；殃民者不容於堯舜之世。

中鑒時事篇曰：孝武皇帝以四夷未賓，寇賊姦宄，初置武功賞官以寵戰士。若今依此科而崇其制，置尙武之官，以司馬兵法選，位秩比博士，講司馬之典，簡蒐狩之事，掌軍功爵賞，小統於五校，大統於太尉，既周時務，禮亦宜之。周之末葉，兵革繁矣。莫亂於秦，民不荒殄。今國家忘戰日久，每寇難之作，民瘁幾盡，「不教民戰，是謂棄之。」信也。

論語疏證卷第十四

憲問篇第十四

憲問恥。子曰：「邦有道，穀。邦無道，穀，恥也。」

泰伯篇曰：天下有道則見；無道則隱。邦有道，貧且賤焉，恥也；邦無道，富且貴焉，恥也。

樹達按：集解云：穀，祿也。邦有道當食祿。集注云：邦有道，不能有爲；邦無道，不能獨善，而但知食祿，皆可恥也。按朱子說與泰伯篇義不合，非也。當從集解之說。

「克伐怨欲不行焉，可以爲仁矣？」子曰：「可以爲難矣，仁則吾不知也。」

中論修本篇曰：子思曰：能勝其心，於勝人乎何有？不能勝其心，如勝人何？

子曰：「士而懷居，不足以爲士矣。」

里仁篇曰：小人懷土。

左傳僖公二十三年曰：齊姜曰：懷與安，實敗名。

禮記射義篇曰：故男子生，桑弧蓬矢以射天地四方。天地四方者，男子之所有事也。

子曰：「邦有道，危言危行；邦無道，危行言孫。」

管子宙合篇曰：賢人之處亂世也，知道之不可行，則沈抑以辟罰，靜默以侔免。辟之也，猶夏之就清，冬之就溫焉，可以無及於寒暑之菑矣；非爲畏死而不忠也。夫強言以爲僇，而功澤不加；進傷爲人君嚴之義，退害爲人臣者之生；其爲不利彌甚。故退身不舍端，修業不息版，以待清明。

荀子臣道篇曰：迫脅於亂時，窮居於暴國，而無所避之，則崇其美，揚其善，違其惡，隱其敗，言其所長，不稱其所短，以爲成俗。詩曰：「國有大命，不可以告人，妨其躬身。」此之謂也。

春秋繁露楚莊王篇曰：義不訕上，智不危身。故遠者以義諱，近者以智畏。畏與義兼，則世逾近而言逾謹矣。此定哀之所以微其辭。以故用則天下平，不用則安其身，春秋之道也。

後漢書黨錮傳曰：太學諸生三萬餘人，郭林宗賈偉節爲其冠，並與李膺陳蕃王暢更相褒重。學中語曰：「天下模楷李元禮；不畏強禦陳仲舉；天下俊秀王叔茂。」又渤海族公進階扶風魏齊卿並危言深論，不隱豪強。自公卿以下，莫不畏其貶議，屣履到門。時河內張成善說風角，推占當赦，遂敎子殺人。李膺爲河南尹，督促收捕，既而逢宥獲免。膺愈懷憤疾，竟案殺之。初，成以方伎交通宦官，帝亦頗訊其占。成弟子牢修因上書，誣告膺等養太學遊士，交結諸郡生徒，更相驅馳，共爲部黨，誹訕朝廷，疑亂風俗。於是天子震怒，班下郡國，逮捕黨人，布告天下，使同忿疾，遂收執膺等，其辭所連及陳寔之徒二百餘人。自是正直廢放，邪枉熾結。其後黃巾遂盛，朝野崩離，綱紀文章蕩然矣。

又郭泰傳曰：泰字林宗。林宗雖善人倫，而不爲危言覈論，故宦官擅政而不能傷也。及黨事起，知名之士多被其害，唯林宗及汝南袁閎得免焉。

子曰：「有德者必有言，有言者不必有德。

荀子非相篇曰：法先王，順禮義，黨學者，然而不好言，不樂言，則必非誠士也。故君子之於言也，志好之，心安之，樂言之。故君子必辨。

仁者必有勇，勇者不必有仁。」

老子曰：慈故能勇。

荀子性惡篇曰：仁之所在無貧窮，仁之所亡無富貴。天下知之，則欲與天下同苦之；天下不知之，則傀然獨立天地之閒而不畏：是上勇也。

又榮辱篇曰：乳彘觸虎，不忘其親也。

淮南子說林篇曰：乳狗之噬虎也，伏雞之搏狸也，恩之所加，不量其力。

新序義勇篇曰：齊崔杼弒莊公也，有陳不占者，聞君難，將赴之。比去，餐則失匕，上車失軾。御者曰：「怯如是，去有益乎？」不占曰：「死君，義也；無勇，私也。不以私害公。」遂往，聞戰鬭之聲，恐駭而死。人曰：「不占可謂仁者之勇也。」

南宮适問於孔子曰：「羿善射，奡盪舟，俱不得其死然。

左傳襄公四年曰：魏絳曰：昔有夏之方衰也，后羿自鉏遷於窮石，因夏民以代夏政。恃其射也，不修民事而淫於原獸。棄武羅伯因熊髡尨圉而用寒浞，信而使之，以爲己相。浞行媚於內，施賂于外，愚弄其民而虞羿于田，誨之詐慝以取其國家，外內咸服。羿猶不悛，將歸自田，家衆殺而亨之。靡奔有鬲氏。浞因羿室，生澆及豷。處澆于過，處豷于戈。靡自有鬲氏收二國之燼以滅浞，而立少康。少康滅澆于過，后杼滅豷于戈，有窮由是遂亡。

樹達按：奡即澆也。

禹稷躬稼而有天下。」

孟子滕文公上篇曰：禹疏九河，瀹濟漯而注諸海，決汝漢，排淮泗而注之江，然後中國可得而食也。后稷敎民稼穡，樹藝五穀，五穀熟而民人育。

史記周本紀曰：周后稷名棄。棄爲兒時，游戲好種樹麻菽，麻菽美。及爲成人，遂好耕農，相地之宜，宜穀者稼穡焉。民皆法則之。帝堯聞之，舉棄爲農師，天下得其利，有功。帝舜曰：「棄，黎民始飢，爾后稷播時百穀！」封棄於邰，號曰后稷，别姓姬氏。后稷卒，子不窋立。不窋卒，子鞠立。鞠卒，子公劉立。公劉雖在戎狄之閒，復修后稷之業，周道之興自此始。公劉卒，子慶節立。慶節卒，子皇僕立。皇僕卒，子差弗立。差弗卒，子毁隃立。毁隃卒，子公非立。公非卒，子高圉立。高圉卒，子亞圉立。亞圉卒，子公叔祖類立。公叔祖類卒，子古公亶父立。古公亶父復修后稷公劉之業，積德行義，國人皆戴之。古公少子季歷生昌，有聖瑞。古公曰：「我世當有興者，其在昌乎！」古公卒，季歷立，是爲公季。公季卒，子昌立，是爲西伯。西伯曰文王，西伯崩，太子發立，是爲武王。

夫子不答。南宫适出，子曰：「君子哉若人！尚德哉若人！」

子曰：「君子而不仁者有矣夫，未有小人而仁者也。」

子曰：「愛之能勿勞乎？

國語魯語曰：夫民勞則思，思則善心生；逸則淫，淫則忘善，忘善則惡心生。沃土之民不材，淫也；瘠土之民莫不嚮義，勞也。

忠焉能勿誨乎？」

白虎通諫諍篇曰：臣所以有諫君之義，何？盡忠納誠也。論語曰：愛之能勿勞乎？忠焉能勿誨乎？

子曰：「爲命，裨諶草創之，世叔討論之，行人子羽修飾之，東里子產潤色之。」

左傳襄公三十一年曰：子產之從政也，擇能而使之。馮簡子能斷大事；子大叔美秀而文；公孫揮能知四國之爲，而辨於其大夫之族姓班位貴賤能否，而又善爲辭令；裨諶能謀，謀於野則獲，謀於邑則否。鄭國將有諸侯之事，子產乃問四國之爲於子羽，且使多爲辭令，與裨諶乘以適野，使謀可否，而告馮簡子使斷之。事成，乃授子大叔，使行之以應對賓客，是以鮮有敗事也。子大叔卽世叔，公孫揮字子羽。

又襄公二十六年曰：鄭蕇父與皇頡戍城麇，楚人囚之，以獻於秦。鄭人取貨於印氏以請之。子大叔爲令正，杜注云：主作辭令之正。以爲請。子產曰：「不獲。受楚之功而取貨於鄭，不可謂國，秦不其然。若曰：『拜君之勤鄭國，微君之惠，楚師其猶在敝邑之城下，其可。』」弗從。遂行，秦人不予。更幣，從子產而後獲之。

或問子產，子曰：「惠人也。」

禮記仲尼燕居篇曰：子產猶衆人之母也，能食之，不能教也。

左傳昭公二十年曰：子產卒，仲尼聞之，出涕曰：「古之遺愛也。」

說苑貴德篇曰：鄭子產死，鄭人丈夫舍玦珮，婦人舍珠珥，夫婦巷哭，三月不聞竽瑟之聲。

問子西，曰：「彼哉！彼哉！」

左傳昭公二十六年曰：九月，楚平王卒，令尹子常欲立子西。曰：「太子壬弱，其母非適也，王子建實聘之。子西長而好善。立長則順，建善則治，可不務乎？」子西怒曰：「是亂國而惡君王也。國有外援，不可瀆也；王有適嗣，不可亂也。敗親，速讎；亂嗣，不祥。我受其名，賂吾以天下，吾滋不從也。楚國何爲？必殺令尹。」令尹懼，乃立昭王。

又哀公十六年曰：楚大子建之遇讒也，自城父奔宋，又辟華氏之亂於鄭，鄭人甚善之。又適晉，與晉人謀襲鄭，乃求復也，鄭人復之如初。晉人使諜於子木，子木即建也。請行而期焉。子木暴虐於其私邑，邑人訴之，鄭人省之，得晉諜焉，遂殺子木。其子曰勝，在吳，子西欲召之。葉公曰：「吾聞勝也詐而亂，無乃害乎？」子西曰：「吾聞勝也信而勇，不爲不利。舍諸邊竟，使衞藩焉。」葉公曰：「周仁之謂信，率義之謂勇。吾聞勝也好復言而求死士，殆有私乎！復言，非信也；期死，非勇也。子必悔之。」弗從，召之，使處吳竟，爲白公。請伐鄭，子西曰：「楚未節也，不然，吾不忘也。」他日又請，許之。未起師，晉人伐鄭，楚救之，與之盟。勝怒曰：「鄭人在此，讎不遠矣。」勝自厲劍，子期之子平見之，曰：「王孫何自厲也？」曰：「勝以直聞，不告女，庸爲直乎？將以殺爾父。」平以告子西，子西曰：「勝如卵，余翼而長之。楚國第，我死，令尹司馬非勝而誰？」勝聞之。曰：「令尹之狂也！得死乃非我。」子西不悛，吳人伐愼，白公敗之，請以戰備獻，許之，遂作亂。秋七月，殺子西子期于朝而劫惠王，子西以袂掩面而死。

問管仲，曰：「人也，奪伯氏駢邑三百，飯疏食，沒齒無怨言。」

荀子仲尼篇曰：齊桓公倓然見管仲之能足以託國也，遂立以爲仲父，與之書社三百，而富人莫之敢距也。

子曰：「貧而無怨，難；富而無驕，易。」

學而篇曰：子貢曰：「貧而無諂，富而無驕，何如？」子曰：「可也。未若貧而樂；富而好禮者也。」

晏子春秋雜下篇曰：晏子相齊三年，政平民說。梁丘據見晏子，中食而肉不足，以告景公。旦日，割地將封晏子，晏子辭不受。曰：「富而不驕者，未嘗聞之；貧而不恨者，嬰是也。所以貧而不恨者，以善爲師也。今封，易嬰之師，師已輕，封已重矣。請辭。」

左傳定公十三年曰：史鰌謂公叔文子曰：富而不驕者鮮，吾唯子之見；驕而不亡者，未之有也。戌必與焉。

子曰：「孟公綽爲趙魏老則優；不可以爲滕薛大夫。」

本篇曰：公綽之不欲。

史記仲尼弟子傳曰：孔子之所嚴事，於魯孟公綽。

漢書薛宣傳曰：頻陽縣北當上郡西河，爲數郡湊，多盜賊。其令平陵薛恭，本縣孝者，功次稍遷，未嘗治民，職不辦；而粟邑小，辟在山中，民謹樸易治，令鉅鹿尹賞，久郡用事吏。宣卽以令奏賞與恭換縣，二人視事數月，而兩縣皆治。宣因移書勞勉之曰：昔孟公綽優於趙魏，而不宜滕薛，故或以德顯，或以功舉，君子之道，焉可憮也。

樹達按：劉寶楠云：此宣言爲趙魏老當以德，爲滕薛大夫當以才也。

後漢書韋彪傳曰：彪上議曰：夫人才行少能相兼，是以孟公綽優於趙、魏老，不可以爲滕薛大夫。

樹達按：彪云才行少能相兼，與薛宣或以德聞或以功舉之説相合，足以證成劉説矣。

牟子理惑篇曰：夫長左者必短右，大前者必狹後。公綽爲趙、魏老則優，不可以爲滕薛大夫。

子路問成人，子曰：「若臧武仲之知，

左傳襄公二十二年曰：臧武仲如晉，雨，過御叔。御叔在其邑，將飲酒。曰：「焉用聖人？我將飲酒而已。雨行，何以聖爲？」杜注云：武仲多知，時人謂之聖。

又襄公二十三年曰：齊侯將爲臧紇田，臧孫聞之，見，齊侯與之言伐晉。對曰：「多則多矣，抑君似鼠。夫鼠，晝伏夜動，不穴於寢廟，畏人故也。今君聞晉之亂而後作焉，寧將事之，非鼠如何？」乃弗與田。杜注云：臧孫知齊侯將敗，不欲受其邑，故以比鼠，欲使怒而止。仲尼曰：「知之難也，有臧武仲之知，而不容於魯國，抑有由也，作不順而施不恕也。」

又襄公二十三年曰：孟孫惡臧孫，季孫愛之。孟孫卒，臧孫入哭，甚哀，多涕。出，其御曰：「孟孫之惡子也，而哀如是，季孫若死，其若之何？」臧孫曰：「季孫之愛我，疾疢也；孟孫之惡我，藥石也。美疢不如惡石。夫石猶生我；疢之美，其毒滋多。孟孫死，吾亡無日矣。」孟氏告於季孫曰：「臧氏將爲亂。」季孫不信。孟氏又告季孫，季孫怒，命攻臧氏。臧紇斬鹿門之關以出，奔邾。其人曰：「其盟我乎？」臧孫曰：「無辭。」將盟臧氏，季孫召外史掌惡臣而問盟首焉。對曰：「盟東門氏也，曰：『毋或如東門遂不聽公命，殺適立庶。』盟叔孫氏也，曰：『毋或如叔孫僑如欲廢國常，蕩覆公室。』」季孫曰：「臧孫之罪皆不及此。」孟椒曰：「盍以其犯門斬關？」季孫用之。乃盟臧氏曰：「無或如臧孫紇干國之紀，犯門斬關！」臧孫聞之，曰：「國有人焉。誰居？其孟椒乎！」

公綽之不欲，

卞莊子之勇，

荀子大略篇曰：齊人欲伐魯，忌卞莊子，不敢過卞。

韓詩外傳卷十曰：卞莊子善事母。母無恙時，三戰而三北。交游非之，國君辱之。卞莊子受命，顏色不變。及母死，三年，魯興師，卞莊子請從。至，見於將軍曰：「前猶與母處，是以戰而北也，辱吾身。今母歿矣，請塞責。」遂走敵而鬬，獲甲首而獻之，請以此塞一北。又獲甲首而獻之，請以此塞再北。將軍止曰：「足。」不止，又獲甲首而獻之，曰：「請以此塞三北。」將軍止之。曰：「足。」請爲兄弟。卞莊子曰：「三北，以養母也。今母歿矣，吾責塞矣。吾聞之，節士不以辱生。」遂奔敵，殺七十人而死。新序節士篇大同。

冉求之藝，

雍也篇曰：求也藝。

文之以禮樂，亦可以爲成人矣。」

說苑辨物篇曰：顏淵問於仲尼曰：「成人之行何若？」子曰：「成人之行，達乎情性之理，通乎物類之夔，知幽明之故，睹遊氣之源，若此而可謂成人。既知天道，行躬以仁義，飭身以禮樂。夫仁義禮樂，成人之行也；窮神知化，德之盛也。」

曰：「今之成人者何必然？見利思義，

左傳昭公十年曰：齊惠欒高氏皆耆酒，彊於陳鮑氏而惡之。陳鮑方睦，遂伐欒高氏，欒施高彊來奔，陳鮑分其室。晏子謂桓子：「必致諸公。讓，德之主也，讓之謂懿德。凡有血氣，皆有爭心，故利不可強，思義爲愈。義，利之本也。蘊利生孽，姑使無蘊乎？可以滋長。」桓子盡致諸公，乃請老于莒。

新序節士篇曰：子列子窮，容貌有飢色。客有言於鄭子陽者，曰：「子列子禦寇，蓋有道之士也，居君之國而窮，君無乃爲不好士乎！」子陽令官遺之粟數十乘。子列子出見使者，再拜而辭。使者去，子列子入，其妻望而拊心曰：「聞爲道者妻子皆得佚樂。今妻子皆有飢色矣，君過而遺先生，先生又辭，豈非命也哉！」子列子笑而謂之曰：「君非知我者也，以人之言而知我，以人之言而遺我粟也；其罪我也，又將以人之言。此吾所以不受也。且受人之養，不死其難，不義也。死其難，是死無道之人，豈義哉？」其後民果作難，殺子陽。子列子之見微除不義遠矣。且子列子內有飢寒之色，猶不苟取，見得思義，見利思害，況其在富貴乎！故子列子通乎性命之情，可謂能守節矣。事本莊子讓王篇。

見危授命，

左傳昭公元年曰：季武子伐莒，取鄆，莒人告於會。楚告於晉曰：「尋盟未退而魯伐莒，瀆齊盟，請戮其使。」樂桓子相趙文子，欲求貨於叔孫而爲之請，使請帶焉，弗與。梁其踁曰：「貨以藩身，子何愛焉？」叔孫曰：「諸侯之會，衛社稷也。我以貨免，魯必受師，是禍之也，何衛之爲？人之有牆，以蔽惡也。牆之隙壞，誰之咎也？衛而惡之，吾又甚焉。雖怨季孫，魯國何罪？叔出季處，有自來矣，吾又誰怨？然鮒也賄，弗與，不已。」召使者，裂裳帛而與之，曰：「帶其褊矣。」趙孟聞之，曰：「臨患不忘國，忠也；思難不越官，信也；圖國忘死，貞也；謀主三者，義也。有是四者，又可戮乎！」乃請諸楚曰：「魯雖有罪，其執事不辟難，畏威而敬命矣。子若免之以勸左右可也！」

子張篇曰：子張曰：士見危致命，見得思義，祭思敬，喪思哀，其可已矣。

禮記曲禮篇曰：臨財毋苟得，臨難毋苟免。

久要不忘平生之言，亦可以爲成人矣。」

後漢書朱暉傳曰：「暉同縣張堪素有名稱，嘗於太學見暉，甚重之，接以友道。乃把暉臂曰：「欲以妻子託朱生。」暉以堪先達，舉手未敢對。自後不復相見。堪卒，暉聞其妻子貧困，乃自往候視，厚賑贍之。暉少子頡怪而問曰：「大人不與堪爲友，平生未曾相聞，子孫竊怪之。」暉曰：「堪嘗有知己之言，吾以信於心也。」

樹達按：要讀爲約，貧困也。詳余久要不忘平生之言解，見積微居小學述林二三五頁。

子問公叔文子於公明賈，曰：「信乎夫子不言不笑不取乎？」

左傳襄公二十九年曰：吳公子札來聘，適衞，說蘧瑗，史狗，史鰌，公子荆，公叔發，公子朝。曰：「衞多君子，未有患也。」

樹達按：公叔發即公叔文子。

公明賈對曰：「以告者過也。夫子時然後言，人不厭其言。

太平御覽言語部引墨子曰：禽子問曰：「多言有益乎？」墨子曰：「蝦蟆蛙黽日夜而鳴，舌乾擗然，而人不聽之。今鶴鷄時夜而鳴，天下振動。多言何益？唯其言之時也。」

漢書東方朔傳曰：隆慮公主子昭平君尙帝女夷安公主，隆慮主病困，以金千斤錢千萬爲昭平君豫贖死罪，上許之。隆慮主卒，昭平君日驕，醉殺主傅，獄繫內官。以公主子，廷尉上請，請論。左右人人爲言，前又入贖，陛下許之。上曰：「吾弟老，有是一子，死以屬我。」於是爲之垂涕歎息。良久曰：「法令者，先帝所造也，用弟故而誣先帝之法，吾何面目入高廟乎？又下負萬民。」乃可其奏，哀不能止，左右盡悲。朔前上壽曰：「臣聞聖王爲政，賞不避仇讎，誅不擇骨肉。書曰：『不偏不黨，王道蕩蕩。』此二者，五帝所重，三王所難矣。陛下行之，是以四海之內，元元之民各得其所，天下幸甚。臣朔奉觴昧死再拜上萬歲壽。」上乃起入省中。夕時，召讓朔曰：「傳曰：『時然後言，人不厭其言。』今先生上壽，時乎？」朔免冠頓首曰：「臣聞：樂太甚則陽溢，哀太甚則陰損。陰陽變則心氣動，心氣動則精神散而邪氣及。銷憂者莫若酒，臣朔所以上壽者，明陛下正而不阿，因以止哀也。

愚不知忌諱，當死。」先是朔嘗醉入殿中，小遺殿上，劾不敬，有詔免爲庶人，待詔宦者署。因此時復爲中郎，賜帛百匹。

樂然後笑，人不厭其笑。

禮記曲禮篇曰：不苟笑。

義然後取，人不厭其取。」子曰：「其然，豈其然乎？」

子曰：「臧武仲以防求爲後於魯，

左傳襄公二十三年曰：孟氏閉門，告於季孫曰：「臧氏將爲亂，不使我葬。」季孫不信。臧孫聞之，戒。孟氏又告季孫。季孫怒，命攻臧氏。乙亥，臧紇斬鹿門之關以出，奔邾。臧武仲自邾使告臧賈，且致大蔡焉。曰：「紇不佞，失守宗祧，敢告不弔。紇之罪不及不祀，子以大蔡納請，其可。」賈曰：「是家之禍也，非子之過也。賈聞命矣」，再拜受龜。使爲以納請，遂自爲也。臧孫如防，使來告曰：「紇非能害也，知不足也。非敢私請，苟守先祀，無廢二勳，敢不辟邑。」乃立臧爲。臧紇致防而奔齊。

又襄公二十六年曰：孫林父以戚如晉。書曰：「入于戚以叛」，罪孫氏也。臣之祿，君實有之。義則進，否則奉身而退。專祿以周旋，戮也。

雖曰不要君，吾不信也。」

孝經曰：要君者無上。

子曰：「晉文公譎而不正。

春秋僖公二十八年曰：五月癸丑，公會晉侯齊侯宋公蔡侯鄭伯衛子莒子盟于踐土。公朝于王所。公羊傳曰：曷爲不言公如京師？天子在是也。天子在是，則曷爲不言天子在是？不與致天子也。何注云：時晉文公年老，恐霸功不成，故上白天子曰：諸侯不可卒致，願王居踐土。下謂諸侯曰：天子在是，不可不朝，迫使正君臣。穀梁傳曰：諱會天王也。公朝于王所，朝不言所，言所者，非其所也。冬，公會晉侯齊侯宋公蔡侯鄭伯陳子莒子邾婁子秦人于溫。天王狩于河陽。公羊傳曰：狩不書，此何以書？不與再致天子也。何注云：再失禮，重，故深正其義，使若天子自狩，非致也。穀梁傳曰：全天王之行也，爲若將守狩同。而遇諸侯之朝也，爲天王諱也。壬申，公朝於王所。朝于廟，禮也；於外，非禮也。獨公朝與？諸侯盡朝也。其日，以其再致天子，故謹而日之。日繫於月，月繫於時。壬申，公朝于王所。其不月，失其所繫也。以爲晉文公之行事爲已傎矣。左氏傳曰：是會也，晉侯召王，以諸侯見，且使王狩。仲尼曰：「以臣召君，不可以訓。」故書曰：「天王狩于河陽，」言非其地也，且明德也。

左傳僖公二十七年曰：楚子及諸侯圍宋，宋公孫固如晉告急。狐偃曰：「楚始得曹而新昏於衛，若伐曹衛，楚必救之，則齊宋免矣。」二十八年曰：晉侯侵曹，伐衛，宋人使門尹般如晉師告急。公曰：

「宋人告急，舍之則絕。告楚，不許。我欲戰矣，齊秦未可。若之何？」先軫曰：「使宋舍我而賂齊秦，藉之告楚，我執曹君，而分曹衛之田以賜宋人。楚愛曹衛，必不許也。喜賂怒頑，能無戰乎？」公說，執曹伯，分曹衛之田以畀宋人。子玉使宛春告於晉師曰：「請復衛侯而封曹。臣亦釋宋之圍。」子犯曰：「子玉無禮哉！君取一，臣取二，不可失矣。」先軫曰：「子與之！定人之謂禮。楚一言而定三國，我一言而亡之。我則無禮，何以戰乎？不許楚言，是棄宋也。救而棄之，謂諸侯何？楚有三施，我有三怨，怨讎已多，將何以戰？不如私許復曹衛以攜之，執宛春以怒楚。既戰而後圖之。」公說。乃拘宛春於衛，且私許復曹衛。曹衛告絕於楚，子玉怒，從晉師。春秋文公三年曰：秋，楚人伐江。冬，晉陽處父帥師伐楚救江。公羊傳曰：此伐楚也，其言救江，何？爲諼也。其爲諼奈何？伐楚爲救江也。何注云：諼，詐也。救人之道，當指其所之。實欲救江而反伐楚，以爲其勢必當引圍江兵還自救也。故云爾。

樹達按：此晉文公卒後四年事，仍文公譎而不正之道也。

齊桓公正而不譎。」

春秋僖公四年曰：春正月，公會齊侯宋公陳侯衛侯鄭伯許男曹伯侵蔡，蔡潰。左氏傳曰：齊侯以諸侯之師侵蔡，蔡潰，遂伐楚。楚子使與師言曰：「君處北海，寡人處南海，唯是風馬牛不相及也。不虞君之涉吾地也，何故？」管仲對曰：「爾貢包茅不入，王祭不共，無以縮酒，寡人是徵。昭王南征而不復，寡人是問。」穀梁傳曰：侵，淺事也。侵蔡而蔡潰，以桓公爲知所侵也。不土其地，不分其民，明正也。

又僖公七年曰：秋七月，公會齊侯宋公陳世子款鄭世子華盟于甯母。左氏傳曰：盟于甯母，謀鄭故也。鄭伯使大子華聽命於會，言於齊侯曰：「洩氏，孔氏，子人氏，三族實違君命。若君去之以爲成，我以鄭爲內臣，君亦無所不利焉。」齊侯將許之。管仲曰：「君以禮與信屬諸侯，而以姦終之，無乃不可乎？子父不奸之謂禮，守命共時之謂信。違此二者，姦莫大焉。」公曰：「諸侯有討於鄭，未捷。今苟有釁，從之，不亦可乎？」對曰：「君若綏之以德，加之以訓辭，而帥諸侯以討鄭，鄭將覆亡之不暇，豈敢不懼？若總其罪人以臨之，鄭有辭矣，何懼？且夫合諸侯，以崇德也，會而列姦，何以示後嗣？夫諸侯之會，其德刑禮義，無國不記。記姦之位，君盟替矣。作而不記，非盛德也。君其勿許，鄭必受盟。夫子華既爲大子，而求介於大國以弱其國，亦必不免。」齊侯辭焉。子華由是得罪於鄭。

又僖公九年曰：夏，公會宰周公齊侯宋子衞侯鄭伯許男曹伯於葵丘。九月戊辰，諸侯盟於葵丘。穀梁傳曰：桓盟不日，此何以日？美之也。爲見天子之禁，故備之也。葵丘之盟，陳牲而不殺，讀書加於牲上，壹明天子之禁，曰：毋雍泉，毋訖糴，毋易樹子，毋以妾爲妻，毋使婦人與國事。孟子告子下篇曰：五霸桓公爲盛，葵丘之會諸侯，束牲載書而不歃血。初命曰：「誅不孝，無易樹子，無以妾爲妻。」再命曰：「尊賢育才以彰有德。」三命曰：「敬老慈幼，無忘賓旅。」四命曰：「士無世官，官事無攝，取士必得，無專殺大夫。」五命曰：「無曲防，無遏糴，無有封而不告。」曰：「凡我同盟之人，既盟之後，言歸于好。」

子路曰：「桓公殺公子糾，召忽死之，管仲不死。」曰：「未仁乎？」

春秋莊公九年曰：夏，公伐齊，納子糾。齊小白入于齊。八月庚申，及齊師戰于乾時，我師敗績。九月，齊人取子糾，殺之。左氏傳曰：夏，公伐齊，納子糾。桓公自莒先入。秋，師及齊師戰于乾時，我師敗績。鮑叔帥師來言曰：「子糾，親也，請君討之。管召，讎也，請受而甘心焉。」乃殺子糾于生竇，召忽死之。管仲請囚，鮑叔受之，及堂阜而稅之。歸而以告，曰：「管夷吾治於高傒，使相可也。」公從之。

子曰：「桓公九合諸侯，不以兵車，管仲之力也。如其仁！如其仁！」

國語齊語曰：兵車之屬六，乘車之會三。

穀梁傳莊公二十七年曰：桓會不致，安之也。桓盟不日，信之也。信其信，仁其仁。衣裳之會十有一，未嘗有歃血之盟也，信厚也。兵車之會四，未嘗有大戰也，愛民也。

呂氏春秋勿躬篇曰：桓公令五子皆任其事以受令於管子。十年九合諸侯，一匡天下，皆夷吾與五子之能也。

新序雜事四篇曰：夫管仲能知人，桓公能任賢。所以九合諸侯，一匡天下，不用兵車，管仲之功也。

子貢曰：「管仲非仁者與？桓公殺公子糾，不能死，又相之。」子曰：「管仲相桓公，霸諸侯，一匡天下，

呂氏春秋貴信篇曰：（桓公）歸而欲勿予。管仲曰：不可。莊公，仇也；曹翽，賊也。信於仇賊，又況於非仇賊者乎！夫九合之而合，一匡之而聽，從此生矣。

新序雜事四篇曰：柯之盟，齊不倍盟，天下諸侯翕然而歸之。爲鄄之會，幽之盟，諸侯莫不至焉。爲陽穀之會，貫澤之盟，遠國皆來。九合諸侯，一匡天下，功次三王，爲五伯長，本信起乎柯之盟也。

民到于今受其賜。微管仲，吾其被髮左衽矣。

春秋僖公四年曰：公會齊侯宋公陳侯衞侯鄭伯許男曹伯侵蔡，蔡潰，遂伐楚。楚屈完來盟于師，盟于召陵。公羊傳曰：其言盟于師，盟于召陵，何？師在召陵也。喜服楚也。何言乎喜服楚？楚有王者則後服，無王者則先叛。夷狄也，而亟病中國，南夷與北狄交，中國不絕若綫。桓公救中國而攘夷狄，卒怗荆，以此爲王者之事也。

漢書韋玄成傳曰：及至幽王，犬戎來伐，殺幽王，取宗器。自是之後，南夷與北夷交侵，中國不絕如綫。春秋紀齊桓南伐楚，北伐山戎。孔子曰：「微管仲，吾其被髮左衽矣。」是故棄桓之過而錄其功，以爲伯首。

豈若匹夫匹婦之爲諒也，自經於溝瀆而莫之知也。」

衛靈公篇曰：子曰：君子貞而不諒。中論智行篇曰：管仲背君事讐，奢而失禮，使桓公有九合諸侯一匡天下之功。仲尼稱之曰：「微管仲，吾其被髮左衽矣。」召忽伏節死難，人臣之美義也。仲尼比爲匹夫匹婦之爲諒矣。是故聖人貴才智之特能立功立事益於世矣。

公叔文子之臣大夫僎與文子同升諸公。子聞之，曰：「可以爲文矣。」

子言衛靈公之無道也，康子曰：「夫如是，奚而不喪？」孔子曰：「仲叔圉治賓客，祝鮀治宗廟，王孫賈治軍旅。夫如是，奚其喪？」

說苑尊賢篇曰：魯哀公問於孔子曰：「當今之時，君子誰賢？」對曰：「衛靈公。」公曰：「吾聞之，其閨門之內姑姊妹無別。」對曰：「臣觀於朝廷，未觀於堂陛之閒也。靈公之弟曰公子渠牟，其知足以治千乘之國，其信足以守之，而靈公愛之。又有士曰王林，國有賢人，必進而任之，無不達也。不能達，退而與分其祿，而靈公尊之。又有士曰慶足，國有大事，則進而治之，無不濟也，而靈公說之。史鰌去衛，靈公邸舍三月琴瑟不御，使史鰌之入也而後入。臣是以知其賢也。」呂氏春秋分職篇曰：衛靈公天寒鑿池。宛春諫曰：「天寒起役，恐傷民。」公曰：「天寒乎？」宛春曰：「公衣狐裘，坐熊席，陬隅有竈，是以不寒。今民衣弊不補，履決不組，君則不寒矣，民則寒矣。」公曰：「善。」令罷役。左右以諫。曰：「君鑿池，不知天之寒也，而春也知之。以春之知之也，而令罷之，福將歸於春也，而怨將歸於君。」公曰：「不然。夫春也，魯國之匹夫也，而我舉之，夫民未有見焉。今將令民以此見之。曰：春也有善，如寡人者也。」新序刺奢篇文同。

莊子則陽篇曰：仲尼問於伯常騫曰：「夫衛靈公飲酒湛樂，不聽國家之政；田獵畢弋，不應諸侯之際。其所以爲靈公者，何邪？」伯常騫曰：「夫靈公有妻三人，同濫而浴。史鰌奉御而進所，搏幣而扶翼。其慢若彼之甚也，見賢人若此其肅也，是其所以爲靈公也。」成玄英云，謚法，德之精明曰靈。

子曰：「其言之不怍，則爲之也難。」

逸周書官人篇曰：揚言者寡信。

老子曰：輕諾者寡信。

陳成子弒簡公，孔子沐浴而朝，告於哀公曰：「陳恆弒其君，請討之。」公曰：「告夫三子。」孔子曰：「以吾從大夫之後，不敢不告也。」君曰：「告夫三子者。」之三子告，不可。孔子曰：「以吾從大夫之後，不敢不告也。」

左傳哀公十四年曰：六月甲午，齊陳恆弒其君壬于舒州。孔丘三日齊而請伐齊三。公曰：「魯爲齊弱久矣，子之伐之，將若之何？」對曰：「陳恆弒其君，民之不與者半，以魯之衆加齊之半，可克也。」

公曰：「子告季孫。」孔子辭。退而告人曰：「吾以從大夫之後也，故不敢不言。」

子路問事君，子曰：「勿欺也，

左傳襄公二十九年曰：夏四月，葬楚康王。公還，及方城，季武子取卞，使公冶問公，璽書追而與之。曰：「聞守卞者將叛，臣帥徒以討之，既得之矣。敢告。」公冶致使而退，及舍而後聞取卞。公曰：「欲之而言叛，祇見疏也。」公謂公冶曰：「吾可以入乎？」對曰：「君實有國，誰敢違君？」公與公冶冕服，固辭，強之而後受。公欲無入，榮成伯賦式微，乃歸。五日，公至自楚。公冶致其邑於季氏，而終不入焉。曰：「欺其君，何必使余。」及疾，聚其臣曰：「我死，必無以冕服斂，非德賞也。且無使季氏葬我。」

而犯之。」

禮記檀弓上篇曰：事君有犯而無隱。

左傳文公十八年曰：莒紀公生大子僕，又生季佗，愛季佗而黜僕，且多行無禮於國。僕因國人以弒紀公，以其寶玉來奔，納諸宣公。公命與之邑，曰：「今日必授。」季文子使司寇出諸竟，曰：「今日必達。」公問其故。季文子使太史克對曰：「先大夫臧文仲教行父事君之禮，行父奉以周旋，弗敢失隊。曰：『見有禮於其君者，事之，如孝子之養父母也；見無禮於其君者，誅之，如鷹鸇之逐鳥雀也。』先君周公制周禮曰：『則以觀德，德以處事，事以度功，功以食民。』作誓命曰：『毀則爲賊，掩賊爲藏，竊賄爲盜，盜器爲姦。主藏之名，賴姦之用，爲大凶德，有常無赦，在九刑不忘。』行父還觀莒僕，莫可則也。孝敬忠信爲吉德，盜賊藏姦爲凶德。夫莒僕，則其孝敬，則弑君父矣；則其忠信，則竊寶玉矣。其人則盜賊也；其器則姦兆也；保而利之，則主藏也。以訓則昏，民無則焉。不度於善，而皆在於凶德，是以去之。舜有大功二十而爲天子，今行父雖未獲一吉人，去一凶矣。於舜之功二十之一也，庶幾免於戾乎！」

子曰：「君子上達，小人下達。」

本篇曰：子曰：不怨天，不尤人，下學而上達，知我者其天乎！

淮南子繆稱篇曰：積薄爲厚，積卑爲高。故君子日孳孳以成煇，小人日怏怏以至辱。其消息也，離朱弗能見也。

子曰：「古之學者爲己，今之學者爲人。」

荀子勸學篇曰：君子之學也，入乎耳，箸乎心，布乎四體，形乎動靜。端而言，蝡而動，一可以爲法則。小人之學也，入乎耳，出乎口，口耳之閒則四寸耳，曷足以美七尺之軀哉？古之學者爲己，今之學者爲人。君子之學也，以美其身；小人之學也，以爲禽犢。

北堂書鈔引新序曰：齊王問墨子曰：「古之學者爲己，今之學者爲人，何如？」對曰：「古之學者，得一善言，以附其身；今之學者，得一善言，務以悦人。」

後漢書桓榮傳論曰：孔子曰：「古之學者爲己；今之學者爲人。」爲人者憑譽以顯揚，爲己者因心以會道。

蘧伯玉使人於孔子。

史記仲尼弟子傳曰：孔子之所嚴事，於衞蘧伯玉。

孔子與之坐而問焉。曰：「夫子何爲？」對曰：「夫子欲寡其過而未能也。」

淮南子原道篇曰：蘧伯玉年五十而知四十九年非。

莊子則陽篇曰：蘧伯玉行年六十而六十化，未嘗不始於是之而卒詘之以非也，未知今之所謂是之非五十九非也。

使者出，子曰：「使乎！使乎！」

穀梁傳襄公二十九年曰：「身賢，賢也；使賢，亦賢也。」

子曰：「不在其位，不謀其政。」

證見卷八秦伯篇。

曾子曰：「君子思不出其位。」

易象傳曰：兼山艮，君子以思不出其位。

禮記中庸篇曰：君子素其位而行，不願乎其外。素富貴，行乎富貴；素貧賤，行乎貧賤；素夷狄，行乎夷狄；素患難，行乎患難。君子無入而不自得焉。在上位，不陵下；在下位，不援上。正己而不求於人，則無怨。上不怨天，下不尤人。

子曰：「君子恥其言而過其行。」

里仁篇曰：古者言之不出，恥躬之不逮也。

禮記雜記下篇曰：有其言，無其行，君子恥之。

又表記篇曰：君子恥有其辭而無其德，有其德而無其行。

子曰：「君子道者三，我無能焉。仁者不憂，

述而篇曰：葉公問孔子於子路，子路不對。子曰：「女奚不曰：其爲人也，發憤忘食，樂以忘憂，不知老之將至云爾。」

爲政篇曰：五十而知天命。

易繫辭上傳曰：樂天知命，故不憂。

知者不惑，

爲政篇曰：四十而不惑。

勇者不懼。」

莊子秋水篇曰：孔子遊於匡，宋人圍之數匝，而弦歌不輟。子路入見，曰：「何夫子之娛也？」孔子曰：「來！吾語女。我諱窮久矣，而不免，命也；求通久矣，而不得，時也。當堯舜而天下無窮人，非知得也；當桀紂而天下無通人，非知失也：時勢適然。夫水行不避蛟龍者，漁父之勇也；陸行不避兕虎者，獵夫之勇也；白刃交於前，視死若生者，烈士之勇也；知窮之有命，知通之有時，臨大難而不懼者，聖人之勇也。由處矣，吾命有所制矣。」無幾何，將甲者進，辭曰：「以爲陽虎也，故圍之。今非也，請辭而退。」

子貢曰：「夫子自道也。」

子貢方人，子曰：「賜也賢乎哉！夫我則不暇。」

先進篇曰：子貢問：「師與商也孰賢？」子曰：「師也過，商也不及。」曰：「然則師愈與？」子曰：「過猶不及。」

子曰：「不患人之不己知，患其不能也。」

里仁篇曰：子曰：不患莫己知，求爲可知也。

衞靈公篇曰：子曰：君子病無能焉，不病人之不己知也。

子曰：「不逆詐，不億不信。

大戴禮記曾子立事篇曰：君子不先人以惡，不疑人以不信。

後漢書郭躬傳曰：中常侍孫章宣詔，誤言兩報重。尚書奏：「章矯制，罪當腰斬。」帝復召躬問之。躬對：「章應罰金。」帝曰：「章矯詔殺人，何謂罰金？」躬曰：「法令有故誤。章傳命之繆，於事爲誤，誤者其文則輕。」帝曰：「章與囚同縣，疑其故也。」躬曰：「周道如砥，其直如矢。君子不逆詐，君王法天刑，不可以委曲生意。」帝曰：「善。」

抑亦先覺者，是賢乎。」

說苑權謀篇曰：趙簡子曰：「晉有澤鳴犢犨，魯有孔丘，吾殺此三人，則天下可圖也。」於是乃召澤鳴犢犨，任之以政而殺之。使人聘孔子於魯。孔子至河，臨水而觀，曰：「美哉！水洋洋乎！丘之不濟於此，命也夫！」子路趨進曰：「敢問奚謂也？」孔子曰：「夫澤鳴犢犨，晉國之賢大夫也。趙簡子之未得志也，與之同聞見。及其得志也，殺之而後從政。丘聞之，刳胎焚夭，則麒麟不至；乾澤而漁，蛟龍不遊；覆巢毀卵，則鳳凰不翔。丘聞之，君子重傷其類者也。」事又見三國志魏志劉廙傳注引新序及琴操。

荀子非相篇曰：聖人何以不欺？曰：聖人者，以己度者也。故以人度人，以情度情，以類度類，以說度功。古今一度也。類不悖，雖久，同理。故鄉乎邪曲而不迷，觀于雜物而不惑，以此度之。

微生畝謂孔子曰：「丘！何爲是栖栖者與？無乃爲佞乎？」孔子曰：「非敢爲佞也，疾固也。」

呂氏春秋愛類篇曰：賢人之不遠海內之路而時往來乎王公之朝，非以要利也，以民爲務者也。

子曰：「驥不稱其力，稱其德也。」

或曰：「以德報怨，何如？」

老子曰：大小多少，報怨以德。

子曰：「何以報德？

禮記表記篇曰：子曰：以德報怨，則寬身之仁也；以怨報德，則刑戮之民也。

以直報怨。

公冶長篇曰：匿怨而友其人，左丘明恥之，丘亦恥之。

禮記曲禮上篇曰：父之讎，弗與共戴天；兄弟之讎，不反兵；交遊之讎，不同國。

又檀弓上篇曰：子夏問於孔子曰：「居父母之仇，如之何？」夫子曰：「寢苫枕干，不仕，弗與共天下也。遇諸市朝，不反兵而鬬。」曰：「請問：居昆弟之仇，如之何？」曰：「仕弗與共國，銜君命而使，雖遇之，不鬬。」曰：「請問：居從父昆弟之仇，如之何？」曰：「不爲魁，主人能，則執兵而陪其後。」春秋定公四年曰：冬十有一月庚午，蔡侯以吳子及楚人戰於柏莒，楚師敗績。公羊傳曰：吳何以稱子？夷狄也而憂中國。其憂中國奈何？伍子胥父誅於楚，挾弓而去楚，以干闔廬。闔廬曰：「大之甚，勇之甚。」將爲之興師而復讎於楚。伍子胥復曰：「諸侯不爲匹夫興師。且臣聞之，事君猶事父也，虧君之義，復父之讎，臣不爲也。」於是止。蔡昭公朝乎楚，有美裘焉。囊瓦求之，昭公不與。爲是拘昭公於南郢，數年然後歸之。於其歸焉，用事乎河，曰：「天下諸侯苟有能伐楚者，寡人請爲之前列。」楚人聞之，怒。爲是興師，使囊瓦將而伐蔡。蔡請救於吳。伍子胥復曰：「蔡非有罪也，楚人爲無道。君如有憂中國之心，則若時可矣。」於是興師而救蔡。曰：「事君猶事父也，此其爲可以復讎，奈何？」曰：「父不受誅，子復讎可也；父受誅，子復讎，推刃之道也。」白虎通誅伐篇曰：父母以義見殺，子不復仇者，爲往來不止也。春秋傳曰：父不受誅，子復仇可也。禮記曲禮疏引五經異義曰：凡君非禮殺臣，公羊說，子可復仇。故子胥伐楚，春秋善之。左氏說：君命，天也。是不可復仇。鄭駁之云：子思云：「今之君子，退人若將隊諸淵，毋爲戎首，不亦善乎？」子胥父兄之誅，隊淵不足喻。伐楚使吳首兵，合於子思之言。

樹達按：此鄭從公羊義也。

師覺授孝子傳曰：仲子崔者，仲由之子也。初，子路仕衛，赴蒯聵之亂。衛人狐黶時守門，殺子路。子崔既長，告孔子，欲報父讎。夫子曰：「行矣！」子崔卽行。黶知之。曰：夫君子不掩人之不備，須後日於城西決戰。其日，黶持蒲弓木戟，而與子崔戰而死。

以德報德。」

禮記表記篇曰：子言之，仁者，天下之表也；義者，天下之制也；報者，天下之利也。子曰：「以德報德，則民有所勸；以怨報怨，則民有所懲。」詩曰：「無言不讎；無德不報。」

左傳宣公二年曰：晉侯飲趙盾酒，伏甲，將攻之。其右提彌明知之，趨登，曰：「臣侍君宴，過三爵，非禮也。」遂扶以下，公嗾夫獒焉，明搏而殺之，鬭且出，提彌明死之。初，宣子田於首山，舍于翳桑，見靈輒餓，問其病，曰：「不食三日矣。」食之，舍其半。問之，曰：「宦三年矣，未知母之存否，今近焉，請以遺之。」使盡之，而爲之簞食與肉，寘諸橐以與之。既而與爲公介，倒戟以禦公徒而免之。問何故？對曰：「翳桑之餓人也。」問其名居，不告而退，遂自亡也。又見公羊傳及呂氏春秋報更篇、說苑復恩篇。

左傳僖公九年曰：晉郤芮使夷吾重賂秦以求入，曰：「人實有國，我何愛焉？入而能民，土於何有？」從之。齊隰朋帥師會秦師，納晉惠公。十三年曰：晉荐饑，使乞糴於秦。秦伯謂子桑：「與諸乎？」對曰：「重施而報，君將何求？重施而不報，其民必攜，攜而討焉，無衆，必敗。」謂百里：「與諸乎？」對曰：「天災流行，國家代有。救災恤鄰，道也；行道有福。」秦於是乎輸粟于晉，自雍及絳相繼。十四年曰：冬，秦饑。使乞糴于晉，晉人弗與。慶鄭曰：「背施，無親；幸災，不仁；貪愛，不祥；怒鄰，不義。四德皆失，何以守國？」弗聽。十五年曰：晉侯許賂秦伯以河外列城五，東盡虢略，南及華山，內及解梁城，既而不與。晉饑，秦輸之粟；秦饑，晉閉之糴。故秦伯伐晉。九月，晉侯從秦師，使韓簡視師。復曰：「師少於我，鬬士倍我。」公曰：「何故？」對曰：「出因其資，入用其寵，饑食其粟。三施而不報，是以來也。今又擊之，我怠秦奮，倍猶未也。」壬戌，戰于韓原，秦獲晉侯以歸。

呂氏春秋察微篇曰：魯國之法，魯人爲人臣妾於諸侯，有能贖之者，取其金於府。子貢贖魯人於諸侯來，而讓不取其金。孔子曰：「賜失之矣。自今以往，魯人不贖人矣。」取其金，則無損於行；不取其金，則不復贖人矣。子路撜溺者，其人拜之以牛，子路受之。孔子曰：「魯人必撜溺者矣。」孔子見之以細，觀化遠也。淮南子道應篇曰：夫聖人之舉事也，可以移風易俗，而敎訓可施後世，非獨以適身之行也。今國之富者寡而貧者衆，贖而受金，則爲不廉；不受金則不復贖人。自今以來，魯人不復贖於諸侯矣。齊俗篇曰：子路受而勸德，子貢讓而止善。孔子之明，以小知大，以近知遠，通於論者也。事又見說苑政理篇。

樹達按：以德報德，孔子就受德者言之。子貢子路之事，孔子就施德者言之。施而不受報，足以阻他人之施。孔子爲社會計，不許個人以讓爲名高而損社會也。

子曰：「莫我知也夫！」子貢曰：「何爲其莫知子也？」子曰：「不怨天；不尤人。

禮記中庸篇曰：正己而不求於人，則無怨。上不怨天，下不尤人。

孟子公孫丑下篇曰：君子不怨天，不尤人。

荀子法行篇曰：曾子曰：同游而不見愛者，吾必不仁也；交而不見敬者，吾必不長也；臨財而不見信者，吾必不信也。三者在身，曷怨人？怨人者窮，怨天者無識。失之己而反諸人，豈不亦迂哉！又榮辱篇曰：自知者不怨人，知命者不怨天。怨人者窮，怨天者無志。失之己；反之人，豈不迂乎哉！

下學而上達。

本篇曰：子曰：君子上達，小人下達。

易乾文言曰：夫大人者，與天地合其德，與日月合其明，與四時合其序，與鬼神合其吉凶。先天而天弗違，後天而奉天時。天且弗違，而況於人乎？況於鬼神乎？

知我者其天乎！」

史記孔子世家曰：及西狩獲麟，曰：「吾道窮矣。」喟然歎曰：「莫我知夫！」子貢曰：「何爲莫知子？」子曰：「不怨天，不尤人，下學而上達。知我者其天乎。」

說苑至公篇曰：夫子行說七十諸侯，無定處，意欲使天下之民各得其所，而道不行。退而修春秋，采毫毛之善，貶纖介之惡。人事浹，王道備，精和聖制上通於天而麟至，此天之知夫子也。於是喟然而歎，曰：天以至明爲不可蔽乎？日何爲而食？地以至安爲不可危乎？地何爲而動？天地而尚有動蔽，是故賢聖說於世而不得其行其道，故災異並作也。夫子曰：不怨天，不尤人。下學而上達，知我者其天乎。

公伯寮愬子路於季孫，子服景伯以告，曰：「夫子固有惑志於公伯寮，吾力猶能肆諸市朝。」

子曰：「道之將行也與？命也；道之將廢也與？命也。公伯寮其如命何？」

孟子萬章上篇曰：萬章問曰：「或謂孔子於衛主癰疽，於齊主侍人瘠環，有諸乎？」孟子曰：「否，不然也。好事者爲之也。於衛主顏讎由。彌子之妻與子路之妻，兄弟也。彌子謂子路曰：「孔子主我，衛卿可得也。」子路以告。孔子曰：「有命。」孔子進以禮，退以義，得之不得曰有命。而主癰疽與侍人瘠環，是無義無命也。

又梁惠王下篇曰：魯平公將出，嬖人臧倉者請曰：「他日君出，則必命有司所之。今乘輿已駕矣，有司未知所之，敢請。」公曰：「將見孟子。」曰：「何哉君所爲輕身以先於匹夫者！以爲賢乎？禮義由賢者出，而孟子之後喪踰前喪。君無見焉。」公曰：「諾。」樂正子入見，曰：「君奚爲不見孟軻也？」曰：「或告寡人曰：孟子之後喪踰前喪，是以不往見也。」曰：「何哉君所謂踰者！前以士，後以大夫；前以三鼎，而後以五鼎與？」曰：「否。謂棺槨衣衾之美也。」曰：「非所謂踰也，貧富不同也。」樂正子見孟子，曰：「克告於君，君爲來見也。嬖人有臧倉者沮君，君是以不果來也。」曰：「行或使之，止或尼之。行止，非人所能也。吾之不遇魯侯，天也。臧氏之子焉能使予不遇哉？」

後漢書黨錮傳論曰：李膺振拔汙險之中，蘊義生風以鼓動流俗，激素行以恥威權，立廉尚以振貴勢。使天下之士奮迅感概，波蕩而從之，幽深牢破室族而不顧。至于子伏其死而母歡其義，壯矣哉！子曰：「道之將廢也與？命也。」

子曰：「賢者辟世；

微子篇曰：桀溺曰：「且而與其從辟人之士也，豈若從辟世之士哉？」

泰伯篇曰：天下有道則見；無道則隱。

孟子離婁上篇曰：伯夷辟紂，居北海之濱；太公辟紂，居東海之濱。又見盡心上篇。

其次辟地；

泰伯篇曰：危邦不入，亂邦不居。

公冶長篇曰：崔子弒齊君，陳文子有馬十乘，棄而違之，至於他邦，則曰：「猶吾大夫崔子也。」違之。之一邦，則又曰：「猶吾大夫崔子也。」違之。

其次辟色；

史記孔子世家曰：反乎衞，入主蘧伯玉家。他日，靈公問兵陳，孔子曰：「俎豆之事，則嘗聞之；軍旅之事，未之學也。」明日，與孔子語，見蜚鴈，仰視之，色不在孔子，孔子遂行。

孟子告子下篇曰：其次，雖未行其言也，迎之致敬以有禮，則就之；禮貌衰則去之。

其次辟言。」

微子篇曰：齊景公待孔子，曰：「若季氏，則吾不能，以季孟之閒待之。」曰：「吾老矣，不能用也。」孔子行。

管子宙合篇曰：賢人之處亂世也，知道之不可行，則沈抑以辟罰，靜默以侔免。辟之也，猶夏之就凊，冬之就溫焉，可以無及於寒暑之菑矣。非爲畏死而不忠也。夫強言以爲僇，而功澤不加，進傷爲人君嚴之義；退害爲人臣者之生，其爲不利彌甚。故退身不舍端，修業不息版，以待清明。

子曰：「作者七人矣。」

呂氏春秋先識覽曰：凡國之亡也，有道者必先去，古今一也。

子路宿於石門。晨門曰：「奚自？」子路曰：「自孔氏。」曰：「是知其不可而爲之者與？」

微子篇曰：子路曰：君子之仕也，行其義也。道之不行，已知之矣。

子擊磬於衞，有荷蕢而過孔氏之門者，曰：「有心哉擊磬乎！」既而曰：「鄙哉硜硜乎！莫己知也，斯已而已矣。深則厲；淺則揭。」子曰：「果哉，末之難矣。」

子張曰：「書云：『高宗諒陰，三年不言，』何謂也？」子曰：「何必高宗！古之人皆然。君薨，百官總己以聽於冢宰三年。」

尚書無逸篇曰：其在高宗時，舊勞於外，爰暨小人；作其即位，乃或亮陰，三年不言，言乃雍。

禮記檀弓下篇曰：子張問曰：「書云：高宗三年不言，言乃讙，有諸？」仲尼曰：「胡爲其不然也！古者天子崩，王世子聽於冢宰三年。」

又喪服四制篇曰：書曰：高宗諒闇，三年不言，善之也。王者莫不行此禮，何以獨善之也？曰：「高宗者，武丁。武丁者，殷之賢王也。繼世即位而慈良於喪。當此之時，殷衰而復興，禮廢而復起，故善之。」

尚書大傳曰：「書曰：高宗梁闇，三年不言，何謂梁闇也？」傳曰：「高宗居倚廬，三年不言，百官總己以聽於冢宰而莫之違，此之謂梁闇。」子張曰：「何謂也？」孔子曰：「古者君薨，王世子聽於冢宰三年，不敢服先王之服，履先王之位而聽焉。以民臣之義，則不可一日無君矣。不可一日無君，猶不可一日無天也。以孝子之隱乎，則孝子三年弗居矣。」

白虎通爵篇曰：春秋傳曰：天子三年然後稱王者，謂稱王統事發號令也。尚書曰：「高宗諒闇三年，」是也。論語曰：「君薨，百官總己聽于冢宰三年。」緣孝子之心，則三年不忍當也。故三年除喪乃即位統事，踐阼爲主，南面朝臣下，稱王以發號令也。故天子諸侯凡三年即位，終始之義乃備。所以諒闇三年，卒孝子之道。故論語曰：「古之人皆然。君薨，百官總己聽于冢宰三年。」春秋文公九年曰：春，毛伯來求金。公羊傳曰：毛伯者何？天子之大夫也。何以不稱使？當喪未君也。踰年矣，何以謂之未君？即位矣，而未稱王也。未稱王，何以知其即位？以諸侯之踰年即位，亦知天子之踰年即位也。以天子三年然後稱王，亦知諸侯於其封內三年稱子也。踰年稱公矣，則曷爲於其封內三年稱子？緣民臣之心，不可一日無君；緣終始之義，一年不二君，不可曠年無君；緣孝子之心，則三年不忍當也。何注云：孝子三年志在思慕，不忍當父位，故雖即位猶於其封內三年稱子。子張曰：書云：高宗諒闇，三年不言，何謂也？孔子曰：何必高宗，古之人皆然。君薨，百官總己以聽冢宰三年。

子曰：「上好禮，則民易使也。」

子路篇曰：子曰：上好禮，則民莫敢不敬。

春秋繁露立元神篇曰：是故郊祀致敬，共事祖禰，舉顯孝弟，表異孝行，所以奉天本也；秉耒躬耕，採桑親蠶，墾草殖穀，開闢以足衣食，所以奉地本也；立辟雍庠序，修孝悌敬讓，明以教化，感以禮樂，所以奉人本也。三者皆奉，則民如子弟，不敢自專；邦如父母，不待恩而愛，不須嚴而使。

子路問君子。子曰："修己以敬。"曰："如斯而已乎？"曰："修己以安人。"曰："如斯而已乎？"曰："修己以安百姓。修己以安百姓，堯舜其猶病諸！"

論衡宣漢篇曰：夫太平以治定爲效，百姓以安樂爲符。孔子曰："修己以安百姓，堯舜其猶病諸！"百姓安者，太平之驗也。

原壤夷俟。子曰："幼而不孫弟，長而無述焉，老而不死，是爲賊。"以杖叩其脛。

大戴禮記曾子立事篇曰：少稱不弟焉，恥也；壯稱無德焉，辱也；老稱無禮焉，罪也。

闕黨童子將命，或問之曰："益者與？"子曰："吾見其居於位也，

禮記玉藻篇曰：童子無事則立主人之北，南面。

又檀弓上篇曰：曾子寢疾，病，童子隅坐而執燭。

見其與先生並行也。

禮記曲禮上篇曰：五年以長，則肩隨之。鄭注云：肩隨者，與之並行差退。

又王制篇曰：父之齒隨行，兄之齒雁行。

非求益者也，欲速成者也。"

論語疏證卷第十五

衛靈公篇第十五

衛靈公問陳於孔子，孔子對曰：「俎豆之事，則嘗聞之矣；軍旅之事，未之學也。」明日遂行。

左傳哀公十一年曰：孔文子之將攻大叔也，訪於仲尼。仲尼曰：「胡簋之事，則嘗學之矣；軍旅之事，未之聞也。」退，命駕而行。

新序雜事五篇曰：昔衛靈公問陳，孔子言俎豆，賤兵而貴禮也。

法言五百篇曰：或問：「聖人有詘乎？」曰：「有。」曰：「焉詘乎？」曰：「仲尼於南子，所不欲見也；陽虎，所不欲敬也。見所不見，敬所不敬，不詘如何？」曰：「衛靈公問陳則何以不詘？」曰：「詘身，將以信道也。如詘道而信身，雖天下，不爲也。」

在陳絕糧，從者病，莫能興。子路慍見，曰：「君子亦有窮乎？」子曰：「君子固窮，小人窮斯濫矣。」

史記孔子世家曰：孔子遷於蔡，三歲，吳伐陳，楚救陳，軍于城父。聞孔子在陳蔡之閒，楚使人聘孔子。孔子將往拜禮。陳蔡大夫謀曰：「孔子，賢者，所刺譏皆中諸侯之疾。今者久留陳蔡之閒，諸大夫所設行皆非仲尼之意。今楚，大國也，來聘孔子。孔子用於楚，則陳蔡用事大夫危矣。」於是乃相與發徒役，圍孔子於野，不得行，絕糧，從者病，莫能興。孔子講誦絃歌不衰。子路慍見，曰：「君子亦有窮乎？」孔子曰：「君子固窮，小人窮斯濫矣。」

孟子盡心下篇曰：君子之戹於陳蔡之閒，無上下之交也。

荀子宥坐篇曰：孔子南適楚，戹於陳蔡之閒。七日不火食，藜羹不糂，弟子皆有飢色。子路進，問之，曰：「由聞之，爲善者天報之以福，爲不善者天報之以禍。今夫子累德積義，懷美行之日久矣，奚居之隱也？」孔子曰：「由不識，吾語汝。汝以知者爲必用邪？王子比干不見剖心乎？汝以忠者爲必用邪？關龍逢不見刑乎？汝以諫者爲必用邪？伍子胥不磔姑蘇東門外乎？夫遇不遇者，時也；賢不肖者，材也；君子博學深謀不遇時者多矣，何獨丘也哉！君子之學，非爲通也，爲窮而不困，憂而意不衰也，知禍福終始而心不惑也。夫賢不肖者，材也；爲不爲者，人也；遇不遇者，時也；死生者，命也。今有其人不遇其時，雖賢，其能行乎？苟遇其時，何難之有？故君子博學深謀，修身端行以俟其時。」孔子曰：「由！居！吾語汝。昔晉公子重耳霸心生於曹；越王勾踐霸心生於會稽；齊桓公小白霸心生於莒。故居不隱者思不遠，身不佚者志不廣。女庸安知吾不得之桑落之下？」韓詩外傳卷七、說苑雜言篇文同。

莊子讓王篇曰：孔子窮於陳蔡之閒，七日不火食，藜羹不糂，顏色甚憊，而弦歌於室。顏回擇菜，子路子貢相與言曰：「夫子再逐於魯，削迹於衞，伐樹於宋，窮於商周，圍於陳蔡。殺夫子者無罪，藉夫子者無禁，弦歌鼓琴未嘗絶音，君子無恥也若此乎？」顔回無以應，入告孔子。孔子推琴喟然而歎曰：「由與賜，細人也，召而來，吾語之。」子路子貢入。子路曰：「如此者可謂窮矣。」孔子曰：「是何言也！君子通於道之謂通，窮於道之謂窮。今丘抱仁義之道以遭亂世之患，其何窮之爲？故内省而不窮於道；臨難而不失其德。天寒既至，霜雪既降，吾是以知松柏之茂也。陳蔡之隘，於丘其幸乎！」孔子削然反琴而弦歌；子路抗然執干而舞。子貢曰：「吾不知天之高也，地之下也。古之得道者，窮亦樂，通亦樂，所樂非窮通也，道德於此，則窮通爲寒暑風雨之序矣。」呂氏春秋愼人篇、風俗通卷七文同。

子曰：「賜也！女以予爲多學而識之者與？」對曰：「然，非與？」

述而篇曰：子曰：蓋有不知而作之者，我無是也。多聞，擇其善者而從之，多見而識之，知之次也。

孔子曰：「非也。予一以貫之。」

里仁篇曰：子曰：「參乎！吾道一以貫之。」曾子曰：「唯。」子出，門人問曰：「何謂也？」曾子曰：「夫子之道，忠恕而已矣。」

子曰：「由！知德者鮮矣。」

子曰：「無爲而治者，其舜也與！

春秋繁露楚莊王篇曰：故必徙居處，更稱號，改正朔，易服色者，無他焉，不敢不順天志而明自顯也。若夫大綱人倫道理政治敎化習俗文義盡如故，亦何改哉？故王者有改制之名，無易道之實。孔子曰：「無爲而治者，其舜乎！」言其主堯之道而已。

漢書董仲舒傳曰：仲舒對曰：堯在位七十載，迺遜于位，以禪虞舜。堯崩，舜卽天子之位，以禹爲相，因堯之輔佐，繼其統業，是以垂拱無爲而天下治。三王之道所祖不同，非其相反，將以救溢扶衰，所遭之變然也。故孔子曰：「亡爲而治者，其舜虖！」改正朔，易服色，以順天命而已。其餘盡循堯道，何更爲哉？

夫何爲哉？恭己正南面而已矣。」

禮記中庸篇曰：詩云：「不顯惟德，百辟其刑之。」是故君子篤恭而天下平。

呂氏春秋先己篇曰：昔者先聖王成其身而天下成，治其身而天下治。故善響者不於響，於聲；善影者不於影，於形；爲天下者不於天下，於身。詩曰：「淑人君子，其儀不忒，其儀不忒，正是四國。」言正諸身也。故反其道而身善矣；行義則人善矣。樂備君道而百官已治矣，萬民已利矣。三者之成也，在於無爲，無爲之道曰勝天。

大戴禮記王言篇曰：子曰：「參！女以明主爲勞乎？昔者舜左禹而右皐陶，不下席而天下治。」尚書大傳文同。

新序雜事三篇曰：故王者勞於求人，佚於得賢。舜舉衆賢在位，垂衣裳，恭己無爲而天下治。

吳志樓玄傳曰：華覈上疏曰：臣竊以治國之體其猶治家。主田野者皆宜良信，又宜得一人總其條目，爲作維綱，衆事乃理。論語曰：「無爲而治者，其舜也與！恭己正南面而已。」言所任得其人，故優游而自逸也。

子張問行。子曰：「言忠信，行篤敬，雖蠻貊之邦行矣；言不忠信，行不篤敬，雖州里行乎哉？立則見其參於前也，在輿則見其倚於衡也；夫然後行。」

史記仲尼弟子傳曰：子張他日從在陳蔡閒，困，問行。孔子曰：「言忠信，行篤敬，雖蠻貊之國行也；言不忠信，行不篤敬，雖州里行乎哉？立則見其參於前也，在輿則見其倚於衡；夫然後行。」

荀子修身篇曰：體恭敬而行忠信，術禮義而情愛人，横行天下，雖困四夷，人莫不貴。

左傳襄公二十二年曰：晏平仲曰：「忠信篤敬，上下同之，天之道也。」

說苑敬慎篇曰：顏回將西遊，問於孔子曰：「何以爲身？」孔子曰：「恭敬忠信可以爲身。恭則免於衆；敬則人愛之；忠則人與之；信則人恃之。人所愛，人所與，人所恃，必免於患矣。可以臨國家，何況於身乎？」

子張書諸紳。

子曰：「直哉史魚！邦有道，如矢；邦無道，如矢。

韓詩外傳卷七曰：正直者順道而行，順理而言，公平無私，不爲安肆志，不爲危激行。昔者衛大夫史魚病，且死，謂其子曰：「我數言蘧伯玉之賢而不能進，彌子瑕不肖而不能退。爲人臣，生不能進賢而退不肖，死不當治喪正堂，殯我於室足矣。」衛君弔，問其故，子以父言聞。君造然召蘧伯玉而貴之，而退彌子瑕，徙殯於正堂，成禮而後去。生以身諫，死以尸諫，可謂直矣。又見新序雜事一篇。

說苑雜言篇曰：仲尼曰：史鰌有君子之道三：不仕而敬上，不祀而敬鬼，直能曲於人。

樹達按：史鰌，字子魚。

後漢書張酺傳曰：顯宗爲四姓小侯開學於南宮，置五經師，酺以尚書教授，數講於御前，以論難當意，令入授皇太子。酺爲人質直，守經義，每侍講閒隙，數有匡正之辭，以嚴見憚。及肅宗卽位，數月，出爲東郡太守。自酺出後，帝每見諸王師傅，嘗言：張酺前入侍講，屢有諫正，誾誾惻惻，出於誠心，可謂有史魚之風矣。

君子哉蘧伯玉！邦有道則仕；邦無道，則可卷而懷之。」

春秋襄公十四年曰：衛侯出奔齊。左氏傳曰：孫文子如戚，孫蒯入使，公飲之酒，使大師歌巧言之卒章，大師辭。師曹請爲之，公使歌之，遂誦之。蒯懼，告文子。文子曰：「君忌我矣。弗先，必死。」幷帑於戚而入。見蘧伯玉，曰：「君之暴虐，子所知也，大懼社稷之傾覆，將若之何？」對曰：「君制其國，臣敢奸之？雖奸之，庸知愈乎？」遂行，從近關出。公出奔齊。

又襄公二十六年曰：春王二月辛卯，衛甯喜弒其君剽。甲午，衛侯衎復歸于衛。左氏傳曰：衛獻公使子鮮爲復，辭。敬姒強命之。子鮮不獲命於敬姒，以公命與甯喜言曰：「苟反，政由甯氏，祭則寡人。」甯喜告蘧伯玉，伯玉曰：「瑗不得聞君之出，敢聞其入？」遂行。從近關出。衛侯入。

樹達按：蘧伯玉之事，後人或以爲疑。不悟古人論人以恕，不強責人以力之所不及也。逆惡之事，力不能討，身不與焉，卽爲無咎。趙盾弒君，孔子惜其爲法受惡，謂越竟乃免。左傳宣公二年。以彼證此，伯玉之再出近關，不與弒逐之事，已可告無罪於人。孔子以邦無道可卷而懷稱之，卽此義也。趙盾不越竟則不免，伯玉出關則爲卷懷，後世動以不討賊責人者，孔子忠恕之道，不如此也。

尸子勸學篇曰：自娛於櫽括之中，直己而不直人，以善廢而不邑邑，蘧伯玉之行也。大戴禮記衛將軍文子篇、韓詩外傳卷二文大同。

子曰：「可與言而不與之言，失人；不可與言而與之言，失言。知者不失人，亦不失言。」

孟子盡心下篇曰：士未可以言而言，是以言餂之也；可以言而不言，是以不言餂之也；是皆穿窬之類也。

荀子大略篇曰：非其人而教之，齎盜糧，借賊兵也。

管子形勢篇曰：毋與不可，毋彊不能，毋告不知。與不可，彊不能，告不知，謂之勞而無功。

說苑雜言篇曰：仲尼曰：非其地而樹之，不生也；非其人而語之，弗聽也；得其人，如聚沙而雨之；非其人，如聚聾而鼓之。

又說叢篇曰：鍾子期死而伯牙絕絃破琴，知世莫可爲鼓也；惠子卒而莊子深瞑不言，見世莫可與語也。

中論貴言篇曰：君子必貴其言，貴其言則尊其身；尊其身則重其道。重其道所以立其敎。言費則身賤，身賤則道輕，道輕則敎廢。故君子非其人則弗與之言。明偏而示之以幽，弗能照也；聽寡而告之以微，弗能察也。故孔子曰：「可與言而不與之言，失人；不可與言而與之言，失言。知者不失人，亦不失言。」夫君子之於言也，所致貴也。雖有夏后之璜，商湯之駟，弗與易也。今以施諸俗士，以爲志誣而弗貴聽也，不亦辱己而傷道乎！

子曰：「志士仁人無求生以害仁，有殺身以成仁。」

大戴禮記曾子制言上篇曰：富以苟，不如貧以譽；生以辱，不如死以榮。辱可避，避之而已矣；及其不可避也，君子視死若歸。

孟子告子上篇曰：孟子曰：魚，我所欲也；熊掌，亦我所欲也；二者不可得兼，舍魚而取熊掌者也。生，亦我所欲也；義，亦我所欲也。二者不可得兼，舍生而取義者也。生亦我所欲，所欲有甚於生者，故不爲苟得也；死亦我所惡，所惡有甚於死者，故患有所不辟也。如使人之所欲莫甚於生，則凡可以得生者何不用也；使人之所惡莫甚於死者，則凡可以辟患者何不爲也。由是則生而有不用也；由是則可以辟患而有不爲也。是故所欲有甚於生者；所惡有甚於死者。非獨賢者有是心也，人皆有之，賢者能勿喪耳。

荀子正名篇曰：人之所欲，生甚矣；人之所惡，死甚矣。然而人有從生成死者，非不欲生而欲死也，不可以生而可以死也。

呂氏春秋貴生篇曰：子華子曰：全生爲上，虧生次之，死次之，迫生爲下。故所謂尊生者，全生之謂，所謂全生者，六欲皆得其宜也；所謂虧生者，六欲分得其宜也。虧生則於其尊之者薄矣，其虧彌甚者也，其尊彌薄。所謂死者，無有所以知復其未生也。所謂迫生者，六欲莫得其宜也，皆獲其所甚惡者，服是也，辱是也。辱莫大於不義，故不義迫生也，而迫生非獨不義也，故曰迫生不若死。奚以知其然也？耳聞所惡，不若無聞；目見所惡，不若無見。故雷則揜耳，電則揜目，此其比也。凡六欲皆知其所甚惡，而必不得免，不若無有所以知。無有所以知者，死之謂也。故迫生不若死。嗜肉者，非腐鼠之謂也；嗜酒者，非敗酒之謂也；尊生者，非迫生之謂也。

韓詩外傳卷一曰：荆伐陳，陳西門壞，因其降民使脩之，孔子過而不式。子貢執轡而問曰：「禮，過三人則下，二人則式。今陳之脩門者衆矣，夫子不爲式，何也？」孔子曰：「國亡而不知，不智也；知而不爭，非忠也；亡而不死，非勇也。脩門者雖衆，不能行一於此，吾故弗式也。」說苑立節篇文同。

史記田單傳曰：燕之初入齊，聞畫邑人王蠋賢，令中軍曰：「環畫邑三十里無入，以王蠋之故。」已而使人謂蠋曰：「齊人多高子之義，吾以子爲將，封子萬家。」蠋固謝。燕人曰：「子不聽，吾引三軍而居畫邑。」王蠋曰：「忠臣不事二君，貞女不更二夫。齊王不聽吾諫，故退而耕於野。國既破亡，吾不能存，今又劫之以兵爲君將，是助桀爲暴也。與其生而無義，固不如烹。」遂經其頸於樹枝，自奮，絕脰而死。蠋說死立節篇作歜，文同。

漢書蘇武傳曰：（見卷十三子路篇使於四方不辱君命節。）

列女傳節義篇曰：京師節女者，長安大昌里人之妻也。其夫有仇人，欲報其夫而無道徑，聞其妻之仁孝有義，乃劫其妻之父，使要其女爲中譎。父呼其女告之。女計念，不聽之，則殺父，不孝。聽之則殺夫，不義。不孝不義，雖生不可以行於世，欲以身當之。乃且許諾，曰：「旦日在樓上，新沐東首臥，則是矣。妾請開戶牖待之。」還其家，乃告其夫，使臥他所。因自沐，居樓上，東首，開戶牖而臥。夜半，仇家果至，斷頭，持去。明而視之，乃其妻之頭也。仇人哀痛之，以爲有義，遂釋不殺其夫。君子謂節女仁孝厚於恩義也。夫重仁義，輕死亡，行之高者也。論語曰：「君子殺身以成仁，無求生以害仁，」此之謂也。

後漢書李固傳論曰：夫稱仁人者，其道弘矣。立言踐行，豈徒徇名安己而已哉！將以定去就之概，正天下之風，使生以理全，死與義合也。夫專爲義則傷生；專爲生則騫義；專爲物則害智；專爲己則損仁。若義重於生，舍生可也；生重於義，全生可也。上以殘闇失君道，下以篤固盡臣節。節盡而死之，則爲殺身以成仁，去之，不爲求生以害仁也。順桓之閒，國統三絕，太后稱制，賊臣虎禍，李固據位持重以爭，大義確乎而不可奪，豈不知守節之觸禍，恥夫覆折之傷任也。觀其發正辭及所遺梁冀書，雖機失謀乖，猶戀戀而不能已。至矣哉社稷之心乎！其顧視胡廣趙戒，猶糞土也。

子貢問爲仁。子曰：「工欲善其事，必先利其器。居是邦也，事其大夫之賢者；友其士之仁者。」

大戴禮記曾子制言下篇曰：凡行不義則吾不事，不仁則吾不長。奉相仁義，則吾與之聚羣。

荀子哀公篇曰：所謂庸人者，不知選賢人善士託其身以爲己憂。

說苑政理篇曰：孔子謂宓子賤曰：「子治單父而衆說，語丘所以爲之者！」曰：「不齊父其父，子其子，恤諸孤而哀喪紀。」孔子曰：「善！小節也。小民附矣，猶未足也。」曰：「不齊也所父事者三人，所兄事者五人，所友者十一人。」孔子曰：「父事三人，可以教孝矣；兄事五人，可以教弟矣；友十一人，可以教學矣。中節也。中民附矣，猶未足也。」曰：「此地民有賢於不齊者五人，不齊事之，皆教不齊所以治之術。」孔子曰：「欲其大者，乃於此在矣。昔者堯舜清微其身以聽觀天下，務來賢人。夫舉賢者，百福之宗也，而神明之主也。不齊之所治者小也，不齊所治者大，其與堯舜繼矣。」

華陽國志曰：李固爲荆州刺史，之州，先友其賢者南陽鄭叔躬、宋孝節，零陵支宣雅，表薦長沙桂陽太守趙歷辛已，奏免江夏南郡太守孔疇高賜等，州土自然安靜。

顏淵問爲邦。子曰：「行夏之時；

五行大義卷四曰：孔子曰：「夏正得天。」

左傳昭公十七年曰：梓愼曰：「夏數得天。」

逸周書周月解曰：夏數得天，百王所同。其在商湯，用師于夏，除民之災，順天革命，改正朔，變服殊號，一文一質，示不相沿，以建丑之月爲正，易民之視。亦越我周王，致伐于商，改正異械以垂三統。至于敬授民時，巡守祭享，猶自夏焉，是謂周月，以紀于政。

周易乾鑿度曰：孔子曰：益之六二，或益之十朋之龜，弗克違，永貞吉，王用享于帝，吉。益者，正月之卦也。王用享于帝者，言祭天也。三王之郊，一用夏正。天氣三微而成一著，三著而成一體。方知此之時，天地復，萬物通。故泰益之卦皆夏之正也。此四時之正，不易之道也。故三王之郊，一用夏正，所以順四時，法天地之道也。

孔叢子雜訓篇曰：縣子問子思曰：「顏回問爲邦，夫子曰：行夏之時。若是，殷周異正爲非乎？」子思曰：「夏數得天，堯舜之所同也。殷周之王，征伐革命以應乎天，因改正朔。若云天時之改耳，故不相因也。夫受禪於人者則襲其統，受命於天者則革之，所以神其事，如天道之變然也。三統之義，夏得其正，是以夫子云。」

乘殷之輅；

禮記明堂位篇曰：鸞車，有虞氏之路也。鉤車，夏后氏之路也。大路，殷路也。乘路，周路也。

續漢書輿服志曰：或曰：殷瑞山車金根之色，漢承秦制，御爲乘輿，孔子所謂乘殷之輅者也。

服周之冕；

周禮夏官弁師曰：弁師掌王之五冕，皆玄冕朱裏延紐，五采繅，十有二就，皆五采玉十有二，玉笄，朱紘；諸侯之繅斿九就，瑉玉三采，其餘如王之事，繅斿皆就，玉瑱玉笄。王之皮弁，會五采玉璂象邸玉笄；王之弁絰，弁而加環絰；諸侯及孤卿大夫之冕，韋弁，皮弁，弁絰各以其等爲之，而掌其禁令。

宋書禮志曰：周監二代，典制詳密，弁師掌六冕，司服掌六服，設擬等差，各有其序。周之祭冕，繅采備飾。故夫子曰：服周之冕，以盡美稱之。

樂則韶舞。

八佾篇曰：子謂：韶盡美矣，又盡善也。

述而篇曰：子在齊聞韶，三月不知肉味，曰：「不圖爲樂之至於斯也！」

左傳襄公二十九年曰：吳公子札來聘，請觀於周樂，見舞韶箾者，舜樂。曰：「德至矣哉！大矣！如天之無不幬也，如地之無不載也。雖甚盛德，其蔑以加於此矣。」

放鄭聲，遠佞人。

晏子春秋問上篇曰：景公問：「佞人之事君如何？」晏子對曰：意難難不至也。明言行之以飾身，僞言無欲以說人，嚴其交以見其愛，觀上之所欲而微爲之偶，求君偪邇而陰爲之與；內重爵祿而外輕之以誣行，下事左右而面示正公以僞廉，求上采聽而幸以求進；傲祿以求多，辭任以求重。工乎取，鄙乎與；歡乎新，慢乎故；悋乎財，薄乎施。覩貧窮若不識，趨利若不及；外交以自揚，背親以自厚；積豐義之養，而聲矜恤之義；非譽乎情而言不行，身涉時所議而好論賢不肖；有之己不難非之人，無之己不難求之人。其言彊粱而信，其進敏遜而順：此佞人之行也。明君之所誅，愚君之所信也。

白虎通誅伐篇曰：佞人當誅，何？爲其亂善行，傾覆國政。韓詩內傳曰：孔子爲魯司寇，先誅少正卯，謂佞道已行，亂國政也。佞道未行，章明遠之而已。論語曰：「放鄭聲，遠佞人。」

鄭聲淫，

孟子盡心下篇曰：孔子曰：「惡鄭聲，恐其亂樂也。」

禮記樂記篇曰：鄭衛之音，亂世之音也，比於慢矣。

又曰：敢問：「溺音何從出也？」子夏對曰：「鄭音好濫淫志，宋音燕女溺志，衞音趨數煩志，齊音敖辟喬志。此四者，皆淫於色而害於德，是以祭祀弗用也。」

五經異義曰：魯論說，鄭國之俗有溱洧之水，男女聚會，謳歌相感，故云鄭聲淫。

白虎通禮樂篇曰：樂尙雅，何？雅者，古正也。所以遠鄭聲也。孔子曰：鄭聲淫，何？鄭國土地民人山居谷浴，男女錯雜，爲鄭聲以相誘悅懌，故邪僻聲皆淫色之聲也。

禮記樂記篇曰：世亂則禮慝而樂淫，是故其聲哀而不莊，樂而不安，慢易以犯節，流湎以忘本。廣則容姦，狹則思欲，感條暢之氣，而滅平和之德，是以君子賤之也。

周禮春官大司樂曰：凡建國，禁其淫聲，過聲，凶聲，慢聲。

佞人殆。」

孟子盡心下篇曰：孔子曰：惡佞，恐其亂義也。

春秋莊公十七年曰：春，齊人執鄭詹。公羊傳曰：鄭瞻者，何？鄭之微者也。此鄭之微者，何言乎齊人執之？書甚佞也。穀梁傳曰：鄭詹，鄭之佞人也。

又曰：秋。鄭詹自齊逃來。公羊傳曰：何以書？書甚佞也。曰：佞人來矣！佞人來矣！

晏子春秋外篇曰：景公問晏子曰：「治國之患亦有常乎？」對曰：「佞人讒夫之在君側者，好惡良臣而行與小人，此國之長患也。」公曰：「讒佞之人則誠不善矣。雖然，則奚曾爲國常患乎？」晏子曰：「君以爲耳目而好繆事，則是君之耳目繆也。夫上亂君之耳目，下使羣臣皆失其職，豈不誠足患哉？」公曰：「如是乎？寡人將去之。」晏子曰：「公不能去也。夫能自周於君者，才能皆非常也。夫藏大不誠于中者，必謹小誠于外，以成其大不誠，入則求君之嗜欲能順之。能與而同。公怨良臣，則具其往失而益之。出則行威取富。讒夫佞人之在君側者，若社之有鼠也。諺言有之曰：社鼠不可重去，讒佞之人隱君之威以自守也。是難去焉。」

淮南子人閒篇曰：中行穆伯攻鼓，弗能下。餽聞倫曰：「鼓之嗇夫，聞倫知之，請無罷武大夫而鼓可得也。」按淮南書謂士曰武。穆伯弗應。左右曰：「不折一戟，不傷一卒，而鼓可得也，君奚爲弗使？」

穆伯曰：「聞倫爲人佞而不仁。若使聞倫下之，吾可以勿賞乎？若賞之，是賞佞人，佞人得志，是使晉國之武舍仁而從佞，雖得鼓，將何所用之？」

春秋哀公六年曰：夏，齊國夏及高張來奔。左傳曰：齊陳乞僞事高國者。每朝，必驂乘焉；所從必言諸大夫，杜注云：言其罪過。曰：「彼皆偃蹇，將棄子之命。皆曰：『高國得君，必偪我，盍去諸？』按此僞述諸大夫之言。固將謀子，子早圖之！圖之，莫如盡滅之。需，事之下也。」及朝，則曰：「彼，虎狼也。見我在子之側，殺我無日矣。請就之位。」杜注云：欲與諸大夫謀高國，故求救之。達按以上皆陳乞譖諸大夫於高國之語。又謂諸大夫曰：「二子者禍矣，恃得君而欲謀二三子，曰：『國之多難，貴寵之由，盡去之而後君定。』按此詐述高國之言。既成謀矣，盍及其未作也先諸！作而後悔，亦無及也。」按此上譖高國於諸大夫。大夫從之。夏六月戊辰，陳乞鮑牧及諸大夫以甲入于公宮。昭子聞之，與惠子乘，如公。高張謚昭子，國夏謚惠子。戰于莊，敗，國人追之。國夏奔莒，遂及高張晏圉弦施來奔。

又昭公四年曰：冬十有二月乙卯，叔孫豹卒。左傳曰：初，穆子去叔孫氏，豹謚穆子。及庚宗，遇婦人，使私爲食而宿焉。問其行，告之故，哭而送之。適齊，娶於國氏，生孟丙仲壬。夢天壓己，弗勝，顧而見人，黑而上僂，深目而豭喙，號之曰：「牛！助余！」乃勝之。旦而皆召其徒，無之，且曰：「志之。」及宣伯奔齊，饋之。杜注云：宣伯，僑如，穆子之兄。成十六年奔齊，穆子饋宣伯。宣伯曰：「魯以先子之故，將存吾宗，必召女。召女，何如？」對曰：「願之久矣。」魯人召之，不告而歸。既立，所宿庚宗之婦人獻以雉。問其姓，杜注云：問有子否。對曰：「余子長矣，能奉雉而從我矣。」召而見之，則所夢也。未問其名，號之曰牛。曰：「唯。」皆召其徒，使視之。遂使爲豎，有寵。長，使爲政。杜注云：爲家政。公叔明知叔孫于齊，歸，未逆國姜，子明取之，故怒其子，長而後使逆之。田於丘蕕，遂遇疾焉。豎牛欲亂其室而有之，強與孟盟，不可。叔孫爲孟鐘，曰：「爾未際，杜注云：際，接也，孟未與諸大夫相接見。饗大夫以落之。」既具，使豎牛請日。入，弗謁。出，命之日。杜注云：詐命日。及賓至，聞鐘聲。牛曰：「孟有北婦人之客。」怒，將往，牛止之。賓出，使拘而殺諸外。杜注云：殺孟丙。」牛又強與仲盟，不可。仲與公御萊書觀於公，公與之環，使牛入示之。入，不示。出，命佩之。牛謂叔孫：「見仲，而何？」杜注云：而何，如何。叔孫曰：「何爲？」曰：「不見，既自見矣，公與之環而佩之矣。」遂逐之，奔齊。仲壬奔齊。疾，急命召仲，牛許而不召。杜洩見，告之飢渴，授之戈。杜注云：牛不食叔孫，叔孫怒，欲使杜洩殺之。對曰：「求之而至，又何去焉？」豎牛曰：「夫子疾病，不欲見人。」使寘饋于个而退，牛弗進，則置虛，命徹。十二月癸丑，叔孫不食。乙卯，卒。牛立昭子而相之。季孫謀去中軍，豎牛曰：「夫子固欲去之。」杜注云：誣叔孫以媚季孫。仲至自齊，季孫欲立之。南遺曰：「叔孫氏厚則季氏薄。彼實家亂，子勿與知，不亦可乎？」南遺使國人助豎牛以攻諸大庫之庭，司宮射之，中目而死。仲壬死。豎牛取東鄙三十邑以與南遺。昭子卽位。朝其家衆，曰：「豎牛禍叔孫氏，使亂大從，殺適立庶，又披其邑。將以赦罪，罪莫大焉，必速殺之。」豎牛懼，奔齊，孟仲之子殺諸塞關之外，投其首於寧風之棘上。

樹達按：豎牛餓死叔孫豹，殺其二子孟丙仲壬，佞人之可畏如此。

漢紀二十三元帝紀曰：荀悅曰：孝宣皇帝任法審刑，綜核名實，聽斷精明，事業修理，下無隱情。是以功光前世，號爲中宗，然不甚用儒術。從諫如流，下善齊肅，賓禮舊老，優容寬直，其仁心之德足以爲賢主矣。而佞臣石顯用事，隳其大業，明不照姦，決不斷惡，豈不惜哉！夫萬事之情，常立於得失之原，治亂榮辱之機，可不惜哉！楊朱哭多歧，墨翟悲素絲，傷其本同而末殊。孔子曰：「遠佞人。」詩曰：「取彼讒人，投畀豺虎，」疾之深也。若夫石顯，可以痛心泣血矣。豈不疾之哉！

魏文帝典論姦讒篇曰：佞邪穢政，愛惡敗俗，國有此二事，欲不危亡，不可得也。何進滅于吳匡張璋，袁紹亡于審配郭圖，劉表昏于蔡瑁張允。孔子曰：「佞人殆，」信矣。據意林羣書治要引。

子曰：「人無遠慮，必有近憂。」

左傳襄公二十八年曰：子服惠伯曰：君子有遠慮，小人從邇。

又哀公十一年曰：冉求曰：君子有遠慮。

易象傳曰：水在火上，既濟。君子以思患而豫防之。

又繫辭下傳曰：是故君子安而不忘危，存而不忘亡，治而不忘亂；是以身安而國家可保也。

荀子大略篇曰：先事慮事，先患慮患。先事慮事謂之接，接則事優成。接與捷通。先患慮患謂之豫，豫則禍不生。事至而後慮者謂之後，後則事不舉。患至而後慮者謂之困，困則禍不可禦。

又仲尼篇曰：智者之舉事也，滿則慮嗛，平則慮險，安則慮危。曲重其豫，猶恐及其禍，是以百舉而不陷也。

淮南子人閒篇曰：患至而後憂之，是猶病者已惓而索良醫也。雖有扁鵲俞跗之巧，猶不能生也。

國語晉語六曰：鄢之役，晉伐鄭，荆救之。欒武子將上軍，范文子將下軍。欒武子欲戰，范文子不欲。曰：「吾聞之，唯厚德者能受多福，無德而服者衆，必自傷也。稱晉之德，諸侯皆叛，國可以少安。唯有諸侯，故擾擾焉。凡諸侯，難之本也。且唯聖人能無外患，又無內憂。詎非聖人，不有外患，必有內憂，盍姑釋荆與鄭以爲外患乎？諸臣之內相與，必將輯睦。今我戰，又勝荆與鄭，吾君將伐智而多力，怠教而重斂，大其私暱，而益婦人田，不奪諸大夫田，則焉取以益此？諸臣之委室而徒退者，將與幾人？戰若不勝，則晉國之福也；戰若勝，亂地之秩者也。其產將害大。盍姑無戰乎？」欒武子曰：「昔韓之役，惠公不復舍；邲之役，三軍不振旅；箕之役，先軫不復命。晉國之政，固有大恥三。今我任晉國之政，不毀晉恥，又以違蠻夷重之；雖有後患，非吾所知也。」范文子曰：「擇福莫若重，擇禍莫若輕。福無所用輕，禍無所用重。晉國故大恥，與其君臣不相聽以爲諸侯笑也，盍姑以違蠻夷爲恥乎？」欒武子不聽，遂與荆人戰於鄢陵，大勝之。於是乎君伐智而多力，怠教而重斂，大其私暱，殺三郤而尸諸朝，納其室以分婦人。於是乎國人不蠲，遂弑諸翼。

鹽鐵論毀學篇曰：文學曰：「夫晉獻垂棘，非不美也，宮之奇見之而歎，知荀息之圖之也；智伯富有三晉，非不盛也，然不知襄子之謀之也；季孫之狐貉非不麗也，而不知魯君之患之也。故晉獻以寶馬釣虞虢，襄子以城壞誘智伯，故智伯身禽於趙，而虞虢卒幷於晉。以其務得不顧其後，貪土地而利寶馬也。孔子曰：「人無遠慮，必有近憂。」

子曰：「已矣乎！吾未見好德如好色者也。」

子罕篇曰：吾未見好德如好色者也。

禮記大學篇曰：所謂誠其意者，如惡惡臭，如好好色：此之謂自慊。

子曰：「臧文仲其竊位者與！知柳下惠之賢而不與立也。」

國語魯語上曰：海鳥曰爰居，止於魯東門之外，三日，臧文仲使國人祭之。展禽曰：「越哉！臧孫之爲政也。夫祀，國之大節也；而節，政之所成也。故愼制祀以爲國典。今無故而加典，非政之宜也。」文仲聞柳下季之言，曰：「信吾過也！季子之言，不可不法也。」使書以爲三策。

又曰：齊孝公來伐魯，臧文仲欲以辭告，病焉，問於展禽。韋注云：展禽，柳下惠也。

左傳文公二年曰：仲尼曰：臧文仲，其不仁者三，不知者三。下展禽，廢六關，妾織蒲，三不仁也。作虛器，縱逆祀，祀爰居，三不知也。杜注云：文仲知柳下惠之賢而使在下位。

禮記大學篇曰：見賢而不能舉，舉而不能先，命也。鄭注云：命讀爲慢。

晏子春秋諫下篇曰：夫有賢而不知，一不祥；知而不用，二不祥；用而不任，三不祥也。

說苑臣術篇曰：子貢問孔子曰：「今之人臣孰爲賢？」孔子曰：「吾未識也。往者齊有鮑叔，鄭有子皮，賢者也。」子貢曰：「然則齊無筦仲，鄭無子產乎？」子曰：「賜！汝徒知其一，不知其二。汝聞進賢爲賢邪？用力爲賢邪？」子貢曰：「進賢爲賢。」子曰：「然。吾聞鮑叔之進筦仲也，聞子皮之進子產也，未聞筦仲子產有所進也。」韓詩外傳卷七文較略。

又善說篇曰：晉平公問於師曠曰：「咎犯與趙衰孰賢？」對曰：「陽處父欲臣文公，因咎犯，三年不達；因趙衰，三日而達。智不知其士衆，不智也；知而不言，不忠也；欲言之而不敢，無勇也；言之而不聽，不賢也。」

子曰：「躬自厚而薄責於人，則遠怨矣。」

孟子盡心下篇曰：人病舍其田而芸人之田。所求於人者重，而所以自任者輕。

春秋繁露仁義法篇曰：春秋刺上之過而矜下之苦。小惡在外弗舉，在我書而誹之。凡此者，以仁治人，義治我，躬自厚而薄責於外，此之謂也。且論已見之，而人不察。曰：「君子攻其惡，不攻人之惡。」不攻人之惡，非仁之寬與？自攻其惡，非義之全與？此謂之仁造人，義造我。故自稱其惡謂之情，稱人之惡謂之賊；求諸己謂之厚，求諸人謂之薄；自責以備謂之明，責人以備謂之惑。

呂氏春秋舉難篇曰：故君子責人則以仁，自責則以義。責人以仁則易足，易足則得人；自責以義則難爲非，難爲非則行飾。故任天地而有餘。不肖者則不然。責人則以義，自責則以仁。責人以義則難贍，難贍則失親；自責以仁則易爲，易爲則行苟。故天下之大而不容也，身取危，國取亡焉。此桀紂幽厲之行也。
中論修本篇曰：孔子之制春秋也，詳內而略外，急己而寬人。故於魯也，小惡必書；於衆國也，大惡始筆。夫見人而不自見者謂之矇，聞人而不自聞者謂之聵，慮人而不自慮者謂之瞀。故明莫大乎自見，聰莫大乎自聞，睿莫大乎自慮。

子曰：「不曰如之何如之何者，吾末如之何也已矣。」
荀子大略篇曰：天子卽位，上卿進曰：如之何？憂之長也。
春秋繁露執贄篇曰：子曰：人而不曰如之何如之何者，吾末如之何也已矣。故匿病者不得良醫，羞問者聖人去之。玉至淸而不蔽其惡，內有瑕穢，必見之於外。故君子不隱其短，不知則問，不能則學，取之玉也。

子曰：「羣居終日，言不及義，好行小慧，難矣哉！」

子曰：「君子義以爲質。禮以行之，孫以出之，信以成之，君子哉！」

子曰：「君子病無能焉，不病人之不己知也。」

憲問篇曰：子曰：「不患人之不己知，患其不能也。」

里仁篇曰：不患莫己知，求爲可知也。

子曰：「君子疾沒世而名不稱焉。」

史記孔子世家曰：子曰：弗乎弗乎，君子病沒世而名不稱焉，吾道不行矣。吾何以自見於後世哉？乃因史記作春秋，上自隱公，下訖哀公十四年。

孝經曰：身體髮膚，受之父母，不敢毀傷，孝之始也。立身行道，揚名於後世以顯父母，孝之終也。

韓詩外傳卷一曰：王子比干殺身以成其忠，柳下惠殺身以成其信，伯夷叔齊殺身以成其廉。此三子者，皆天下之通士也，豈不愛其身哉！爲夫義之不立，名之不顯，則士恥之，故殺身以遂其行。由是觀之，卑賤貧窮，非士之恥也。士之所恥者，天下舉忠而士不與焉，舉信而士不與焉，舉廉而士不與焉。三者存乎身，名傳於世，與日月並而不息，天不能殺，地不能生，當桀紂之世，不之能汚也。

法言問神篇曰：或曰：「君子病沒世而無名，盍勢諸名？卿可幾也。」曰：「君子德名爲幾，梁齊趙楚之君非不富且貴也，惡乎成名？谷口鄭子眞，屈其志而耕乎巖石之下，名震于京師。豈其卿！豈其卿！」

中論考僞篇曰：問者曰：「仲尼惡沒世而名不稱，又疾僞名，然則將何執？」曰：「是安足怪哉！名者，所以名實也。實立而名從之，非名立而實從之也。故長形立而名之曰長，短形立而名之曰短。非長短之名先立而長短之形從之也。仲尼之所貴者，名實之名也，貴名乃所以貴實也。」

子曰：「君子求諸己，

禮記中庸篇曰：子曰：射有似乎君子，失諸正鵠，反求諸其身。

又射義篇曰：射者，仁之道也，射求正諸己，己正而後發。發而不中，則不怨勝己者，反求諸己而已矣。

又中庸篇曰：正己而不求於人，則無怨。上不怨天，下不尤人。

孟子公孫丑上篇曰：仁者如射，射者正己而後發。發而不中，不怨勝己者，反求諸己而已矣。

又離婁上篇曰：孟子曰：愛人不親，反其仁；治人不治，反其智；禮人不答，反其敬；行有不得者，皆反求諸己，其身正而天下歸之。詩云：「永言配命，自求多福。」

又離婁下篇曰：孟子曰：君子之所以異於人者，以其存心也。君子以仁存心，以禮存心。仁者愛人；有禮者敬人。愛人者人恆愛之；敬人者人恆敬之。有人於此，其待我以橫逆，則君子必自反也，「我必不仁也，必無禮也，此物奚宜至哉？」其自反而仁矣，自反而有禮矣，其橫逆由是也，君子必自反也，「我必不忠。」自反而忠矣，其橫逆由是也，君子曰：「此亦妄人也已矣。如此，則與禽獸奚擇哉？於禽獸又何難焉？」

荀子法行篇曰：曾子曰：同游而不見愛者，吾必不仁也；交而不見敬者，吾必不長也；臨財而不見信者，吾必不信也。三者在身，曷怨人？怨人者窮，怨天者無識。失之己而反諸人，不亦迂哉！

荀子大略篇曰：小人不誠於內而求之於外。

說苑說叢篇曰：不修其身，求之於人，是謂失倫。

小人求諸人。」

子曰：「君子矜而不爭，

八佾篇曰：君子無所爭。

荀子堯問篇曰：君子力如牛，不與牛爭力；走如馬，不與馬爭走；知如士，不與士爭知。

羣而不黨。」

述而篇曰：陳司敗曰：吾聞君子不黨。

國語晉語六曰：郤至曰：仁人不黨。

又晉語五曰：趙宣子言韓獻子於靈公。河曲之役，趙孟使人以其乘車干行，獻子執而戮之。衆咸曰：「韓厥必不沒矣。其主朝升之而暮戮其車，其誰安之？」宣子召而禮之，曰：「吾聞：事君者比而不黨。夫周以舉義，比也，舉以其私，黨也。夫軍事無犯，犯而不隱，義也。吾言女於君，懼女不能也。舉而不能，黨孰大焉？事君而黨，吾何以從政？吾故以是觀女。女勉之。苟從是行也，臨長晉國者非女其誰？」皆告諸大夫曰：「二三子可以賀我矣！吾舉厥也而中，吾乃今知免於罪矣。」說苑至公篇曰：趙宣子言韓獻子於晉侯，曰：「其爲人不黨，治衆不亂，臨死不恐。」晉侯以爲中軍尉。河曲之役，趙宣子之車干行，韓獻子戮其僕。人皆曰：「韓獻子必死矣。其主朝昇之而暮戮其僕，誰能待之？」役罷，趙宣子觴大夫，爵三行。曰：「二三子可以賀我。」二三子曰：「不知所賀。」宣子曰：「我言韓厥於君，言之而不當，必受其刑。今吾車失次而戮之僕，可謂不黨矣，是吾言當也。」二三子再拜稽首曰：「不惟晉國適享之，乃唐叔是賴之，敢不再拜稽首乎！」

樹達按：二文同一事而義小異。國語謂趙宣子自謂舉得其人，故爲不黨，不黨屬趙宣子。說苑則以不黨屬韓獻子。傳聞互異，要之皆謂不黨，故並錄之。

左傳昭公二十八年曰：秋，晉韓宣子卒，魏獻子爲政。獻子，魏舒。分祁氏之田以爲七縣；分羊舌氏之田以爲三縣。司馬彌牟爲鄔大夫，賈辛爲祁大夫，司馬烏爲平陵大夫，魏戊爲梗陽大夫，知徐吾爲塗水大夫，韓固爲馬首大夫，孟丙爲盂大夫，樂霄爲銅鞮大夫，趙朝爲平陽大夫，僚安爲楊氏大夫。魏子謂成鱄：「吾與戊也縣，人其以我爲黨乎？」對曰：「何也？戊之爲人也，遠不忘君，近不逼同；居利思義，在約思純，有守心而無淫行。雖與之縣，不亦可乎？昔武王克商，光有天下，其兄弟之國者十有五人，姬姓之國者四十人，皆舉親也。夫舉無他，唯善所在，親疏一也。主之舉也，近文德矣，所及其遠哉。魏戊，獻子之子。

子曰：「君子不以言舉人，

書舜典曰：敷奏以言，明試以功，車服以庸。

管子明法解曰：明主之擇賢人也，言勇者試之以軍，言智者試之以官。試於軍而有功者則舉之；試於官而事治者則用之。故以戰功之事定勇怯，以官職之治定愚智。故勇怯愚智之見也，如白黑之分。亂主則不然，聽言而不試，故妄言者得用。

不以人廢言。」

詩大雅板曰：先民有言，詢于芻蕘。

淮南子主術篇曰：夫人主之情，莫不欲總海內之智，盡衆人之力。使言之而是，雖在褐夫芻蕘，猶不可棄也；使言之而非也，雖在卿相人君揄策于廟堂之上，未必可用。是非之所在，不可以貴賤尊卑論也。明主之聽於羣臣，其計可用，不羞其位；其言可行，不責其辯。

左傳僖公三十一年曰：取濟西田，分曹地也。使臧文仲往，宿於重館。重館人告曰：「晉新得諸侯，必親其共，不速行，將無及也。」從之。分曹地自洮以南，東傅于濟，盡曹地也。國語魯語上曰：晉文公解曹地以分諸侯，僖公使臧文仲往，宿於重館。重館人告曰：「晉始伯而欲固諸侯，故解有罪之地以分諸侯，諸侯莫不望分，而欲親晉，皆將爭先。晉不以固班，亦必親先者，吾子不可以不速行。魯之班長，而又先，諸侯其誰望之？若少安，恐無及也。」從之。獲地於諸侯爲多。反，既復命，爲之請，曰：「地之多也，重館人之力也。臣聞之曰：善有章，雖賤，賞也；惡有釁，雖貴，罰也。

今一言而辟境，其章大矣。請賞之。」乃出而爵之。又成公五年曰：梁山崩，晉侯以傳召伯宗，伯宗辟重。曰：「辟傳。」重人曰：「待我不如捷之速也。」問其所，曰：「絳人也。」問絳事焉。曰：「梁山崩，將召伯宗謀之。」問：「將若之何？」曰：「山有朽壤而崩，可若何？國主山川，故山崩川竭，君爲之不舉，降服，乘縵，徹樂，出次，祝幣史辭以禮焉，其如此而已。雖伯宗，若之何？」伯宗請見之，不可，遂以告而從之。穀梁傳曰：梁山崩，壅遏河三日不流，晉君召伯尊而問焉。伯尊來，遇輦者，輦者不辟，使車右下而鞭之。輦者曰：「所以鞭我者，其取道遠矣。」伯尊下車而問焉。曰：「子有聞乎？」對曰：「梁山崩，壅遏河三日不流。」伯尊曰：「君爲此召我也，爲之奈何？」輦者曰：「天有山，天崩之；天有河，天壅之。雖召伯尊，如之何？」伯尊由忠問焉。輦者曰：「君親素縞，帥羣臣而哭之，既而祠焉，斯流矣。」伯尊至，君問之，伯尊曰：「君親素縞，帥羣臣而哭之，既而祠焉，斯流矣。」

子貢問曰：「有一言而可以終身行之者乎？」子曰：「其恕乎！

春秋繁露俞序篇曰：世子曰：功及子孫，光輝百世，聖人之德，莫美於恕。

己所不欲，勿施於人。」

顔淵篇曰：仲弓問仁，子曰：出門如見大賓，使民如承大祭；己所不欲，勿施於人。在邦無怨，在家無怨。

子曰：「吾之於人也，誰毁誰譽？如有所譽者，其有所試矣。

漢書藝文志曰：儒家者流，蓋出於司徒之官，助人君順陰陽明敎化者也。游文於六經之中，留意於仁義之際。祖述堯舜，憲章文武，宗師仲尼以重其言，於道最爲高。孔子曰：「如有所譽，其有所試。」唐虞之隆，殷周之盛，仲尼之業，已試之效者也。

又薛宣傳曰：谷永上疏曰：竊見少府宣材茂行絜，達於從政。前爲御史中丞，執憲轂下，不吐剛茹柔，擧錯時當。出守臨淮陳留，二郡稱治。爲左馮翊，崇敎養善，威德並行，衆職修理，姦軌絶息，辭訟者歷年不至丞相府，赦後餘盜賊什分三輔之一，功效卓爾，自左內史初置以來，未嘗有也。孔子曰：「如有所譽，其有所試。」宣考績功課，簡在兩府，不敢過稱以奸欺誣之罪。

魏志王昶傳曰：昶以書戒子曰：夫毁譽，愛惡之原，而禍福之機也，是以聖人愼之。孔子曰：「吾之於人，誰毁誰譽？如有所譽，必有所試。」又曰：「子貢方人，賜也賢乎哉！我則不暇。」以聖人之德，猶尙如此，況庸庸之徒而輕毁譽哉！

斯民也，三代之所以直道而行也。」

賈子大政下篇曰：王者有易政而無易國，有易吏而無易民。故因是國也而爲安，因是民也而爲治。故湯以桀之亂氓爲治，武王以紂之北卒爲彊。

漢書景帝紀贊曰：孔子稱：斯民，三代之所以直道而行也，信哉！周秦之敝，罔密文峻，而姦軌不勝。漢興，掃除煩苛，與民休息。至于孝文，加之以恭儉，孝景遵業，五六十載之閒，至於移風易俗，黎民醇厚。周云成康，漢言文景，美矣。論衡率性篇曰：夫人之性猶蓬紗也，在所漸染而善惡變矣。王良造父稱爲善御，能使不良爲良也。如徒能御良，其不良者不能馴服，此則駔工庸師服馴技能，何奇而世稱之？故曰：王良登車，馬不罷駑；堯舜爲政，民無狂愚。傳曰：堯舜之民可比屋而封；桀紂之民可比屋而誅。斯民也，三代所以直道而行也。聖主之民如彼，惡主之民如此，竟在化，不在性也。又非韓篇曰：夫世不乏於德，猶歲不絕於春也；謂世衰難以德治，可謂歲亂不可以春生乎？人君治一國，猶天地生萬物。天地不爲亂歲去春，人君不以衰世屏德。孔子曰：斯民也，三代所以直道而行也。

子曰：「吾猶及史之闕文也，有馬者借人乘之，今亡矣夫。」

漢書藝文志曰：古制：書必同文，不知則闕，問諸故老。至於衰世，是非無正，人用其私。故孔子曰：吾猶及史之闕文也，今亡矣夫。蓋傷其寖不正。許慎說文解字敍曰：孔子曰：「吾猶及史之闕文，今亡矣夫！」蓋非其不知而不問，人用己私，是非無正，巧說衺辭，使天下學者疑。後漢書徐防傳曰：防上疏曰：孔子曰：「吾猶及史之闕文，」疾史有所不知而不肯闕也。春秋桓公五年曰：春正月甲戌己丑，陳侯鮑卒。穀梁傳曰：鮑卒，曷爲以二日卒之？春秋之義，信以傳信，疑以傳疑。陳侯以甲戌之日出，己丑之日得，不知死之日，故舉二日以包也。又桓公十四年曰：夏五，鄭伯使其弟禦來盟。穀梁傳曰：孔子曰：「聽遠音者聞其疾而不聞其舒，望遠者察其貌而不察其形。」立乎定哀以指隱桓，隱桓之日遠矣。夏五，傳疑也。又昭公十二年曰：春，齊高偃帥師納北燕伯于陽。公羊傳曰：伯于陽者何？公子陽生也。子曰：「我乃知之矣，」在側者曰：「子苟知之，何以不革？」曰：「如爾所不知何？」春秋之信史也，其序則齊桓晉文，其會則主會者爲之也，其詞則丘有罪焉耳。

子曰：「巧言亂德，

中論覈辨篇曰：夫利口之所以得行乎世也，蓋有由也。且利口者心足以見小數，言足以盖巧辭，給足以應切問，難足以斷俗疑。然而好說而不倦，諜諜如也。夫類族辨物之士者寡，而愚闇不達之人者多，孰知其非乎？此其所以無用而不見廢也，至賤而不見遺也。先王之法，析言破律亂名改作者殺之，行僻而堅，言僞而辯，記醜而博，順非而澤者亦殺之，爲其疑衆惑民而潰亂至道也。孔子曰：「巧言亂德，惡似而非者也。」韓非子外儲說左上篇曰：虞慶將爲屋，匠人曰：「材生而塗濡。夫材生則撓，塗濡則重。以撓任重，今雖成，久必壞。」虞慶曰：「材乾則直，塗乾則輕。今誠得乾，日以輕直；雖久，必不壞。」匠人詘，作之。成有閒，屋果壞。呂氏春秋別類篇記高陽應，淮南子人閒篇記高陽魋事同。

小不忍則亂大謀。」

顔淵篇曰：「一朝之忿，忘其身以及其親，非惑與？」

大戴禮記武王踐阼篇曰：「武王矛之銘曰：造矛造矛，少閒弗忍，終身之羞。」

國語周語中曰：「富辰曰：書有之曰：必有忍也，若能有濟也。」韋注云：「書，逸書，若猶乃也。」

左傳成公七年曰：「衞定公惡孫林父。冬，孫林父出奔晉。」十四年曰：「春，衞侯如晉，晉侯強見孫林父焉，定公不可。夏，衞侯既歸，晉侯使郤犫送孫林父而見之。衞侯欲辭，定姜曰：『不可，是先君宗卿之嗣也，大國又以爲請。不許，將亡。雖惡之，不猶愈於亡乎？君其忍之。安民而宥宗卿，不亦可乎？』衞侯見而復之。」

又昭公三十一年曰：「公在乾侯，晉侯將以師納公。季孫意如會荀躒于適歷。荀躒曰：『寡君使躒謂吾子，何故出君？有君不事，周有常刑，子其圖之。』季孫練冠麻衣跣行，伏而對曰：『事君，臣之所不得也，敢逃刑命。君若以臣爲有罪，請囚于費以待君之察也，亦唯君。若以先臣之故，不絶季氏而賜之死，若弗殺弗亡，君之惠也，死且不朽。若得從君而歸，則固臣之願也，敢有異心。』夏四月，季孫從知伯如乾侯。子家子曰：『君與之歸！一慙之不忍，而終身慙乎？』公曰：『諾。』衆曰：『在一言矣，君必逐之！』荀躒以晉侯之命唁公，且曰：『寡君使躒以君命討於意如，意如不敢逃死，君其入也！』公曰：『君惠顧先君之好，施及亡人，將使歸糞除宗祧以事君，則不能見夫人。己所能見夫人者，有如河！』荀躒掩耳而走，曰：『寡君其罪之恐，敢與知魯國之難！臣請復於寡君。』退而謂季孫：「君怒未息，子姑歸祭！」子家子曰：「君以一乘入于魯師，季孫必與君歸。」公欲從之，衆從者脅公不得歸。

樹達按：此魯昭公不肯忍忿，後遂客死於乾侯也。

說苑建本篇曰：趙簡子以襄子爲後，董安子曰：「無恤不才，今以爲後，何也？」簡子曰：「是其人能爲社稷忍辱。」異日，智伯與襄子飲而灌襄子之首，大夫請殺之。襄子曰：「先君之立我也，曰：能爲社稷忍辱，豈曰能刺人哉！」處十月，智伯圍襄子於晉陽，襄子疏隊而擊之，大敗智伯，漆其首以爲飲器。

樹達按：此趙襄子能忍忿之事也。

逸周書命訓篇曰：惠而不忍人，人不勝害，害不如死。

毛詩鄭風序曰：將仲子，刺莊公也。不勝其母以害其弟。弟叔失道而公弗制，祭仲諫而公弗聽，小不忍以致大亂焉。

韓非子內儲說上七術篇曰：成驩謂齊王曰：「王太仁，太不忍人。」王曰：「寡人安所太仁？安所不忍人？」對曰：「王太仁於薛公；而太不忍於諸田。」太仁薛公，則大臣無重；太不忍諸田，則父兄犯法。大臣無重，則兵弱於外；父兄犯法，則政亂於內。兵弱於外，政亂於內，此亡國之本也。

新序雜事五篇曰：趙襄子問於王子維曰：「吳之所以亡者，何也？」對曰：「吳君吝而不忍。」襄子曰：「宜哉吳之亡也！吝則不能賞賢，不忍則不能罰姦。賢者不賞，有罪不能罰，不亡何待？」

漢書外戚孝成趙皇后傳曰：平帝詔曰：夫小不忍亂大謀，恩之所不能已者，義之所割也。

樹達按：以上謂仁不忍。

史記勾踐世家曰：朱公居陶，生少子。及壯，而朱公中男殺人，囚於楚。朱公曰：「殺人而死，職也。然吾聞：千金之子不死於市。」告其少子，往視之。乃裝黃金千鎰，置褐器中，載以一牛車，且遣其少子。朱公長男固請欲行，朱公不聽。長男曰：「家有長子曰家督。今弟有罪，大人不遣，乃遣少弟，是吾不肖。」欲自殺。其母爲言曰：「今遣少子，未必能生中子也，而先空亡長男，奈何？」朱公不得已而遣長子。爲一封書，遺故所善莊生。曰：「至則進千金于莊生所，聽其所爲，慎無與爭事。」長男既行，亦自私齎數百金。至楚，莊生家負郭，披藜藋到門，居甚貧。然長男發書，進千金，如其父言。莊生曰：「可疾去矣，慎毋留！卽弟出，勿問所以然。」長男既去，不過莊生而私留，以其私齎獻遺楚國貴人用事者。莊生雖居窮閻，然以廉直聞於國，自楚王以下皆師尊之。及朱公進金，非有意受也，欲以事成後復歸之以爲信耳。故金至，謂其婦曰：「此朱公之金，有如病不宿誡，後復歸，勿動。」而朱公長男不知其意，以爲殊無短長也。莊生閒時入見楚王，言某星宿某，此則害於楚。楚王素信莊生，曰：「今爲奈何？」莊生曰：「獨以德爲可以除之。」楚王曰：「生休矣！寡人將行之。」王乃使使者封三錢之府。楚貴人驚告朱公長男曰：「王且赦。」曰：「何以也？」曰：「每王且赦，常封三錢之府。昨暮王使使封之。」朱公長男以爲：「赦，弟固當出也。重千金，虛棄莊生，無所爲也。」乃復見莊生，莊生驚曰：「若不去邪？」長男曰：「固未也。初爲事弟，弟今議自赦，故辭生去。」莊生知其意欲復得其金，曰：「若自入室取金。」長男卽自入室取金持去，獨自歡幸。莊生羞爲兒子所賣，乃入見楚王曰：「臣前言某星事，王言欲以修德報之。今臣出，道路皆言：陶之富人朱公之子殺人，囚楚，其家多持金錢賂王左右。故王非能恤楚國而赦，乃以朱公子故也。」楚王大怒，曰：「寡人雖不德耳，奈何以朱公之子而施惠乎？」令論殺朱公子。明日，遂下赦令。朱公長男竟持其弟喪歸。至，其母及邑人盡哀之，唯朱公獨笑，曰：「吾固知必殺其弟也。彼非不愛其弟，顧有所不能忍者也。是少與我俱，見苦爲生難，故重棄財。至如少弟者，生而見我富，乘堅驅良，逐狡兔，豈知財所從來，故輕棄之，非所惜吝。前日吾所爲欲遣少子，固爲其能棄財故也。而長者不能，故卒以殺其弟，事之理也，無足悲者。吾日夜固以望其喪之來也。」

樹達按：以上謂吝不忍。不忍有三義：不忍忿，一也；慈仁不忍，不能以義割恩，二也。吝財不忍棄，三也。故分疏之如上。

子曰：「衆惡之，必察焉；衆好之，必察焉。」

子路篇曰：子貢問曰：「鄉人皆好之，何如？」子曰：「未可也。」「鄉人皆惡之，何如？」子曰：「未可也。不如鄉人之善者好之，其不善者惡之。」

孟子梁惠王下篇曰：左右皆曰賢，未可也；諸大夫皆曰賢，未可也；國人皆曰賢，然後察之。見賢焉，然後用之。左右皆曰不可，勿聽；諸大夫皆曰不可，勿聽；國人皆曰不可，然後察之。見不可焉，然後去之。左右皆曰可殺，勿聽；諸大夫皆曰可殺，勿聽；國人皆曰可殺，然後察之。見可殺焉，然後殺之。如此，然後可以爲民父母。

管子明法解曰：亂主不察臣之功勞，譽衆者則賞之；不審其罪過，毀衆者則罰之。如此則邪臣無功而得賞，忠臣無罪而有罰。如此，則慤愿之人失其職，而廉潔之吏失其治。故明法曰：官之失其治也，是主以譽爲賞而以毀爲罰也。

潛夫論潛歎篇曰：范武歸晉而國姦逃，華元反朝而魚氏亡。故正義之士與邪枉之人不兩立。而人君之取士也，不能參聽民氓，斷之聰明，反徒信亂臣之說，獨用汚吏之言，此所謂與仇選使，令囚擇吏者也。書云：「謀及乃心，謀及庶人。」孔子曰：「衆好之，必察焉；衆惡之，必察焉。」故聖人之施舍也，不必任衆，亦不必專己。必察彼己之爲而度之以義，或舍人取己，故舉無遺失而政無廢滅也。

風俗通正失篇曰：孔子曰：「衆善焉，必察之；衆惡焉，必察之。」孟軻云：堯舜不勝其美；桀紂不勝其惡。傳言失指，圖景失形，衆口鑠金，積毀消骨，久矣其患之也。

孟子離婁下篇曰：公都子曰：「匡章，通國皆稱不孝焉，夫子與之遊，又從而禮貌之，敢問何也？」孟子曰：「世俗所謂不孝者五：惰其四支，不顧父母之養，一不孝也。博奕，好飲酒，不顧父母之養，二不孝也。好貨財，私妻子，不顧父母之養，三不孝也。從耳目之欲以爲父母戮，四不孝也。好勇鬬狠以危父母，五不孝也。章子有一於是乎？夫章子，子父責善而不相遇也。責善，朋友之道也。

父子責善，賊恩之大者。夫章子豈不欲有夫妻子母之屬哉！爲得罪於父，不得近，出妻屏子，終身不養焉。其設心以爲：不若是，是則罪之大者。是則章子已矣。」

樹達按：右爲衆惡之之事。

漢書王莽傳曰：莽羣兄弟乘時侈靡，以輿馬聲色佚游相高。莽獨孤貧，因折節爲恭儉，勤身博學，被服如儒生。事母及寡嫂，養孤兄子，行甚敕備。又外交英俊，內事諸父，曲有禮意。世父大將軍鳳病，莽侍疾，親嘗藥，亂首垢面，不解衣帶連月。叔父成都侯商上書，願分戶邑以封莽。及長樂少府戴崇、侍中金涉、胡騎校尉箕閎、上谷都尉陽竝、中郎陳湯皆當世名士，咸爲莽言。上由是賢莽，封莽爲新都侯。爵位益尊，節操愈謙。散輿馬衣裘，振施賓客，家無所餘。收贍名士，交結將相卿大夫甚衆，故在位更推薦之，游者爲之談說，虛譽隆洽，傾於諸父矣。上遂擢爲大司馬。莽既輔政，欲令名譽過前人，遂克己不倦，聘諸賢良以爲掾史。賞賜邑錢，悉以享士。愈爲儉約。母病，公卿列侯遣夫人問疾，莽妻迎之，衣不曳地，布蔽膝，見之者以爲僮使，問知其夫人，皆驚。元壽元年，日食。賢良周護宋崇等對策，深頌莽功德，有司請以新野田二萬五千六百頃益封莽，莽謝，太后許之。吏民以莽不受新野田而上書者前後四十八萬七千五百七十二人，及諸侯王公列侯宗室見者皆叩頭言，亟加賞於安漢公。莽封安漢公。

樹達按：右爲衆好之之事。

子曰：「人能弘道，非道弘人。」

漢書禮樂志曰：至成帝時，謁者常山王禹世受河閒樂，能說其義。其弟子宋曄等上書言之，下大夫博士平當等考試。當以爲漢承秦滅道之後，賴先帝聖德，博受兼聽，修廢官，立大學。河閒獻王聘求幽隱，修興雅樂以助化。時大儒公孫弘董仲舒等皆以爲音中正雅，立之大樂，春秋鄉射，作於學官。希闊不講，故自公卿大夫觀聽者但聞鏗鎗，不曉其意。而欲以風諭衆庶，其道無由。是以行之百有餘年，德化至今未成。今曄等守習孤學，大指歸於興助敎化。衰微之學，興廢在人，宜領屬雅樂以繼絕表微。孔子曰：「人能弘道，非道弘人。」河閒區區小國藩臣，以好學修古，能有所存，民到于今稱之，況於聖主廣被之資，修起舊文，放鄭近雅，述而不作，信而好古，於以風示海內，揚名後世，誠非小功小美也。

又董仲舒傳曰：夫周道衰於幽厲，非道亡也，幽厲不由也。至於宣王，思昔先王之德，興滯補弊，明文武之功業，周道粲然復興。詩人美之而作，上天祐之，爲生賢佐。後世稱誦，至今不絕，此夙夜不解行善之所致也。孔子曰：「人能弘道，非道弘人也。」故治亂廢興在於己，非天降命不可得反，其所操持誖謬，失其統也。

子曰：「過而不改，是謂過矣。」

韓詩外傳卷三曰：孔子曰：過而改之，是不過也。

左傳襄公七年曰："衛孫文子來聘，公登，亦登。叔孫穆子相，趨進曰："諸侯之會，寡君未嘗後衛君。今吾子不後寡君，寡君未知所過。吾子其少安！"孫子無辭，亦無悛容。穆叔曰："孫子必亡！爲臣而君，過而不悛，亡之本也。""

春秋僖公二十二年曰："冬十有一月己巳朔，宋公及楚人戰于泓，宋師敗績。"穀梁傳曰："春秋三十有四戰，未有以尊敗乎卑，以師敗乎人者也。以尊敗乎卑，以師敗乎人，則驕其敵。襄公以師敗乎人而不驕其敵，何也？責之也。泓之戰，以爲復雩之恥，宋襄公有以自取之。伐齊之喪，執滕子，圍曹，爲雩之會，不顧其力之不足而致楚成王。成王怒而執之。故曰：禮人而不答，則反其敬；愛人而不親，則反其仁；治人而不治，則反其知。過而不改，又之，是謂之過，襄公之謂也。古者被甲嬰冑，非以興國也，則以征無道也，豈曰以報其恥哉。"

漢書成帝紀曰："詔曰：朕執德不固，謀不盡下，過聽將作大匠萬年言"昌陵三年可成"。作治五年，中陵司馬殿門内尚未加功，天下虛耗，百姓罷勞，客土疏惡，終不可成。朕惟其難，怛然傷心。夫過而不改，是謂過矣。其罷昌陵，反故陵，勿徙吏民。令天下毋有動搖之心。"

子曰："吾嘗終日不食，終夜不寢，以思，無益，不如學也。"

大戴禮記勸學篇曰："孔子曰：吾嘗終日思矣，不如須臾之所學。"荀子勸學篇同，不作孔子語。

韓詩外傳卷六曰："子曰：不學而好思，雖知不廣矣。

賈子修政語上篇曰：湯曰：學聖王之道者，譬其如日；靜思而獨居，譬其若火；夫舍學聖之道而靜居獨思，譬其若去日之明於庭而就火之光於室也，然可以小見而不可以大知。是故明君子貴尙學道，而賤下獨思也。

說苑建本篇曰：子思曰：學所以益才也；礪所以致刃也。吾嘗幽處而深思，不若學之速。

論衡實知篇曰：聖賢不能知性，須任耳目以定情實。其任耳目也，可知之事，思之輒決；不可知之事，待問乃解。天下之事，世閒之物，可思而知，愚夫能開精；不可思而知，上聖不能省。孔子曰：「吾嘗終日不食終夜不寢以思，無益，不如學也。」

吳志呂蒙傳注引江表傳曰：初，權謂蒙及蔣欽曰：「卿今並當塗掌事，宜學問以自開益。」蒙曰：「在軍中常苦多務，恐不容復讀書。」權曰：「孤豈欲卿治經爲博士邪？但當令涉獵見往事耳。卿言多務，孰若孤？孤少時歷詩書禮記左傳國語，惟不讀易。至統事以來，省三史諸家兵書，自以爲大有所益。如卿二人，意性朗悟，學必得之，寧當不爲乎？宜急讀孫子六韜左傳國語及三史。孔子言終日不食終夜不寢以思，無益，不如學也。光武當兵馬之務，手不釋卷；孟德亦自謂老而好學。卿何獨不自勖勉邪？」

子曰：「君子謀道不謀食，耕也餒在其中矣，學也祿在其中矣。君子憂道不憂貧。」

潛夫論讚學篇曰：孔子曰：「吾嘗終日不食終夜不寢以思，無益，不如學也。」「耕也餒在其中，學也祿在其中矣。君子憂道不憂貧。」箕子陳六極，國風歌北門，故所謂不憂貧也。豈好貧而弗之憂邪？蓋志有所專，昭其重也。是故君子之求豐厚也，非爲嘉饌美服淫聲樂色也，乃將以底其道而邁其德也。

又釋難篇曰：秦子問於潛夫曰：「耕種，生之本也；學問，業之末也。老聃有言：『大丈夫處其實不居其華。』而孔子曰：『耕也餒在其中，學也祿在其中。』敢問，今使舉世之人釋耨耒而程相羣於學，何如？」潛夫曰：「善哉問！君子勞心，小人勞力。故孔子所稱，謂君子爾。今以目所見，耕，食之本也；以心原道，卽學又耕之本也。」

國語晉語八曰：叔向見韓宣子，宣子憂貧，叔向賀之。宣子曰：「吾有卿之名而無其實，無以從二三子，吾是以憂。子賀我，何故？」對曰：「昔欒武子無一卒之田，其宮不備其宗器，宣其德行，順其憲則，使越于諸侯，諸侯親之，戎狄懷之，以正晉國，行刑不疚，以免於難。及桓子驕泰奢侈，貪慾無藝，略則行志，假貸居賄，宜及於難，而賴武之德以沒其身。及懷子改桓之行而修武之德，可以免於難，而離桓之罪以亡於楚。夫郤昭子，其富半公室，其家半三軍；恃其富寵以泰于國，其身尸於朝，其家滅於絳。不然，夫八郤五大夫三卿，其寵大矣。一朝而滅，莫之哀也，惟無德也。今吾子有欒武子之貧，吾以爲能其德矣，是以賀。若不憂德之不建而患貨之不足，將弔不暇，何賀之有？」宣子拜，稽首焉，曰：「起也將亡，賴子存之。非起也敢專承之，其自桓叔以下嘉吾子之賜。」

子曰：「知及之，仁不能守之，雖得之，必失之。

後漢書劉梁傳曰：梁著辨和同論曰：孔子曰：智之難也，有臧武仲之智而不容於魯國，抑有由也。作而不順，施而不恕矣。蓋善其知義，譏其違道也。患之所在，非徒在智之不及，又在及而違之者矣。故曰：智及之，仁不能守之，雖得之，必失之也。

又班固傳論曰：固傷遷博物洽聞，不能以智免極刑，然亦身陷大戮，智及之而不能守之。嗚乎，古人之所以致論於目睫也。

知及之，仁能守之，不莊以涖之，則民不敬。

爲政篇曰：子曰：臨之以莊則敬。

左傳襄公三十一年曰：北宮文子曰：有威而可畏謂之威，有儀而可象謂之儀。君有君之威儀，其臣畏而愛之，則而象之。故能有其國家，令聞長世。臣有臣之威儀，其下畏而愛之，故能守其官職，保族宜家。故君子在位可畏，施舍可愛，進退可度，周旋可則，容止可觀，作事可法，德行可象，聲氣可樂。動作有文，言語有章，以臨其下，謂之有威儀也。

知及之，仁能守之，莊以涖之，動之不以禮，未善也。」

荀子王霸篇曰：上莫不致愛其下而制之以禮。上之於下，如保赤子。政令制度所以接下之人百姓有不理者如豪末，則雖孤獨鰥寡，必不加焉。故下之親上，歡如父母，可殺而不可使不順。君臣上下貴賤長幼至於庶人，莫不以是爲隆正，然後皆內自省以謹於分。

子曰：「君子不可小知而可大受也，小人不可大受而可小知也。」

淮南子主術篇曰：是故有大略者不可責以捷巧，有小智者不可任以大功。人有其才，物有其形，有任一而太重，或任百而尚輕。是故審毫釐之計者，必遺天下之大數；不失小物之選者，惑於大數之舉。譬猶狸之不可使搏牛，虎之不可使捕鼠也。

子曰：「民之於仁也，甚於水火。

孟子盡心上篇曰：民非水火不生活。

水火，吾見蹈而死者矣；未見蹈仁而死者也。」

子曰：「當仁不讓於師。」

春秋繁露竹林篇曰：今子反往視宋，聞人相食，大驚而哀之，不意之至於此也。是以心駭目動而違常禮。禮者，庶於仁，文質而成體者也。今使人相食，大失其仁，安著其禮？方救其質，奚恤其文？故曰：「當仁不讓，」此之謂也。

子曰：「君子貞而不諒。」

左傳昭公三年曰：夏四月，鄭伯如晉，公孫段相，甚敬而卑，禮無違者。晉侯嘉焉，授之以策。曰：

「子豐有勞於晉國，余聞而弗忘，賜女州田，以胙乃舊勳。」伯石再拜稽首受策以出。初，州縣，欒豹之邑也。及欒氏亡，范宣子趙文子韓宣子皆欲之。文子曰：「溫，吾縣也。」州本屬溫。二宣子曰：「自郤稱以別，三傳矣。晉之別縣不唯州，誰獲治之？」文子病之，乃舍之。二宣子曰：「吾不可以正議而自與也。」皆舍之。豐氏故主韓氏。伯石之獲州也，韓宣子爲之請之，爲其復取之之故。七年曰：「子產爲豐施歸州田於韓宣子，曰：「日君以夫公孫段爲能任其事，而賜之州田。今無祿早世，不獲久享君德。其子弗敢有，不敢以聞於君，私致諸子。」宣子辭。子產曰：「古人有言曰：其父析薪，其子弗克負荷。施將懼不能任其先人之祿，其況能任大國之賜？縱吾子爲政而可，後之人若屬有疆埸之言，敝邑獲戾，而豐氏受其大討。吾子取州，是免敝邑於戾而建置豐氏也。敢以爲請。」宣子受之，以告晉侯，晉侯以與宣子。宣子爲初言，病有之，以易原縣於樂大心。杜注云：傳言子產貞而不諒。疏云：貞，正也。諒，信也。段受晉邑，卒而歸之，正也。知宣子欲之，而言畏懼後禍，是不信也。

漢書王貢兩龔鮑傳曰：薛方嘗爲郡掾祭酒，嘗徵，不至。及王莽以安車迎方，方因使者辭謝曰：「堯舜在上，下有巢由。今明主方隆唐虞之德，小臣欲守箕山之節也。」使者以聞，莽說其言，不強致。贊曰：「貞而不諒，薛方近之。」

淮南子氾論篇曰：夫三軍矯命，論之大者也。秦穆公興兵襲鄭，過周而東。鄭賈人弦高將西販牛，道遇秦師於周鄭之閒，乃矯鄭伯之命犒以十二牛，賓與擯同。秦師而却之，以存鄭國。故事有所至，信反爲過，誕反爲功。

子曰：「事君敬其事而後其食。」

禮記儒行篇曰：先勞而後祿。

春秋繁露仁義法篇曰：詩曰：「飲之食之，敎之誨之。」先飲食而後敎誨，謂治人也。又曰：「坎坎伐輻兮，彼君子兮，不素食兮。」先其事，後其食，謂治身也。

孔叢子記義篇曰：孔子讀詩及小雅，喟然而歎曰：吾於伐檀見賢者之先事後食也。

國語楚語下曰：鬬且曰：昔鬬子文三舍令尹，無一日之積。成王聞子文之朝不及夕也。於是乎每朝設脯一束糗一筐以羞子文，至于今令尹秩之。成王每出子文之祿，必逃，王止而後復。人謂子文曰：「人生求富，而子逃之，何也？」對曰：「夫從政者，以庇民也，民多曠也，而我取富焉，是勤民以自封，死無日矣。我逃死，非逃富也。」是不先恤民而後己之富乎？

子曰：「有敎無類。」

述而篇曰：子曰：自行束脩以上，吾未嘗無誨焉。

又曰：互鄉，難與言，童子見，門人惑。子曰：「人潔己以進。與其潔也，不保其往也；與其進也，不與其退也。唯何甚？」

說苑脩文篇曰：孔子見子桑伯子，子桑伯子不衣冠而處。弟子曰：「夫子何爲見此人乎？」曰：「其質美而無文，吾欲說而文之。」

荀子法行篇曰：南郭惠子問於子貢曰：「夫子之門何其雜也？」子貢曰：「君子正身以俟，欲來者不距，欲去者不止。且夫良醫之門多病人，隱括之側多枉木，是以雜也。」尚書大傳略說篇、說苑雜言篇文大同。

漢書地理志曰：巴蜀廣漢本南夷，秦幷以爲郡。土地肥美，有江水沃野山林竹木疏食果實之饒。民食稻魚，亡凶年憂。俗不愁苦，而輕易淫泆，柔弱褊阸。景武閒，文翁爲蜀守，敎民讀書法令，未能篤信道德，反以好文刺譏，貴慕權執。及司馬相如游宦京師諸侯，以文辭顯於世，鄉黨慕循其迹。後有王褒嚴遵揚雄之徒，文章冠天下。繇文翁倡其敎，相如爲之師。故孔子曰：「有敎無類。」

子曰：「道不同，不相爲謀。」

史記伯夷傳曰：子曰：道不同，不相爲謀，亦各從其志也。

又老莊申韓傳曰：世之學老子者則絀儒學，儒學亦絀老子。道不同，不相爲謀，豈謂是耶？

漢書楊惲傳曰：惲報孫會宗書曰：惲幸有餘祿，方糴賤販貴，逐什一之利。此賈豎之事，汙辱之處，惲親行之。下流之人，衆毀所歸，不寒而栗。雖雅知惲者猶隨風而靡，尙何稱譽之有？董生不云乎？「明明求仁義，常恐不能化民者，卿大夫意也；明明求財利，常恐困乏者，庶人之事也。」故道不同不相爲謀，今子尙安得以卿大夫之制而責僕哉？

子曰：「辭，達而已矣。」

儀禮聘禮記曰：辭無常，孫而說。辭多則史，少則不達。辭苟足以達，義之至也。

禮記曲禮篇曰：不辭費。

孔叢子嘉言篇曰：宰我問：「君子尙辭乎？」孔子曰：「君子以理爲尙。博而不要，非所察也；繁辭富說，非所聽也。唯知者不失理。」

師冕見，及階，子曰：「階也。」及席，子曰：「席也。」皆坐，子告之曰：「某在斯，某在斯。」師冕出，子張問曰：「與師言之道與？」子曰：「然，固相師之道也。」

禮記少儀篇曰：其未有燭而有後至者，則以在者告，道瞽亦然。

論語疏證卷第十六

季氏篇第十六

季氏將伐顓臾，冉有季路見於孔子，曰：「季氏將有事於顓臾。」

左傳僖公二十一年曰：任，宿，須句，顓臾，風姓也，實司大皞與有濟之祀以服事諸夏。

孔子曰：「求！無乃爾是過與？夫顓臾，昔者先王以爲東蒙主，且在邦域之中矣，是社稷之臣也，何以伐爲？」冉有曰：「夫子欲之，吾二臣者皆不欲也。」

孔子曰：「求！周任有言曰：『陳力就列，不能者止。』

先進篇曰：子曰：所謂大臣者，以道事君，不可則止。

禮記內則篇曰：四十始仕，方物出謀發慮。道合則服從，不可則去。

危而不持，顚而不扶，則將焉用彼相矣？

後漢書楊震傳曰：孔子稱：「危而不持，顚而不扶，則將焉用彼相矣！」誠以負荷之寄，不可以虛冒；崇高之位，憂重責深也。延光之間，震爲上相，抗直方以臨權枉，先公道而後身名，可謂懷王臣之節，識所任之體矣。

羣書治要引桓範世要論諫爭篇曰：諫爭者，所以納君於道，矯枉正非，救上之謬也。上苟有謬而無救焉，則害于事；害于事則危道也。故曰：「危而不持，顛而不扶，則將焉用彼相！」扶之之道，莫過於諫矣。

且爾言過矣！虎兕出於柙，龜玉毁於櫝中，是誰之過與？」

漢書文三王傳曰：廷尉賞移書傅相中尉曰：王背策戒，連犯大辟，毒流吏民。比比蒙恩，不伏重誅。不思改過，復賊殺人。幸得蒙恩，丞相長史大鴻臚丞即問。王陽病抵讕，置辭驕嫚，不首王令，與背畔亡異。丞相御史請收王璽綬，送陳留獄，明詔加恩，復遣廷尉大鴻臚雜問。今王當受詔置辭，恐復不首實對。書曰：「至于再三，有不用，我降爾命。」傅相中尉皆以輔正爲職，虎兕出于匣，龜玉毁於匱中，是誰之過也？

冉有曰：「今夫顓臾，固而近於費。今不取，後世必爲子孫憂。」

孔子曰：「求！君子疾夫舍曰欲之而必爲之辭。丘也聞：有國有家者不患寡而患不均，不患貧而患不安。蓋均無貧，和無寡，安無傾。

春秋繁露度制篇曰：孔子曰：不患貧而患不均，故有所積重，則有所空虛矣。大富則驕，大貧則憂；憂則爲盜，驕則爲暴：此衆人之情也。聖者則於衆人之情見亂之所從生，故其制人道而差上下也，使富者足以示貴而不至於驕，貧者足以養生而不致於憂，以此爲度而調均之。是以財不匱而上下相安，故易治也。今世棄其度制而各從其欲，欲無所窮而俗得自恣，其勢無極。大人病不足於上，而小民羸瘠於下，則富者愈貪利而不肯爲義，貧者日犯禁而不可得止，是世之所以難治也。

鹽鐵論本議篇曰：文學曰：孔子曰：「有國有家者不患寡而患不均，不患貧而患不安。」故天子不言多少，諸侯不言利害，大夫不言得喪。畜仁義以風之，廣德行以懷之，是以近者親附而遠者悅服。魏志武帝注引魏書曰：公令曰：有國有家者不患寡而患不均，不患貧而患不安。袁氏之治也，使豪彊擅恣，親戚兼幷，下民貧弱，代出租賦，衒鬻家財，不足應命。審配宗室，至乃藏匿罪人，爲逋逃主。欲望百姓親附，甲兵彊盛，豈可得耶？其收田租，畝四升，戶出絹二匹，綿二斤而已。他不得擅興發，郡國守相明檢之，無令彊民有所隱藏而弱民兼賦也。

樹達按：寡謂民少，貧謂財少，寡與均義不相貫。余謂不患寡寡當作貧，不患貧貧當作寡。下文均無貧承不患貧而患不均言之，和無寡，安無傾，皆承不患寡而患不安言之。如今本貧寡二字互誤，則與下文均無貧三句不貫矣。春秋繁露度制篇引論語作不患貧而患不均，其證也。

夫如是，故遠人不服，則修文德以來之。旣來之，則安之。

國語周語上曰：夫先王之制，邦內甸服，邦外侯服，侯衞賓服，夷蠻要服，戎狄荒服。甸服者祭，侯服者祀，賓服者享，要服者貢，荒服者王。日祭，月祀，時享，歲貢，終王，先王之訓也。有不祭則脩意，有不祀則脩言，有不享則脩文，有不貢則脩名，有不王則脩德。序成而有不至，則脩刑。於是乎有刑不祭，伐不祀，征不享，讓不貢，告不王。於是乎有刑罰之辟，有攻伐之兵，有征討之備，有威讓之令，有文告之辭。布令陳辭而又不至，則又增於德，無勤民於遠。是以近無不聽，遠無不服。

說苑指武篇曰：聖人之治天下也，先文德而後武力。凡武之興，爲不服也。文化不改，然後加誅。夫下愚不移，純德之所不能化，而後武力加焉。

韓詩外傳卷三曰：當舜之時，有苗不服。其不服者，衡山在南，岐山在北，左洞庭之陂，右彭澤之水，由此險也。以其不服，禹請伐之，而舜不許，曰：吾喻教猶未竭也。久喻教而有苗氏請服。說苑君道篇文同。

今由與求也相夫子，遠人不服而不能來也，邦分崩離析而不能守也，而謀動干戈於邦內，吾恐季孫之憂不在顓臾而在蕭牆之內也。」

左傳定公五年曰：九月乙亥，陽虎囚季桓子公父文伯而逐仲梁懷，冬十月乙亥，殺公何藐。又八年曰：陽虎欲去三桓，以季寤更季氏，以叔孫輒更叔孫氏，己更孟氏。冬十月壬辰，將享季氏於蒲圃而殺之。

樹達按：此所謂季孫之憂在蕭牆之內之事也，孔子蓋先知之矣。

漢書魏相傳曰：上與趙充國等議欲擊匈奴，相上書諫曰：今邊郡困乏，父子共犬羊之裘，食草萊之實，常恐不能自存，難以動兵。軍旅之後，必有凶年，言民以其愁苦之氣傷陰陽之和也。出兵雖勝，猶有後憂，恐災害之變因此以生。今郡國守相多不實選，風俗尤薄，水旱不時。案今年計，子弟殺父兄妻殺夫者凡二百二十二人。臣愚以爲此非小變也。今左右不憂此，乃欲發兵報纖芥之忿於遠夷，殆孔子所謂吾恐季孫之憂不在顓臾而在蕭牆之內也。

孔子曰：「天下有道，則禮樂征伐自天子出；天下無道，則禮樂征伐自諸侯出。

禮記中庸篇曰：非天子，不議禮，不制度，不考文。雖有其德，苟無其位，亦不敢作禮樂焉。孟子盡心下篇曰：征者，上伐下也，敵國不相征也。白虎通誅伐篇曰：諸侯之義，非天子之命，不得動衆起兵誅不義者，所以強幹弱枝，尊天子，卑諸侯也。論語曰：天下有道，則禮樂征伐自天子出；天下無道，則禮樂征伐自諸侯出。春秋宣公十一年曰：冬十月，楚人殺陳夏徵舒。公羊傳曰：此楚子也，其稱人，何？貶。曷爲貶？不與外討也。不與外討者，因其討乎外而不與也，雖內討亦不與也。曷爲不與？實與而文不與。文曷爲不與？諸侯之義不得專討也。春秋繁露楚莊王篇曰：楚莊王殺陳夏徵舒，春秋貶其文，不予專討也。靈王殺齊慶封，而直稱楚子，何也？曰：莊王之行賢，而徵舒之罪重。以賢君討重罪，其於人心善。若不貶，孰知其非正經？春秋常於其嫌得者見其不得也。是故齊侯不予專地而封，晉文不予致王而朝，楚莊弗予專殺而討。

自諸侯出，蓋十世希不失矣。

樹達按：齊自桓公稱霸，歷孝昭懿惠頃靈莊景悼簡十公而陳氏專國，簡公被弒。晉自文公稱霸，歷襄靈成景厲悼平昭頃九公而公室爲六卿所滅。

自大夫出，五世希不失矣。

樹達按：劉逢祿云：魯自季友專政，歷文武平桓四世而爲陽虎所執。

陪臣執國命，三世希不失矣。

樹達按：魯家臣南蒯公山不擾陽虎皆及身而失之，不及三世也。

天下有道，則政不在大夫。

春秋文公十四年曰：晉人納捷菑于邾婁，弗克納。公羊傳曰：此晉郤缺也，其稱人，何？貶。曷爲貶？不與大夫專廢置君也。曷爲不與？實與而文不與。文曷爲不與？大夫之義不得專廢置君也。又襄公三年曰：六月，公會單子晉侯宋公衛侯鄭伯莒子邾子齊世子光，己未，同盟于雞澤。戊寅，叔孫豹及諸侯之大夫及陳袁僑盟。穀梁傳曰：諸侯盟，又大夫相與私盟，是大夫張也。故雞澤之會，諸侯始失正矣，大夫執國權。又襄公八年曰：季孫宿會晉侯鄭伯齊人宋人衛人邾人于邢丘。穀梁傳曰：見魯之失正也，公在而大夫會也。又襄公十六年曰：三月，公會晉侯宋公衛侯鄭伯曹伯莒子邾婁子薛伯杞伯小邾婁子于溴梁。戊寅，大夫盟。公羊傳曰：諸侯皆在是，其言大夫盟，何？信在大夫也。何言乎信在大夫？偏刺天下之大夫也。曷爲偏刺天下之大夫？君若贅旒然。穀梁傳曰：溴梁之會，諸侯失正矣。諸侯會而曰大夫盟，正在大夫也。諸侯在而不曰諸侯之大夫，大夫不臣也。春秋繁露竹林篇曰：湨梁之盟，信在大夫，而春秋刺之，爲其奪君尊也。

又襄公三十年曰：晉人齊人宋人衞人鄭人曹人莒人邾婁人滕人薛人杞人小邾婁人會于澶淵，宋災故。公羊傳曰：此大事也，曷爲使微者？卿也。卿則其稱人，何？貶。曷爲貶？卿不得憂諸侯也。春秋繁露王道篇曰：大夫盟于澶淵，刺大夫之專政也。

天下有道，則庶人不議。」

說苑君道篇曰：夫勢失則權傾，故天子失道，則諸侯尊矣；諸侯失政，則大夫起矣；大夫失官，則庶人興矣。

國語周語上曰：厲王虐，國人謗王。邵公告曰：「民不堪命矣。」王怒，得衞巫，使監謗者，以告，則殺之。國人莫敢言，道路以目。

左傳襄公三十一年曰：鄭人遊於鄉校以論執政。

孔子曰：「祿之去公室五世矣；政逮於大夫四世矣。

左傳昭公二十五年曰：宋樂祁曰：政在季氏三世矣；杜注云，文子，武子，平子。魯君喪政四公矣。杜注云，宣，成，襄，昭。

又昭公三十二年曰：晉史墨曰：昔成季友有大功於魯，受費以爲上卿。至於文子武子，世增其業，不廢舊績。魯文公薨，而東門遂殺適立庶，魯君於是乎失國。政在季氏，於此君也四公矣。

又宣公十八年曰：公孫歸父以襄仲之立公也，有寵。歸父，襄仲子。欲去三桓以張公室，與公謀而聘于晉，欲以晉人去之。

史記魯世家曰：文公卒，襄仲立宣公。魯由此公室卑，三桓彊。

春秋繁露玉杯篇曰：文公不能服喪，不時奉祭，不以三年，又以喪取，取于大夫以卑宗廟，亂其羣祖以逆先公。小善無一，而大惡四五，故諸侯弗予盟，命大夫弗爲使，是惡惡之徵，不臣之效也。出侮於外，入奪於內，無位之君也。孔子曰：政逮於大夫四世矣，蓋自文公以來之謂也。

漢書劉向傳曰：向上封事曰：夫大臣操權柄，持國政，未有不爲害者也。昔晉有六卿，齊有田崔，衞有孫甯，魯有季孟，常掌國事，世執朝柄。終後田氏取齊，六卿分晉，崔杼弒其君光，孫林父甯殖出其君衎，弒其君剽。季氏八佾舞於庭，三家者以雍徹，並專國政，卒逐昭公。周大夫尹氏筦朝事，濁亂王室，子朝子猛更立，連年乃定。故經曰：「王室亂。」又曰：「尹氏殺王子克。」甚之也。春秋舉成敗錄禍福如此類甚衆，皆陰盛而陽微，下失臣道之所致也。故書曰：「臣之有作威作福，害于而家，凶于而國。」孔子曰：「祿去公室，政逮大夫」，危亡之兆。

樹達按：樂祁史墨皆云魯君失政四公，而孔子云祿去公室五世者，樂祁史墨在昭公時言之。孔子之言，鄭注謂在定公時，時後一公，故多一世，似異而實同也。董生謂四世始文公，與樂祁史墨說異。

故夫三桓之子孫微矣。」

左傳定公五年曰：九月乙亥，陽虎囚季桓子及公父文伯而逐仲梁懷。冬十月丁亥，殺公何藐。又八年曰：陽虎欲去三桓，以季寤更季氏；以叔孫輒更叔孫氏；己更孟氏。冬十月壬辰，將享季氏于蒲圃而殺之。林楚曰：陽虎爲政，魯國服焉，違之，徵死。

孔子曰：「益者三友，損者三友。

說苑雜言篇曰：孔子曰：與善人居，如入蘭芷之室，久而不聞其香，則與之化矣；與惡人居，如入鮑魚之肆，久而不聞其臭，亦與之化矣。

大戴禮記曾子疾病篇曰：是故君子慎其所去就。與君子游，如長日加益而不自知也；與小人游，如履薄冰，每履而下，幾何而不陷乎哉？

墨子所染篇曰：非獨國有染也，士亦有染。其友皆好仁義，淳謹畏令，則家日益，身日安，名日榮，處官得其理矣，則段干木禽子傅說之徒是也；其友皆好矜奮，創作比周，則家日損，身日危，名日辱，處官失其理矣，則子西易牙豎刁之徒是也。詩曰：「必擇所堪，必謹所堪」者，堪與湛同。此之謂也。

後漢書爰延傳曰：延上封事曰：陛下以河南尹鄧萬有龍潛之舊，封爲通侯，恩重公卿，惠豐宗室。加頃引見，與之對博，上下媟黷，有虧尊嚴。臣聞之：帝左右者，所以咨政德也。故周公戒成王曰：「其朋其朋！」言慎所與也。昔宋閔公與彊臣共博，引婦人於側，積此無禮，以致大災。武帝與倖臣李延年韓嫣同卧起，尊爵重賜，情欲無厭，遂生驕淫之心，行不義之事。卒延年被戮，嫣伏其辜。夫愛之則不覺其過，惡之則不知其善，所以事多泛濫，物情生怨。故王者賞人必酬其功，爵人必甄其德。善人同處，則日聞嘉訓；惡人從游，則日生邪情。孔子曰：「益者三友。」

友直，友諒，友多聞，益矣。

漢書谷永杜鄴傳贊曰：孝成之世，委政外家，諸舅持權，重於丁傅在孝哀時。故杜鄴敢譏丁傅，而欽永不敢言王氏，其埶然也。及欽欲挹損鳳權，而鄴附會音商，永陳三七之戒，斯爲忠焉。至其引申伯以阿鳳，隙平阿於車騎，指金火以求合，可謂諒不足而談有餘者。孔子稱「友多聞」，三人近之矣。

友便辟，友善柔，友便佞，損矣。」

漢書佞倖傳曰：漢世衰於元成，壞於哀平。哀平之際，國多釁矣，主疾無嗣，弄臣爲輔，鼎足不彊，棟幹微撓。一朝帝崩，姦臣擅命，董賢縊死，丁傅流放，辜及母后，奪位幽廢。咎在親便嬖，所任非仁賢。故仲尼著「損者三友」，王者不私人以官，殆爲此也。

孔子曰：「益者三樂，損者三樂。

樂節禮樂，

漢書貢禹傳曰：禹奏言，今大夫僭諸侯，諸侯僭天子，天子過天道，其日久矣。承衰救亂，矯復古化，在於陛下。臣愚以爲：盡如太古，難，宜少放古以自節焉。論語曰：「君子樂節禮樂。」

樂道人之善，

禮記中庸篇曰：子曰：舜其大知也與！隱惡而揚善。

荀子不茍篇曰：君子崇人之德，揚人之美，非諂諛也。

樂多賢友，益矣。

中論貴驗篇曰：孔子曰：居而得賢友，福之次也。

孟子萬章下篇曰：孟子謂萬章曰：一鄉之善士，斯友一鄉之善士；一國之善士，斯友一國之善士；天下之善士，斯友天下之善士。以友天下之善士爲未足，又尚論古之人，頌其詩，讀其書，不知其人，可乎？是以論其世也，是尙友也。

樂驕樂，樂佚遊，

書皐陶謨曰：無若丹朱傲，惟慢遊是好。又無逸篇曰：文王不敢盤於遊田，以庶邦惟正之供。周公曰：嗚呼，繼自今嗣王則其無淫于觀，于逸，于遊，于田，以萬民惟正之供。無皇曰：今日耽樂，乃非民攸訓，非天攸若，時人丕則有愆。孟子梁惠王下篇曰：晏子曰：夏諺曰：「吾王不遊，吾何以休？吾王不豫，吾何以助？一遊一豫，爲諸侯度。」今也不然，師行而糧食，飢者弗食，勞者弗息，睊睊胥讒，民乃作慝。方命虐民，飲食若流，流連荒亡，爲諸侯憂。從流下而忘反謂之流，從流上而忘反謂之連，從獸無厭謂之荒，樂酒無厭謂之亡。先王無流連之樂，荒亡之行。

樂宴樂，損矣。」

漢書成帝紀曰：元帝卽位，帝爲太子，壯好經書，寬博謹愼。其後幸酒，樂燕樂，上不以爲能。

孔子曰：「侍於君子有三愆：言未及之而言謂之躁，言及之而不言謂之隱，未見顏色而言謂之瞽。」

荀子勸學篇曰：問楛者勿告也；告楛者勿問也；說楛者勿聽也；有爭氣者勿與辯也。故必由其道至，然後接之；非其道則避之。故禮恭而後可與言道之方，辭順而後可與言道之理，色從而後可與言道之致。故未可與言而言謂之傲，可與言而不言謂之隱，不觀氣色而言謂之瞽。故君子不傲，不隱，不瞽，謹順其序。序今荀子誤作身，據說苑校改。

又曰：故不問而告謂之傲，問一而告二謂之囋。傲非也，囋非也，君子如嚮矣。

國語晉語六曰：鄢之役，荊壓晉軍，軍吏患之。將謀，范匄自公族趨過之，曰：夷竈堙井，非退而何？范文子執戈逐之，曰：「國之存亡，天命也，童子何知焉？且不及而言，姦也，必爲戮。」

孔子曰：「君子有三戒：少之時，血氣未定，戒之在色；

漢書杜欽傳曰：欽說王鳳曰：故后妃有貞淑之行，則胤嗣有賢聖之君；制度有威儀之節，則人君有壽考之福。廢而不由，則女德不厭；女德不厭，則壽命不究於高年。書云：「或四三年，」言失欲之生害也。今聖主富於春秋，未有適嗣，方鄉術入學，未親后妃之議。將軍輔政，宜因始初之隆，建九女之制。詳擇有行義之家，求淑女之質，毋必有色聲音技能，爲萬世大法。夫少戒之在色，小卞之作，可爲寒心。唯將軍常以爲憂。

及其壯也，血氣方剛，戒之在鬬；

荀子榮辱篇曰：鬬者，忘其身者也，忘其親者也，忘其君者也。行其少頃之怒而喪終身之軀，然且爲之，是忘其身也；室家立殘，親戚不免乎刑戮，然且爲之，是忘其親也；君上之所惡也，刑法之所大禁也，然且爲之，是忘其君也。夏（與下同。）忘其身，內忘其親，上忘其君，是刑法之所不舍也，聖王之所不畜也。乳彘觸虎，乳狗不遠遊，不忘其親也；人也夏忘其身，內忘其親，上忘其君，則是人也，而曾狗彘之不若也。凡鬬者必自以爲是，而以人爲非也。己誠是也？人誠非也？則是己君子而人小人也，以君子與小人相賊害也，夏以忘其身，內以忘其親，上以忘其君，豈不過甚矣哉！是人也，所謂以狐父之戈钃牛矢也。將以爲智邪？則愚莫大焉；將以爲利邪？則害莫大焉；將以爲榮邪？則辱莫大焉；將以爲安邪？則危莫大焉。人之有鬬，何哉？我欲屬之狂惑疾病邪？則不可，聖王又誅之。我欲屬之鳥鼠禽獸邪？則不可，其形體又人而好惡多同。人之有鬬，何哉？我甚醜之。

又臣道篇曰：恭敬，禮也；調和，樂也；謹愼，利也；鬬怒，害也。故君子安禮樂，利謹愼，而無鬬怒，是以百舉不過也。小人反是。

及其老也，血氣既衰，戒之在得。」

淮南子詮言篇曰：凡人之性，少則猖狂，壯則彊暴，老則好利。

孔子曰：「君子有三畏：畏天命，

春秋繁露郊語篇曰：人之言，醞去烟；鴟羽去眯；慈石取鐵；頸金取火；蠶珥絲於室而絃絕於堂；禾實於野而粟缺於倉；蕪荑生於燕；橘枳死於荆。此十物者，皆奇而可怪，非人所意也。夫非人所意而然，既已有之矣。或者吉凶禍福利不利之所從生，無有奇怪非人所意如是者乎？此等可畏也。孔子曰：「君子有三畏：畏天命，畏大人，畏聖人之言。」彼豈無傷害於人，如孔子徒畏之哉？如同而。以此見天之不可不畏敬，猶主上之不可不謹事。不謹事主，其禍來至顯；不畏敬天，其殃來至闇。闇者不見其端，若自然也。

畏大人，

春秋繁露楚莊王篇曰：是故於外道而不顯，於內諱而不隱，於尊亦然，於賢亦然。義不訕上，智不危身。故遠者以義諱，近者以智畏。畏與義兼，則世逾近而言逾謹矣。此定哀之所以微其辭。史記十二諸侯年表曰：孔子明王道，干七十餘君，莫能用。故西觀周室，論史記舊文，興于魯而次春秋。上記隱，下至哀之獲麟。約其辭文，去其繁重，以制義法。王道備，人事浹。七十子之徒口受其傳指，爲有所刺譏褒諱挹損之文辭，不可以書見也。漢書藝文志曰：春秋所褒損大人當世有威權勢力，其事實皆形於傳，是以隱其書而不宣，所以免時難也。

畏聖人之言。

春秋繁露郊語篇曰：天地神明之心，與人事成敗之眞，固莫之能見也，唯聖人能見之。聖人者，見人之所不見者也，故聖人之言亦可畏也。

又順命篇曰：孔子曰：「畏天命，畏大人，畏聖人之言。」其祭社稷宗廟山川鬼神不以其道，無災無害，至於祭天不享，其卜不從，使其牛口傷，鼷鼠食其角。或言食牛，或言食而死，或食而生，或不食而自死，或改卜而牛死，或卜而食其角。過有深淺薄厚，而災有簡甚，不可不察也。以此見其可畏。專誅絶者，其唯天乎！臣殺君，子殺父，三十有餘，以此觀之，可畏者其唯天命乎！亡國五十有餘，皆不事畏者也。況不畏大人，大人專誅之，君之滅者何日之有哉？魯宣違聖人之言，變古易常而災立至。聖人之言，可不愼與？此三畏者，異致而同指，故聖人同之，俱言其可畏也。

小人不知天命而不畏也，狎大人，侮聖人之言。」

孔子曰：「生而知之者，上也；學而知之者，次也；困而學之，又其次也；困而不學，民斯爲下矣。」

禮記中庸篇曰：或生而知之，或學而知之，或困而知之，及其知之，一也。

論衡實知篇曰：夫項託年七歲敎孔子。案七歲未入小學而敎孔子，性自知也。孔子曰：「生而知之，上也；學而知之，其次也。」夫言生而知之，不言學問，謂若項託之類也。

孔子曰：「君子有九思：

孟子告子上篇曰：心之官則思，思則得之，不思則不得也。

視思明，聽思聰，色思溫，貌思恭，

書洪範篇曰：二，五事：一曰貌，二曰言，三曰視，四曰聽，五曰思。貌曰恭，言曰從，視曰明，聽曰聰，思曰睿。恭作肅，從作乂，明作哲，聰作謀，睿作聖。

泰伯篇曰：曾子曰：君子所貴乎道者三：動容貌，斯遠暴慢矣；正顏色，斯近信矣；出辭氣，斯遠鄙倍矣。

述而篇曰：子溫而厲。

子張篇曰：子夏曰：君子有三變：望之儼然；卽之也溫；聽其言也厲。

言思忠，事思敬，

衛靈公篇曰：子張問行。子曰：言忠信，行篤敬，雖蠻貊之邦行矣；言不忠信，行不篤敬，雖州里行乎哉？

疑思問，

僞尚書仲虺之誥曰：好問則裕，自用則小。

荀子大略篇曰：迷者不問路，溺者不問遂，亡人好獨。詩曰：「我言維服，勿用爲笑，先民有言，詢于芻蕘。」言博問也。

淮南子主術篇曰：文王智而好問，故聖；武王勇而好問，故勝。

說苑建本篇曰：夫問訊之士，日夜興起，厲中益知，以分別理。是故處身則全，立身不殆。士苟欲深明博察以垂榮名，而不好問訊之道，則是伐智本而塞智原也，何以立軀也？

又說叢篇曰：君子不羞學，不羞問。問訊者，知之本；念慮者，知之道也。此言貴因人知而加知之，不貴獨自用其知而知之。

韓非子說林上篇曰：管仲隰朋從桓公伐孤竹，春往冬反，迷惑失道。管仲曰：「老馬之智可用也。」乃放老馬而隨之，遂得道。行山中，無水。隰朋曰：「蟻冬居山之陽，夏居山之陰，蟻壤寸而有水。」乃掘地，遂得水。以管仲之聖而隰朋之智，至其所不知，不難師於老馬與蟻。今人不知以其愚心而師聖人之智，不亦過乎？

大戴禮記曾子立事篇曰：弗知而不問焉，固也。

忿思難，

大戴禮記曾子立事篇曰：忿怒思患。

後漢書吳祐傳曰：孝子忿必思難，動不累親。

顏淵篇曰：子曰：一朝之忿，忘其身以及其親，非惑與？

易象傳曰：山下有澤，損，君子以懲忿窒欲。

見得思義。」

子張篇曰：子張曰：士見危致命，見得思義，祭思敬，喪思哀，其可已矣。

憲問篇曰：子曰：見利思義，見危授命，久要不忘平生之言，亦可以爲成人矣。

孔子曰：「見善如不及，見不善如探湯；

大戴禮記曾子立事篇曰：見善，恐不得與焉；見不善者，恐其及己也。是故君子疑以終身。

淮南子繆稱篇曰：文王聞善如不及，宿不善如不祥。非爲日不足也，其憂尋推之也。

列女傳節義傳曰：魯秋潔婦者，魯秋胡子妻也，既納之五日，去而宦於陳，五年乃歸。未至家，見路旁婦人採桑，秋胡子悅之，下車謂曰：「若曝採桑，吾行道遠，願託桑蔭下飡，下齎休焉。」婦人採桑不輟。秋胡子謂曰：「力田不如逢豐年，力桑不如見國卿。吾有金，願以與夫人。」婦人曰：「嘻！夫採桑力作，紡績織紝以供衣食，奉二親，養夫子，吾不願金。所願卿無有外意，妾亦無淫泆之志，收子之齎與笥金。」秋胡子遂去。至家，奉金，遺母。使人喚婦至，乃嚮採桑者也。秋胡子慙。婦曰：「子束髮修身，辭親往仕，五年乃還，當欣悅馳驟，揚塵疾至。今也乃悅路旁婦人，下子之裝，以金予之，是忘母不孝。好色淫泆，是汚行也，汚行不義。夫事親不孝，則事君不忠；處家不義，則治官不理。孝義並亡，必不遂矣，妾不忍見。子改娶矣，妾亦不嫁。」遂去而東走，投河而死。君子曰：潔婦精於善。夫不孝莫大於不愛其親而愛其人，秋胡子有之矣。孔子曰：「見善如不及；見不善如探湯。」秋胡子婦之謂也。

後漢書范滂傳曰：王甫詰曰：「君爲人臣，不惟忠國，而共造部黨，自相褒舉，評論朝廷，虛搆無端。諸所謀結，並欲何爲？皆以情對，不得隱飾。」滂對曰：「臣聞仲尼之言：『見善如不及，見惡如探湯，』欲使善善同其清，惡惡同其汙。謂王政之所願聞，不悟更以爲黨。」

吾見其人矣，吾聞其語矣。

隱居以求其志，行義以達其道；

孟子萬章上篇曰：伊尹耕於有莘之野，而樂堯舜之道焉。非其義也，非其道也，祿之以天下，弗顧也；繫馬千駟，弗視也。非其義也，非其道也，一介不以與人，一介不以取諸人。湯使人以幣聘之，囂囂然曰：「我何以湯之聘幣爲哉？我豈若處畎畝之中，由是以樂堯舜之道哉？」湯三使往聘之，繼而幡然改曰：「與我處畎畝之中由是以樂堯舜之道，吾豈若使是君爲堯舜之君哉？吾豈若使是民爲堯舜之民哉？吾豈若於吾身親見之哉？」思天下之民匹夫匹婦有不被堯舜之澤者，若己推而內之溝中，其自任以天下之重如此。故就湯而說之，以伐夏救民。

吾聞其語矣，未見其人也。」

齊景公有馬千駟，死之日，民無德而稱焉。

左傳哀公八年曰：鮑牧謂羣公子曰：使女有馬千乘乎？杜注云：有馬千乘，使爲君也。鮑牧本不欲立陽生，故諷動羣公子。

樹達按：哀公五年，齊景公卒。明年，陳乞弑荼，立陽生。鮑牧所云馬千乘，正景公之所遺也。四馬曰乘，千乘卽千駟矣。

伯夷叔齊餓于首陽之下，民到于今稱之。

史記伯夷傳曰：伯夷叔齊者，孤竹君之二子也。伯夷叔齊聞西伯昌善養老，盍往歸焉。及至，西伯卒，武王東伐紂。伯夷叔齊扣馬而諫曰：「父死不葬，爰及干戈，可謂孝乎？以臣弑君，可謂仁乎？」左右欲兵之。太公曰：「此異人也。」扶而去之。武王已平殷亂，天下宗周，而伯夷叔齊恥之，義不食周粟，隱於首陽山，采薇而食之，遂餓死於首陽山。

「誠不以富，亦祇以異，」其斯之謂與！

樹達按：誠不以富八字本錯簡在卷十二顏淵篇，今從集注說移此。

陳亢問於伯魚曰：「子亦有異聞乎？」對曰：「未也。嘗獨立，鯉趨而過庭，曰：『學詩乎？』對曰：『未也。』『不學詩，無以言。』

子路篇曰：子曰：誦詩三百，授之以政，不達；使於四方，不能專對。雖多，亦奚以爲？

漢書藝文志曰：古者諸侯卿大夫交接鄰國，以微言相感。當揖讓之時，必稱詩以諭其志，蓋以別賢不肖而觀盛衰焉。故孔子曰：「不學詩，無以言也。」

王通中說立命篇曰：夫教之以詩，則出辭氣斯遠暴慢矣。

陽貨篇曰：子謂伯魚曰：女爲周南召南矣乎！人而不爲周南召南，其猶正牆面而立也與！

鯉退而學詩。

他日又獨立，鯉趨而過庭，曰：『學禮乎？』對曰：『未也。』『不學禮，無以立。』

泰伯篇曰：立於禮。

堯曰篇曰：不知禮，無以立也。

說苑建本篇曰：孔子曰：鯉！君子不可以不學，見人不可以不飾。不飾則無根，無根則失理，失理則不忠，不忠則失禮，失禮則不立。

鯉退而學禮。聞斯二者。」

陳亢退而喜曰：問一得三。聞詩，聞禮，又聞君子之遠其子也。

白虎通五行篇曰：君子遠子近孫，何法？法木遠火近土也。

邦君之妻，君稱之曰夫人。

禮記曲禮下篇曰：天子之妃曰后，諸侯曰夫人。

公羊傳隱公二年曰：女，在其國稱女，在塗稱婦，入國稱夫人。

夫人自稱曰小童。

禮記曲禮下篇曰：夫人自稱於其君曰小童。

邦人稱之曰君夫人。

左傳襄公二十六年曰：左師見夫人之步馬者，問之，對曰：「君夫人氏也。」左師曰：「誰爲君夫人？余胡弗知？」圉人歸，以告夫人。夫人使饋之錦與馬，先之以玉。曰：「君之妾棄使某獻。」左師改命曰君夫人，而後再拜稽首受之。

又哀公二年曰：衞侯遊于郊，子南僕。公曰：「余無子，將立女。」不對。他日又謂之，對曰：「郢不足以辱社稷，君其改圖！君夫人在堂，三揖在下，君命祇辱。」

稱諸異邦曰寡小君。

儀禮聘禮記曰：君以社稷故在寡小君，拜。

禮記雜記上篇曰：君，訃於他國之君曰：寡君不祿，敢告於執事。夫人，曰：寡小君不祿。

史記孔子世家曰：靈公夫人有南子者，使人謂孔子曰：四方之君子不辱欲與寡君爲兄弟者，必見寡小君，寡小君願見。

白虎通爵篇曰：婦人無爵，何？陰卑無外事，是以有三從之義：未嫁從父；既嫁從夫；夫死從子。

故夫尊於朝，妻榮于室，隨夫之行。故禮郊特牲曰：「婦人無爵，坐以夫之齒。」禮曰：「生無爵，死無謚。」春秋錄夫人皆有謚，何以知夫人非爵也？論語曰：「邦君之妻，君稱之曰夫人，國人稱之曰君夫人。」卽令是爵，君稱之與國人稱之不當異也。

又嫁娶篇曰：國君之妻稱之曰夫人，何？明當扶進八人，謂八妾也。國人尊之，故稱君夫人也。自稱小童者，謙也，言己智能寡少如童蒙也。論語曰：「國君之妻，君稱之曰夫人；夫人自稱曰小童；國人稱之曰君夫人；稱諸異邦曰寡小君。」謂聘問於兄弟之國及臣於他國稱之，謙之詞也。

異邦人稱之，亦曰君夫人。

論語疏證卷第十七

陽貨篇第十七

陽貨欲見孔子，孔子不見，歸孔子豚。孔子時其亡也而往拜之。

孟子滕文公下篇曰：公孫丑問曰：「不見諸侯，何義？」孟子曰：「古者不爲臣不見。段干木踰垣而辟之，泄柳閉門而不內。是皆已甚，迫，斯可以見矣。陽貨欲見孔子，而惡無禮。大夫有賜於士，不得受於其家，則往拜其門。陽貨瞰孔子之亡也，而饋孔子蒸豚。孔子亦瞰其亡也，而往拜之。當是時，陽貨先，豈得不見！」

法言五百篇曰：或問：「聖人有詘乎？」曰：「有。」「焉詘乎？」曰：「仲尼於南子，所不欲見也；於陽虎，所不欲敬也。見所不見，敬所不敬，不詘如何？」

遇諸塗。謂孔子曰：「來！予與爾言。」曰：「懷其寶而迷其邦，可謂仁乎？」曰：「不可。」「好從事而亟失時，可謂知乎？」曰：「不可。」「日月逝矣，歲不我與。」孔子曰：「諾！吾將仕矣。」

韓詩外傳卷一曰：懷其寶而迷其國者，不可與語仁。

子曰：「性相近也，習相遠也。」

孟子告子上篇曰：故凡同類者，舉相似也，何獨至於人而疑之？聖人與我同類者。

大戴禮記保傅篇曰：孔子曰：少成若天性，習貫之爲常。

荀子性惡篇曰：天非私曾騫孝已而外衆人也，然而曾騫孝已獨厚於孝之實，而全於孝之名者，何也？以綦於禮義故也。天非私齊魯之民而外秦人也，然而秦人於父子之義夫婦之別，不如齊魯之孝共敬文者，何也？以秦人之從情性，安恣睢，慢於禮義故也。豈其性異矣哉！

又曰：夫人雖有性質美而心辯知，必將求賢師而事之，擇良友而友之。得賢師而事之，則所聞者堯舜禹湯之道也；得良友而友之，則所見者忠信敬讓之行也；身日進於仁義而不自知也者，靡使然也。今與不善人處，則所聞者欺誣詐僞也，所見者汙漫淫邪貪利之行也。身且加於刑戮而不自知者，靡使然也。傳曰：「不知其子，視其友；不知其君，視其左右。」靡而已矣！靡而已矣！

列女傳辯通篇曰：齊閔王曰：「夫飾與不飾，固相去十百也？」女曰：「夫飾與不飾，相去千萬尙不足言，何獨十百也！」王曰：「何以言之？」對曰：「性相近，習相遠也。昔者堯舜桀紂俱天子也，堯舜自飾以仁義，雖爲天子，安於節儉，茅茨不翦，采椽不斲，後宮衣不重采，食不重味。至今數千歲，天下歸善焉。桀紂不自飾以仁義，習爲苛文，造爲高臺深池，後宮蹈綺縠，弄珠玉，意非有饜時也，身死國亡，爲天下笑，至今千餘歲，天下歸惡焉。由是觀之，飾與不飾，相去千萬，尙不足言，何獨十百也！」

漢書賈誼傳曰：誼上疏曰：夫習與正人居之不能毋正，猶生長於齊不能不齊言也；習與不正人居之不能毋不正，猶生長於楚之地不能不楚言也。故擇其所耆，必先受業乃得嘗之；擇其所樂，必先有習乃得爲之。孔子曰：「少成若天性，習貫如自然。」夫胡粵之人，生而同聲，耆欲不異。及其長而成俗，累數譯而不能相通，雖死而不相爲者，則敎習然也。

淮南子繆稱篇曰：夫素之質白，染之以涅則黑；縑之性黃，染之以丹則赤。人之性無邪，久湛於俗則易；易而忘本，合於若性。故日月欲明，浮雲蓋之；河水欲清，沙石濊之；人性欲平，嗜欲害之。惟聖人能遺物而反己。

漢書刑法志曰：風俗移人，人性相近而習相遠，信矣。

後漢書班彪傳曰：時東宮初建，諸王國並開，而官屬未備，師保多缺。彪上言曰：孔子稱「性相近，習相遠也。」賈誼以爲：「習與善人居，不能無爲善，猶生長於齊不能無齊言也；習與惡人居，不能無爲惡，猶生長於楚不能無楚言也。」是以聖人審所與居而戒愼所習。昔成王之爲孺子，出則周公召公太公史佚，入則太顚閎夭南宮括散宜生，左右前後，禮無違者。故成王一日卽位，天下曠然太平。是以春秋愛子，敎以義方，不納於邪；驕奢淫佚，所自邪也。詩云：「詒厥孫謀，以燕翼子。」言武王之謀遺子孫矣。

又黨錮傳曰：孔子曰：「性相近也，習相遠也。」言嗜惡之本同，而遷染之塗異也。夫刻意則行不肆；牽物則其志流。是以聖人導人理性，裁抑宕佚，愼其所與，節其所偏。雖情品萬區，質文異數，至於陶物振俗，其道一也。

子曰：「唯上知與下愚不移。」

漢書古今人表曰：孔子曰：「中人以上，可以語上也。」「唯上智與下愚不移。」傳曰：譬如堯舜，禹稷卨與之爲善，則行；鯀讙兜欲與爲惡，則誅：可與爲善，不可與爲惡，是謂上智。桀紂，龍逢比干欲與之爲善，則誅；干莘崇侯與之爲惡則行：可與爲惡，不可與爲善，是謂下愚。齊桓公，管仲相之則霸，豎貂輔之則亂：可與爲善，可與爲惡，是謂中人。說本賈子新書連語篇，彼作上主中主下主爲異。

論衡本性篇曰：孔子曰：「性相近也，習相遠也。」夫中人之性，在所習焉：習善而爲善，習惡而爲惡也。至於極善極惡，非復在習。故孔子曰：「惟上智與下愚不移。」性有善不善，聖化賢教不能復移易也。

國語晉語四曰：文公問於胥臣曰：「吾欲使陽處父傅讙也而教誨之，其能善之乎？」對曰：「是在讙也。蘧蒢不可使俯，戚施不可使仰，僬僥不可使舉，侏儒不可使援，矇瞍不可使視，嚚瘖不可使言，聾聵不可使聽，童昏不可使謀。質將善而賢良贊之，則濟可俟；若有違質，教將不入，其何善之有？」

又楚語上曰：楚王使士亹傅太子箴。辭曰：「臣不才，無能益焉。」王曰：「賴子之善之也。」對曰：「夫善在太子。太子欲善，善人將至；若不欲善，善則不用。故堯有丹朱，舜有商均，啓有五觀，湯有太甲，文王有管蔡。是五王者，皆以元德也，而有姦子。夫豈不欲其善？不能故也。」

子之武城，

雍也篇曰：子游爲武城宰。

聞絃歌之聲。

禮記文王世子篇曰：春誦，夏絃，大師詔之。鄭注云：誦謂歌樂也。絃謂以絲播詩。

夫子莞爾笑曰：「割鷄焉用牛刀？」子游對曰：「昔者偃也聞諸夫子曰：君子學道則愛人；小人學道則易使也。」子曰：「二三子！偃之言是也，前言戲之耳。」

公山弗擾以費畔，召，子欲往。子路不說，曰：「末之也已，何必公山氏之之也！」子曰：「夫召我者而豈徒哉？如有用我者，吾其爲東周乎！」

史記孔子世家曰：定公九年，孔子年五十，公山不狃以費畔季氏，使人召孔子。孔子循道彌久，溫溫無所試，莫能己用。曰：「蓋周文武起豐鎬而王，今費雖小，倘庶幾乎！」欲往，子路不說，止孔子。孔子曰：「夫召我者，豈徒哉？如用我，其爲東周乎！」然亦卒不行。

鹽鐵論褒賢篇曰：孔子曰：「如有用我者，吾其爲東周乎！」庶幾成湯文武之功，爲百姓除殘去賊，豈貪祿位哉！

說苑至公篇曰：孔子生於亂世，莫之能容也。故言行於君，澤加於民，然後仕；言不行於君，澤不加於民則處。孔子懷天覆之心，挾仁聖之德，憫時俗之汙泥，傷紀綱之廢壞。服重歷遠，周流應聘。乃俟幸施道以子百姓，而當世諸侯莫能任用。是以德積而不肆，大道屈而不伸，海內不蒙其化，羣生不被其恩。故喟然歎曰：「而有用我者，則吾其爲東周乎！」故孔子行說，非欲私身運德於一城，將欲舒之於天下，而建之於羣生者耳。

論衡問孔篇曰：公山弗擾以費畔，召，子欲往。子路曰：「末如也已，何必公山氏之之也！」子曰：「夫召我者，而豈徒哉？如用我，吾其爲東周乎！」爲東周，欲行道也。

子張問仁於孔子，孔子曰：「能行五者於天下，爲仁矣。」「請問之？」曰：「恭、寬、信、敏、惠。恭則不侮。

左傳昭公七年曰：及正考父佐戴武宣，三命滋益共。故其鼎銘云：「一命而僂，再命而傴，三命而俯，循牆而走，亦莫余敢侮。饘於是，鬻於是，以餬余口。」其共也如是。

樹達按：共與恭同。

孟子離婁上篇曰：恭者不侮人。

樹達按：恭則不侮，不侮謂不見侮也。恭者不侮人，則亦不見侮於人矣。

寬則得衆。

呂氏春秋愛士篇曰：昔者秦繆公乘馬而車爲敗，右服失而野人取之，繆公自往求之，見野人方將食之於岐山之陽。繆公歎曰：「食駿馬之肉而不還飲酒，余恐其傷女也。」於是徧飲而去。處一年，爲韓原之戰，晉人已環繆公之車矣。晉梁由靡已扣繆公之左驂矣。晉惠公之右路石奮投而擊繆公之甲，中之者已三札矣。野人之嘗食馬肉於岐山之陽者三百有餘人，畢力爲繆公疾鬭於車下，遂大克晉，反獲惠公以歸。此詩之所謂君君子則正以行其德，君賤人則寬以盡其力者也。人主其胡可以無務行德愛人乎？行德愛人，則民親其上；民親其上，則皆樂爲其君死矣。

說苑尊賢篇曰：田忌去齊奔楚，楚王郊迎。至舍，問曰：「楚，萬乘之國也；齊，亦萬乘之國也。常欲相幷，爲之奈何？」對曰：「易知耳。齊使申孺將，則楚發五萬人，使上將軍將之，至，禽將軍首而反耳。齊使田居將，則楚發二十萬人，使上將軍將之，分別而相去也。齊使眄子將，楚發四封之內，王自出將，而忌從，相國上將軍爲左右司馬，如是則王僅得存耳。」於是齊使申孺將，楚發五萬人使上將軍將之。至，禽將軍首反。於是齊王忿然，乃更使眄子將。楚悉發四封之內，王自出將，田忌從，相國上將軍爲左右司馬，益王車屬九乘，僅得免耳。至舍，王北面，正領齊袪，問曰：「先生何知之早也？」田忌曰：「申孺爲人，侮賢者而輕不肖者，賢不肖者俱不爲用，是以亡也。田居爲人，尊賢者而賤不肖者，賢者負任，不肖者退，是以分別而相去也。眄子爲人，尊賢者而愛不肖者，賢不肖俱負任，是以王僅得存耳。

後漢書王昌劉永等傳論曰：傳稱：「盛德必百世祀。」孔子曰：「寬則得衆，」夫能得衆心，則百世不忘矣。觀更始之際，劉氏之遺恩餘烈，英雄豈能抗之哉？然則知高祖孝文之寬仁結於人心深矣。周人之思召公，愛其甘棠，又況其子孫哉？劉氏之再受命，蓋以此乎！

又班固傳曰：固性寬和容衆，不以才能高人，諸儒以此慕之。

信則人任焉。

左傳哀公十四年曰：小邾射以句繹來奔。曰：「使季路要我，吾無盟矣。」使子路，子路辭。季康子使冉有謂之曰：「千乘之國，不信其盟，而信子之言，子何辱焉？」

韓非子說林下篇曰：齊伐魯，索讒鼎，魯以其雁往。齊人曰：「雁也。」魯人曰：「眞也。」齊曰：「使樂正子春來，吾將聽子。」魯君請樂正子春。樂正子曰：「胡不以其眞往也？」君曰：「我愛之。」答曰：「臣亦愛臣之信。」新序節士篇曰：齊攻魯，求岑鼎。魯君載岑鼎往，齊侯不信而反之，以爲非也。使人告魯君：「柳下惠以爲是，因請受之。」魯君請於柳下惠。柳下惠對曰：「君之欲以爲岑鼎也，以免國也。臣亦有國於此，破臣之國以免君之國，此臣所難也。」魯君乃以眞岑鼎往。柳下惠可謂守信矣，非獨存己之國也，又存魯君之國，信之於人重矣！

史記項羽紀曰：陳嬰者，故東陽令史，居縣中，素信謹，稱爲長者。東陽少年殺其令，相聚數千人，欲置長，無適用，乃請陳嬰，嬰謝不能，遂彊立嬰爲長。

後漢書來歙傳曰：時山東略定，帝謀西收隗囂兵，與俱伐蜀。復使歙諭旨，囂將王元說囂，多設疑故，久宂豫不決。歙素剛毅，遂發憤質責囂，欲前刺囂。囂起，入部勒兵，將殺歙。王元勸囂殺歙，使牛邯將兵圍守之。歙爲人有信義，言行不違，及往來游說，皆可案覆，西州士大夫皆信重之，多爲其言，故得免而東歸。

敏則有功。

左傳宣公十一年曰：楚令尹蔿艾獵城沂，使封人慮事，以授司徒，量功命日，分財用，平板榦，稱畚築，程土物，議遠邇，略基趾，具餱糧，度有司。事三旬而成，不愆于素。

惠則足以使人。」

書皋陶謨曰：安民則惠，黎民懷之。

尹文子曰：祿薄者不可與經亂，賞輕者不可與入難，處上者不可不愼也。

左傳宣公二年曰：秋九月，晉侯飲趙盾酒，伏甲，將攻之。其右提彌明知之，趨登，曰：「臣侍君宴，過三爵，非禮也。」遂扶以下。公嗾夫獒焉，明搏而殺之。盾曰：「棄人用犬，雖猛何爲？」鬬且出，提彌明死之。初，宣子田於首山，舍于翳桑，見靈輒餓。問其病，曰：「不食三日矣。」食之，舍其半。問之，曰：「宦三年矣，未知母之存否，今近焉，請以遺之。」使盡之，而爲之簞食與肉，寘諸橐以與之。既而與爲公介，倒戟以禦公徒而免之。問何故？對曰：「翳桑之餓人也。」問其名居，不告而退，遂自亡也。

後漢書劉盆子傳曰：琅邪海曲有呂母者，子爲縣吏，犯小罪，宰論殺之。呂母怨宰，密聚客，規以報仇。母家素豐，貲產數百萬，乃益釀醇酒，買刀劍衣服。少年來酤者，皆賒與之；視其乏者，輒假衣裳，不問多少。數年，財用稍盡，少年欲相與償之。呂母垂泣曰：「所以厚諸君者，非欲求利，徒以縣宰不道，枉殺吾子，欲爲報怨耳。諸君寧肯哀之乎？」少年壯其意，又素受恩，皆許諾。遂相聚，得數十百人，因與呂母入海中，招合亡命，衆至數千。呂母自稱將軍，引兵還，攻破海曲，執縣宰，斬之，以其首祭子冢，復還海中。

佛肸召，子欲往。子路曰：「昔者由也聞諸夫子曰：親於其身爲不善者，君子不入也。佛肸以中牟叛，子之往也，如之何？」

後漢書獨行李業傳曰：及公孫述僭號，素聞業賢，徵之，欲以爲博士，業固疾不起。數年，述羞不致之，乃使大鴻臚尹融持毒酒奉詔命以劫業。若起，則受公侯之位；不起，賜之以藥。融譬旨，業歎曰：「危國不入，亂國不居，親於其身爲不善者，義所不從。君子見危授命，何乃誘以高位重餌哉！」遂飲毒而死。

子曰：「然，有是言也。不曰堅乎，磨而不磷；不曰白乎，涅而不淄。吾豈匏瓜也哉！焉能繫而不食。」

史記孔子世家曰：佛肸爲中牟宰，趙簡子攻范中行，伐中牟，佛肸畔，使人召孔子。孔子欲往。子路曰：「由聞諸夫子，其身親爲不善者，君子不入也。今佛肸親以中牟畔，子欲往，如之何？」孔子曰：「有是言也，不曰堅乎，磨而不磷；不曰白乎，涅而不緇；我豈匏瓜也哉！焉能繫而不食。」

子曰：「由也！女聞六言六蔽矣乎？」對曰：「未也。」「居！吾語女：好仁不好學，其蔽也愚。

好知不好學，其蔽也蕩。

漢紀六高后紀曰：荀悅曰：今人見有不移者，因曰人事無所能移；見有可移者，因曰無天命；見天人之殊遠者，因曰事不相干；知神氣流通者，人共事而同業。此皆守其一端而不究終始。易曰：「有天道焉；有地道焉；有人道焉。」言其異也。「兼三才而兩之」，言其同也。故天人之道，有同有異。據其所以異而責其所以同，則成矣；守其所以同而求其所以異，則弊矣。孔子曰：「好知不好學，其弊也蕩。」末俗見其紛亂，事變乖錯，則異心橫出，而失其所以守，於是放蕩反道之論生，而誣神非聖之義作。

好信不好學，其蔽也賊。

呂氏春秋當務篇曰：楚有直躬者，其父竊羊而謁之上，上執而將誅之，直躬者請代之。將誅矣，告吏曰：「父竊羊而謁之，不亦信乎？父誅而代之，不亦孝乎？信且孝而誅之，國將有不誅者乎？」荆王聞之，乃不誅也。孔子聞之，曰：「異哉直躬之爲信也，一父而載取名焉。」故直躬之信不若無信。

後漢書劉平傳曰：劉平本名曠，更始時，天下亂，與母俱匿野澤中。平朝去求食，逢餓賊，將烹之。平叩頭曰：「今旦爲老母求菜，老母待曠爲命。願得先歸，食母畢，還就死。」因涕泣。賊見其至誠，哀而遣之。平還，既食母訖，因白曰：「屬與賊期，義不可欺。」遂還詣賊，衆皆大驚。相謂曰：「嘗聞烈士，乃今見之。子去矣！吾不忍食子。」於是得全。

好直不好學，其蔽也絞。

泰伯篇曰：子曰：直而無禮則絞。

好勇不好學，其蔽也亂。

泰伯篇曰：子曰：勇而無禮則亂。

本篇曰：子路曰：「君子尙勇乎？」子曰：「君子義以爲上。君子有勇而無義爲亂；小人有勇而無義爲盜。」

呂氏春秋當務篇曰：齊之好勇者，其一人居東郭，其一人居西郭，卒然相遇於塗，曰：「姑相飲乎？」觴數行，曰：「姑求肉乎？」一人曰：「子，肉也；我，肉也。尙胡革而求肉爲？於是具染而已。」因抽刀而相啖，至死而止。勇若此，不若無勇。

好剛不好學，其蔽也狂。」

左傳文公五年曰：晉陽處父聘于衞，反過甯，甯嬴從之，及溫而還。其妻問之，曰：以剛。商書曰：「沈漸剛克，高明柔克，」夫子壹之，其不沒乎！天爲剛德，猶不干時，況在人乎？且華而不實，怨之所聚也。犯而聚怨，不可以定身。余懼不獲其利而離其難，是以去之。六年曰：晉蒐于夷，舍二軍。使狐射姑將中軍，趙盾佐之。陽處父至自溫，改蒐于董，易中軍。陽子，成季之屬也，故黨於趙氏，且謂趙盾能。曰：「使能，國之利也，」是以上之。宣子於是乎始爲國政。賈季怨陽子之易其班也，賈季卽狐射姑。而知其無援於晉也。九月，賈季使續鞠居殺陽處父。書曰「晉殺其大夫，」侵官也。

子曰：「小子！何莫學夫詩？詩，可以興，

泰伯篇曰：子曰：興於詩。

說苑奉使篇曰：魏文侯封太子擊於中山，三年，使不往來。舍人趙倉唐進稱曰：「爲人子，三年不聞父問，不可謂孝；爲人父，三年不問子，不可謂慈。君何不遣人使大國乎？」太子曰：「願之久矣，未得可使者。」倉唐曰：「臣願奉使。侯何嗜好？」太子曰：「侯嗜晨鳧，好北犬。」於是乃遣倉唐緤北犬，奉晨鳧，獻於文侯。倉唐至，上謁，文侯悅，曰：「擊愛我，知吾所嗜，知吾所好。」召倉唐而見之，曰：「子之君無恙乎？」倉唐曰：「臣來時，拜送君於庭。」文侯曰：「子之君何業？」倉唐曰：「業詩。」文侯曰：「於詩何好？」倉唐曰：「好晨風黍離。」文侯自讀晨風曰：「鴥彼晨風，鬱彼北林，未見君子，憂心欽欽，如何如何？忘我實多。」文侯曰：「子之君以我忘之乎？」倉唐曰：「不敢，時思耳。」文侯復讀黍離曰：「彼黍離離，彼稷之苗。行邁靡靡，中心搖搖。知我者謂我心憂，不知我者謂我何求。

悠悠蒼天，此何人哉？」文侯曰：「子之君怨乎？」倉唐曰：「不敢，時思耳。」文侯於是遣倉唐賜太子衣一襲，勑倉唐以鷄鳴時至。太子起，拜受賜，發篋視衣，盡顛倒。太子曰：「趣早駕！君侯召擊也。」倉唐曰：「臣來時不受命。」太子曰：「詩曰：東方未明，顛倒衣裳，顛之倒之，自公召之。」遂西。至，謁，文侯大喜，乃出少子摯封中山而復太子擊。

後漢書周磐傳曰：磐居貧養母，儉薄不充。嘗誦詩至汝墳之卒章，乃解韋帶，就孝廉之舉。汝墳卒章云，魴魚頳尾，王室如燬，雖則如燬，父母孔邇。

可以觀，

左傳襄公二十九年曰：吳公子札來聘，請觀於周樂，使工爲之歌周南召南，曰：「美哉！始基之矣，猶未也，然勤而不怨矣。」爲之歌邶鄘衞，曰：「美哉！淵乎！憂而不困者也。吾聞衞康叔武公之德如是，是其衞風乎！」爲之歌王，曰：「美哉！思而不懼，其周之東乎！」爲之歌鄭，曰：「美哉！其細已甚，民弗堪也，是其先亡乎！」爲之歌齊，曰：「美哉！泱泱乎！大風也哉！表東海者其太公乎。國未可量也。」爲之歌豳，曰：「美哉！蕩乎！樂而不淫，其周公之東乎。」曰：「此之謂夏聲。夫能夏則大，大之至也，其周之舊乎。」爲之歌魏，曰：「美哉！渢渢乎！大而婉，險而易行，以德輔此，則明主也。」爲之歌唐，曰：「思深哉！其有陶唐氏之遺民乎。不然，何憂之遠也？非令德之後，誰能若是？」爲之歌陳，曰：「國無主，其能久乎？」自鄶以下無譏焉。爲之歌小雅，曰：「美哉！思而不貳，怨而不言，其周德之衰乎！猶有先王之遺民焉。」爲之歌大雅，曰：「廣哉！熙熙乎！曲而有直體，其文王之德乎！」爲之歌頌，曰：「至矣哉！直而不倨，曲而不屈，邇而不偪，遠而不攜，遷而不淫，復而不厭，哀而不愁，樂而不荒，用而不匱，廣而不宣，施而不費，取而不貪，處而不底，行而不流。五聲和，八風平；節有度，守有序：盛德之所同也。

又襄公二十七年曰：鄭伯享趙孟于垂隴，子展，伯有，子西，子產，子大叔，二子石從。趙孟曰：「七子從君，以寵武也。請皆賦以卒君貺，武亦以觀七子之志。」子展賦草蟲，趙孟曰：「善哉！民之主也，抑武也不足以當之。」伯有賦鶉之賁賁，趙孟曰：「牀笫之言不踰閾，況在野乎？非使人之所得聞也。」子西賦黍苗之四章，趙孟曰：「寡君在，武何能焉？」子產賦隰桑，趙孟曰：「武請受其卒章。」子大叔賦野有蔓草，趙孟曰：「吾子之惠也。」印段賦蟋蟀，趙孟曰：「善哉！保家之主也，吾有望矣。」公孫段賦桑扈，趙孟曰：「匪交匪敖，福將焉往？若保是言也，欲辭福祿，得乎？」卒享，文子告叔向曰：「伯有將爲戮矣。詩以言志，志誣其上，而公怨之以爲賓榮，其能久乎？幸而後亡。」叔向曰：「然。已侈。所謂不及五稔者，夫子之謂矣。」文子曰：「其餘皆數世之主也，子展其後亡者也，在上不忘降，印氏其次也，樂而不荒。樂以安民，不淫以使之，後亡，不亦可乎！」

可以羣，

樹達按：春秋時朝聘宴享動必賦詩，所謂可以羣也。

可以怨。

孟子告子下篇曰：公孫丑問曰：「高子曰：小弁，小人之詩也。」孟子曰：「何以言之？」曰：「怨。」曰：

「固哉高叟之爲詩也！有人於此，越人關弓而射之，則己談笑而道之。無他，疏之也。其兄關弓而射之，則己垂涕泣而道之。無他，戚之也。小弁之怨，親親也。親親，仁也。固矣夫高叟之爲詩也！」曰：「凱風何以不怨？」曰：「凱風，親之過小者也；小弁，親之過大者也。親之過大而不怨，是愈疏也；親之過小而怨，是不可磯也。愈疏，不孝也；不可磯，亦不孝也。孔子曰：舜其至孝矣，五十而慕。」

史記屈原傳曰：小雅怨誹而不亂。

邇之事父，遠之事君；

詩關雎序曰：故正得失，動天地，感鬼神，莫近於詩。先王以是經夫婦，成孝敬，厚人倫，美教化，移風俗。故詩有六義焉：一曰風，上以風化下，下以風刺上。主文而譎諫，言之者無罪，聞之者足以戒，故曰風。

多識於鳥獸草木之名。」

子謂伯魚曰：「女爲周南召南矣乎？人而不爲周南召南，其猶正牆面而立也與！」

詩關雎序曰：然則關雎麟趾之化，王者之風，故繫之周公。南，言化自北而南也。鵲巢騶虞之德，諸侯之風也，先王之所以教，故繫之召公。周南召南，正始之道，王化之基。

子曰：「禮云禮云，玉帛云乎哉？樂云樂云，鐘鼓云乎哉？」

禮記樂記篇曰：樂者，非謂黃鐘大呂絃歌干揚也，樂之末節也，故童者舞之；鋪筵席，陳尊俎，列籩豆，以升降爲禮者，禮之末節也，故有司掌之。

又仲尼燕居篇曰：子張問政？子曰：「師乎前！吾語女乎。君子明於禮樂，舉而錯之而已。」子張復問。子曰：「師。爾以爲必鋪几筵，升降酌獻酬酢，然後謂之禮乎？爾以爲必行綴兆，興羽籥，作鐘鼓，然後謂之樂乎？言而履之，禮也；行而樂之，樂也。」

荀子大略篇曰：聘禮志曰：幣厚則傷德，財侈則殄禮。禮云禮云，玉帛云乎哉？

春秋繁露玉杯篇曰：禮之所重者在其志。志敬而節具，則君子予之知禮；志和而音雅，則君子予之知樂；志哀而居約，則君子予之知喪。志爲質，物爲文，文著於質。質不居文，文安施質？質文兩備，然後其禮成。俱不能備而偏行之，寧有質而無文。雖弗予能禮，尙少善之，「介葛盧來」是也。有文無質，非直不予，乃少惡之，謂「州公寔來」是也。然則春秋之序道也，先質而後文，右志而左物。故曰：「禮云禮云，玉帛云乎哉？」推而前之，亦宜曰：「朝云朝云，辭令云乎哉？」「樂云樂云，鐘鼓云乎哉？」引而後之，亦宜曰：「喪云喪云，衣服云乎哉？」是故孔子立新王之道，明其貴志以反和，見其好誠以滅僞。其有繼周之弊，故若此也。

漢書禮樂志曰：樂以治內而爲同，禮以修外而爲異。同則和親，異則畏敬。和親則無怨，畏敬則不爭。揖讓而天下治者，禮樂之謂也。二者並行，合爲一體。畏敬之意難見，則著之於享獻辭受登降跪拜；和親之說難形，則發之於詩歌詠言鐘石筦絃。蓋嘉其敬意而不及其財賄，美其歡心而不流其聲音。故孔子曰：「禮云禮云，玉帛云乎哉？樂云樂云，鐘鼓云乎哉？」此禮樂之本也。

子曰：「色厲而內荏，譬諸小人，其猶穿窬之盜也與！」

說苑脩文篇曰：公孟子高見顓孫子莫曰：「敢問君子之禮何如？」顓孫子莫曰：「去爾外厲與爾內色勝而心自取之，去三者而可矣。」公孟不知，以告曾子。曾子愀然逡巡曰：「大哉言乎！夫外厲者必內折；色勝而心自取之者，必爲人役。」

子曰：「鄉原，德之賊也。」

孟子盡心下篇曰：孔子曰：「過我門而不入我室，我不憾焉者，其惟鄉原乎！鄉原，德之賊也。」曰：「何如斯可謂之鄉原矣？」曰：「『何以是嘐嘐也？言不顧行，行不顧言，則曰：古之人，古之人。行何爲踽踽涼涼？生斯世也，爲斯世也，善斯可矣。』閹然媚於世也者，是鄉原也。」萬章曰：「一鄉皆稱原人焉，無所往而不爲原人，孔子以爲德之賊，何哉？」曰：「非之無舉也，刺之無刺也。同乎流俗，合乎汚世。居之似忠信，行之似廉潔。衆皆悅之，自以爲是，而不可與入堯舜之道。故曰德之賊也。」

子曰：「道聽而塗說，德之棄也。」

子曰：「鄙夫可與事君也與哉？其未得之也，患得之。

鹽鐵論論誹篇曰：君子疾鄙夫之不可與事君，患其聽從而無所不至也。

後漢書翟酺傳曰：時尚書有缺，詔將大夫六百石以上試對政事天文道術，以高第者補之。酺自恃能高，而忌故太史令孫懿，恐其先用，乃往候懿。既坐，言無所及，唯涕泣流連。懿怪而問之，酺曰：「圖書有漢賊孫登，將以才智爲中官所害。觀君表相，似當應之。酺受恩接，悽愴君之禍耳。」懿憂懼，移病不試。由是酺對第一，拜尙書。

既得之，患失之。

荀子子道篇曰：孔子曰：君子，其未得也，則樂其意；既已得之，又樂其治。是以有終身之樂，無一日之憂。小人者，其未得也，則憂不得；既已得之，又恐失之。是以有終身之憂，無一日之樂也。

苟患失之，無所不至矣。」

漢書翟方進傳曰：初，陳咸最先進，自元帝初爲御史中丞，顯名朝廷矣。成帝初卽位，擢爲部刺史，歷楚國北海東郡太守。陽朔中，京兆尹王章譏切大臣，薦咸可御史大夫。是時方進甫從博士爲刺史云。後方進爲京兆尹，咸從南陽太守入爲少府，與方進厚善。先是逢信已從高弟郡守歷京兆大僕，爲衞尉矣，官簿皆在方進之右。及御史大夫缺，三人皆名卿，俱在選中，而方進得之。會丞相薛宣有事與方進相連，上使五二千石雜問丞相御史。咸詰責方進，冀得其處，方進心恨。方進新爲丞相，陳咸內懼不安。居亡何，方進奏：「咸與逢信邪枉貪汙，營私多欲，皆知陳湯姦佞傾覆，利口不軌，而親交賂遺以求薦舉。後爲少府，數饋遺湯。信咸幸得備九卿，不思盡忠正身，內自知行辟無功效，而官媚邪臣，欲以徼幸，茍得無恥。孔子曰：『鄙夫可與事君也與哉？』咸信之謂也。過惡暴見，不宜處位，臣請免以示天下。」奏可。後二歲餘，詔舉方正直言之士，紅陽侯立舉咸，對策，拜爲光祿大夫，給事中。方進復奏：「咸前爲九卿，坐爲貪邪免，不當蒙方正舉，備內朝臣。」有詔免咸。

樹達按：陳咸逢信本應御史大夫之選，咸又詰責方進，故方進於咸信攻之不遺餘力如此。蓋方進斥陳咸爲鄙夫，實則方進自身爲一患得患失之鄙夫也。此第舉其一節，讀者取漢書本傳觀之可也。

又張禹傳曰：「禹年老，自治冢塋，好平陵肥牛亭部處地，奏請求之，上以賜禹。曲陽侯根聞而爭之。根雖爲舅，上敬重之不如禹，卒以肥牛亭地賜禹。根由是害禹寵，數毀惡之。禹雖家居，以特進爲天子師，國家每有大政，必與定議。永始元延之間，日食地震尤數。吏民多上書言，災異之應，王氏專政所致。上懼變異數見，意頗然之，未有以明見。乃車駕至禹第，辟左右，親問禹以天變，因用吏民所言王氏事示禹。禹自見年老，子孫弱，又與曲陽侯不平，恐爲所怨。謂上曰：『春秋二百四十二年閒，日食三十餘，地震五十六。或爲諸侯相殺，或夷狄侵中國。災異之變，深遠難見，故聖人罕言命，不語怪神。性與天道，自子貢之屬不得聞，何況淺見鄙儒之所言！陛下宜修政事，以善應之。新學小生，亂道誤人，宜無信用，以經術斷之。」上雅信愛禹，由此不疑王氏。後曲陽侯根及諸王子弟聞知禹言，皆喜說，遂親就禹。又朱雲傳曰：雲上書求見，公卿在前。雲曰：「今朝廷大臣，上不能匡主，下無以益民，皆尸位素餐，孔子所謂『鄙夫不可與事君，苟患失之，無所不至者也。』臣願賜尚方斬馬劍斷佞臣一人頭以厲其餘。」上問：「誰也？」對曰：「安昌侯張禹。」

子曰：「古者民有三疾，今也或是之亡也。古之狂也肆，今之狂也蕩；

後漢書李雲傳曰：桓帝延熹二年，誅大將軍梁冀，而中常侍單超等五人皆以誅冀功並封列侯，專權選舉。雲素剛，憂國將危，心不能忍。乃露布上書，移副三府，曰：「舉厝至重，不可不慎。班功行賞，宜應其實。梁冀雖持權專擅，虐流天下，今以罪行誅，猶召家臣搤殺之耳。而猥封謀臣萬戶以上。孔子曰：『帝者，諦也。』今官位錯亂，小人諂進，財貨公行，政化日損，是帝欲不諦乎？」帝得奏，震怒，逮雲送黃門北寺獄，死獄中。論曰：「李雲草茅之生，不識失身之義，遂乃露布帝者，班檄三公，至於誅死而不顧，斯豈古之狂也！」

古之矜也廉，今之矜也忿戾；古之愚也直，今之愚也詐而已矣。」

子曰：「巧言令色，鮮矣仁。」

證見卷一學而篇。

子曰：「惡紫之奪朱也；惡鄭聲之亂雅樂也；惡利口之覆邦家者。」

孟子盡心下篇曰：孔子曰：「惡似而非者：惡莠，恐其亂苗也；惡佞，恐其亂義也；惡利口，恐其亂信也；惡鄭聲，恐其亂樂也；惡紫，恐其亂朱也；惡鄉原，恐其亂德也。」君子反經而已矣。經正則庶民興，庶民興，斯無邪慝矣。

尹文子大道下篇曰：語曰：「佞辯可以熒惑鬼神。」曰：「鬼神聰明正直，孰曰熒惑者？」曰：「鬼神誠不受熒惑，此尤佞辯之巧靡不入也。夫安辯者雖不能熒惑鬼神，熒惑人明矣。探人之心，度人之欲，順人之嗜好而不敢逆，納人於邪惡而求其利。人喜聞己之美也，善能揚之；惡聞己之過也，善能飾之。得之於眉睫之間，承之於言行之先。語曰：「惡紫之奪朱，惡利口之覆邦家，」斯言足畏，而終身莫悟，危亡繼踵焉。

漢書蒯通傳贊曰：仲尼惡利口之覆邦家，蒯通一說而喪三儁，其得不亨者，幸也。

荀子大略篇曰：藍苴路作，似知而非；輭弱易奪，似仁而非；悍戇好鬬，似勇而非。

呂氏春秋疑似篇曰：使人大迷惑者，必物之相似也。玉人之所患，患石之似玉者；相劍者之所患，患劍之似吳干者；賢主之所患，患人之博聞辯言而似通者。亡國之主似智；亡國之臣似忠。相似之物，此愚者之所大惑，而聖人之所加慮也。

子曰：「予欲無言。」子貢曰：「子如不言，則小子何述焉？」子曰：「天何言哉？四時行焉，百物生焉。天何言哉？」

禮記哀公問篇曰：公曰：「敢問：君子何貴乎天道也？」孔子對曰：「貴其不已。如日月東西相從而不已也，是天道也；不閉其久，是天道也；無爲而物成，是天道也；已成而明，是天道也。」

荀子天論篇曰：列星隨旋，日月遞炤，四時代御，陰陽大化，風雨博施，萬物各得其和以生，各得其養以成，不見其事而見其功，夫是之謂神。皆知其所以成，莫知其無形，夫是之謂天。

孺悲欲見孔子，孔子辭以疾。將命者出戶，取瑟而歌，使之聞之。

禮記雜記下篇曰：恤由之喪，哀公使孺悲之孔子學士喪禮，士喪禮於是乎書。

孟子告子下篇曰：孟子曰：敎亦多術矣，予不屑之敎誨也者，是亦敎誨之而已矣。

宰我問：「三年之喪，期已久矣。君子三年不爲禮，禮必壞；三年不爲樂，樂必崩。舊穀既沒，新穀既升，鑽燧改火，期可已矣。」

史記封禪書曰：傳曰：「三年不爲禮，禮必廢；三年不爲樂，樂必壞。」每世之隆，則封禪答焉，及衰而息。厥曠典，遠者千有餘載，近者數百載。故其儀闕然湮滅，其詳不可得而記聞云。

周禮夏官司爟曰：四時變國火以救時疾。

管子禁藏篇曰：鑽燧易火，所以去茲毒也。

周書月令篇曰：春取榆柳之火，夏取棗杏之火，季夏取桑柘之火，秋取柞楢之火，冬取槐檀之火。

按周書月令篇今亡，此據集解馬融注引，周禮司爟先鄭注引鄹子說同。

淮南子時則篇曰：春爨，萁燧火；夏秋爨，柘燧火；冬爨，松燧火。

子曰：「食夫稻，衣夫錦，於女安乎？」曰：「安。」「女安則爲之！

夫君子之居喪，食旨不甘，

儀禮喪服傳曰：歠粥，朝一溢米，夕一溢米。卽虞，食疏食，水飲。卽練，始食菜果，飯素食。

禮記喪大記曰：大夫之喪，主人室老子姓皆食粥，衆士蔬食水飲，妻妾疏食水飲。士亦如之。既葬，主人疏食水飲，不食菜果。婦人亦如之。君大夫士一也，練而食菜果；祥而食肉。

聞樂不樂，

禮記曲禮下篇曰：居喪不言樂。

又喪服大記曰：祥而外無哭者，禫而內無哭者，樂作矣故也。鄭注云：禫，踰月而可作樂，樂作無哭者。

又喪服四制篇曰：祥之日，鼓素琴，告民有終也，以節制者也。

居處不安，

禮記閒傳曰：父母之喪，居倚廬，寢苫，枕塊，不說絰帶。既虞，卒哭，柱楣翦屏，芐翦不納。期而小祥，居堊室，寢有席。又期而大祥，居復寢。中月而禫，禫而牀。

故不爲也。

禮記問喪篇曰：夫悲哀在中，故形變於外也；痛疾在心，故口不甘味，身不安美也。

孝經喪親章曰：孝子之喪親也，服美不安，聞樂不樂，食旨不甘，此哀戚之情也。

今女安則爲之！」宰我出，子曰：「予之不仁也！

大戴禮記盛德篇曰：凡不孝生於不仁愛也；不仁愛生於喪祭之禮不明。喪祭之禮，所以致仁愛也。致愛故能致喪祭。

子生三年然後免於父母之懷。夫三年之喪，天下之通喪也。予也有三年之愛於其父母乎？」

禮記三年問篇曰：「三年之喪，何也？」曰：「稱情而立文，因以飾羣，別親疏貴賤之節而弗可損益也。故曰無易之道也。創鉅者其日久，痛甚者其愈遲。三年者，稱情而立文，所以爲至痛極也。斬衰苴杖，居倚廬，食粥，寢苫，枕塊，所以爲至痛飾也。三年之喪，二十五月而畢。哀痛未盡，思慕未忘。然而服以是斷之者，豈不以送死有已，復生有節也哉？凡生天地之間者，有血氣之屬必有知；有知之屬莫不知愛其類。今是大鳥獸，則失喪其羣匹，越月踰時焉，則必反巡，過其故鄉，翔回焉，鳴號焉，蹢躅焉，踟蹰焉，然後乃能去之。小者至於燕雀，猶有啁噍之頃焉，然後乃能去之。

故有血氣之屬者莫知於人。故人之於其親也，至死不窮。將由夫患邪淫之人與？則彼朝死而夕忘之，然而從之，則是曾鳥獸之不若也，夫焉能相與羣居而不亂乎？將由夫修飾之君子與？則三年之喪二十五月而畢，若駟之過隙，然而遂之，則是無窮也。故先王焉爲之立中制節，壹使足以成文理，則釋之矣。」「然則何以至期也？」曰：「至親以期斷。」「是何也？」曰：「天地則已易矣；四時則已變矣。其在天地之中者莫不更始焉，以是象之也。」「然則何以三年也？」曰：「加隆焉爾也，焉使倍之，故再期也。」「由九月以下，何也？」曰：「焉使弗及也。故三年以爲隆，緦小功以爲殺，期九月以爲閒。上取象於天，下取德於地，中取則於人。人之所以羣居和壹之理盡矣。故三年之喪，人道之至文者也。夫是之謂至隆。是百王之所同，古今之所壹也。未有知其所由來者也。孔子曰：『子生三年，然後免於父母之懷。夫三年之喪，天下之達喪也？』」

子曰：「飽食終日，無所用心，難矣哉！

孟子滕文公上篇曰：人之有道也，飽食煖衣逸居而無教，則近於禽獸。

國語魯語下曰：夫民勞則思，思則善心生；逸則淫，淫則忘善，忘善則惡心生。

後漢書和熹鄧太后紀曰：詔鄧豹等曰：吾所以引納羣子，置之學官者，實以方今承百王之敝，時俗淺薄，巧僞滋生，五經衰缺，不有化導，將遂陵遲，故欲褒崇聖道以匡失俗。傳不云乎？「飽食終日，無所用心，難矣哉！」今末世貴戚食祿之家，溫衣美飯，乘堅驅良，而面牆術學，不識臧否，斯故禍敗所由來也。

不有博奕者乎？爲之猶賢乎已。」

孟子告子上篇曰：今夫奕之爲數，小數也，不專心致志，則不得也。

漢書王褒傳曰：上令褒與張子僑等並待詔，數從褒等放獵，所幸宮館，輒爲歌頌，等其高下，以差賜帛。議者多以爲淫靡不急，上曰：「『不有博奕者乎，爲之猶賢乎已。』辭賦，大者與古詩同義，小者辨麗可喜。譬如女工有綺縠，音樂有鄭衞，今世俗猶皆以此娛悅耳目。辭賦比之，尚有仁義風喻焉。鳥獸草木多聞之觀，賢於倡優博奕遠矣。」

子路曰：「君子尚勇乎？」子曰：「君子義以爲上。

君子有勇而無義爲亂。

泰伯篇曰：勇而無禮則亂。

陽貨篇曰：好勇不好學，其蔽也亂。

小人有勇而無義爲盜。」

禮記聘義篇曰：有行之謂有義，有義之謂勇敢。故所貴於勇敢者，貴其能以立義也；所貴於立義者，貴其有行也；所貴於有行者，貴其行禮也。故所貴於勇敢者，貴其敢行禮義也。故勇敢強有力者，天下無事，則用之於禮義；天下有事，則用之於戰勝。用之於戰勝則無敵；用之於禮義則順治。外無敵，內順治，此之謂盛德。

荀子榮辱篇曰：為事利，爭貨財，無辭讓，果敢而振，猛貪而戾，恈恈然惟利之見，是賈盜之勇也。漢書地理志曰：天水隴西山多林木，民以板為室屋。及安定北地上郡西河皆迫近戎狄，修習戰備，高上氣力，以射獵為先。故秦詩曰：「在其板屋。」又曰：「王于興師，修我甲兵，與子偕行。」又車轔、四臷、小戎之篇皆言車馬田狩之事。漢興，六郡良家子選給羽林期門，以材力為官，名將多出焉。孔子曰：「君子有勇而無義則為亂，小人有勇而無義則為盜。」故此數郡民俗質木，不恥寇盜。

子貢曰：「君子亦有惡乎？」子曰：「有惡：

惡稱人之惡者；

顏淵篇曰：子曰：攻其惡，無攻人之惡，非脩慝與？孟子離婁下篇曰：孟子曰：言人之不善，當如後患何？

惡居下而訕上者；下字下本有流字，誤衍，今刪。

禮記少儀篇曰：為人臣下者有諫而無訕。

惡勇而無禮者；

泰伯篇曰：勇而無禮則亂。

惡果敢而窒者。」

曰：「賜也亦有惡乎？」「惡徼以爲知者；惡不孫以爲勇者；惡訐以爲直者。」

中論覈辨篇曰：君子之辯也，欲以明大道之中也，是豈取一坐之勝哉？人心之於是非也，如口之於味也。口者，非以己之調膳則獨美，而與人調之則不美也。故君子之於道也，在彼猶在己也。苟得其中，則我心悅焉，何擇於彼？苟失其中，則我心不悅焉，何取於此？故其論也，遇人之是，則止矣。遇人之是而猶不止，苟言苟辯，則小人也。雖美說，何異乎鵙之好鳴，鐸之喧譁哉？故孔子曰：「小人毀訾以爲辯，絞急以爲智，不孫以爲勇。」斯乃聖人所惡，而小人以爲美，豈不哀哉！

子曰：「唯女子與小人爲難養也，近之則不孫，遠之則怨。」

國語楚語下曰：葉公子高曰：吾聞之，唯仁者可好也，可惡也；可高也，可下也。好之不偪，惡之不怨；高之不驕，下之不懼。不仁者則不然。人好之則偪，惡之則怨；高之則驕，下之則懼。

子曰：「年四十而見惡焉，其終也已！」

大戴禮記曾子立事篇曰：三十四十之閒而無藝，卽無藝矣；五十而不以善聞，則無聞矣。

論語疏證卷第十八

微子篇第十八

微子去之。

史記宋世家曰：紂既立，不明，淫亂於政。微子數諫，紂不聽。及祖伊以西伯昌之修德滅阢，懼禍至，以告紂。紂曰：「我生不有命在天乎？是何能爲？」于是微子度紂不可諫，欲死之。及出，未能自決，乃問于太師少師。于是太師少師乃勸微子去，遂行。

箕子爲之奴。

史記宋世家曰：紂爲淫泆，箕子諫，不聽。人或曰：「可以去矣。」箕子曰：「人臣諫，不聽而去，是彰君之惡而自說于民，吾不忍爲也。」乃被髮佯狂而爲奴。

韓詩外傳卷六曰：比干諫而死。箕子曰：「知不用而言，愚也；殺身以彰君之惡，不忠也。二者不可，然且爲之，不祥莫大焉。」遂被髮佯狂而去。

比干諫而死。

史記殷本紀曰：紂愈淫亂不止，微子數諫，不聽。乃與太師少師謀，遂去。比干曰：「爲人臣者不得不以死爭。」迺強諫紂。紂怒曰：「吾聞聖人心有七竅。」剖比干，觀其心。

韓詩外傳卷四曰：紂作炮烙之刑。王子比干曰：「主暴不諫，非忠也；畏死不言，非勇也。見過卽諫，不用卽死，忠之至也。」遂諫，三日不去，紂囚殺之。新序節士篇文同。

孔子曰：「殷有三仁焉。」

中論智行篇曰：殷有三仁：微子介於石，不終日；箕子內難而能正其志；比干諫而剖心。君子以微子爲上，箕子次之，比干爲下。故春秋大夫見殺，皆譏其不能以智自免也。

柳下惠爲士師，三黜。

周禮秋官士師曰：士師之職，掌國之五禁之法以左右刑罰，以五戒先後刑罰；掌宮中之政令，察獄訟之辭，以詔司寇斷獄弊訟，致邦令。

人曰：「子未可以去乎？」曰：「直道而事人，焉往而不三黜？枉道而事人，何必去父母之邦？」

戰國策燕策曰：「燕王喜謝樂毅書曰：「昔者柳下惠吏于魯，三黜而不去。或謂之曰：『可以去。』柳下惠曰：『苟與人之異，惡往而不黜乎？猶且黜乎，寧于故國耳。』」

鹽鐵論相刺篇曰：文學曰：扁鵲不能治不受鍼藥之疾；聖賢不能正不食諫諍之君。故桀有關龍逢而亡夏，殷有三仁而商滅。不患無由余夷吾之倫，患無桓穆之聽耳。是以孔子東西無所適遇，屈原放逐於楚國。故曰：「直道而事人，焉往而不三黜？枉道而事人，終非。」以此。言而不見從，行而不合者也。

齊景公待孔子曰：「若季氏，則吾不能，以季孟之閒待之。」

左傳成公十六年曰：宣伯使告郤犨曰：「魯之有季孟，猶晉之有欒范也，政令於是乎成。」

國語周語中曰：劉康公曰：叔孫之位不若季孟。

曰：「吾老矣，不能用也。」孔子行。

史記孔子世家曰：魯昭公奔於齊。頃之，魯亂，孔子適齊。異日，景公止孔子，曰：「奉子以季氏，吾不能，以季孟之閒待之。」齊大夫欲害孔子，孔子聞之。景公曰：「吾老矣，弗能用也。」孔子遂行，反乎魯。

齊人歸女樂，季桓子受之，三日不朝。孔子行。

史記孔子世家曰：孔子由大司寇行攝相事，於是誅魯大夫亂政者少正卯，與聞國政。三月，粥羔豚者弗飾賈，男女行者別於塗，塗不拾遺。齊人聞而懼，曰：「孔子爲政，必霸。霸則吾地近焉，我爲之先并矣。盍致地焉？」犂鉏曰：「請先嘗沮之。沮之而不可，則致地，庸遲乎？」於是選齊國中女子好者八十人，皆衣文衣而舞康樂，文馬三十駟，遺魯君。陳女樂文馬於魯城南高門外。季桓子微服往觀再三，將受。乃語魯君爲周道游，往觀終日，怠於政事。子路曰：「夫子可以行矣。」孔子曰：「魯今且郊，如致膰乎大夫，則吾猶可以止。」桓子卒受齊女樂，三日不聽政，郊又不致膰俎於大夫，孔子遂行，宿乎屯，而師己送曰：「夫子則非罪。」孔子曰：「吾歌，可夫。」歌曰：『彼婦之口，可以出走；彼婦之謁，可以死敗。蓋優哉游哉，維以卒歲。』」師己反，桓子曰：「孔子亦何言？」師己以實告。桓子喟然歎曰：「夫子罪我，以羣婢故也夫。」

韓非子內儲說下篇曰：仲尼爲政於魯，道不拾遺。齊景公患之。梨且謂景公曰：「去仲尼猶吹毛耳。君何不迎之以重祿高位，遺哀公女樂以驕榮其意？（哀公誤，當作定公，下同。）哀公新樂之，心怠於政，仲尼必諫，諫必輕絕於魯。」景公曰：「善。」乃令梨且以女樂六遺哀公。哀公樂之，果怠於政。仲尼諫，不聽，去而之楚。

楚狂接輿歌而過孔子，

楚辭涉江曰：接輿髡首。

國策秦策曰：范睢曰：箕子接輿，漆身而爲厲，被髮而陽狂，無益於殷楚。

史記鄒陽傳曰：陽上書曰：箕子佯狂，接輿避世。

韓詩外傳卷二曰：楚狂接輿躬耕以食，楚王使使者齎金百鎰，願請治河南，接輿笑而不應。乃夫負釜甑，妻戴織器，變易姓字，莫知所之。

曰：「鳳兮鳳兮！何德之衰！往者不可諫，來者猶可追。已而已而！今之從政者殆而！」

莊子人閒世篇曰：孔子適楚，楚狂接輿遊其門，曰：鳳兮鳳兮！何如德之衰也！來世不可待，往世不可追也。天下有道，聖人成焉；天下無道，聖人生焉。方今之時，僅免刑焉。福輕乎羽，莫之知載；禍重乎地，莫之知避。已乎已乎！臨人以德；殆乎殆乎！畫地而趨。迷陽迷陽，无傷吾行！吾行卻曲，无傷吾足！山木自寇也；膏火自煎也。桂可食，故伐之；漆可用，故割之。人皆知有用之用，而莫知無用之用也。

孔子下，欲與之言。趨而避之，不得與之言。

長沮桀溺耦而耕，孔子過之，使子路問津焉。長沮曰：「夫執輿者爲誰？」子路曰：「爲孔丘。」曰：「是魯孔丘與？」曰：「是也。」曰：「是知津矣。」問於桀溺，桀溺曰：「子爲誰？」曰：「爲仲由。」曰：「是魯孔丘之徒與？」對曰：「然。」曰：「滔滔者天下皆是也，而誰以易之？且而與其從辟人之士也，豈若從辟世之士哉？」耰而不輟。子路行以告，孔子憮然，曰：「鳥獸不可與同羣，吾非斯人之徒與而誰與？天下有道，丘不與易也。」

子路從而後，遇丈人以杖荷蓧。子路問曰：「子見夫子乎？」丈人曰：「四體不勤，五穀不分，孰爲夫子？」植其杖而芸。

子路共而立。共與拱同。

賈子容經篇曰：固頤正視，平肩正背，臂如抱鼓，足閒二寸，端面攝纓，端服整足，體不搖肘曰經立；因以微磬曰共立。

止子路宿，殺鷄爲黍而食之，見其二子焉。明日，子路行以告。子曰：「隱者也。」使子路反見之，至則行矣。子路曰：「不仕無義。長幼之節，不可廢也。君臣之義，如之何其廢之？欲潔其身而亂大倫。君子之仕也，行其義也。道之不行，已知之矣。」

逸民：伯夷、叔齊、虞仲、夷逸、朱張、柳下惠、少連。

子曰：「不降其志，不辱其身，伯夷叔齊與！

史記伯夷列傳曰：伯夷叔齊者，孤竹君之二子也。伯夷叔齊聞西伯昌善養老，盍往歸焉？及至，西伯卒，武王載木主東伐紂。伯夷叔齊叩馬而諫曰：「父死不葬，爰及干戈，可謂孝乎？以臣弑君，可謂仁乎？」左右欲兵之。太公曰：「此義人也。」扶而去之。武王已平殷亂，天下宗周，而伯夷叔齊恥之，義不食周粟，隱於首陽山，采薇而食之。及餓且死，作歌，其辭曰：「登彼西山兮，采其薇矣。以暴易暴兮，不知其非矣。神農虞夏忽焉沒兮！我安適歸矣？于嗟徂兮！命之衰矣。」遂餓死於首陽山。

孟子公孫丑上篇曰：伯夷，非其君不事，非其友不友；不立於惡人之朝，不與惡人言；立於惡人之朝，與惡人言，如以朝衣朝冠坐於塗炭。推惡惡之心，思與鄉人立，其冠不正，望望然去之，若將浼焉。是故諸侯雖有善其辭命而至者，不受也，不受也者，是亦不屑就已。又曰：非其君不事，非其民不使；治則進，亂則退：伯夷也。

謂柳下惠少連，降志辱身矣。言中倫，行中慮，其斯而已矣。

孟子公孫丑上篇曰：柳下惠不羞汙君，不卑小官；進不隱賢，必以其道；遺佚而不怨，阨窮而不憫。故曰：「爾爲爾，我爲我，雖袒裼裸裎於我側，爾焉能浼我哉？」故由由然與之偕而不自失焉，援而止之而止。援而止之而止者，是亦不屑去已。

禮記雜記下篇曰：孔子曰：少連大連善居喪，三日不怠，三月不解，期悲哀，三年憂，東夷之子也。

謂虞仲夷逸，隱居放言，身中淸，廢中權。

史記周本紀曰：古公有長子，曰太伯，次曰虞仲。太伯虞仲知古公欲立季歷以及昌，乃二人亡如荆蠻，文身斷髮，以讓季歷。

漢書地理志曰：殷道既衰，周大王亶父興郊梁之地。長子大伯，次曰仲雍，少曰公季。公季有聖子昌，大王欲傳國焉。大伯仲雍辭行采藥，遂奔荆蠻。公季嗣位，至昌爲西伯，受命而王。故孔子美而稱曰：「大伯可謂至德也已矣！三以天下讓，民無得而稱焉。」「謂虞仲夷逸，隱居放言，身中淸，廢中權。」

樹達按：仲雍卽虞仲也。

我則異於是，無可無不可。」

子罕篇曰：子絕四：毋意，毋必，毋固，毋我。

孟子公孫丑上篇曰：可以仕則仕，可以止則止，可以久則久，可以速則速，孔子也。

陽貨篇曰：公山弗擾以費畔，召，子欲往。子路不悅，曰：「末之也已，何必公山氏之之也！」子曰：「夫召我者而豈徒哉！如有用我者，吾其爲東周乎！」

又曰：佛肸召，子欲往。子路曰：「昔者由也聞諸夫子曰：『親於其身爲不善者，君子不入也。』佛肸以中牟畔，子之往也，如之何？」子曰：「然。有是言也。不曰堅乎？磨而不磷；不曰白乎？涅而不緇。吾豈匏瓜也哉！焉能繫而不食？」

大師摯適齊，

周禮春官大師曰：大師掌六律六同以合陰陽之聲，皆文之以五聲，皆播之以八音。

亞飯干適楚，三飯繚適蔡，四飯缺適秦。

禮記王制篇曰：天子日食舉樂。

白虎通禮樂篇曰：王者食，所以有樂，何？樂食天下之大平富積之饒也。明天子至尊，非功不食，非德不飽。故傳曰：「天子食時舉樂。」王者所以日四食，何？明有四方之物，食四方之功也。四方不平，四時不順，有徹膳之法焉。所以明至尊，著法戒焉。王者平居中央，制御四方。平旦食，少陽之始也；晝食，太陽之始也；餔食，少陰之始也；暮食，太陰之始也。論語曰：「亞飯干適楚，三飯繚適蔡，四飯缺適秦。」諸侯三飯，卿大夫再飯，尊卑之差也。

鼓方叔入于河，

周禮地官鼓人曰：鼓人掌教六鼓四金之音聲，以節聲樂，以和軍旅，以正田役。

播鼗武入于漢。

周禮春官瞽矇曰：瞽矇掌播鼗柷敔塤簫管絃歌。

又春官眡瞭曰：凡樂事，播鼗，擊頌磬笙磬。

少師陽，擊磬襄，入于海。

周禮春官小師曰：小師掌教鼓鼗柷敔塤簫管絃歌。

又春官磬師曰：磬師掌教擊磬，擊編鐘。

漢書禮樂志曰：書序殷紂斷棄先祖之樂，乃作淫聲，用變亂正聲以說婦人。樂官師瞽抱其器而奔散，或適諸侯，或入河海。

又董仲舒傳曰：仲舒對策曰：至於殷紂，逆天暴物，殺戮賢知，殘賊百姓。伯夷大公皆當世賢者，隱處而不爲臣。守職之人皆奔走逃亡，入于河海。顏注云：謂若鼓方叔、播鼗武少師陽之屬也。

史記周本紀曰：紂昏亂暴虐滋甚，殺王子比干，囚箕子，太師疵少師彊抱其樂器而奔周。

樹達按：毛奇齡段玉裁謂疵即摯，彊即陽，是也。

周公謂魯公曰：

史記魯周公世家曰：武王破殷，徧封功臣同姓戚者。封周公旦於少昊之墟曲阜，周公不就封，留佐武王。武王既崩，成王少。周公乃踐阼，代成王，攝行政，當國。於是卒相成王，而使其子伯禽代就封於魯。周公卒，伯禽固已前受封，是爲魯公。

「君子不施其親，

禮記中庸篇曰：仁者，人也，親親爲大。

又曰：親親則諸父昆弟不怨。

不使大臣怨乎不以。

禮記緇衣篇曰：子曰：大臣不親，百姓不寧，則忠敬不足而富貴已過也；大臣不治而邇臣比矣。故大臣不可不敬也，是民之表也。

又曰：君毋以小謀大，則大臣不怨。

又中庸篇曰：敬大臣則不眩。

說苑敬慎篇曰：大臣不任足以亡。

潛夫論三式篇曰：今列侯或有德宜子民，而道不得施；或有凶頑醜□，不宜有國，而惡不上聞。且人情莫不以己爲賢而效其能者。周公之戒，不使大臣怨乎不以。詩云：「駕彼四牡，四牡項領。」今列侯年卅以來，宜皆試補長吏墨綬以上，關內侯補黃綬，以信其志，以旌其能。其有韓侯邵虎之德，上有功於天子，下有益於百姓，則稍遷位益土以彰有德；其懷姦藏惡尤無狀者，削土奪國以明好惡。

魏志杜畿傳曰：昔周公戒魯侯曰：無使大臣怨乎不以，不言賢愚，明皆當世用也。堯數舜之功，稱去四凶不言大小，有罪則去也。今者朝臣不自以爲不能，以陛下爲不任也；不自以爲不智，以陛下爲不問也。陛下何不遵周公之所以用，大舜之所以去，使侍中尚書坐則侍帷幄，行則從華輦。親對詔問，所陳必達，則羣臣之行能否皆可得而知。忠能者進，闇劣者退。誰敢依違而不自盡？以陛下之聖明，親與羣臣論議政事，使羣臣人得自進，人自以爲親，人思所以報，賢愚能否在陛下之所用。以此治事，何事不辦？以此建功，何功不成？

故舊無大故，則不棄也。

周禮天官冢宰曰：以八統詔王馭萬民，一曰親親，二曰敬故。

禮記檀弓下篇曰：孔子之故人曰原壤，其母死，夫子助之沐槨。原壤登木，曰：「久矣予之不托於音也，歌曰：狸首之班然，執女手之卷然。」夫子爲弗聞也者而過之。從者曰：「子未可以已乎！」夫子曰：「丘聞之：親者毋失其爲親也，故者毋失其爲故也。」

無求備於一人。」

大戴禮記子張官人篇曰：水至清則無魚，人至察則無徒。冕而前旒，所以蔽明；黈纊充耳，所以塞聰。明有所不見，聰有所不聞，舉大德，赦小過，無求備於一人之義也。

晏子春秋問上篇曰：景公問晏子曰：「古之莅國治民者，其任人何如？」晏子對曰：「地不同生，而任之以一種，責其俱生，不可得；人不同能，而任之以一事，不可責徧成。責焉無已，智者有不能給；求也無饜，天地有不能贍也。故明王之任人，任人之長，不彊其短；任人之工，不彊其拙：此任人之大略也。」

呂氏春秋擧難篇曰：以全擧人，固難，物之情也。人傷堯以不慈之名，舜以卑父之號，禹以貪位之意，湯武以放弑之謀，五伯以侵奪之事。由此觀之，物豈可全哉？尺之木必有節目，寸之玉必有瑕瓋。先王知物之不可全也，故擇物而貴取一也。甯戚欲干齊桓公，窮困無以自進，於是爲商旅，將任車以至齊，暮宿於郭門之外。桓公郊迎客，夜開門，辟任車，爝火甚盛，從者甚衆。甯戚飯牛，居車下，望桓公而悲，擊牛角，疾歌。桓公聞之，撫其僕之手，曰：「異哉，之歌者非常人也。」命後車載之。桓公反至，從者以請，桓公賜之衣冠，將見之，甯戚見，說桓公以治境內；明日復見，說桓公以爲天下。桓公大說，將任之。羣臣爭之，曰：「客，衞人也。衞之去齊不遠，君不若使人問之，而固賢者也，用之未晚也。」桓公曰：「不然。問之，患其有小惡；以人之小惡亡人之大美，此人主之所以失天下之士也已。」凡聽必有以矣。今聽而不復問，合其所以也。且人固難全，權而用其長者，當擧也。桓公得之矣。甯戚事又見淮南子道應篇。

淮南子主術篇曰：聾者可令嗑筋，而不可使有聞也；瘖者可使守圉，而不可使通語也。形有所不周，而能有所不容也。

又氾論篇曰：周公有殺弟之累，齊桓有爭國之名。然而周公以義補缺，桓公以功滅醜，而皆爲賢。今以人之小過揜其大美，則天下無聖王賢相矣。今人君論其臣也，不計其大功，總其略行，而求其小善，則失賢之數也。故人有厚德，無問其小節；而有大譽，無疵其小故。自古及今，五帝三王未有能全其行者也。是故君子不責備於一人。夫夏后氏之璜，不能無考；明月之珠，不能無纇。然而天下寶之者，其小惡不足妨大美也。今志人之所短，而忘人之所脩，而求得賢乎天下，則難矣。

孔叢子居衞篇曰：子思居衞，言苟變於衞君曰：「材可將五百乘。君任軍旅率與帥同。得此人，則無敵於天下矣。」衞君曰：「吾知其材可將。然變也嘗爲吏，食人二鷄子，以故弗用也。」子思曰：「夫聖人之官人，猶大匠之用木也。取其所長，棄其所短。故杞梓連抱而有數尺之朽，良工不棄，何也？知其所妨者細也。今君處戰國之世，選爪牙之士，而以二卵專棄干城之將，此不可使聞於鄰國者也。」衞君再拜曰：「謹受教矣。」

周有八士。

周書和寤篇曰：王乃厲翼於尹氏八士，唯固允讓。孔晁云：尹氏八士，或云即達适突忽夜夏隨騧也。

又武寤篇曰：尹氏八士，太師、三公，咸作有績，神無不饗，王克配天，合于四海，惟乃永寧。

春秋繁露郊語篇曰：詩云：「唯此文王，小心翼翼，昭事上帝，允懷多福。」多福者，非謂人之事功也，謂天之所福也。傳曰：周國子多賢蕃殖，至於駢孕男者四，四產而得八男，皆君子俊雄也。此天之所以興周國也，非周國之所能爲也。

伯達、伯适、仲突、仲忽、叔夜、叔夏、季隨、季騧。

白虎通姓名篇曰：稱號所以有四，何法？四時用事先後，長幼兄弟之象也。故以時長幼號曰伯仲叔季也。伯者，長也。伯者，子最長，迫近父也。仲者，中也。叔者，少也。季者，幼也。質家所以積于仲，何？質者親親，故積于仲；文家尊尊，故積于叔。即如是，論語曰：「周有八士：伯達、伯适、仲突、仲忽、叔夜、叔夏、季隨、季騧。」不積于叔，何？蓋以兩兩俱生故也。不積于伯季，明其無二也。

尚書君奭篇曰：惟文王尚克修和我有夏，亦惟有若虢叔，有若閎夭，有若散宜生，有若泰顛，有若南宮括。

周書克殷篇曰：乃命南宮忽振鹿臺之財，巨橋之粟，乃命南宮百達史佚遷九鼎三巫。

樹達按：孔廣森云：南宮百達即伯達，南宮括即伯适，南宮忽即仲忽。古者命士以上，父子異宮，故禮曰：有東宮，有西宮。達适忽，尹氏之子別居南宮，猶魯南宮敬叔本孟氏子而以所居稱之耳。

論語疏證卷第十九

子張篇第十九

子張曰：「士，見危致命，見得思義，

憲問篇曰：見利思義，見危授命，久要不忘平生之言，亦可以爲成人矣。

禮記曲禮上篇曰：臨財毋苟得，臨難無苟免。

祭思敬，

禮記祭統篇曰：祭而不敬，何以爲民父母矣？

說苑權謀篇曰：魯公索氏將祭而亡其牲。孔子聞之，曰：公索氏比及三年必亡矣。後一年而亡。弟子問曰：「夫子何以知其將亡也？」孔子曰：「祭之爲言索也，索也者，盡也，乃孝之所以自盡於親也。至祭而亡其牲，則餘所亡者多矣，吾以此知其將亡也。」

喪思哀，

本篇曰：子游曰：喪致乎哀而止。

說苑建本篇曰：孔子曰：處喪有禮矣，而哀爲本。

禮記少儀篇曰：祭祀主敬，喪事主哀。

又祭統篇曰：是故孝子之事親也，有三道焉：生則養，沒則喪，喪畢則祭。養則觀其順也，喪則觀其哀也，祭則觀其敬而時也。盡此三道者，孝子之行也。

八佾篇曰：子曰：居上不寬，爲禮不敬，臨喪不哀，吾何以觀之哉？

大戴禮記曾子立事篇曰：臨事而不敬，居喪而不哀，祭祀而不畏，朝廷而不恭，則吾無由知之矣。

其可已矣。」

子張曰：「執德不弘，

泰伯篇曰：曾子曰：士不可以不弘毅，任重而道遠，仁以爲己任，不亦重乎？死而後已，不亦遠乎？

信道不篤，

泰伯篇曰：篤信好學，守死善道。

後漢書郭泰傳曰：泰字林宗，太原界休人也。性明知人，好獎訓士類。黃允以儁才知名，林宗見而謂曰：「卿有絕人之才，足成偉器。然恐守道不篤，將失之矣。」後司徒袁隗欲爲從女求姻，見允而歎，曰：「得壻如是，足矣。」允聞而黜遣其妻夏侯氏。婦謂姑曰：「今當見棄，方與黃氏長辭，乞一會親屬以展離訣之情。」於是大集賓客三百餘人，婦中坐，攘袂數允隱匿穢惡十五事。言畢，登車而去。允以此廢於世。謝甄與陳留邊讓並善談論，俱有盛名。每共候林宗，未嘗不連日達夜。林宗謂門人曰：「二子英才有餘，而並不入道。惜乎！」甄後不拘細行，爲時所毀。讓以輕侮曹操，操殺之。

焉能爲有？焉能爲無？」

子夏之門人問交於子張。子張曰：「子夏云何？」

對曰：「子夏曰：可者與之，其不可者拒之。」

學而篇曰：毋友不如己者。

呂氏春秋觀世篇曰：周公旦曰：不如吾者，吾不與處，累我者也；與我齊者，吾不與處，無益我者也。惟賢者必與賢於己者處。

子張曰：「異乎吾所聞。君子尊賢而容衆，嘉善而矜不能。

意林引隨巢子曰：有疏而無絕，有後而無遺。大聖之行，兼愛萬民，疏而不絕。賢者欣之，不肖者則憐之。賢而不欣，是賤德也；不肖不憐，是忍人也。

說苑尊賢篇曰：田忌去齊奔楚，楚王郊迎，至舍，問曰：「楚，萬乘之國也，齊亦萬乘之國也，常欲相幷，爲之奈何？」對曰：「易知耳。齊使申孺將，則楚發五萬人，使上將軍將之，至，禽將軍首而反耳。齊使田居將，則楚發二十萬人，使上將軍將之，分別而相去也。齊使眄子將，楚發四封之內，王自出將，而忌從，相國上將軍爲左右司馬，如是則王僅得存耳。」於是齊使申孺將，楚發五萬人，使上將軍將之，至，禽將軍首反。於是齊王忿然，乃更使眄子將，楚悉發四封之內，王自出將，田忌從，相國上將軍爲左右司馬，益王車屬九乘，僅得免耳。至舍，王北面正領齊袪問曰：「先生何知之早也？」田忌曰：「申孺爲人，侮賢者而輕不肖者，賢不肖者俱不爲用，是以亡也。田居爲人尊賢者而賤不肖者，賢者負任，不肖者退，是以分別而相去也。眄子爲人尊賢者而愛不肖者，賢不肖俱負任，是以王僅得存耳。」

我之大賢與，於人何所不容？我之不賢與，人將拒我，如之何其拒人也？」

蔡邕正交論曰：子夏之門人問交於子張，而二子各有所聞乎夫子，然則其以交誨也。商也寬，故告之以距人；師也褊，故告之以容衆。各從其行而矯之。若夫仲尼之正道，則汎愛衆而親仁。故非善不喜，非仁不親，交游以方，會友以仁，可無貶也。

子夏曰：「雖小道，必有可觀者焉，致遠恐泥，是以君子不爲也。」

大戴禮記小辯篇曰：子曰：夫小辯破言，小言破義，小義破道。道小不通，通道必簡。

漢書東平王宇傳曰：五經聖人所制，萬事靡不畢載。夫小辯破義，小道不通，致遠恐泥，皆不足以留意。

又藝文志曰：小說家者流，蓋出於稗官，街談巷語道聽塗說者之所造也。孔子曰：「雖小道，必有可觀者焉，致遠恐泥，是以君子弗爲也。」然亦弗滅也。閭里小知者之所及，亦使綴而不忘。如或一言可采，此亦芻蕘狂夫之議也。

後漢書蔡邕傳曰：初，帝好學，因引諸生能爲文賦者。後諸爲尺牘及工書鳥篆者皆加引召，遂至數十人，待以不次之位。邕上封事曰：夫書畫辭賦，才之小者。匡國理政，未有其能。陛下聽政餘日，觀省篇章，聊以游意。而諸生競利，作者鼎沸，連偶俗語，有類俳優。臣每受詔於盛化門差次錄第，其未及者，亦復隨輩皆見拜擢。既加之恩，難復收改。但守奉祿，於義已弘，不可復使理人及仕州郡。昔孝宣會諸儒於石渠，章帝集學士於白虎，通經釋義，其事優大。文武之道，所宜從之。若乃小能小善，雖有可觀，孔子以爲致遠則泥，君子故當志其大者。

子夏曰：「日知其所亡，月無忘其所能，可謂好學也已矣。」

爲政篇曰：溫故而知新，可以爲師矣。

樹達按：日知其所亡卽知新也。

子夏曰：「博學，

雍也篇曰：君子博學於文。

而篤志；

述而篇曰：多見而識之。

樹達按：志與識同。

切問，

八佾篇曰：林放問禮之本。子曰：大哉問！

顏淵篇曰：樊遲從遊於舞雩之下，曰：「敢問崇德、脩慝、辨惑。」子曰：「善哉問！」

樹達按：孔子言大哉問善哉問者，切問也。

子路篇曰：樊遲請學稼，子曰：「吾不如老農。」請學爲圃，子曰：「吾不如老圃。」

荀子哀公篇曰：魯哀公問舜冠於孔子，孔子不對，三問不對。哀公曰：「寡人問舜冠於子，何以不言也？」孔子曰：「古之王者有務而拘領者矣，其政好生而惡殺焉。是以鳳在列樹，麟在郊野，烏鵲之巢可俯而窺也。君不此問而問舜冠，所以不對也。」

而近思，

雍也篇曰：能近取譬，可謂仁之方也已。

禮記中庸篇曰：博學之，審問之，愼思之，明辨之，篤行之。

仁在其中矣。」

後漢書章帝紀曰：詔曰：蓋三代導人，敎學爲本。漢承暴秦，褒顯儒術，建立五經，爲置博士。其後學者精進，雖曰承師，亦別名家。孝宣皇帝以爲：去聖久遠，學不厭博，故遂立大、小夏侯尚書，後又立京氏易。至建武中，復置顏氏、嚴氏春秋，大小戴禮博士，此皆所以扶進微學，尊廣道藝也。中元元年詔書，五經章句煩多，議欲減省。至永平元年，長水校尉儵奏言：先帝大業，當以時施行，欲使諸儒共正經義，頗令學者得以自助。子曰：「學之不講，是吾憂也。」又曰：「博學而篤志，切問而近思，仁在其中矣。」

子夏曰：「百工居肆以成其事，

鹽鐵論通有篇曰：大夫曰：故工商梓匠，邦國之用，器械之備也。自古有之，非獨於此。弦高販牛於周，五羖賃車入秦，公輸子以規矩，歐冶以鎔鑄。語曰：百工居肆以致其事，農商交易以利本末。山居澤處，蓬蒿墝埆，財物流通，有以均之。是以多者不獨衍，少者不獨饉。若各居其處，食其食，則是橘柚不鬻，朐鹵之鹽不出；旃罽不市，而吳唐之材不用也。

君子學以致其道。」

白虎通辟雍篇曰：古者所以年十五入大學，何？以爲八歲毀齒，始有識知，入學，學書計。七八十五，陰陽備，故十五成童志明，入大學，學經籍。學之爲言覺也，以覺悟所不知也。故學以治性，慮以變情。故玉不琢，不成器；人不學，不知義。子夏曰：百工居肆以成其事，君子學以致其道，是以雖有自然之性，必立師傅焉。

子夏曰：「小人之過也，必文。」

孟子公孫丑下篇曰：且古之君子，過則改之；今之君子，過則順之。豈徒順之，又從爲之辭。

子夏曰：「君子有三變：

望之儼然；

堯曰篇曰：君子正其衣冠，尊其瞻視，儼然人望而畏之，斯不亦威而不猛乎？

孟子梁惠王上篇曰：孟子見梁襄王，出，語人曰：「望之不似人君，就之而不見所畏焉。」

春秋繁露服制像篇曰：孔父義形於色，而姦臣不敢容邪；虞有宮之奇，而獻公爲之不寐；晉厲之強，中國以寢尸流血不已。故武王克殷，裨冕而搢笏，虎賁之士說劍，安在勇猛必在武，殺然後威？是以君子所服爲上矣。故望之儼然者，亦已至矣，豈可不察乎？

卽之也溫；聽其言也厲。」

述而篇曰：子溫而厲；威而不猛；恭而安。

子夏曰：「君子信而後勞其民，未信，則以爲厲己也。信而後諫，未信，則以爲謗己也。」

韓詩外傳卷六曰：孔子曰：誠未著而好言，雖言不信矣。

韓非子說難篇曰：夫曠日彌久而周澤既渥，深計而不疑，引爭而不罪，則明割利害以致其功，直指是非以飾其身。以此相持，此說之成也。昔者鄭武公欲伐胡，故先以其女妻胡君，以娛其意。因問於羣臣：「吾欲用兵，誰可伐者？」大夫關其思對曰：「胡可伐。」武公怒而戮之，曰：「胡，兄弟之國也，子言伐之，何也？」胡君聞之，以鄭為親己，遂不備鄭。鄭人襲胡，取之。宋有富人，天雨，牆壞。其子曰：「不築，必將有盜。」其鄰人之父亦云。暮而果大亡其財。其家甚智其子而疑鄰人之父。此二人者，說皆當矣；厚者為戮，薄者見疑，則非知之難也，處之則難也。

子夏曰：「大德不踰閑，小德出入可也。」

韓詩外傳卷二曰：傳曰：孔子遭齊程本子於郯之間，傾蓋而語，終日。有閒，顧子路曰：「由！束帛十四以贈先生！」子路不對。有閒，又顧曰：「束帛十四以贈先生！」子路率爾而對曰：「昔者由也聞之於夫子：士不中道相見，女無媒而嫁者，君子不行也。」孔子曰：「夫詩不云乎？『野有蔓草，零露溥兮，有美一人，清揚婉兮，邂逅相遇，適我願兮。』且夫齊程本子，天下之賢士也。吾於是而不贈，終身不之見矣。大德不踰閑，小德出入可也。」說苑尊賢篇文同。

晏子春秋雜上篇曰：晏子使魯，仲尼使門弟子往觀，子貢反報。曰：「孰謂晏子習于禮乎？夫禮曰：登階不歷，堂上不趨，授玉不跪。今晏子皆反此，孰謂晏子習于禮者？」晏子既已有事於魯君，退見仲尼。仲尼曰：「夫禮，登階不歷，堂上不趨，授玉不跪，夫子反此乎？」晏子曰：「嬰聞：兩楹之間，君臣有位焉。君行其一，臣行其二。君之來遬，是以登階歷堂上趨，以及位也。君授玉卑，故跪以下之。且吾聞之，大者不踰閑，小者出入可也。」晏子出，仲尼送之以賓客之禮。不計之義，維晏子為能行之。韓詩外傳卷四大同。

春秋繁露玉英篇曰：器從名，地從主人，之謂制。權之端焉，不可不察也。夫權雖反經，亦必在可以然之域；不在可以然之域，故雖死亡，終弗爲也，公子目夷是也。故父子兄弟不宜立而立者，春秋視其國與宜立之君無以異也，此皆在可以然之域也。至於鄫取乎莒，以之爲同居，目曰莒人滅鄫，此在不可以然之域也。故諸侯在不可以然之域者，謂之大德，大德無踰閑者，謂正經；諸侯在可以然之域者，謂之小德，小德出入可也，權譎也。尚歸之以奉鉅經耳。

荀子王制篇曰：孔子曰：大節是也，小節是也，上君也。大節是也，小節一出一入焉，中君也。大節非也，小節雖是也，吾無觀其餘矣。

子游曰：「子夏之門人小子，當洒掃應對進退則可矣，抑末也，本之則無，如之何？」

大戴禮記曾子事父母篇曰：夫禮，大之由也，不與小之自也。趨翔周旋，俛仰從命，不見於顏色，未成於弟也。

子夏聞之，曰：「噫！言游過矣！君子之道，孰先傳焉？孰後倦焉？譬諸草木，區以別矣。君子之道，焉可誣也。有始有卒者，其惟聖人乎！」

禮記大學篇曰：物有本末，事有終始，知所先後，則近道矣。

子夏曰：「仕而優則學，學而優則仕。」

子游曰：「喪致乎哀而止。」

本篇曰：喪思哀。

說苑建本篇曰：孔子曰：處喪有禮矣，而哀爲本。

子游曰：「吾友張也，爲難能也，然而未仁。」

曾子曰：「堂堂乎張也，難與並爲仁矣。」

列子仲尼篇曰：子夏問孔子曰：「子張之爲人奚若？」子曰：「師之莊賢於丘也，師能莊而不能同。」

大戴禮記五帝德篇曰：孔子曰：吾欲以容貌取人，於師邪改之。

又衞將軍文子篇曰：業功不伐，貴位不善，不侮可侮，不佚可佚，不敖無告，是顓孫之行也。孔子言之曰：其不伐則猶可能也，其不弊百姓者則仁也。詩云：「愷悌君子，民之父母，」夫子以其仁爲大也。

曾子曰：「吾聞諸夫子：人未有自致者也。必也親喪乎！」

孟子滕文公上篇曰：孟子曰：親喪固所自盡也。

後漢書荀爽傳曰：爽對策曰：夫喪親自盡，喪之終也。今之公卿及二千石，三年之喪不得卽去，殆非所以增崇孝道而克稱大德者也。往者孝文勞謙，行過乎儉，故其遺詔以日易月。此當時之宜，不可貫之萬世。古今之制，雖有損益，而諒闇之禮，未嘗改移，以示天下莫遺其親。今公卿羣寮，皆政教所瞻，而父母之喪，不得奔赴。夫仁義之行，自上而始；敦厚之俗，以應乎下。傳曰：「喪祭之禮闕，則人臣之恩薄，背死忘生者衆矣。」曾子曰：「人未有自致者，必也親喪乎！」春秋傳曰：「上之所爲，民之歸也。」夫上所不爲而民或爲之，故加刑罰。若上之所爲，民亦爲之，又何誅焉？」昔翟方進以自備宰相而不敢踰制，至遭母憂三十六日而除。夫失禮之源，自上而始。古者大喪三年不呼其門，所謂崇國厚俗篤化之道也。事宜失正，過勿憚改，天下通喪，可如舊禮。

曾子曰：「吾聞諸夫子：孟莊子之孝也，其他可能也，其不改父之臣與父之政，是難能也。」

學而篇曰：父在觀其志，父沒觀其行。三年無改於父之道，可謂孝矣。

孟氏使陽膚爲士師，問於曾子。曾子曰：「上失其道，民散久矣。

荀子宥坐篇曰：孔子爲魯司寇，有父子訟者，孔子拘之，三月不別。其父請止，孔子舍之。季孫聞之，不說，曰：「是老也欺予。語予曰：爲國家必以孝，今殺一人以戮不孝，又舍之。」冉子以告。孔子慨然歎曰：「嗚呼，上失之，下殺之，其可乎？不教其民而聽其獄，殺不辜也；三軍大敗，不可斬也；獄犴不治，不可刑也。罪不在民故也。嫚令謹誅，賊也；今生也有時，斂也無時，暴也；不教而責成功，虐也。已此三者，然後刑可卽也。書曰：『義刑義殺，勿庸以卽。』予維曰：未有順事。』言先教也。故先王既陳之以道，上先服之；若不可，尙賢以綦之；若不可，廢不能以單之。綦三年而百姓往矣。邪民不從，然後俟之以刑，則民知罪矣。是以威厲而不試，刑錯而不用也。今之世則不然：亂其教，繁其刑，其民迷惑而墮焉，則從而制之，是以刑彌繁而邪不勝。三尺之岸，而虛車不能登也；百仞之山，任負車登焉。何則？陵遲故也。數仞之牆，而民不踰也；百仞之山，而豎子馮而遊焉，陵遲故也。今夫世之陵遲亦久矣，而能使民勿踰乎？說苑政理篇文大同。

韓詩外傳卷三曰：魯有父子訟者，康子欲殺之。孔子曰：「未可殺之。夫民不知父子訟之爲不義久矣，是則上失其道。上有道，是人亡矣。」訟者聞之，請毋訟。康子曰：「治民以孝，殺一不義以僇不孝，不亦可乎？」孔子曰：「否。不教而聽其獄，殺不辜也；三軍大敗，不可誅也；獄讞不治，不可刑也。上陳之教而先服之，則百姓從風矣；邪行不從，然後俟之以刑，則民知罪矣。夫一仞之牆，民不能踰；百仞之山，童子登游焉。陵遲故也。今其仁義之陵遲久矣，能謂民無踰乎？詩曰：『俾民不迷。』昔之君子，道其百姓不使迷，是以威厲而刑措不用也。故形其仁義，謹其教道，使民目晰焉而見之，使民耳晰焉而聞之，使民心晰焉而知之，則道不迷而民志不惑矣。詩曰：『示我顯德行。』故道義不易，民不由也；禮樂不明，民不見也。詩曰：『周道如砥，其直如矢，』言其易也；『君子所履，小人所視，』言其明也；『睠言顧之，潸焉出涕，』哀其不用禮教而就刑誅也。夫散其本教而待之刑辟，猶決其牢而發以毒矢也，不亦哀乎！故曰：未可殺也。昔者先王使民以禮，譬之，如御也：刑者，鞭策也。今猶無轡銜而鞭策以御也。欲馬之進，則策其後；欲馬之退，則策其前。御者以勞，而馬亦多傷矣。今猶此也，上憂勞而民多罹刑。詩曰：『人而無禮，胡不遄死？』為上無禮，則不免乎患；為下無禮，則不免乎刑。上下無禮，胡不遄死？」康子避席再拜。曰：「僕雖不敏，請承此語矣。」孔子退朝，門人子路難曰：「父子訟，道也？」孔子曰：「非也。」子路曰：「然則夫子胡為君子而免之也？」孔子曰：「不戒責成，害也；慢令致期，暴也；不教而誅，賊也。君子為政，避此三者。詩曰：『載色載笑，匪怒伊教。』」

如得其情，則哀矜而勿喜。」

書呂刑曰：哀矜折獄。

尚書大傳曰：子曰：聽訟雖得其指，必哀矜之。死者不可復生，𢇍古文絕字。者不可復續也。又見孔叢子。

鹽鐵論後刑篇曰：賢良曰：古者篤教以導民，明辟以正刑。刑之於治，猶策之於御也；良工不能無策而御，有策而勿用。聖人假法以成教，教成而刑不施。故威厲而不殺，刑設而不犯。今廢其綱紀而不能張，壞其禮義而不能防，民陷於罔，從而獵之以刑，是猶開其闌牢，發以毒矢也，不盡，不止。曾子曰：「上失其道，民散久矣。如得其情，即哀矜而勿喜。」夫不傷民之不治而伐己之能得姦，猶弋者覩鳥獸挂罻羅而喜也。

韓非子外儲說左下篇曰：孔子相衞，弟子子皐爲獄吏，刖人足，所刖者守門。人有惡孔子於衞君者，曰：「尼欲作亂。」衞君欲執孔子，孔子走，弟子皆逃。子皐從出門，刖危引之而逃之門下室中，吏追不得。夜半，子皐問刖危者曰：「吾不能虧主之法令，而親刖子之足，是子報仇之時也。而子何故乃肯逃我？我何以得此於子？」刖危曰：「吾斷足也，故吾罪當之，不可奈何。然方公之欲治臣也，公傾側法令，先後臣以言，欲臣之免也甚，而臣知之。及獄決罪定，公慨然不悅，形於顏色，臣見又知之，非私臣而然也。夫天性仁心固然也，此臣之所以悅而德公也。」

後漢書郭躬傳論曰：曾子曰：「上失其道，民散久矣。如得其情，則哀矜而勿喜。」夫不喜於得情則恕心用，恕心用則可寄枉直矣。夫賢人君子斷獄，其必至於此乎！郭躬起自佐史，小大之獄必察焉。原其平刑審斷，庶於無喜者乎！若乃推己以議物，捨狀以貪情，法家之能慶延于世，蓋由此也。

子貢曰：「紂之不善，不如是之甚也。是以君子惡居下流，天下之惡皆歸焉。」

列子楊朱篇曰：天下之美，歸之舜禹周孔；天下之惡，歸之桀紂。

淮南子繆稱篇曰：三代之善，千歲之積譽也；桀紂之惡，千歲之積毀也。

漢書敍傳曰：自大將軍薨後，富平定陵侯張放淳于長等始愛幸。出爲微行，行則同輿執轡；入侍禁中，設宴飲之會，及趙李諸侍中皆引滿擧白，談笑大噱。時乘輿幄坐張畫屏風，畫紂醉踞妲己作長夜之樂。上以伯新起，數目禮之，因顧指畫而問伯：「紂爲無道，至於是乎？」伯對曰：「書云：迺用婦人之言，何用踞肆於朝？所謂衆惡歸之不如是之甚者也。」上曰：「苟不若此，此圖何戒？」伯曰：「沈湎于酒，微子所以告去也；式號式謼，大雅所以流連也。詩書淫亂之戒，其原皆在於酒。」後漢書竇憲傳論曰：衛青霍去病資強漢之衆，連年以事匈奴，國耗大半矣。而猾虜未之勝，後世猶稱其良將，豈非以身名自終者邪？竇憲帥羌胡邊雜之師，一舉而空朔廷，至乃追奔稽落之表，飲馬北鞮之曲，銘石負鼎，薦告淸廟，列其功庸，兼茂於前多矣；而後世莫稱者，章末釁以降其實也。是以下流君子所甚惡焉。

子貢曰：「君子之過也，如日月之食焉。過也，人皆見之；更也，人皆仰之。」

孟子公孫丑下篇曰：燕人畔，王曰：「吾甚慙於孟子。」陳賈曰：「王無患焉！王自以與周公孰仁且智？」王曰：「惡！是何言也！」曰：「周公使管叔監殷，管叔以殷畔。知而使之，是不仁也；不知而使之，是不智也。仁智，周公未之盡也，而况於王乎？賈請見而解之。」見孟子，問曰：「周公何人也？」曰：「古聖人也。」曰：「使管叔監殷，管叔以殷畔也，有諸？」曰：「然。」曰：「周公知其將畔而使之與？」曰：「不知也。」「然則聖人且有過與？」曰：「周公，弟也；管叔，兄也。周公之過，不亦宜乎？且古之君子，過則改之；今之君子，過則順之。古之君子，其過也，如日月之食，民皆見之；及其更也，民皆仰之。今之君子，豈徒順之，又從爲之辭。」

衞公孫朝問於子貢曰：「仲尼焉學？」子貢曰：「文武之道未墜於地，在人，賢者識其大者，不賢者識其小者，莫不有文武之道焉。

漢書劉歆傳曰：歆移書太常博士曰：夫禮失求之於野，古文不猶愈於野乎？往者博士，書有歐陽，春秋公羊，易則施、孟。然孝宣皇帝猶復廣立穀梁春秋，梁丘易，大、小夏侯尚書。義雖相反，猶並置之。何則？與其過而廢之也，寧過而立之。傳曰：「文武之道未墜於地，在人，賢者志其大者，不賢者志其小者。」今此數家之言，所以兼包大小之義，豈可偏絕哉！

夫子焉不學？而亦何常師之有！」

禮記曾子問篇曰：曾子問曰：「葬引至于堩，日有食之，則有變乎？且不乎？」孔子曰：「昔者吾從老聃助葬於巷黨，及堩，日有食之。老聃曰：『丘！止柩就道右！止哭以聽變！』既明反而後行。曰：『禮也。』反葬而丘問之曰：『夫柩不可以反者也，日有食之，不知其已之遲數，則豈如行哉？』老聃曰：『諸侯朝天子，見日而行，逮日而舍奠；大夫使，見日而行，逮日而舍。夫柩不蚤出，不莫宿。見星而行者，唯罪人與奔父母之喪者乎！日有食之，安知其不見星也？且君子行禮，不以人之親痁患。』吾聞諸老聃云。」

左傳昭公十七年曰：秋，郯子來朝，公與之宴，昭子問焉，曰：「少皞氏鳥名官，何故也？」郯子曰：「吾祖也，我知之。昔者黃帝氏以雲紀，故爲雲師而雲名；炎帝氏以火紀，故爲火師而火名；共工氏以水紀，故爲水師而水名；大皞氏以龍紀，故爲龍師而龍名。我高祖少皞摯之立也，鳳鳥適至，故紀於鳥，爲鳥師而鳥名。鳳鳥氏，曆正也；玄鳥氏，司分者也；伯趙氏，司至者也；青鳥氏，司啓者也；丹鳥氏，司閉者也；祝鳩氏，司徒也；鴡鳩氏，司馬也；鳲鳩氏，司空也；爽鳩氏，司寇也；鶻鳩氏，司事也。五鳩，鳩民者也；五雉爲五工正，利器用，正度量，夷民者也；九扈爲九農正，扈民無淫者也。自顓頊以來，不能紀遠，乃紀於近，爲民師而命以民事，則不能故也。」仲尼聞之，見於郯子而學之。既而告人曰：「吾聞之：天子失官，學在四夷，猶信。」

史記孔子世家曰：孔子學鼓琴師襄子，十日不進，師襄子曰：「可以益矣。」孔子曰：「丘已習其曲矣，未得其數也。」有閒，曰：「已習其數，可以益矣。」孔子曰：「丘未得其志也。」有閒，曰：「已習其志，可以益矣。」孔子曰：「丘未得其人也。」有閒，曰：「有所穆然深思焉；有所怡然高望而遠志焉。」曰：「丘得其人，黯然而黑，幾然而長。眼如望羊，如王四國，非文王其誰能爲此也？」師襄避席再拜，曰：「師蓋云文王操也。」

又甘茂傳曰：項槖生七歲爲孔子師。

叔孫武叔語大夫於朝曰：「子貢賢於仲尼。」子服景伯以告子貢。子貢曰：「譬之宮牆，賜之牆也及肩，窺見室家之好。

夫子之牆數仞，不得其門而入，不見宗廟之美，百官之富，得其門者蓋寡矣。

太平御覽百七十四引風俗通曰：論語，「夫子宮牆數仞。」禮記，「季武子入宮，不敢哭。」由是言之，宮室一也。秦漢以來，尊者以宮爲常號，下乃避之云室耳。弟子職云：「室中握手。」論語曰：「譬如宮牆。」由此言之，宮其外，室其內也。

論衡別通篇曰：「不得其門而入，不見宗廟之美，百官之富，」蓋以宗廟百官喻孔子道也。孔子道美，故譬以宗廟；衆多非一，故喻以百官。夫子之云，不亦宜乎？」

法言問明篇曰：仲尼，聖人也，或劣諸子貢。子貢辭而闢之，然後廓如也。

叔孫武叔毀仲尼。子貢曰：「無以爲也！仲尼不可毀也。他人之賢者，丘陵也，猶可踰也；仲尼，日月也，無得而踰焉。人雖欲自絕，其何傷於日月乎？多見其不知量也。」

陳子禽謂子貢曰：「子爲恭也，仲尼豈賢於子乎？」子貢曰：「君子一言以爲知，一言以爲不知，言不可不愼也。夫子之不可及也，猶天之不可階而升也。

韓詩外傳卷八曰：齊景公謂子貢曰：「先生何師？」對曰：「魯仲尼。」曰：「仲尼賢乎？」曰：「聖人也，豈直賢哉！」景公嘻然而笑曰：「其聖何如？」子貢曰：「不知也。」景公悖然作色曰：「始言聖人，今言不知，何也？」子貢曰：「臣終身戴天，不知天之高也；終身踐地，不知地之厚也。若臣之事仲尼，譬猶渴操壺杓，就江海而飲之，腹滿而去，又安知江海之深乎？」景公曰：「先生之譽得無太甚乎？」子貢曰：「臣賜何敢甚言，尚慮不及耳。臣譽仲尼，譬猶兩手捧土而附泰山，其無益亦明矣；使臣不譽仲尼，譬猶兩手杷泰山，無損亦明矣。」景公曰：「善。」

說苑貴德篇曰：季康子謂子游曰：「仁者愛人乎？」子游曰：「然。」「人亦愛之乎？」子游曰：「然。」康子曰：「鄭子產死，鄭人丈夫捨玦珮，婦人舍珠珥，夫婦巷哭，三月不聞竽瑟之聲。仲尼之死，吾不聞魯國之愛夫子，奚也？」子游曰：「譬子產之與夫子，其猶浸水之與天雨乎！浸水所及則生，不及則死。斯民之生也，必以時雨，既以生，莫愛其賜。故曰：譬子產之與夫子也，猶浸水之與天雨乎！」

夫子之得邦家者，所謂立之斯立，道之斯行，綏之斯來，動之斯和。其生也榮，其死也哀。如之何其可及也？」

漢書董仲舒傳曰：故堯舜行德，則民仁壽；桀紂行暴，則民鄙夭。夫上之化下，下之從上，猶泥之在鈞，唯甄者之所爲；猶金之在鎔，唯冶者之所鑄。綏之斯俫，動之斯和。此之謂也。

論語疏證卷第二十

堯曰篇第二十

堯曰：「咨！爾舜！天之歷數在爾躬，允執其中，四海困窮，天祿永終，」舜亦以命禹。

史記曆書曰：黃帝者，定星曆，建立五行，起消息，正閏餘，於是有天地神祇物類之官。少皞氏之衰也，九黎亂德，民神雜擾，顓頊受之，乃命南正重司天以屬神，火正黎司地以屬民。其後三苗服九黎之德，故二官咸廢所職，而閏餘乖次，孟陬殄滅，攝提無紀，歷數失序。堯復遂重黎之後，不忘舊者，使復典之而立羲和之官。明時正度，則陰陽調，風雨節，茂氣至，民無夭疫。年耆禪舜，申戒文祖云：「天之歷數在爾躬！」舜亦以命禹。

說苑辨物篇曰：故夫天文地理人情之效存於心，則聖智之府。是故古者聖王既臨天下，必變四時，定律歷，考天文，揆時變，登靈臺以望氣氛。故堯曰：「咨！爾舜！天之歷數在爾躬，允執其中，四海困窮。」書曰：「在璿璣玉衡以齊七政。」

禮記中庸篇曰：子曰：舜其大知也與！執其兩端，用其中於民，其斯以爲舜乎。

曰：「予小子履，

白虎通姓名篇曰：湯，生於夏時，何以用甲乙爲名？曰：湯王後乃更變名，爲子孫法耳，本名履。故論語曰：予小子履。履，湯名也。

敢用玄牡，敢昭告於皇皇后帝：

白虎通三正篇曰：文家先改正，質家先伐，何？改正者文，伐者質。文家先其文，質家先其質。論語曰：「予小子履敢用玄牡敢昭告於皇王后帝，」此湯伐桀告天，以夏家之牲也。又見同書三軍篇。

有罪不敢赦。帝臣不蔽，簡在帝心。朕躬有罪，無以萬方；萬方有罪，罪在朕躬。

國語周語上曰：內史過曰：在湯誓曰：「余一人有罪，無以萬夫；萬夫有罪，在余一人。」

墨子兼愛下篇曰：夫兼相愛，交相利，不惟禹誓爲然，雖湯說亦猶是也。湯曰：「惟予小子履，敢用玄牡告于上天后曰：今天大旱，卽當朕身履；未知得罪于上下。有善不敢蔽，有罪不敢赦，簡在帝心。萬方有罪，卽當朕身；朕身有罪，無及萬夫。」

呂氏春秋順民篇曰：昔者湯克夏而正天下，天大旱，五年不收。湯乃以身禱于桑林曰：「余一人有罪，無及萬夫；萬夫有罪，在余一人；無以一人之不敏使上帝鬼神傷民之命。」於是翦其髮，𨟵其手，以身爲犧牲，用祈福於上帝。

周有大賚，善人是富。

詩序曰：賚，大封於廟也。賚，予也，言所以錫予善人也。

禮記樂記篇曰：武王克殷，反商，未及下車，而封黃帝之後於薊，封帝堯之後於祝，封帝舜之後於陳。下車而封夏后氏之後於杞，投殷之後於宋。釋箕子之囚，使之行商容而復其位。將帥之士，使爲諸侯。

左傳昭公二十八年曰：昔武王克商，光有天下，其兄弟之國者十有五人，姬姓之國四十人。

雖有周親，不如仁人。

墨子兼愛中篇曰：昔者武王將事泰山隧。傳曰：「泰山有道，曾孫周王，有事大事，既獲仁人尙，作以祗商夏，蠻夷醜貉。雖有周親，不若仁人。萬方有罪，惟予一人。」

荀子君道篇曰：夫文王非無貴戚也，非無子弟也，非無便嬖也。倜然乃舉太公於州人而用之，豈私之也哉？以爲親邪？則周姬姓也，而彼姜姓也；以爲故邪？則未嘗相識也；以爲好麗邪？則夫人行年七十有二，齫然而齒墮矣。然而用之者，夫文王欲立貴道，欲白貴名，以兼天下，而不可以獨也。

樹達按：宋翔鳳云：武王封太公於齊，在泰山之陰，故將事泰山而稱仁人尙，爲封太公之辭也。

百姓有過，在予一人。」

說苑貴德篇曰：武王克殷，召太公而問曰：「將奈其士衆何？」太公對曰：「臣聞愛其人者兼屋上之烏，憎其人者惡其餘胥。咸劉厥敵，使靡有餘，何如？」王曰：「不可。」太公出，邵公入，王曰：「爲之奈何？」邵公對曰：「有罪者殺之，無罪者活之，何如？」王曰：「不可。」邵公出，周公入，王曰：「爲之奈何？」周公曰：「使各居其宅，田其田，無變舊新，唯仁是親。百姓有過，在予一人。」武王曰：「廣大乎！平天下矣。」凡所以貴士君子者，以其仁而有德也。白虎通號篇曰：或稱帝王，何？以爲接上稱天子者，明以爵事天也；接下稱帝王者，明位號天下至尊之稱，以號令臣下也。故尙書曰：「咨，四岳！」「王曰：格汝衆。」或稱一人，王者自謂一人者，謙也，欲言己材能當一人耳。故論語曰：「百姓有過，在予一人。」

謹權量，審法度，脩廢官，四方之政行焉。

漢書律歷志曰：乃同律度量衡，所以齊遠近，立民信也。自伏羲畫八卦，由數起，至黃帝堯舜而大備。三代稽古，法度章焉，周衰官失。孔子陳後王之法曰：「謹權量，審法度，修廢官，舉逸民，四方之政行矣。」漢紀七文帝紀曰：荀悅曰：先王立政，以制爲本，三正五行，服色歷數，承天之制。經國序民，列官布職，疆理品類，辨方定物。人倫之度，自上已下，降殺有序。上有常制，則政不頗；下有常制，則民不二；官無淫度，則事不悖；民無淫制，則業不廢。貴不專寵，富不獨奢。民雖積財，無所用之。故世俗易足而情不濫，姦宄不興，禍亂不作。此先王所以綱紀天下，統成大業，立德興功，爲政之德也。故曰：「謹權量，審法度，修廢官，四方之政行矣。」

興滅國，繼絕世，

尙書大傳曰：古者諸侯始受封則有采地。百里諸侯以三十里，七十里諸侯以二十里，五十里諸侯以十五里。其後子孫雖有罪黜，其采地不黜，使其子孫賢者守之，世世以祠其始受封之人。此之謂興滅國，繼絕世。韓詩外傳卷八同。

白虎通封公侯篇曰：王者受命而作，興滅國，繼絕世，何？爲先王無道，妄殺無辜，及嗣子幼弱，爲強臣所奪，子孫皆無罪，因而絕。重其先人之功，故復立之。論語曰：「興滅國，繼絕世。」

舉逸民，天下之民歸心焉。

尚書大傳曰：武丁之時，桑穀俱生於朝，七日而大拱。武丁問諸祖己，曰：「桑穀，野草也。野草生於朝，亡乎！」武丁懼，側身修行，思昔先王之政，興滅國，繼絕世，舉逸民，明養老之禮，重譯來朝者六國。說苑君道、敬慎二篇文並大同。

後漢書逸民傳曰：光武側席幽人，求之若不及，旌帛蒲車之所徵賁，相望於巖中矣。若薛方、逢萌、聘而不肯至；嚴光、周黨、王霸、至而不能屈。羣方咸遂，志士懷仁，斯固所謂舉逸民天下歸心者乎。

所重：民食，

顏淵篇曰：子貢問政。子曰：足食，足兵，民信之矣。

書洪範篇曰：八政：一曰食。尚書大傳曰：食者，萬物之始，人事之所本，故八政先食。

管子曰：民以食爲天。

淮南子主術篇曰：食者，民之本也。

周禮天官冢宰曰：以九職任萬民，一曰三農，生九穀；二曰園圃，毓草木。

又地官大司徒曰：以土宜之法辨十有二土之名物，以相民宅而知其利害，以阜人民，以蕃鳥獸，以毓草木，以任土事。辨十有二壤之物而知其種，以敎稼穡樹藝。頒職事十有二于邦國都鄙，使以登萬民，一曰稼穡，二曰樹藝。

喪，祭。

學而篇曰：曾子曰：愼終追遠，民德歸厚矣。

禮記經解篇曰：喪祭之禮廢，則臣子之恩薄；臣子之恩薄，則背死亡生者衆矣。

寬則得衆，信則民任焉，敏則有功，

證見卷十七陽貨篇。

公則說。

呂氏春秋貴公篇曰：昔先聖王之治天下也必先公，公則天下平矣，平得於公。嘗試觀於上志，其得之以公，其失之必以偏。故鴻範曰：「無偏無黨，王道蕩蕩；無偏無頗，遵王之義。無或作好，遵王之道；無或作惡，遵王之路。」天下非一人之天下也，天下之天下也。陰陽之利，不長一類；甘露時雨，不私一物；萬民之主，不阿一人。天地大矣，生而弗子，成而弗有，萬物皆被其澤，得其利，而莫知其所由始。此三皇五帝之德也。

說苑至公篇曰：書曰：「不偏不黨，王道蕩蕩，」言至公也。古有行大公者，帝堯是也。貴爲天子，富有天下，得舜而傳之，不私於其子孫也。去天下若遺躧，於天下猶然，況其細於天下乎？此人君之公也。夫以公與天下，其德大矣。推之於此，刑之於彼。萬姓之所戴，後世之所則也。彼人臣之公：治官事則不營私家；在公門則不言貨利；當公法則不阿親戚；奉公舉賢，則不避仇讎；忠於事君，仁於利下；推之以恕道，行之以不黨；伊呂是也。故顯名存於今，是之謂公。夫公生明，偏生暗，端慤生達，詐僞生塞，誠信生神，夸誕生惑。此六者，君子之所愼也，而禹桀之所以分也。

呂氏春秋去私篇曰：堯有子十人，不與其子而授舜，舜有子九人，不與其子而授禹，至公也。晉平公問於祁黃羊曰：「南陽無令，其誰可而爲之？」對曰：「解狐可。」平公曰：「解狐非子之讎邪？」對曰：「君問可，非問臣之讎也。」平公曰：「善。」遂用之，國人稱善焉。居有閒，平公又問祁黃羊曰：「國無尉，其誰可而爲之？」對曰：「午可。」平公曰：「午非子之子邪？」對曰：「君問可，非問臣之子也。」平公曰：「善。」又遂用之。國人稱善焉。孔子聞之，曰：「善哉祁黃羊之論也！外舉不避讎，內舉不避子，祁黃羊可謂公矣。」事出左傳襄公三年，說略異。

史記陳丞相世家曰：里中社，平爲宰，分肉食甚均。父老曰：「善陳孺子之爲宰。」平曰：「嗟乎！使平得宰天下，亦如是肉矣。」

漢書張良傳曰：上已封大功臣二十餘人，其餘日夜爭功不決，未得行封。上居雒陽南宮，從複道望見諸將，往往數人偶語。上曰：「此何語？」良曰：「陛下不知乎？此謀反耳。」上曰：「天下屬安定，何故而反？」良曰：「陛下起布衣，與此屬取天下。今陛下已爲天子，而所封皆蕭曹故人所親愛，而所誅者皆平生仇怨。今軍吏計功，天下不足以徧封。此屬畏陛下不能盡封，又恐見疑過失及誅，故相聚而謀反耳。」上乃憂曰：「爲將奈何？」良曰：「上平生所憎，羣臣所共知，誰最甚者？」上曰：「雍齒與我有故怨，數窘辱我，我欲殺之。爲功多，不忍。」良曰：「今急先封雍齒以示羣臣，羣臣見雍齒先封，則人人自堅矣。」於是上置酒，封雍齒爲什方侯，而急趣丞相御史定功行封。羣臣罷酒，皆喜，曰：「雍齒且侯，我屬無患矣。」

樹達按：故人封而反謀生，雍齒侯而羣臣喜。無他，高祖之所示公與不公之別而已。

又霍光傳曰：初輔幼主，政自己出，天下想聞其風采。殿中嘗有怪，一夜羣臣相驚，光召尚符璽郎，郎不肯授光，光欲奪之。郎按劍曰：「臣頭可得，璽不可得也。」光甚誼之。明日，詔增此郎秩二等，衆庶莫不多光。

後漢書陰興傳曰：興與同郡張宗上谷鮮于裒不相好，知其有用，猶稱所長而達之。友人張汜杜禽與興厚善，以爲華而少實，但私之以財，終不爲言。是以世稱其忠平。素與從兄嵩不相能，然敬其威重。興疾病，帝親臨問以羣臣能不，興頓首曰：「臣愚不足以知之，然伏見議郎席廣謁者陰嵩並經行明深，踰於公卿。」興沒後，帝思其言，遂擢廣爲光祿勳，嵩爲中郎將。

又左雄傳曰：初，雄薦周舉爲尚書，舉既稱職，議者咸稱焉。及在司隸，又舉故冀州刺史馮直，以爲將帥。而直嘗坐臧受罪，舉以此劾奏雄，雄悅。曰：「吾嘗事馮直之父，而又與直善。今宣光周舉字宣光。以此奏吾，乃是韓厥之舉也。」由是天下服焉。韓厥事見國語，本書卷十五羣而不黨條下引之。

樹達按：晉人善祁黃羊，父老善陳孺子，衆庶之多霍光，漢人稱陰興之忠平，服左雄之薦舉，所謂公則說也。

子張問於孔子曰：「何如斯可以從政矣？」子曰：「尊五美，屏四惡，斯可以從政矣。」子張曰：「何謂五美？」子曰：「君子惠而不費，勞而不怨，欲而不貪，泰而不驕，威而不猛。」

中論法象篇曰：夫容貌者，人之符表也。符表正，故情性治；情性治，故仁義存；仁義存，故盛德著；盛德著，故可以爲法象：斯謂之君子矣。君子者，無尺土之封而萬民尊之，無刑罰之威而萬民畏之，無羽籥之樂而萬民樂之，無爵祿之賞而萬民懷之。其所以致之者一也。故孔子曰：「君子威而不猛，泰而不驕。」

子張曰：「何謂惠而不費？」子曰：「因民之所利而利之，斯不亦惠而不費乎？

文獻通考二百八引子思子曰：孟軻問：「牧民之道何先？」子思曰：「先利之。」孟軻曰：「君子之敎民者，亦仁義而已，何必曰利。」子思曰：「仁義者固所以利之也。上不仁則不得其所，上不義則樂爲詐，此爲不利大矣。」故易曰：「利者，義之和也。」又曰：「利用安身，以崇德也。」此皆利之大者也。

孔叢子雜訓篇同。

擇可勞而勞之，又誰怨？

孟子盡心上篇曰：孟子曰：以佚道使民，雖勞不怨。

荀子富國篇曰：古人使民，夏不宛暍，冬不凍寒；急不傷力，緩不後時。事成功立，上下俱富，而百姓皆愛其上。人歸之如流水，親之歡如父母，爲之出死斷亡而愉者，無它故焉，忠信調和均辨之至也。

賈子修政語上篇曰：大禹曰：民無食也，則我不能使也；功成而不利於民，我弗能勸也。故釃河而導之九牧，鑿江而道之九路，灑五湖而定東海；民勞矣，而弗苦者，功成而利於民也。說苑君道篇文同。

欲仁而得仁，又焉貪？君子無衆寡，無大小，無敢慢，斯不亦泰而不驕乎？君子正其衣冠，尊其瞻視，儼然人望而畏之，斯不亦威而不猛乎？」

禮記曲禮上篇曰：衣無撥，冠無免。

說苑修文篇曰：冠者，所以別成人也；修德束冠以自申飭，所以檢其邪心，守其正意也。君子始冠，必祝，成禮，加冠以厲其心。故君子成人必冠帶以行事，棄幼少嬉戲惰慢之心，而衎衎於進德修業之志。故服不成象，而內心不變。內心修德，外被禮文，所以成顯令名者也。是故皮弁素積，百王不易，既以修德，又以正容。孔子曰：「正其衣冠，尊其瞻視，儼然人望而畏之，斯不亦威而不猛乎？」

孟子梁惠王上篇曰：孟子見梁襄王，出語人曰：望之不似人君，就之而不見所畏焉。

子張曰：「何謂四惡？」子曰：「不教而殺謂之虐，不戒視成謂之暴，慢令致期謂之賊，韓詩外傳卷三曰：傳曰：魯有父子訟者，康子欲殺之，孔子曰：「未可殺之，夫民不知父子訟之爲不義久矣。是則上失其道，上有道，是人亡矣。」訟者聞之，請無訟。孔子退朝，門人子路難曰：「父子訟，道耶？」孔子曰：「非也。」子路曰：「然則夫子胡爲君子而免之也？」孔子曰：「不戒責成，害也；慢令致期，暴也；不教而誅，賊也。君子爲政，避此三者。」

漢書董仲舒傳曰：仲舒對策曰：王者承天意以從事，故任德教而不任刑。刑者不可任以治世，猶陰之不可任以成歲也。爲政而任刑，不順於天，故先王莫之肯爲也。今廢先王德教之官，而獨任執法之吏治民，毋迺任刑之意與？孔子曰：「不教而誅謂之虐，」虐任於下，而欲德教之被四海，故難成也。

韓詩外傳卷五曰：不教而誅，則民不識勸也。猶之與人也，出納之吝，謂之有司。」

子曰：「不知命，無以爲君子也。

韓詩外傳卷六曰：子曰：「不知命無以爲君子。」言天之所生皆有仁義禮智順善之心，不知天之所以命生，則無仁義禮智順善之心。無仁義禮智順善之心，謂之小人。故曰：「不知命無以爲君子。」小雅曰：「天保定爾，亦孔之固。」言天之所以仁義禮智保定人之甚固也。大雅曰：「天生烝民，有物有則，民之秉彝，好是懿德。」言民之秉德以則天也。不知所以則天，又焉得爲君子乎？

漢書董仲舒傳曰：仲舒對策曰：人受命於天，固超然異於羣生。入有父子兄弟之親，出有君臣上下之誼，會聚相遇，則有耆老長幼之施。粲然有文以相接，驩然有恩以相愛。此人之所以貴。生五穀以食之，桑麻以衣之，六畜以養之，服牛乘馬，圈豹檻虎，是其得天之靈貴於物也。故孔子曰：「天地之性人爲貴。」明於天性，知自貴於物；知自貴於物，然後知仁誼；知仁誼，然後重禮節；重禮節，然後安處善；安處善，然後樂循禮；樂循理，然後謂之君子。故孔子曰：「不知命，無以爲君子。」此之謂也。

左傳文公十三年曰：邾文公卜遷于繹，史曰：「利於民而不利於君。」邾子曰：「苟利於民，孤之利也。天生民而樹之君，以利之也。民既利矣，孤必與焉。」左右曰：「命可長也，君何弗爲？」邾子曰：「命在養民。死之短長，時也。民苟利矣，遷也。吉莫如之。」遂遷于繹。五月，邾文公卒。君子曰：「知命。」

呂氏春秋知分篇曰：達士者，達乎死生之分。達乎死生之分，則利害存亡弗能惑矣。晏子與崔杼盟，其辭曰：「不與崔氏而與公孫氏者，受其不祥。」晏子俛而飲血，仰而呼天，曰：「不與公孫氏而與崔氏者，受此不祥。」崔杼不說，直兵造胸，句兵鉤頸，謂晏子曰：「子變子言，則齊國吾與子共之；子不變子言，則今是已。」晏子曰：「崔子！子獨不爲夫詩乎？詩曰：『莫莫葛藟，延于條枚，凱弟君子，求福不回。』嬰且可以回而求福乎？子惟之矣。」崔杼曰：「此賢者，不可殺也。」罷兵而去。晏子援綏而乘，其僕將馳，晏子撫其僕之手，曰：「安之！毋失節！疾不必生，徐不必死。鹿生於山而命懸於廚，今嬰之命有所懸矣。」晏子可謂知命矣。命也者，不知所以然而然者，人事智巧以舉錯者不得與焉。故命也者，就之未得，去之未失。國士知其若此也，故以義爲之決而安處之。事本晏子春秋雜上篇。

不知禮，無以立也。

泰伯篇曰：立於禮。

季氏篇曰：不學禮，無以立。

風俗通愆禮篇曰：夫聖人之制禮也，事有其制，曲有其防。爲其可傳，爲其可繼。賢者俯就，不肖跂及。是故子張過而子夏不及，然後無愈。子路喪姊，期而不除，仲尼以爲大譏，況於忍能矯情直意而已也哉？詩云：「不愆不忘，率由舊章。」論語：「不知禮，無以立。」

不知言，無以知人也。」

易繫辭下篇曰：將叛者其辭慚，中心疑者其辭枝；吉人之辭寡，躁人之辭多；誣善之人其辭游，失其守者其辭屈。

孟子公孫丑上篇曰：「敢問：夫子惡乎長？」曰：「我知言，我善養吾浩然之氣。」「何謂知言？」曰：「詖辭知其所蔽，淫辭知其所陷，邪辭知其所離，遁辭知其所窮。」

春秋繁露必仁且智篇曰：莫近於仁，莫急於智。不仁而有勇力材能，則狂而操利兵也；不智而辨慧獧給，則迷而乘良馬也。故不仁不智而有材能，將以其材能以輔其邪狂之心，而贊其避違之行，適足以大其非而甚其惡也。其強足以覆過，其禦足以犯詐，其慧足以惑愚，其辨足以飾非，其堅足以斷辟，其嚴足以拒諫：此非無材能也，其施之不當而處之不義也。有否心者不可藉便埶，其質愚者不可與利器。論之所謂不知人也者，恐不知別此等也。仁而不智，則愛而不別也；智而不仁，則知而不爲也。故仁者，所以愛人類也；智者，所以除其害也。

論語疏證斠讀後記

論語疏證二十卷，都三十八萬言，先師楊遇夫先生撰，一九五五年科學出版社出版。文集之編，廷任是書復校之責。自秋徂冬，斠讀一過，凡字形、標點之譌，悉予更正。惜插架無多，不及一一檢其原文耳。論語一書，注釋者衆，或主故訓，或主義理，類皆得其一偏，末由窺其全豹。而主故訓者，往往不審詞氣，於義未安；主義理者，難免以意爲之，無徵不信。然則孔子眞意，奚能大白於世乎？先師之書異是，以經證，以史證，以子證，如有未融，便下按語以索其隱。知人論世，務求事理之安，而孔氏心傳，躍然紙上，賢於諸家遠矣。如子罕篇：「毋意，毋必」，朱子云：「意謂私意」，與古訓相違。先師讀爲「億則屢中」、「不億不信」之億。先進篇：「師也辟」，馬融釋爲邪僻，於義未允。先師釋爲偏。憲問篇：「久要不忘平生之言」，孔安國云：「久要，舊約也，平生猶小時」，迂曲難通。先師亦釋要爲約，約者貧困。皆碻詁也。又憲問篇「邦有道穀」章，謂朱子之說與泰伯篇義不合，當從集解之說，此擇善而從者也。至其言義理，則更精湛罕匹，匪夷所思。聊舉數端，以當蠡測。八佾篇云：「子曰：夷狄之有君，不如諸夏之亡也」，諸說皆未諦。先生徵引左傳而釋之曰：有君謂有賢君也。（顏淵篇云：「司馬牛憂曰：人皆有兄弟，我獨亡」，先師據左氏哀公十四年傳謂牛爲桓魋之弟，牛云無兄弟者，謂無賢兄弟也。海廷按：兩章語法相同，解釋亦同，先生之書固有義例可尋也。）邲之戰，楚莊王動合乎禮，晉變而爲夷狄，楚變而爲君子；雞父之戰，中國爲新夷狄，而吳少進；柏莒之戰，吳王闔廬憂中國而攘夷狄；黄池之會，吳王夫差藉成周以尊天王。吳楚皆夷狄，其行事孔子或聞而知之，故有此歎。夷夏之分，固不以種族、地域爲準也。八佾篇又云：「子謂韶盡美矣，又盡善也。謂武盡美矣，未盡善也」，則謂孔子貴禪讓而非世及，故禮運以天下爲公、選賢與能爲大同，以大人世及、謀作兵起爲小康。春秋譏世卿，書亦非世君。舜揖讓傳賢爲大同之治，禹傳子創世及之制，至於周武因而不改，是謂小康，故孔子云云。雍也篇云：「孔子曰：齊一變，至於魯，魯一變，至於道」，則謂齊爲霸業，魯秉周禮，齊變於魯，由霸功變爲王道；禮運以禹湯文武成王周公爲小康，小康即王道，魯變於道，則由小康變爲大同。衞靈公篇云：「子曰：君子哉蘧伯玉！邦有道則仕，邦無道則可卷而懷之」，則謂趙盾弑君，孔子惜其爲法受惡，謂越境乃免。孫文子逐君，甯喜弑君，蘧伯玉力不能討，兩度出近關，亦可告無罪於天下，故孔子云云，恕道也。凡此皆探求孔子眞實思想而犂然有當者矣。季氏篇云：孔子曰：「畏大人」，鄭注：「大人謂天子諸侯爲政敎者。」見劉寶楠正義。先師則謂畏之者所以免時難也，故春秋於定哀之際多微辭。八佾篇云：「子曰：殷禮吾能言之，宋不足徵也」，而中庸云：「吾學殷禮，有宋存焉」，與論語異者，取閻百詩說，謂中庸爲子思居宋時所作，有所避忌也。雍也篇「人之生也直」章，取荀悅漢紀謂專爲治病而發。子罕篇「苗而不秀」章，引牟子理惑篇、禰衡顏子碑，謂專爲顏子夭死而發。此又能出新解而於古有徵，非同異說者也。憲問篇云：「以德報德」，則謂以德報德，就受德者言之；若就施德者言，子貢贖人於諸侯，讓不受金，孔子不以爲是；子路抍溺受牛，孔子不以爲非（事見呂氏春秋察微篇）者，蓋施而不受報，足以阻他人之施，孔子爲社會計，不許個人以讓爲名高而損社會也。此又慎思明辨，獨出心裁，而千古之所未發者也。衞靈公篇小不忍則亂大謀，乃廣徵典籍而以三事攝之：一曰不忍忿，二曰仁慈不忍，三曰吝財不忍棄，則其義備矣，蔑以加矣。今之學者或謂先生精訓詁，忽義理。嗚呼，豈眞知先生也哉！或謂孔氏之書瑕瑜並見，當批判接受，似矣。然不入虎穴，不得虎子，本意未明，便爾信口雌黃，安見其有是處？有識之士儻欲研求論語，其必以先師之書爲嚆矢也與。

一九八二年十二月十日弟子寧鄉廖海廷撰於湘潭大學。